Währungsrisiken, Währungsmanagement
und Devisenkurssicherung
von Unternehmungen

Währungsrisiken, Währungsmanagement und Devisenkurssicherung von Unternehmungen

3., überarbeitete und ergänzte Auflage

von

Dr. Guido Eilenberger

Fritz Knapp Verlag  Frankfurt am Main

Dieses Handbuch wurde von Prof. Dr. Robert Wittgen begründet.
Die erste Auflage erschien unter dem Titel
»Währungsrisiko und Devisenkurssicherung«

1. Auflage 1975
2. Auflage 1986
3. Auflage 1990

ISBN 3-7819-0479-2

© 1990 by Verlag Fritz Knapp GmbH, Frankfurt am Main
Gesamtherstellung: Druckerei A. Hellendoorn KG, Bad Bentheim
Umschlagentwurf: Manfred Jung, Frankfurt am Main

Printed in Germany

Vorwort zur 3. Auflage

Diese 3. Auflage von »Währungsrisiko, Währungsmanagement und Devisenkurssicherung« ist dem Andenken von Robert Wittgen gewidmet, der am 20. August 1980 aus dem vollen Schaffen seines Wirkungskreises als Bankprofessor an der Universität München und aus der Mitte seiner Freunde und Schüler vom Allmächtigen im 54. Lebensjahr abberufen worden war. Auch zehn Jahre nach dem schmerzlichen Ereignis haben Robert Wittgens Beiträge zum internationalen Währungs-, Geld- und Bankwesen nichts an Aktualität und Bedeutung eingebüßt. Seine Anfang der sechziger Jahre vehement vorgetragenen Aufforderungen an die deutschen Banken, sich doch dem Problem der Internationalisierung zu stellen, bleiben ebenso unvergessen und richtungweisend wie seine bereits in der 1. Auflage zu Standardwerken gewordenen Monographien »Die Geldpolitik der Kreditinstitute« und insbesondere »Währungsrisiko und Devisenkurssicherung«. Nunmehr liegt das »Währungsrisiko« bereits in 3., erweiterter und überarbeiteter Auflage vor, mit einer Reihe von Instrumenten der unternehmerischen Devisenkurssicherung, die zu Lebzeiten Robert Wittgens noch nicht existierten und denen in der Gegenwart das Prädikat »Finanzinnovationen« zukommt. Nicht auszudenken, welche Anregungen und Beiträge Robert Wittgen zu diesem Gebiete hätte leisten können und wollen. Denn nach wie vor gilt, was zum Gedenken 1981 in einem schlichten Satz wie folgt zusammengefaßt worden war: »Will man Robert Wittgens Bedeutung und Beitrag für die Bewältigung internationaler Devisen- und Währungsprobleme gebührend würdigen, so darf man die Fülle aktueller Berichte und Analysen der deutschen und internationalen Finanzmärkte in führenden Wirtschaftszeitungen nicht vergessen, für die das Kürzel »R. W.« in über 20 Jahren zu einem Symbol geworden ist und sicherlich von seinem sachkundigen Leserkreis schmerzlich vermißt wird.«

Die Änderungen, Ergänzungen und Erweiterungen gegenüber der 2. Auflage bestehen vor allem in einer durchgehenden Aktualisierung aller Abbildungen und Tabellen. Im *1. Kapitel* ergaben sich darüber hinaus eine Neufassung des Abschnittes über das Europäische Währungssystem sowie einige kleinere Änderungen bezüglich der Preisbildung im Devisentermingeschäft und der Devisenmärkte. Im *2. Kapitel* erfolgte entsprechend der wachsenden Bedeutung von Devisen-Optionen eine Trennung der Darstellung nach Wesen sowie Funktionsweise dieser Finanzinnovationen und nach Anwendungsfällen im Außenhandel. Das *3. Kapitel* erfuhr eine Erweiterung um Ausführungen zu staatlichen Bürgschaften für Direktinvestitionen im Ausland. Dazu kommen eine Aktualisierung und Erweiterung des *Anhanges* hinsichtlich der spezifischen Hermes-Produkte, die für das Währungsmanagement von Unternehmungen bedeutsam sein können.

München, im August 1990 *Guido Eilenberger*

INHALTSVERZEICHNIS

Vorwort 5
1. Kapitel: GRUNDLAGEN DES WÄHRUNGSMANAGEMENTS 11
1.1 Internationale Aktivitäten von Unternehmungen 11
1.2 Währungsrisiken und Währungschancen 13
   1.2.1 Währungsrisiken 14
   1.2.1.1 Valutarisiken 16
   1.2.1.2 Konvertierungsrisiken (Konvertibilitätsrisiken) . . 18
   1.2.1.3 Transferrisiken 21
   1.2.1.4 Währungseventualrisiken 23
   1.2.2 Währungschancen 24
1.3 Währungsordnung, Währungsmanagement und Währung 27
   1.3.1 Bindung an bestimmte Währungen (Feste Paritäten) . . . 30
   1.3.2 Flexible Devisenkurse 32
   1.3.2.1 Devisenmärkte 33
   1.3.2.1.1 Devisenkassamarkt 33
   1.3.2.1.2 Devisenterminmarkt 35
     a) Swapsätze 36
     b) Kursbildung am Devisenterminmarkt 38
   1.3.2.2 Floatende Devisenkurse 43
   1.3.2.3 Begrenzt flexible Devisenkurse 48
   1.3.2.3.1 Wesen des Systems 48
   1.3.2.3.2 Das Europäische Währungssystem (EWS) 49
   1.3.3 Systeme der Devisenkursspaltung 55
   1.3.4 Valutarisiko und Währung 56
1.4 Währungsposition und Auslandsposition der Unternehmung 57
   1.4.1 Die Währungsposition 58
   1.4.1.1 Währungs-Einzelpositionen 59
   1.4.1.2 Währungs-Gesamtposition 61
   1.4.1.3 Tagespositionen in Valuta 65
   1.4.2 Auslandsposition (Auslandsstatus) 69
1.5 Währungspolitische Zielsetzungen der Unternehmung und Währungsmanagement 70
   1.5.1 Institutionelles Währungsmanagement 73
   1.5.2 Funktionales Währungsmanagement 74

1.5.2.1 Währungsplanung und Prognose der
  Währungsrisiken/-chancen 74
1.5.2.1.1 Planung der Zahlungsströme aus
  internationalen Aktivitäten 76
  a) Planung der Deviseneinnahmen 78
  b) Planung der Devisenausgaben 80
1.5.2.1.2 Problematik der Devisenkursprognose 81
  a) Kurzfristige Devisenkursprognose 83
  b) Langfristige Devisenkursprognose........... 86
  c) Prognose von Paritätsänderungen 89
1.5.2.1.3 Entwicklung und Bewertung von Alternativen
  zur Währungssicherung / Wahrnehmung
  von Währungschancen 91
  a) Währungsplanung des Exporteurs 92
  (1) Sicherung über Devisenterminmarkt 93
  (2) Sicherung über Finanzmärkte 94
  (2.1) DM-Anlage 95
  (2.2) Begleichung inländischer Verbindlichkeiten
    (Ersatz eines DM-Kredits) 96
  (3) Halten von offenen Währungspositionen 98
  b) Währungsplanung des Importeurs............ 98
  (1) Sicherung über Devisenterminmarkt 100
  (2) Sicherung über Finanzmärkte 102
  (2.1) DM-Kredit und Valuta-Anlage 102
  (2.2) Anlage freier Mittel in Valuta 104
  (3) Halten von offenen Währungspositionen 105
  c) Währungsplanung von exportierenden und
    importierenden Unternehmungen (globale versus
    individuelle Kurssicherung) 106
  d) Planung von Fremdwährungsanlagen.......... 109
  (1) Anlage in höher verzinster Währung 110
  (1.1) Kritischer Zinssatz für Valuta-Anlage 111
  (1.2) Alternativen zur kursgesicherten Valuta-Anlage . 112
  (1.2.1) Valuta-Zinsertrag als offene Position 112
  (1.2.2) Valuta-Anlage als offene Position 112
  (1.2.3) Kritischer Devisenkassakurs (Geld) als
    Entscheidungskriterium für ungeschützte
    Valuta-Anlage 113
  (2) Anlage in niedriger verzinster Währung 114
  e) Planung der Kreditaufnahmen in Fremdwährung .. 115
  (1) Fremdwährungskreditaufnahme in höher verzinster
    Währung 116
  (1.1) Kritischer Zinssatz für Valuta-Kredit 116

(1.2) Valuta-Kredit als offene Position: Der kritische
Devisenkassakurs (Brief) 117
(2) Fremdwährungskreditaufnahme in der niedriger
verzinsten Währung 118
(2.1) Kritischer Zinsaufwand für gesicherten
Valuta-Kredit...................... 119
(2.2) Valuta-Kredit als offene Position und kritischer
Devisenkassakurs (Brief) 120
f) Beurteilung der Risikosituation.............. 121
1.5.2.2 Währungsentscheidung und Sicherungsstrategie . 123
1.5.2.3 Währungskontrolle 127
1.5.2.3.1 Kosten der Terminsicherung 128
1.5.2.3.2 Kosten der Sicherung über Finanzmärkte 130

2. Kapitel: KURSSICHERUNGSINSTRUMENTE 133
2.1 Interne Kurssicherung..................... 135
  2.1.1 Fakturierung in Inlandswährung 135
  2.1.2 Bestellerkredite (gebundene Finanzkredite)...... 138
  2.1.3 Mietfinanzierung (Internationales Leasing)...... 138
  2.1.4 Währungsklauseln 140
  2.1.4.1 Einfache Klauseln 141
  2.1.4.2 Multiple Klauseln 143
  2.1.5 Währungsoptionsrechte.................. 145
  2.1.6 Leading und Lagging 147
  2.1.7 Anzahlungen......................... 148
  2.1.8 Interne Kurssicherung in MNU: Netting und
Matching.......................... 149
2.2 Externe Kurssicherung 151
  2.2.1 Kurssicherung über Devisenmärkte........... 152
  2.2.1.1 Devisenkassageschäfte 152
  2.2.1.2 Devisentermingeschäfte................. 153
  2.2.1.2.1 Outright-Termingeschäfte............... 154
  2.2.1.2.2 Devisen-Swapgeschäfte................. 160
  2.2.1.2.3 Termingeschäfte als Instrument der globalen
Kurssicherung 161
  2.2.2 Kurssicherung über Finanzmärkte 163
  2.2.2.1 Währungskredite / Währungsanlagen......... 163
  2.2.2.2 Diskontierung von Währungswechseln 165
  2.2.2.3 Forfaitierung von Exportforderungen......... 166
  2.2.2.4 Export-Factoring..................... 168
  2.2.2.5 Financial-Swaps 170
  2.2.2.5.1 Kredite/Anlagen in Drittwährung 171
  2.2.2.5.2 Parallelkredite 172

2.2.2.5.3 Kredit-Swaps 173
2.2.2.5.4 Currency Swaps (Währungs-Swaps) 174
2.2.2.5.5 Currency Coupon Swaps 175
2.2.2.5.6 Währungs- und Zins-Swaps 177
2.2.3 Kurssicherung über Terminbörsen 178
2.2.3.1 Währungs-Futures (Currency Futures) 179
2.2.3.2 Zins-Futures (Interest Rate Futures) 182
2.2.3.3 Devisen-Optionen (Currency Options) 184
2.2.3.3.1 Arten von Devisen-Optionen 185
   a) Devisen-Kaufoptionen (Currency Call Options) ... 188
   b) Devisen-Verkaufsoptionen (Currency Put Options) . 190
2.2.3.3.2 Anwendungsmöglichkeiten von Devisen-Optionen im Außenhandel (Devisen-Optionen mit »Grundgeschäft«) 196
2.2.3.4 Optionen auf Währungs-Futures (Futures Options) 199
2.2.4 Sonstige externe Kurssicherungen 201
2.2.4.1 Wechselkursversicherung 201
2.2.4.2 Gegenseitige Wechselkursgarantien 202

3. Kapitel: INSTRUMENTE ZUR SICHERUNG VOR TRANSFER-, KONVERTIERUNGS- UND WÄHRUNGSEVENTUALRISIKEN 205
3.1 Interne Instrumente 205
3.1.1 Limitierung der Währungsrisiken 205
3.1.1.1 Festlegung von Länderlimiten 205
3.1.1.2 Begrenzung von Währungspositionen in Relation zum Beteiligungskapital 206
3.1.1.3 Netting und Reinvoicing 207
3.1.2 Verbundgeschäfte (Gegenseitigkeitsgeschäfte) 208
3.1.2.1 Barter 209
3.1.2.2 Kompensationsgeschäfte 210
3.1.2.3 Parallelgeschäfte 211
3.1.2.4 Kooperation (Rückkaufgeschäfte) 212
3.1.2.5 Switch-Geschäfte 213
3.1.3 Verlagerung der Produktion in das Ausland (Ausländische Direktinvestitionen) 215
3.2 Externe Instrumente 216
3.2.1 Staatliche Ausfallbürgschaften und Ausfuhrgarantien in der Bundesrepublik Deutschland 216
3.2.1.1 Hermes-Kreditversicherungs-AG und Treuarbeit AG 217

3.2.1.1.1 Ausfuhrbürgschaften 217
3.2.1.1.2 Ausfuhrgarantien und Ausfuhr-Pauschal-
Gewährleistungen 218
3.2.1.1.3 Bürgschaften für gebundene Finanzkredite
(Bestellerkredite).................... 219
3.2.1.1.4 Garantien und Bürgschaften zur Deckung des
Fabrikationsrisikos 220
3.2.1.1.5 Staatliche Bürgschaften für Direktinvestitionen im Ausland 220
3.2.1.2 Exportgarantieprogramme der Länder 221
3.2.2 Internationale Staatsgarantien und übernationale
Garantien 221
3.2.2.1 Ausländische Staaten 221
3.2.2.2 Multilaterale Investitions-Garantie-
Agentur (MIGA) 222
3.2.3 Internationale Bankgarantien und
Bankbürgschaften 223
3.2.4 Vereinbarung von Rahmenkreditverträgen mit
Banken 224
3.2.5 Devisen-Optionen 225
3.2.6 Verlängerung/Verkürzung von
Devisentermingeschäften.................. 225
3.2.7 Teilung von Währungsrisiken 227
3.2.8 Private Exportkreditversicherung............ 227

Anhang:
Merkblatt über die Gewährung von
Wechselkursgarantien und Wechselkursbürgschaften für
Ausfuhrgeschäfte 229
Merkblatt: Ausfuhr-Pauschal-Gewährleistungen (APG) . 235
Entgelt-Merkblatt: Ausfuhrgewährleistungen 242
Merkblatt über die Gewährung von Garantien und
Bürgschaften für Leasinggeschäfte über bewegliche
Güter mit ausländischen Leasingnehmern 250
Allgemeine Bedingungen für die Übernahme von
Garantien für Kapitalanlagen im Ausland 255
Allgemeine Bedingungen für die Ausfuhrkredit-
versicherung.............................. 273
Abkürzungsverzeichnis 283
Literaturverzeichnis 285
Sachverzeichnis 295

1. Kapitel
GRUNDLAGEN DES WÄHRUNGSMANAGEMENTS

1.1 Internationale Aktivitäten von Unternehmungen

Unternehmungen sind grundsätzlich mit dem Problembereich und der Notwendigkeit des Währungsmanagements konfrontiert, sobald sie Aktivitäten entfalten, die über den inländischen Währungsraum hinausgreifen. Die Spannweite der in diesem Zusammenhang beachtlichen Aktivitäten erweist sich als erheblich, zumal diese nicht nur die konkrete Abwicklung von real- und nominalgüterwirtschaftlichen Leistungen, sondern auch deren Anbahnung umfassen:

- Leistungen im Außenhandel (Exporte, Importe, Transithandel) verbunden mit dadurch veranlaßten Kreditbeziehungen (Gewährung von Handelskrediten durch exportierende Unternehmungen, Inanspruchnahme von Handelskrediten durch Importeure, geleistete Anzahlungen von Importeuren und empfangene Anzahlungen von Exporteuren, Kreditbeziehungen im Transithandel);
- Vornahme von Direktinvestitionen im Ausland und deren Finanzierung sowie Rückflüsse aus den Erträgen der Direktinvestition oder aus Desinvestition der ursprünglichen Auslandsinvestitionen;
- Durchführung von Finanztransaktionen (ohne direkten realgüterwirtschaftlichen Bezug) mit den ausländischen und internationalen Finanzmärkten, insbesondere Euromärkten, sowohl im Rahmen von internationalen Kreditbeschaffungsmaßnahmen und internationaler Beteiligungsfinanzierung als auch zum Zwecke der internationalen Finanzmittelanlage (Anlage in internationalen Finanztiteln) bzw. als ausländische Portfolioinvestitionen;
- Aufnahme und Durchführung der im Vorfeld der jeweiligen beabsichtigten Geschäftsabschlüsse notwendigen Kontakte und Verhandlungen, die Währungsrelevanz aufweisen, einschließlich der Beteiligung an internationalen Ausschreibun-

gen, der Abgabe von Angeboten und Erklärungen, aus denen der Unternehmung Verpflichtungen in ausländischer Währung erwachsen können;
- Abgabe von Patronatserklärungen und/oder Übernahme von Bürgschaften und/oder sonstigen Garantien zugunsten ausländischer Wirtschaftssubjekte (ausländischer Einheiten der garantierenden bzw. bürgenden Unternehmung selbst oder für andere Unternehmungen).

Die Notwendigkeit für Währungsmanagement resultiert einerseits aus den unterschiedlichen währungsrechtlichen Regelungen und Ordnungen (siehe dazu im einzelnen 1.3) der von den internationalen Aktivitäten der Unternehmungen berührten Staaten und ist insofern *umweltbedingt*. Währungsmanagement wäre nur dann entbehrlich, wenn die inländischen währungsrechtlichen Regelungen völlig mit den relevanten ausländischen Währungsordnungen identisch wären. Dies würde insbesondere voraussetzen, daß die inländische Währung mit den in Frage kommenden ausländischen Währungen langfristig und dauerhaft durch feste Devisenkurse verbunden wäre (was wiederum eine gleichlaufende Entwicklung der Leistungskraft der betreffenden Volkswirtschaften zur Bedingung hätte und weder Unterschiede in den Kaufkraftparitäten noch in den Zinsniveaus einträten) und keinerlei Austauschbeschränkungen für Devisen der beteiligten Währungsräume bestünden. Bei dieser Konstellation ergäben sich bezüglich der internationalen Aktivitäten der Unternehmungen weder Gefährdungssituationen für die Zielerreichung aus außenwirtschaftlichen Ursachen, d. h. keine Währungsrisiken, aber auch keinerlei Währungschancen, die ansonsten grundsätzlich bei Flexibilität der Devisenkurse im Zusammenhang mit internationalem Leistungsaustausch bestehen können (siehe dazu im einzelnen 1.2). Ein derartiger Zustand konstanter Devisenaustauschverhältnisse und völliger Freiheit von Austauschbeschränkungen im Währungsbereich ist – wie das Beispiel des Scheiterns des Währungssystems von Bretton Woods lehrt und nachdrücklich belegt – allein wegen der unterschiedlichen Leistungskraft der Volkswirtschaften und der Unterschiede in den wirtschaftspolitischen Ausrichtungen allenfalls vorübergehend, nicht jedoch auf Dauer realisierbar. An dem Erfordernis für ein mehr oder weniger bewußtes und systematisches Währungsmanagement von Unternehmungen führt angesichts der anzutreffenden Devisenkurssysteme und der bestehenden Regelungen über den zwischenstaatlichen Transfer von Finanzmitteln kein Weg vorbei. Dies gilt in gleicher Weise für die kleine Unternehmung, die nur fallweise exportiert oder importiert oder sich international zu finanzieren versucht, wie für die weltweit operierende multinationale Unternehmung, deren Aktivitäten permanent dem Währungsgeschehen ausgesetzt sind.

In diesem Zusammenhang wird deutlich, daß die Anforderungen an das Währungsmanagement der Unternehmungen vom Umfang und der Struktur der insgesamt als notwendig erachteten internationalen Aktivitäten abhängt. Insoweit ist die Notwendigkeit für Währungsmanagement *unternehmensbedingt:* Die spezifischen Verhältnisse auf den Inlandsmärkten, die sich als zu eng erweisen oder deren Entwicklung stagniert, und den Auslandsmärkten, die zusätzliche Beschaffungs-, Absatz- und Finanzierungsmöglichkeiten erwarten lassen, führen zu Entscheidungen bezüglich der Aufnahme oder der Intensivierung internationaler Aktivitäten. Diese können in sich ausgewogen gestaltet sein, so daß Gegenpositionen zwischen den einzelnen Aktivitäten in den jeweiligen Währungen entstehen und damit das Ausmaß der Währungsrisiken minimiert wird, oder asymmetrische Strukturen aufweisen, die das Potential an Währungsrisiken und die Störanfälligkeit hinsichtlich der Unternehmensergebnisse erhöhen. Da die Entscheidungen über die durchzuführenden Beschaffungsmaßnahmen auf ausländischen Märkten ebensowenig wie die Entscheidungen über die zu produzierenden und auf bestimmten ausländischen Märkten abzusetzenden Gütermengen und die Entscheidungen über Direktinvestitionen im Kompetenzbereich des Währungsmanagements als Teilaufgabengebiet des Finanzmanagements der Unternehmung liegen, ist das Entscheidungsfeld des Währungsmanagements in erster Linie auf zielführende Maßnahmen finanzwirtschaftlicher Art beschränkt. Auf die wünschenswerte Ausgewogenheit von beispielsweise Export- und Importvolumina nach Währungen kann das Währungsmanagement zwar die für den operativen (= nichtfinanzwirtschaftlichen) Bereich zuständigen Entscheidungsträger hinweisen, jedoch angesichts der Marktverhältnisse in der Regel nicht wirksam beeinflussen.

1.2 Währungsrisiken und Währungschancen

Währungsrisiken und Währungschancen betreffen ausschließlich die *finanzwirtschaftliche* Sphäre der Unternehmung. An diesem Sachverhalt ändert auch der Abschluß von sog. Kompensationsgeschäften (Verbundgeschäften) nichts, die zwar vordergründig einen Realgütertausch zwischen in- und ausländischen Geschäftspartnern darstellen (siehe 3.1.2), jedoch der Umrechnung der Realgütereinheiten in äquivalente Nominalgütereinheiten (= in- oder ausländische Währung) bedürfen und somit letztlich ebenfalls Wirkungen im finanzwirtschaftlichen Bereich zeigen. Das bedeutet, daß auch derartige Geschäfte Währungsrisiken ausgesetzt sind oder mit ihnen Währungschancen genutzt werden können.

1.2.1 Währungsrisiken

Das *Wesen* der Währungsrisiken besteht darin, daß unternehmerische Entscheidungen bezüglich grenzüberschreitender bzw. internationaler Aktivitäten die währungspolitischen Zielsetzungen der Unternehmung (siehe 1.5) verfehlen und mit dem teilweisen oder völligen Mißlingen der Entscheidung, das nicht vorhersehbar war, negative Konsequenzen finanzieller Art verbunden sind.

Die *Ursachen* für die Entstehung von Währungsrisiken liegen primär in der Ungewißheit begründet, in welche Richtung und in welchem Ausmaß sich die Austauschverhältnisse zwischen der inländischen Währung und der (den) ausländischen Währung(en) im Zeitablauf verändern und/oder ob sich Behinderungen im internationalen Devisenverkehr durch Eingriffe der Währungsbehörden ergeben und/oder ob Eventualrisiken mit Währungsrelevanz auftreten. Dementsprechend lassen sich grundsätzlich *Valutarisiken*,

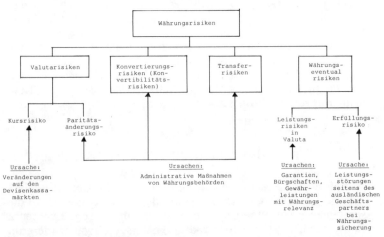

Abbildung 1: Systematik der Währungsrisiken und ihrer Ursachen

Konvertierungs-(Konvertibilitäts-) und *Transferrisiken* sowie *Währungseventualrisiken* unterscheiden (Abbildung 1). Wenn sich auch die Aufmerksamkeit der Unternehmensführung häufig vor allem auf die Valutarisiken und deren Beherrschung richtet, dürfen gleichwohl die verbleibenden möglichen negativen Auswirkungen der übrigen Währungsrisiken nicht unterschätzt werden, zumal diese bei Realisierung für die betreffende Unternehmung erhebliche Gefährdungen nach sich ziehen und insbesondere für kleine und mittlere Unternehmungen mit geringer Erfahrung im Währungsmanagement unter Umständen existenzbedrohend sein können.

Das häufig praktizierte *»Glattstellen« der Valutapositionen* (siehe dazu 1.4) in allen Währungen beseitigt nicht jegliches Währungsrisiko, wie das bei stark vereinfachender Betrachtungsweise regelmäßig unterstellt wird (siehe z. B. Arbeitskreis »Finanzierung«). In diesem Falle sind zwar Deckungslücken zwischen *Währungsaktiva* (= auf ausländische Währung lautende Vermögensgegenstände) und *Währungspassiva* (= auf ausländische Währung lautende Schulden) in jeder Währung sowohl bezüglich der Volumina als auch der zeitlichen Strukturen beseitigt und damit eine Hauptverlustquelle verschlossen. Dabei wird jedoch übersehen oder meist nicht ausreichend gewürdigt, daß Risiken anderer Art gleichwohl auftreten können und daher auch diesen Gefahren das Augenmerk des Finanzmanagements gelten muß. Zu denken ist in diesem Zusammenhang an eine nicht unrealistische Situation dergestalt, daß von ausländischen Währungsbehörden Transferbeschränkungen verfügt werden, die eine *Ungleichbehandlung* der Währungsaktiva und Währungspassiva zur Folge haben. Auf Grund der verhängten Devisenverkehrsbeschränkungen könnte die Unternehmung beispielsweise einerseits ihre Währungsforderungen nicht im geplanten Umfang realisieren, müßte also Einbußen hinsichtlich der geplanten Erlöse wegen teilweisen oder vollständigen Transferverbots oder wegen schleppender Transferabwicklung hinnehmen, andererseits wäre sie nicht von den Verpflichtungen zur termingenauen Erfüllung ihrer Währungsverbindlichkeiten befreit. Somit entstünde im Ergebnis eine ungeplante offene Währungsposition mit nicht unerheblichen Verlustmöglichkeiten, insbesondere dann, wenn die Unternehmung die betreffenden Währungsaktiva selbst fremdfinanziert hat und mangels ausreichender Erlöse den Kredit nicht oder nicht in vollem Umfang tilgen kann, gleichwohl aber zur laufenden Zinszahlung und zur Rückzahlung bei vereinbarter Fälligkeit verpflichtet bleibt. Einen noch stärkeren

Einschnitt würde die Aufhebung der Konvertierbarkeit der ausländischen Währung bedeuten, an deren Stelle ein System mehr oder weniger strenger und unelastischer devisenzwangswirtschaftlicher Maßnahmen träte.

Selbst wenn die Unternehmung versucht, Währungsrisiken in Form von Valutarisiken insofern auszuweichen, als sie *Rechnungsstellung (Fakturierung) in inländischer Währung* und Zahlung im Inland mit ihren Kontrahenten vertraglich vereinbart, so erstreckt sich dieser Risikoausschluß ebensowenig auf die Vorlaufphase dieser Abschlüsse (Angebotsphase, Verhandlungsphase) wie auf Fälle von Leistungsstörungen seitens des ausländischen Kontrahenten, wenn diesen objektive Gründe (z. B. Untersagung der vereinbarten Abwicklung in Inlandswährung durch die Währungsbehörden seines Landes) an der Erfüllung seiner vertraglichen Pflichten zur Leistung in inländischer Währung hindern. Abgesehen davon setzt die Fakturierung in Inlandswährung eine starke Verhandlungs- und Marktposition gegenüber dem ausländischen Kontrahenten voraus, die nicht immer gegeben ist. Fakturierung in Inlandswährung wird darüber hinaus nicht sinnvoll sein, wenn die Unternehmung in dasselbe Währungsgebiet sowohl exportiert als auch aus diesem Gebiet Importe bezieht.

Die vorstehenden exemplarischen Überlegungen zum Problembereich der Währungsrisiken machen deutlich, daß die Unternehmung durch Entscheidungen, die den *unternehmensinternen* Bereich betreffen, mögliche Gefährdungssituationen aus internationalen Aktivitäten unter bestimmten Voraussetzungen vollständig oder zumindest zum Großteil zu begrenzen in der Lage sein kann. Das ändert jedoch nichts an dem Sachverhalt, daß die Unternehmung auf die Gefährdungsfaktoren selbst, die *unternehmensexterner* Natur und zum Teil marktlich, zum Teil administrativ bedingt sind, nicht direkt gestaltend oder direkt verhindernd einzuwirken imstande ist und diese somit für sie Daten − allerdings mangels ausreichender Prognosemöglichkeiten in der Regel unbekannter Dimensionen − darstellen. Die Unternehmung kann daher bildlich gesprochen lediglich einen schützenden Schirm über Währungsaktiva und Währungspassiva entfalten, jedoch nicht von sich aus die Ursachen des Gefährdungspotentials aus internationalen Aktivitäten beseitigen.

1.2.1.1 Valutarisiken

Valutarisiken bedeuten die Gefahr einer Entwertung von Währungsaktiva der Unternehmung durch Abwertung der ausländischen Währung gegenüber der inländischen Währung *oder* bestehen in der Gefahr einer Werterhöhung von Währungspassiva durch Aufwertung der ausländischen Währung gegenüber der inländischen Währung. Die *Einwirkungsdauer* von Valutarisiken auf Währungsbestände (= Währungsaktiva und/oder Währungspassiva) beschränkt sich nicht nur auf die Dauer deren Besitzes. Sie beginnt für den (inländischen) *Exporteur* vielmehr bereits ab dem Zeitpunkt der Entscheidung, ein Exportgut auf der Basis des mit dem ausländischen Importeurs fest vereinbarten Preises in ausländischer Währung herzustellen und nach Fertigstellung an diesen zum vereinbarten Termin auszuliefern, oder ab dem Zeitpunkt der Entscheidung, bereits fertiggestellte Exportgüter an den ausländischen Importeur zu einem festen Preis in ausländischer Währung zu verkaufen, obwohl das Währungsaktivum sich für die Unternehmung erst mit der Fakturierung bei Auslieferung an den ausländischen Importeur konkretisiert. In beiden Fällen wird durch Devisenkursverschlechterungen der zum Zeitpunkt der Entscheidung kalkulierte Preis zwar in Auslandswährung, nicht aber im ursprünglich erwarteten Gegenwert in Inlandswährung realisiert. Abgesehen von den negativen Wirkungen auf den Unternehmenserfolg können sich zusätzlich Liquiditätsprobleme insofern ergeben, als die Unternehmung in den finanzwirtschaftlichen Planungsrechnungen diese Vorgänge mit den erwarteten Zahlungseingängen − ausgedrückt in Inlandswährung − erfaßt. Devisenkursverschlechterungen bewirken Verringerungen in der Höhe der Zahlungseingänge, deren Ausmaß nicht oder nicht exakt prognostizierbar ist.

Für den (inländischen) *Importeur* beginnt die Einwirkungsdauer von Valutarisiken ebenfalls ab dem Zeitpunkt der Entscheidung, ein Importgut eines ausländischen Herstellers zu einem in ausländischer Währung fest vereinbarten Preis abzunehmen und reicht bis zum Zeitpunkt der Fälligkeit dieser Verbindlichkeit, wobei der eigentliche Besitz des Währungspassivums erst mit Erhalt der Faktura (Warenrechnung) in Währung einsetzt. Da der Importeur jedoch seiner Entscheidung den zu diesem Zeitpunkt bekannten Preis in Valuta zu Grunde legt, können sich für ihn bei nachfolgenden Erhöhungen des Devisenkurses − gleichermaßen wie oben für den inländischen Exporteur dargestellt − negative Erfolgswirkungen und Liquiditätsprobleme einstellen, da er ein in Inlandswährung ausgedrücktes höheres Entgelt zu leisten hat und damit die Zahlungsausgänge höher ausfallen als geplant.

Im Falle der Entscheidung über *Direktinvestitionen* im Ausland ist der Bezugspunkt, welcher der Investitionsbeurteilung zu

Grunde liegt, für die Einwirkungsdauer von Valutarisiken maßgebend, da sowohl die in Auslandswährung erforderlichen Investitionsausgaben als auch die in Auslandswährung voraussichtlich erwirtschafteten und in das Inland ggf. zu transferierenden periodischen Rückflüsse auf diesen Zeitpunkt kalkuliert werden.

Bei reinen *Finanztransaktionen,* also Mittelaufnahmen von oder Mittelanlagen auf ausländischen oder internationalen Märkten, setzt die Einwirkungsdauer des Valutarisikos ebenfalls vor der tatsächlichen Verfügbarkeit oder der tatsächlichen Übernahme durch den Vertragspartner mit dem Zeitpunkt des Geschäftsabschlusses ein, sofern ein Umtausch der im Ausland aufgenommenen Kreditmittel in inländische Währung oder ein Umtausch der zur Anlage im Ausland dienenden inländischen Finanzmittel in Auslandsvaluta erforderlich wird.

In allen Fällen hängen das *Ausmaß* und die *Häufigkeit* des Eintretens der angeführten Wertänderungen von der Gestaltung der *Währungsordnung* ab (siehe im einzelnen 1.3): Sind die betreffenden Währungen durch *feste* Devisenkurse miteinander verbunden, so bestehen *Paritäten,* deren Veränderung nur durch Maßnahmen der Währungsbehörden bewirkt werden kann. Im Falle derartiger Gefährdungen, die jeweils in mehr oder weniger langen Zeitabständen auftreten bzw. zu erwarten sind, liegen *Paritätsänderungsrisiken* vor. Bestehen jedoch *frei flexible (floatende)* Devisenkurse, deren Veränderungen laufend auf Grund der jeweiligen Angebots-/Nachfrageverhältnisse an den Devisenkassamärkten erfolgen, sind *Kursänderungsrisiken* gegeben. Bei Devisenkurssystemen mit *begrenzt flexiblen* Kursen können sowohl Paritätsänderungsrisiken als auch Kursrisiken, letztere allerdings in – durch die Schwankungsbreite um einen festgelegten (bilateralen) Leitkurs – begrenztem Umfang, auftreten, so daß die Valutarisiken im ersten Fall administrativen, im zweiten Fall marktlichen Ursprungs sind (siehe 1.3.2.3.2).

1.2.1.2 Konvertierungsrisiken (Konvertibilitätsrisiken)

Konvertierungsrisiken bestehen in der Gefahr des Verlustes der Möglichkeit bislang uneingeschränkten Austausches von Guthaben des Auslandes, insbesondere der Umwandlung von auf ausländische Währung lautenden und an einem ausländischen Platz zahlbaren Forderungen (= *Devisen),* in inländische Währung und der freien Verfügbarkeit über Guthaben des Auslandes.

In diesem Zusammenhang sind allerdings verschiedene Aspekte der *Konvertierbarkeit (Konvertibilität)* zu unterscheiden (siehe Veit, 783 ff.):
- *De iure-* und *de facto*-Konvertierbarkeit:
Dieses Begriffspaar stellt auf den rechtlichen und wirtschaftlichen Charakter der *Konversion,* d. h. der Austauschbarkeit von Währungen zu einem bestimmten Kurs, der entweder als Parität festgelegt sein kann oder sich marktlich bildet, ab. De facto-Konvertibilität setzt in der Regel die de iure-Konvertibilität, die von den zuständigen nationalen Währungsinstanzen (gegenüber dem IWF) verbindlich erklärt wird, voraus. Während die de iure-Konvertibilität (= *formale* Konvertibilität) somit das rechtliche Bindeglied zwischen zwei oder mehreren Währungen schafft, erweist sich die de facto-Konvertibilität (= *materielle* Konvertierbarkeit) als das wirtschaftliche Bindeglied. Letztere kann durch administrative Eingriffe durch die nationalen Währungsbehörden eingeschränkt werden, so daß de iure- und de facto-Konverbilität unterschiedlichen Umfang aufweisen. Je stärker in der Praxis Beschränkungen der Verwendung von Auslandsguthaben erfolgen, um so mehr verengt sich die Konvertierung auf ihren rein rechtlichen Charakter.
- *Vollkonvertierbarkeit* und *Teilkonvertierbarkeit:*
Bei unbeschränkter Konvertibilität können *Devisen* und *Sorten* (= ausländisches Zentralbankgeld in Form von Banknoten und Münzen) ohne jegliche Begrenzung und ohne jede Genehmigung von einer Währung in eine (mehrere) andere Währung(en) umgetauscht werden *(Vollkonvertierbarkeit).* Bestehen jedoch Beschränkungen oder Genehmigungsvorbehalte (z. B. Notwendigkeit der Erteilung von Sondergenehmigungen) hinsichtlich der Volumina und der Zeiträume des Währungsumtausches und/oder bezüglich des austauschberechtigten Adressatenkreises (Gebietsfremde/Gebietsansässige) und/oder bezüglich der dem Währungsumtausch zu Grunde liegenden Warengeschäfte (Import-/Exportkontingente), ist *Teilkonvertierbarkeit* gegeben. Die angeführten Sachverhalte lassen sich auch als *unbeschränkte* und *beschränkte* Konvertierbarkeit kennzeichnen.
- *Ausländerkonvertierbarkeit* und *Inländerkonvertierbarkeit:*
Beschränkungen der Konvertierbarkeit erfolgen nicht selten in der Weise, daß die Konvertierbarkeit hinsichtlich des Status desjenigen, der die Konversion vornimmt, unterschiedlich geregelt ist. So kann die Konversion grundsätzlich auf Auslän-

derkonten beschränkt werden (*Ausländerkonvertierbarkeit*), während sie − um beispielsweise der Kapitalflucht in das Ausland zu begegnen − Inländern verwehrt ist, d. h. *Inländerkonvertierbarkeit* überhaupt nicht oder nur im Ausnahmefall auf Grund von Sondergenehmigungen erlaubt ist. Derartige Regelungen bewirken eine Einschränkung des freien Kapitalverkehrs und beeinträchtigen die Freizügigkeit von Finanztransaktionen inländischer Unternehmungen bezüglich internationaler Finanzmittelmärkte.

Das Konvertierungsrisiko in seiner *extremen* Ausprägung äußert sich zweifellos in der Aufhebung jeglicher Konversionsmöglichkeit, sei es für einen längeren Zeitraum, sei es auch nur als vorübergehendes Außenwirtschaftshindernis. Alle anderen minder schwerwiegenden Konversionsbeschränkungen stellen Abstufungen der Konvertierbarkeit im Sinne der oben erörterten Erscheinungsformen dar.

Deregulierungsmaßnahmen und die Liberalisierung des Kapitalverkehrs zum 1. 7. 1990 innerhalb der EG haben bezüglich der wichtigsten Industrieländer das Problem der Konvertierungsrisiken stark reduziert. Gleichwohl sehen die EG-Regularien eine *Schutzklausel* vor, die bei bestimmten Störungen *Schutzmaßnahmen* erlaubt (Beschränkung auf sechs Monate und Genehmigung durch die EG-Kommission). Bei zahlungsbilanziellen Problemen können darüber hinaus Maßnahmen nach Art. 108, 109 und 73

	United Kingdom	United States	Japan	Germany	France	Switzerland
Scope of activity	−	Glass Steagall separation of banking/securities business. Restrictions on interstate banking.	Article 65 separating banking/securities business. 3 bureaux agreement restricting bank involvement in euroyen issue. Separation of city, long-term and trust banking.	Only banks may become Stock Exchange members.	−	−
Bond issuance	Eurosterling bond issues to be made in United Kingdom.	Strict disclosure and registration requirements on domestic issues. Restrictions on resale of private placement bonds (some easing proposed).	Limits on corporate issues, minimum maturities and eligible issuers.	DM bond issues must be made in Germany. Strict disclosure and credit quality requirements for domestic bonds. Non-residents not permitted to buy certain types of government bond.	−	Swiss franc bond issues must be made in Switzerland. Restrictions on private placements.
Other restrictions	Stamp duty.	Seasoning restrictions. Bank reserve requirements (IBFs exempt).	Window guidance (indicative). Seasoning restrictions. Withholding taxes. Minimum commissions. Transaction taxes. Rates on retail deposits.	Bank reserve requirements. Stock exchange turnover tax. Absence of short term paper markets. Limited official stock exchange trading hours. Tight regulation of insurance.	Bank reserve requirements. Ban on interest bearing current accounts.	Stamp duty. Restrictions under bank cartels (fixed brokerage, price fixing in forex and custodian business, syndicate to issue public bonds)— currently under parliamentary challenge.

Abbildung 2: Restbeschränkungen der Freizügigkeit auf Finanzmärkten ausgewählter Länder (Quelle: Bank of England, Quarterly Bulletin, 1989, 522)

EWG-Vertrag in Betracht kommen. In der Bundesrepublik Deutschland ist die Freizügigkeit des Außenwirtschaftsverkehrs und insbesondere des Kapitalverkehrs mit dem Ausland im Außenwirtschaftsgesetz 1961 grundsätzlich verankert, nachdem mit Wirkung vom 29. 12. 1958 die Konvertibilität der Deutschen Mark hergestellt und damit die Devisenbewirtschaftung aufgehoben worden war. Letzte geringfügige de facto-Beschränkungen entfielen 1981 und zuletzt 1984 (siehe MDB 7/1985, 18).

1.2.1.3 Transferrisiken

Transferrisiken manifestieren sich in der Gefahr des administrativen Eingriffes in *laufende* zwischenstaatliche (internationale) *Zahlungsverkehrsabwicklungen* der Unternehmung trotz grundsätzlich bestehender Konvertibilität. Es handelt sich dabei nicht um Anordnungen und Beschränkungen, die – wie in Abbildung 2 dargestellt – bereits grundsätzliche Beschränkungen der Konvertierbarkeit bedeuten, wenn auch nicht zu verkennen ist, daß bei dauerhafter Installation derartiger Transferbeschränkungen Einschränkungen der Konvertierbarkeit vorliegen bzw. in diese münden können. Die Grenzen zwischen Transfer- und Konvertierungsrisiko sind somit fließend und nicht immer eindeutig zu ziehen.

Das *Extremrisiko* würde in diesem Zusammenhang für die Unternehmung darin bestehen, daß bereits ausgelöste Zahlungsverkehrsvorgänge durch administrativen Eingriff, z. B. der zuständigen ausländischen Zentralnotenbank, unterbrochen und die Valuta bei dieser für mehr oder weniger lange Zeit »eingefroren« wird. In diesem Falle erhält ein inländischer Exporteur, dessen ausländischer Schuldner frist- und volumensgerecht seine Zahlung über den offiziellen Zahlungsverkehrsweg auf den Weg gebracht hat, sein Entgelt entweder überhaupt nicht oder stark verzögert (jahrelange Zahlungsstockungen sind dabei keine Seltenheit) und dann noch in der Regel in vermindertem Umfang (als »Entschädigungsleistung«) ohne Zinsausgleich. Erfahrungen mit dieser Erscheinungsform des Transferrisikos mußten beispielsweise im Frühjahr 1977 über 1000 deutsche Unternehmungen mit rund 800 Mio. DM nicht öffentlich verbürgten Forderungen – trotz dokumentärer Zahlungssicherung (siehe dazu Eilenberger 1986, 249 ff.) – gegenüber Abnehmern in der Türkei machen, als die türkische Zentralbank alle Zahlungen in Devisen an ausländische Gläubiger stornierte. Nach drei Jahren erklärte sich die türkische Regierung bereit, die Forderungen der Gläubiger zumindest mit vier Prozent zu verzinsen. Seit März 1985 werden die unverbürgten ausländischen Forderungen in Jahresraten mit Endtermin 1990 abgetragen. Als Alternativen wurde der Ankauf von Türkei-Forderungen (aus türkischen Exporten) − allerdings mit Abschlägen bis zu 80% zu Lasten des Käufers − und die Investition des eingetragenen Forderungsbetrages in türkische Touristenprojekte angeboten (zu einem Dollarkurs, der dem halben Wert des tatsächlichen Kurses entsprach).

Grundsätzlich bedeuten auch mildere Formen von Transferbeschränkungen unter Umständen Einbußen bezüglich der Freizügigkeit der Zahlungsverkehrsabwicklung und des Unternehmenserfolges, wenn die Zahlungen auf Anordnung der Währungsbehörde anstatt über den ggf. kostengünstigeren (und schnelleren) Interbank-Zahlungsverkehr über die *Konten der Zentralnotenbank* zu leisten sind, wobei bürokratische Hindernisse und Schwerfälligkeiten der Abwicklung sowie höhere Gebühren sowohl Liquiditäts- als auch Erfolgswirkungen negativer Art zeitigen.

Charakteristika von Transferbestimmungen weisen auch diejenigen Kapitalverkehrsbeschränkungen auf, die als *Bardepots* bekannt sind, und zwar deshalb, weil in diesem Falle sämtliche internationalen Zahlungen ausschließlich über die Konten der Zentralbank oder zumindest unter ihrer Kontrolle abgewickelt werden und für die Unternehmung nicht der volle Zahlungsbetrag zur Verfügung steht. Eine derartige Variante der Bardepotpflicht verhängte die deutsche Bundesregierung mit Wirkung vom 1.1.1972 (Rechtsgrundlage AWG und §§ 69a, 69b und 69c AWVO). Demnach hatten Gebietsansässige von den *Kreditaufnahmen* im Ausland einen bestimmten Prozentsatz (*Bardepotsatz)* bei Einräumung eines Freibetrages von zunächst 2 Mio. DM (später 500 000 DM, 50 000 DM und 100 000 DM) zinslos in DM auf einem Konto der Bundesbank zu halten. Zweck der Bardepotpflicht, die erst im September 1974 wegfiel, war die Verteuerung der Kreditaufnahme.

Die Einführung von Bardepots bleibt jedoch nicht auf reine Finanztransaktionen beschränkt, sondern kann auch bezüglich von *Außenhandelsleistungen* erfolgen. Derartige Beschränkungen können in verschiedensten Variationsformen in Erscheinung treten. Zur Kontrolle und Reduzierung von Importen wird beispielsweise verfügt, daß *Importeure* je nach Warengruppe einen bestimmten Prozentsatz (40% − 80%) des cif-Wertes der importierten Warenmenge (in Devisen) im voraus auf die Dauer eines halben Jahres zinslos bei der Zentralbank zu deponieren haben; die Vorauszahlung darf in der Regel nicht durch Kreditaufnahme finanziert sein. Dadurch werden auch Überliquiditäten im Handelssektor abgeschöpft. Die Variante auf der Exportseite besteht darin, daß *Exporteure* zu einer Vorfinanzierung des Exportgeschäfts in Höhe von 25% des Ausfuhrwertes in Devisen bei der Zentralbank gehalten sind.

1.2.1.4 Währungseventualrisiken

Währungseventualrisiken können grundsätzlich in zwei Gruppen von Erscheinungsformen auftreten, nämlich in Form des Leistungsrisikos (in Valuta) und in Form des Erfüllungsrisikos. Das gemeinsame Merkmal dieser Risiken besteht darin, daß es sich um Gefährdungen für den finanzwirtschaftlichen Bereich der Unternehmung aus internationalen Aktivitäten, die keinen Eingang in die Finanzplanung und die Finanzbuchhaltung finden können, handelt.

Erfüllungsrisiken stehen in Zusammenhang mit der Unsicherheit über den Umfang der künftigen *Zahlungseingänge* in Devisen (siehe auch Corti, 56) und bedeuten die Gefahr, daß infolge Leistungsstörung seitens des ausländischen Kontrahenten trotz vorgenommener Kurssicherung der Zahlungseingang geringer als erwartet ausfällt, die inländische Unternehmung gleichwohl ihren Verpflichtungen aus dem Kurssicherungsgeschäft (Devisenterminkontrakt) nachkommen muß und nur durch Devisenkauf am Kassamarkt (zu höheren als erwarteten Kursen) mit Verlust einen Ausgleich des Mindereingangs an Zahlungsmitteln (Devisen) herbeiführen kann.

Leistungsrisiken treten insofern und insoweit auf, als Zahlungsausgänge in Valuta im Falle der Inanspruchnahme aus abgegebenen Garantien und erklärten Bürgschaften sowie der zu erfüllenden Gewährleistungsverpflichtungen (auf Grund gesetzlicher oder vertraglicher Ansprüche) zu Gunsten des (der) ausländischen Kontrahenten notwendig werden, die entweder nicht geplant oder deren Ausmaß höher als erwartet ist und daher Devisen in entsprechendem Umfang auf dem Devisenkassamarkt zu beschaffen sind. Die Unternehmung trägt dabei sowohl das Beschaffungsrisiko, das bei bestimmten Währungen durchaus beachtlich sein kann, und die von der Abwicklung der Eventualverbindlichkeit in Devisen initiierten Valuta- und/oder Konvertierungs- bzw. Transferrisiken. Zum anderen bewirken Vertragsverhandlungen, die Abgabe von

Angeboten u. ä. Vorgänge, die vor Abschluß des eigentlichen (buchungs- bzw. bilanzwirksamen) Geschäftsvorfalls mit ausländischen Geschäftspartnern erfolgen, bereits ein Währungseventualrisiko.

1.2.2 Währungschancen

Während das Spektrum der Währungsrisiken breit gefächert ist, erscheint dies für Währungschancen nicht in demselben Umfang gegeben bzw. praktisch relevant zu sein. Vielmehr reduzieren sich die Möglichkeiten, aus der Gestaltung der Währungsordnung und deren Veränderungen bei internationalen Aktivitäten Vorteile zu erzielen, im wesentlichen auf den Bereich der *Valutachancen,* insbesondere der *Kurschancen.* Zwar können auch die Aufhebung oder Lockerung von verhängten Transferbeschränkungen oder verfügten Konvertierungsrestriktionen positive Aspekte für künftige internationale Aktivitäten aufweisen, deren Effekte bleiben jedoch hinter den durch Ausnutzung der Kursvolatilität in flexiblen Devisenkurssystemen gegebenen Gewinnchancen zurück. Auch bezüglich der Anzahl der Variationsmöglichkeiten für Konvertierungs- und Transfererleichterungen innerhalb eines bestimmten Zeitraumes ergeben sich im Vergleich zu täglichen Devisenkursänderungen nur eine begrenzte Anzahl von »Spekulationsmöglichkeiten«. Gleichwohl bestehen diese grundsätzlich und sind beispielsweise in Zusammenhang mit der Variation von Zahlungszielen zu beobachten, wenn Gerüchte über entsprechende Lockerungen der Devisenverkehrsregelungen auftauchen oder Erwartungen auf Grund der wirtschaftlichen Verhältnisse oder des Verhaltens der zuständigen Währungsinstanzen darauf schließen lassen. Insbesondere Importeure könnten dann ihre Zahlungen in der betreffenden Währung hinauszögern oder Exporteure würden entsprechend auf ihre ausländischen Geschäftspartner einwirken. Bezüglich der Währungseventualrisiken allerdings sind Chancen nicht erkennbar.

Trotz grundsätzlich bestehender *Kurschancen* scheinen *deutsche Exporteure* nicht viel von dieser Möglichkeit zur Verbesserung des Unternehmensergebnisses und der Liquiditätssituation zu halten. Eine Aufgliederung der neu entstandenen deutschen Ausfuhrforderungen nach Währungen (Tabelle 1) zeigt nämlich, daß im Zeitraum 1976 – 1989 regelmäßig rund 80% der Forderungen in DM fakturiert sind, damit zwar jegliches Valutarisiko, aber auch jede Kurschance ausgeschlossen ist. Eine Rechnungsstellung in $ erfolgte demgegenüber im Durchschnitt nur im Umfang von rd. 7%, in Schweizer Franken sogar nur 0,5% der Ausfuhrforderungen, obwohl gerade diese Währungen häufig größere Perioden mit steigenden Devisenkursen aufwiesen (siehe Abb. 18 für den US-$) und zum Teil nicht unerhebliche Valutachancen eröffneten. Das Außenhandelsvolumen gegenüber diesen Ländern hätte durchaus höhere Anteile an Rechnungsstellung in $ oder SFR zugelassen (siehe

Jahr	Währung (%) DM	US-$	£	SFR	FF	BFR	HFL	LIT	Sonstige
1976	86,9	5,0	1,2	0,6	2,1	0,7	0,9	1,1	1,5
1977	86,0	6,2	1,1	0,5	2,1	0,7	0,9	1,0	1,6
1978	83,6	7,4	1,3	0,5	2,3	0,8	1,1	1,0	2,1
1979	82,6	7,3	1,5	0,5	2,6	0,8	1,1	1,3	2,4
1980	82,5	7,2	1,4	0,5	2,8	0,9	1,2	1,3	2,2
1981	82,2	7,6	1,3	0,5	2,8	0,9	1,1	1,3	2,3
1982	83,2	6,7	1,3	0,5	2,8	0,9	1,1	1,2	2,3
1983	82,6	7,0	1,5	0,5	2,8	0,9	1,2	1,4	2,3
1984	79,3	9,7	1,7	0,5	2,8	0,9	1,1	1,5	2,5
1986	81,5	7,7	1,7	0,5	2,7	0,7	0,9	1,5	2,8
1987	81,5	7,4	1,8	0,6	2,5	0,7	0,9	1,7	2,9
1988	79,2	8,1	2,0	0,6	3,3	1,0	1,0	1,8	2,9
1989	79,3	7,5	2,6	0,6	3,4	0,8	0,9	1,8	3,0

Tabelle 1: Währungsmäßige Aufgliederung neu entstandener deutscher Ausfuhrforderungen 1976 – 1989 (Quelle: Deutsche Bundesbank) *) Davon 0,45 YEN.

Tabelle 2): Der Anteil der Ausfuhr (fob) in die USA betrug Ende 1984 7,3% und in die Schweiz 5,9%; dabei sind die weiteren Möglichkeiten zur Fakturierung in $ gegenüber anderen Ländern unberücksichtigt.

Allerdings scheint die Einstellung zu Valutachancen mit der Höhe der Auslandsforderungen zu korrespondieren (und vermutlich mit der Unternehmensgröße): Das Verhältnis der Forderungen deutscher Unternehmungen gegenüber dem Ausland, die über mehr als 500 000 DM lauten und in DM oder in ausländischer Währung fakturiert sind, beträgt nämlich rd. 70% zu 30%. Für die langfristigen Forderungen deutscher Unternehmungen aus Finanzkrediten an das Ausland ergibt sich ein Verhältnis von 54% (DM) zu 46% (ausländische Währung), für die kurzfristigen Forderungen ein solches von 21% (DM) zu 79% (ausländische Währung) Ende 1989 (Quelle: Deutsche Bundesbank, Stat. Beihefte, Reihe 3, 6/1990, 72 ff.). Diese Werte zeigen somit, daß bezüglich

Land	Ausfuhr (fob)		Einfuhr (cif)	
	Mrd.DM	%	Mrd.DM	%
Frankreich	84,4	13,1	60,4	11,9
Großbritannien	59,5	9,3	34,7	6,8
Niederlande	54,5	8,5	52,0	10,3
Italien	59,8	9,4	45,2	8,9
Belgien u. Luxemburg	45,9	7,3	34,9	6,9
Dänemark	12,3	1,9	9,2	1,8
Griechenland	6,4	1,0	3,5	0,7
Irland	2,9	0,4	4,4	0,9
Portugal	5,5	0,9	4,0	0,8
Spanien	21,7	3,4	10,5	2,1
EG-Länder	352,9	55,2	258,8	51,1
USA	46,6	7,3	38,2	7,5
Schweiz	38,1	5,9	21,2	4,2
Österreich	35,3	5,5	21,0	4,1
Schweden	18,3	2,9	12,8	2,5
Japan	15,2	2,4	32,2	6,4
Staatshandelsländer	29,3	4,5	24,9	4,9
OPEC-Länder	16,4	2,6	12,4	2,4
Entwicklungsländer	45,3	7,1	49,8	9,8

Tabelle 2: Exporte der Bundesrepublik Deutschland in ausgewählte Länder und Ländergruppen Ende 1989 (Quelle: Stat. Beihefte, Reihe 3, 6/1990, 10)

der angeführten Gruppen von internationalen Aktivitäten die Möglichkeiten zur Wahrnehmung von Valutachancen in erheblich größerem Maße bestehen, wenn auch das veröffentlichte Zahlenmaterial keine Aufschlüsse darüber zuläßt, in welchem Umfang Kurssicherungsgeschäfte für die auf fremde Währung lautenden Forderungen erfolgten.

Im Gegensatz zu den Exporteuren scheinen auf den ersten Blick deutsche *Importeure* stärker zu einer Wahrnehmung von Valutachancen zu tendieren, weist doch die währungsmäßige Aufgliederung der deutschen Einfuhrzahlungen (siehe Tabelle 3) im langjährigen Durchschnitt DM-Fakturierungen von rund 47% der Gesamtfakturierungen aus.Die Erklärung für diese Beobachtungen ist allerdings weniger in einem höheren Wagemut oder einer spekulativeren Einstellung der deutschen Importeure, sondern in der stärkeren Marktstellung der ausländischen Exporteure zu sehen, die es letzteren ermöglicht, ihre Fakturierungsvorstellungen in ausländischen Währungen durchzusetzen. Obwohl die Importe aus den USA nur einen Einfuhranteil (in cif-Werten) von 7,5% ausmachen, betragen die $-Fakturierungen im langjährigen Durchschnitt rd. 28%. Dies weist darauf hin, daß auch nicht-amerikanische Exporteure in nicht geringem Umfang auf $ lautende Rechnungen stellen. Darüber hinaus zeigen die sonstigen Währungen (letzte

Jahr \ Währung (%)	DM	US-$	£	SFR	FF	BFR	HFL	LIT	Sonstige
1976	42,0	31,3	3,2	1,7	3,9	1,7	2,5	3,1	10,6
1977	44,2	30,6	3,0	1,7	3,7	1,7	2,3	2,1	10,8
1978	46,1	28,5	3,3	2,1	3,7	1,7	2,4	2,4	9,8
1979	43,7	30,5	3,2	1,7	3,4	1,7	2,1	2,9	10,8
1980	43,1	32,3	3,4	1,6	3,3	1,6	2,0	2,4	10,4
1981	42,9	32,3	3,7	1,6	3,0	1,2	1,9	2,0	11,3
1982	44,6	31,3	2,5	1,6	3,4	1,0	1,7	2,0	12,4
1983	46,1	28,8	2,7	1,5	3,5	.	1,6	1,8	14,0
1984	47,0	29,1	2,4	1,5	3,6	.	1,5	1,7	13,1
1986	51,7	23,1	2,3	1,7	4,1	0,8	1,5	1,5	13,3
1987	52,4	22,0	2,6	1,7	3,9	0,8	1,3	1,5	13,5
1988	52,6	21,6	2,4	1,7	3,6	0,8	1,5	1,6	14,2
1989	52,7	22,5	2,6	1,7	4,0	0,7	1,4	1,8	12,3

Tabelle 3: Währungsmäßige Aufgliederung neu entstandener deutscher Einfuhrforderungen 1976–1989 (Quelle: Deutsche Bundesbank) *) Davon 2,0 YEN.

Spalte in Tabelle 3) gegenüber den korrespondierenden Exportforderungen deutscher Unternehmungen (Tabelle 1) einen relativ hohen Umfang, was Kompensationen der Währungen bei den einzelnen Unternehmungen (= Glattstellen von Währungspositionen durch Aufrechnung von Exportfordrungen mit Importverbindlichkeiten in bestimmten Währungen) erschwert.

1.3 Währungsordnung, Währungsmanagement und Währung

Die Beantwortung der Frage, ob und in welchem Ausmaß bezüglich der jeweiligen internationalen Aktivitäten der Unternehmung Währungsrisiken oder Währungschancen bestehen, hängt von der spezifischen Gestaltung der Währungsordnung des betreffenden Landes ab. Dabei ist grundsätzlich zwischen den Ländern, die sich dem Übereinkommen über den IWF von 1976 angeschlossen haben (siehe IWF-Gesetz vom 9.1.1978, BGBl. II 1978, 13), und den Nichtteilnehmern zu unterscheiden.

Die IWF-Mitglieder übernehmen gemäß Art. IV Abschn. 1 die allgemeine Verpflichtung, in Zusammenarbeit mit dem IWF und den anderen Mitgliedern geordnete Wechselkursregelungen zu gewährleisten und ein stabiles Wechselkurssystem insgesamt zu fördern. In Verfolgung dieser Zielsetzung soll jedes Mitglied
- bestrebt sein, seine Wirtschafts- und Währungspolitik unter angemessener Berücksichtigung seiner Situation auf das Ziel eines geordneten Wirtschaftswachstums bei angemessener Preisstabilität auszurichten;
- um Stabilität bemüht sein, indem es geordnete Wirtschafts- und Währungsverhältnisse und ein Währungssystem anstrebt, das nicht dazu neigt, erratische Störungen auszulösen;
- Manipulationen der Wechselkurse oder des internationalen Währungssystems mit dem Ziel, eine wirksame Zahlungsbilanzanpassung zu verhindern oder einen unfairen Wettbewerbsvorteil gegenüber anderen Mitgliedern zu erlangen, vermeiden und
- eine Wechselkurspolitik verfolgen, die mit diesen Verpflichtungen vereinbar ist.

Als *Wechselkursregelungen* sind gemäß Art. IV Abschn. 2b IWF-Übereinkommen folgende *Grundtypen* zulässig:
- Aufrechterhaltung des Wertes einer Währung durch das betreffende Mitgliedsland in Sonderziehungsrechten (SZR) oder in einem anderen vom Mitglied gewählten Maßstab außer Gold;
- Gemeinschaftsregelungen, nach denen Mitgliedsländer den Wert ihrer Währungen im Verhältnis zum Wert der Währung oder Währungen anderer Mitglieder aufrechterhalten;
- andere Wechselkursregelungen nach Wahl des Mitgliedlandes.

Dementsprechend haben sich in der Praxis die in Abbildung 3 wiedergegebenen Devisenkurssysteme entwickelt. Die Entscheidung für eine bestimmte Währungsordnung schließt jedoch nicht aus, daß im Falle krisenhafter Zahlungsbilanzentwicklungen und des damit verbundenen Verlustes von Devisenbeständen – ebenso wie das für Nichtmitglieder möglich ist – Devisenbewirtschaftungen und damit devisenzwangswirtschaftliche Regelungen eingeführt werden. Gleichwohl dürfen sich IWF-Mitglieder nicht auf diskriminierende Währungsregelungen oder auf sog. multiple Kurspraktiken einlassen, sofern solche Regelungen oder Praktiken nicht nach dem IWF-Übereinkommen zulässig oder vom IWF genehmigt sind (Art. VIII Abschn. 3 IWF-Übereinkommen).

Bindung an				
den US-Dollar	den französischen Franc	eine sonstige Währung	das SZR	eine sonstige Währungskombination 1)
Äthiopien	Äquatorialguinea	Bhutan (indische Rupie)	Burundi	Algerien
Afghanistan	Benin	Kiribati (australischer Dollar)	Iran, Islamische Republik	Bangladesch
Angola	Burkina Faso	Lesotho (südafrikanischer Rand)	Libysch-Arabische Dschamahirija	Botsuana
Antigua und Barbuda	Côte d'Ivoire	Swasiland (südafrikanischer Rand)	Myanmar	Fidschi
Bahamas	Gabun	Tonga (australischer Dollar)	Ruanda	Finnland
Barbados	Kamerun		Sambia	Island
Belize	Komoren		Seschellen	Israel
Dominica	Kongo			Jordanien
Dominikanische Republik	Mali			Kap Verde
Dschibuti	Niger			Kenia
Grenada	Senegal			Kuwait
Guyana	Togo			Malawi
Haiti	Tschad			Malaysia
Honduras	Zentralafrikanische Republik			Malta
Irak				Mauritius
Jamaika				Mosambik
Jemen				Nepal
Jemen, Demokratischer				Norwegen
Liberia				Österreich
Nicaragua				Papua-Neuguinea
Oman				Polen
Panama				Rumänien
Peru				Salomonen
Sierra Leone				Samoa
St. Kitts und Nevis				São Tomé und Príncipe
St. Lucia				Schweden
St. Vincent und die Grenadinen				Simbabwe
Sudan				Somalia
Suriname				Tansania
Syrien				Thailand
Trinidad und Tobago				Uganda
Vietnam				Ungarn
				Vanuatu
				Zypern

Begrenzte Flexibilität		Größere Flexibilität		
gegenüber einer einzelnen Währung 2)	Gemeinschaftliche Wechselkursregelungen 3)	Anpassung nach verschiedenen Indikatoren 4)	Sonstiges kontrolliertes Floating	Unabhängiges Floating
Bahrain	Belgien	Brasilien	Ägypten	Argentinien
Katar	Dänemark	Chile	China	Australien
Saudi-Arabien	Deutschland, Bundesrepublik	Kolumbien	Costa Rica	Bolivien
Vereinigte Arabische Emirate	Frankreich	Madagaskar	Ecuador	Gambia
	Irland	Portugal	El Salvador	Ghana
	Italien		Griechenland	Großbritannien und Nordirland
	Luxemburg		Guinea	Guatemala
	Niederlande		Guinea-Bissau	Japan
	Spanien		Indien	Kanada
			Indonesien	Libanon
			Jugoslawien	Malediven
			Korea, Republik	Neuseeland
			Laotische Demokratische Volksrepublik	Nigeria
			Marokko	Paraguay
			Mauretanien	Philippinen
			Mexiko	Südafrika
			Pakistan	Uruguay
			Singapur	Venezuela
			Sri Lanka	Vereinigte Staaten
			Türkei	Zaire
			Tunesien	

*) Die Wechselkursregelungen wurden Veröffentlichungen des IWF entnommen. Der IWF erstellt derartige Übersichten auf Grundlage der Meldungen seiner Mitgliedsländer, zu denen sie nach Artikel IV des IWF-Übereinkommens verpflichtet sind. Für Länder mit sog. differenziertem Kurssystem bezieht sich die Wechselkursregelung auf den wichtigeren Markt.- 1) Orientierung an verschiedenen Währungskörben.- 2) Begrenzte Flexibilität gegenüber dem US-Dollar.- 3) Europäisches Währungssystem.- 4) Relativ häufige Anpassungen aufgrund von Indikatoren, die von dem jeweiligen Land festgelegt werden.

Abbildung 3: Grundtypen von Devisenkursregelungen und beteiligte Staaten, Stand 31.12.1989 (Quelle: Stat. Beihefte, Reihe 5, 2/1990)

1.3.1 Bindung an bestimmte Währungen (Feste Paritäten)

In diesem Fall der Devisenkursregelung erfolgt die Bindung der inländischen Währung (Landeswährung) an eine bestimmte andere (ausländische) Währung (z. B. US-$, französische Franc, SZR oder an eine Währungskombination anderer Art) im Sinne *fester bilateraler Währungsparitäten*. Dabei macht die gebundene Währung nicht alle Bewegungen der Bezugswährung mit. Vielmehr wird über die Änderung des Kurses der Landeswährung in der Regel einseitig (unilateral) entschieden. Die Anpassungen werden entsprechend der wirtschaftlichen Situation des Landes, das sich für die Bindung entschieden hat, in mehr oder weniger großen Zeitabständen notwendig und entsprechen nicht unbedingt den jeweiligen wirtschaftlichen Gegebenheiten.

Grundsätzlich sieht Art. IV Abschn. 4 IWF-Übereinkommen alternativ die Einführung *fester, anpassungsfähiger Paritäten* als allgemeine Devisenkursregelung für den Fall vor, daß die internationale Wirtschaftslage einen solchen Schritt zuläßt und 85% der Stimmen der Mitgliedsländer dies für geboten halten. Der IWF trifft eine derartige Feststellung auf der Grundlage der in der Weltwirtschaft erreichten Stabilität und berücksichtigt dabei Preisbewegungen und Wirtschaftswachstumsraten in den Mitgliedsländern sowie im Lichte der Fortentwicklung des internationalen Währungssystems. Um ein »gutes« Funktionieren zu gewährleisten, sind besonders die Quellen der Liquidität zu beachten und Regelungen zu treffen, nach denen Mitglieder mit Zahlungsbilanzüberschüssen und solche mit Zahlungsbilanzdefiziten rasche, wirksame und symmetrische Anpassungsmaßnahmen sowie Interventionen durchführen und die Behandlung von Ungleichgewichten vornehmen. Angesichts fundamentaler Unterschiede in den außenwirtschaftlichen Verhältnissen der überwiegenden Mehrzahl der Fondsmitglieder erscheint die Realisierung eines so gestalteten Paritätensystems in absehbarer Zukunft als sehr unwahrscheinlich.

Die gegenwärtig praktizierten Regelungen auf der Grundlage der Bindung an bestimmte Währungen weisen im allgemeinen in unterschiedlichem Ausmaß Elemente einer *Devisenzwangswirtschaft* auf, deren Wesen darin besteht, daß der Zahlungsverkehr und der Kapitalverkehr mit dem Ausland von einer staatlichen Verrechnungsstelle (Währungsbehörde) durchgeführt wird, die sich dazu der Mithilfe der Kreditinstitute bedient.

In der *strengen* Form der Devisenzwangswirtschaft, die aus der mangelnden Exportfähigkeit des betreffenden Staates resultiert, existiert kein Devisenmarkt. Der Kursbildungsmechanismus wird dadurch ersetzt, daß die Kursfestsetzung der Landeswährung gegenüber anderen Währungen nach zahlungsbilanzpolitischen oder sonstigen Gesichtspunkten administrativ erfolgt. *Mildere* Formen der Devisenzwangswirtschaft sehen die Anpassung der Landeswährung an die Bewegungen der Bezugswährung in bestimmten Zeitabständen vor. Da derartige Anpassungen ebenso wie die oben angesprochenen willkürlichen Festlegungen einerseits in der Regel nicht das tatsächliche Austauschverhältnis widerspiegeln, andererseits unter außenwirtschaftlichen Aspekten Ausnahmen für die Abwicklung bestimmter internationaler Aktivitäten durchaus erwünscht sein können, sind nicht selten *multiple Devisenkurse* (siehe das Beispiel in Abbildung 4) anzutreffen: Für verschiedene Teilbereiche des internationalen Wirtschaftsverkehrs und damit internationalen Zahlungsverkehrs werden unterschiedliche Kurse fixiert, also zum Beispiel für den Reiseverkehr ein anderer als für den Außenhandel oder − innerhalb des letzteren Bereichs − für

Land Hauptstadt Erdteil	Währung ISO-Währungscode	Kursart	Kurs	Errechneter Vergleichswert	
				1 DM = ... WE	100 WE = ... DM
1	2	3		4	5	6
Ägypten 1) (M) Kairo Afrika	Egyptian Pound (LE) Ägyptisches Pfund (ägypt£) = 100 Piasters (PT) = 1000 Milliemes	a) Kurs der Zentralbank für US-Dollar: Ankauf Verkauf Deutsche Mark: Ankauf (am 29.3.90) Verkauf b) Freimarktkurs für US-Dollar: Ankauf Verkauf Deutsche Mark Ankauf Verkauf	1 US-$ = 110,00000 PT 1 US-$ = 111,10000 PT 1 DM = 64,24107 PT 1 DM = 64,88348 PT 1 US-$ = 263,3288 PT 1 US-$ = 263,9871 PT 1 DM = 154,9448 PT 1 DM = 155,3322 PT	0,6492 0,6557 − − 1,5541 1,5580 − −	154,0364 152,5113 155,6637 154,1224 64,3454 64,1850 64,5391 64,3782
1	EGP				
Brasilien 1) (M) Brasilia Amerika	Cruzeiro (Cr$) 1) = 100 Centavos	a) Kurs der Geschaftsbanken fur US-Dollar: Ankauf Verkauf Deutsche Mark Ankauf Verkauf b) Freimarktkurs fur US-Dollar: Ankauf Verkauf Deutsche Mark Ankauf Verkauf	1 US-$ = 42,30 Cr$ 1 US-$ = 42,60 Cr$ 1 DM = 24,96 Cr$ 1 DM = 25,10 Cr$ 1 US-$ = 46,00 Cr$ 1 US-$ = 60,00 Cr$ 1 DM = 27,15 Cr$ 1 DM = 35,35 Cr$	24,9646 25,1416 − − 27,1483 35,4108 − −	4,0057 3,9775 4,0064 3,9841 3,6835 2,8240 3,6832 2,8289
23	BRE				

Abbildung 4: Multiple Devisenkurse am Beispiel Ägyptens und Brasiliens; Stand: 15. Mai 1990 (Quelle: Stat. Beihefte, Reihe 5, Nr. 2/1990)

den Import lebenswichtiger Güter ein anderer als für die Einfuhr von Luxuserzeugnissen.

In Anbetracht der unterschiedlichen Devisenkurswerte entstehen bei derartigen Systemen *graue* oder *schwarze Märkte,* auf denen die Devisen (außerhalb des betreffenden Staates) zu den tatsächlichen Kursen ausgetauscht werden. Wenn auch unter dem Aspekt des Währungsrisikos die Währungen von Ländern mit strenger Devisenzwangswirtschaft im Außenhandel von eher untergeordneter Bedeutung sind, weil sie im internationalen Zahlungsverkehr kaum Verwendung finden, ist gleichwohl zu berücksichtigen, daß die meisten Länder mit freiem internationalen Zahlungsverkehr über die Rechtsgrundlagen verfügen, um nötigenfalls zu devisenzwangswirtschaftlichen Maßnahmen schreiten zu können.

Für das *Währungsmanagement* von Unternehmungen erscheinen feste Paritäten, die erst nach mehr oder weniger langen Zeitabständen geändert werden, vordergründig als ideale Lösung zumindest des Valutaproblems, da Kursverluste nicht entstehen können, solange der einmal festgesetzte Kurs beibehalten wird, und damit eine sichere Kalkulationsgrundlage für die Zahlungsströme in Devisen zu bestehen scheint. Dabei ist in Kauf zu nehmen, daß auch Valutachancen ausgeschlossen sind. Zu bedenken bleibt jedoch, daß Änderungen der Paritäten oft erheblich sind, zumal sie vorangegangene Währungsverluste kompensieren müssen, weshalb dementsprechend die Verluste vornehmlich für Exporteure groß sein können. Inländischen Importeuren entsteht allerdings in diesem Zusammenhang eine Valutachance. Solche Änderungen sind zwar in der Regel auf Grund von Beobachtungen der Wirtschaftssituation des betreffenden Landes (Inflationsrate, Zahlungsbilanzentwicklung, Zinsniveau) in bestimmtem Umfang abzuschätzen, jedoch selten exakt zu prognostizieren. Sie hängen nämlich von den autonomen Entscheidungen der staatlichen Währungsbehörden bzw. von den Regierungen ab, weshalb der Außenstehende nur unzulänglich zu überschauen vermag, welche Überlegungen in deren Entscheidungsprozeß eingehen. Darüber hinaus sind Transfer- und Konvertierungsrisiken grundsätzlich in erheblichem Umfang gegeben.

1.3.2 Flexible Devisenkurse

Derartige Devisenkurssysteme sind durch die Existenz von Devisenmärkten charakterisiert, an denen sich die Devisenkurse zwischen der Landeswährung und den ausländischen Währungen grundsätzlich entsprechend der jeweiligen Angebots-/Nachfragestrukturen bilden können. Je nachdem, ob das Ausmaß der Devisenkursschwankungen unbegrenzt oder innerhalb bestimmter Grenzen beschränkt ist, wird zwischen »größerer« *Flexibilität,* d. h. frei floatenden oder frei beweglichen Devisenkursen, und »*begrenzter*« *Flexibilität,* d. h. beschränkt floatenden oder begrenzt beweglichen Devisenkursen, unterschieden. In diesem Zusammenhang sind darüber hinaus Kombinationen beider Spielarten *(Parallelmärkte)* insofern möglich, als für den Teilmarkt der *Außenhandelsleistungen* innerhalb bestimmter Bandbreiten stabile Devisenkurse und für den Teilmarkt der *Finanzbeziehungen* floatende Devisenkurse gelten *(Devisenmarktspaltung).*

1.3.2.1 Devisenmärkte

Der Austausch von Devisen kann sowohl an inländischen als auch an ausländischen *Devisenkassamärkten* erfolgen, wobei die Devisenarbitrage weitgehend für einen Ausgleich der Kursdifferenzen zwischen zwei oder mehreren Plätzen sorgt (wegen Einzelheiten siehe Fischer-Erlach 1986, 42 ff.). Die Transaktionen auf den Devisenkassamärkten sind dadurch gekennzeichnet, daß ihre Abwicklung (Kauf/Verkauf von Devisen einerseits, Entgeltzahlung /Abgeltung in Landeswährung oder in einer dritten Währung andererseits) innerhalb von zwei Werktagen vonstatten geht *(Devisenkassageschäfte).* Dagegen liegt ein *Devisentermingeschäft* vor, wenn die Zeitdauer zwischen Geschäftsabschluß und Erfüllung (als Termin oder Fälligkeit bezeichnet) längere Laufzeiten als zwei Werktage aufweist, wobei insbesondere Standardlaufzeiten (1-, 3-, 6-, 12-Monats-Termine) von Bedeutung sind, aber auch »gebrochene« Laufzeiten aller Art in Frage kommen. Entsprechend der Geschäftsarten kann zwischen dem Devisenkassamarkt und dem Devisenterminmarkt unterschieden werden (Abbildung 5).

1.3.2.1.1 Devisenkassamarkt

Der Devisenkassamarkt weist die Besonderheit auf, daß einerseits an *amtlichen Devisenbörsen* die Preisbildung für bestimmte zugelassene Währungen in Form *amtlicher Devisenkurse* börsentäglich erfolgt, andererseits ein *außenbörslicher Devisenkassamarkt* besteht, für dessen Abschlüsse, deren Umfang die Transak-

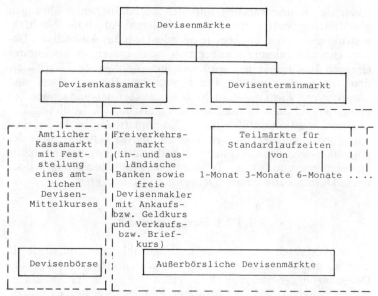

Abbildung 5: Devisenmarkt in organisatorischer Sicht

tionen an den Devisenbörsen erheblich übertrifft, die börslich gebildeten Kurse Leitfunktion aufweisen (siehe auch Nachbauer-Sturm/Pollak, 32).

Der *amtliche Devisenkassamarkt* umfaßt in der Bundesrepublik Deutschland derzeit 17 Währungen, die zur amtlichen Notiz zugelassen sind: Holländischer Gulden, belgischer Franc, französischer Franc, Schweizer Franken, kanadischer Dollar, dänische Krone, schwedische Krone, Pfund Sterling, US-Dollar, norwegische Krone, italienische Lira, Schilling, Escudo, Peseta, Yen, Finnmark und irisches Pfund. Zwar erfolgt der amtliche Devisenkassahandel grundsätzlich an den fünf Börsen in Frankfurt/Main, Hamburg, Düsseldorf, München und Berlin, jedoch weisen die letztgenannten vier Börsen gegenüber Frankfurt lediglich Zubringerfunktion auf (zur Technik des Devisenkassahandels siehe Eilenberger 1986, 235 f.).

Im *außerbörslichen Devisenkassamarkt* tauschen die Banken untereinander, die Banken mit Nichtbanken und ggf. die Nichtbanken mit anderen Nichtbanken (wobei die Akteure Großunternehmungen bzw. multinationale Unternehmungen sind) die benötigten Devisenbeträge, ohne den Börsenhandel einzuschalten, aus, wobei die Banken den Nichtbanken (Unternehmungen) in der Regel Ankaufs-(Geld-)Kurse und Verkaufs-(Brief-)Kurse in Rechnung stellen, die sowohl Spannen gegenüber den amtlichen Devisenkursen (wenn auf dieser Basis abgeschlossen wird) als auch Spannen auf Grund der jeweiligen Situation der »angerufenen« Bank sein können. Im außerbörslichen internationalen Devisenhandel stellen Devisenabschlüsse unter Benutzung des US-$ als *Transaktionswährung,* für die sog. *cross rates* gegenüber der umzutauschenden Währung im Rahmen eines indirekten Tausches zu ermitteln sind, im Gegensatz zum Direkthandel (»Währung gegen Währung«) den Regelfall dar (siehe Kleiner, 176 f.; Fischer-Erlach 1986, 32 ff.). Der Devisenkassahandel ist auf Grund dieser Gegebenheiten nicht auf Börsenzeiten beschränkt. Er erstreckt sich im Inland auf die gesamte Geschäftszeit der Banken, international und weltweit angesichts der Zeitunterschiede rund um die Uhr.

Das Ergebnis der börslichen Kursermittlungen kann grundsätzlich in Form des Devisenkurses oder des Wechselkurses in Erscheinung treten: Während unter *Devisenkurs* der in Inlandswährung ausgedrückte Preis je Einheit der ausländischen Währung verstanden wird (z. B. 1 $ = 2,50 DM), stellt der *Wechselkurs* den in ausländischer Währung ausgedrückten Preis je Einheit der Inlandswährung (Landeswährung) dar (z. B. 1 DM = 0,40 $). Mit Ausnahme des Platzes London ist international die *Preisnotierung* üblich (entweder für eine oder für 100 oder für 1000 Fremdwährungseinheiten), weshalb im folgenden ausschließlich der Begriff »Devisenkurs« gebraucht wird.

1.3.2.1.2 Devisenterminmarkt

Die Funktion des *Devisenterminmarktes* besteht ausschließlich darin, Kurssicherungsmöglichkeiten zu gewährleisten. Die Geschäfte werden zwischen Nichtbanken (z. B. Unternehmungen) und Banken sowie (zur Kurssicherung der Banken selbst) unter Banken abgeschlossen. Sie berühren damit die Devisenbörsen zwar nicht direkt, können jedoch gleichwohl indirekte Wirkungen auf die Entwicklung der Devisenkassakurse ausüben. Dies vor allem deshalb, weil die Banken die Kurssicherung in der Regel über Swapgeschäfte, d. h. eine Kombination von Devisentermin- und Devisenkassageschäften, vornehmen.

Die *Kursbildung* am *Devisenterminmarkt* erfolgt somit nicht auf der Basis bestimmter Angebots-/Nachfragestrukturen, wie das an Devisenbörsen der Fall ist, sondern hängt in erster Linie von den

Zinssatzdifferenzen zwischen den Geldmärkten der Landeswährung und der benötigten Auslandswährung (bei Euro-Währungen zwischen den korrespondierenden Euro-Geldmarktsätzen) ab, die sich in den *Swapsätzen* für die verschiedenen Termine bzw. *Swapsatzstellen* bilden.

a) Swapsätze

Da fundierte Kurssicherungsentscheidungen die Kenntnis gewisser Grundzusammenhänge der Bildung von Terminkursen und Swapsätzen voraussetzen, ist im folgenden auf die für das Währungsmanagement von Unternehmungen wesentlichen Aspekte der Kursbildung am Devisenterminmarkt einzugehen.

Die Devisenterminkurse, die im allgemeinen 1-, 2-, 3-, 6-, 12-Monats-Termine darstellen, weichen regelmäßig vom aktuellen Devisenkassakurs für dieselbe ausländische Währung ab. Liegt die dabei auftretende Differenz über dem Kassakurs, besteht ein *Terminaufschlag (Report)*, während ein *Terminabschlag (Deport)* im Falle des Unterschreitens des aktuellen Kassakurses gegeben ist. Ein Deport wird sich immer dann einstellen, wenn das Zinsniveau im ausländischen Währungsgebiet eine positive Differenz zum inländischen Zinsniveau aufweist. Im Falle des Reports sind die korrespondierenden Inlandszinsen höher als die Auslandszinsen für die entsprechenden Termine.

Als Oberbegriff für »Report« und »Deport« ist die Bezeichnung *Swapsatz* gebräuchlich. Für die Unternehmung sind die Swapsätze unter Banken von Bedeutung, da sie die Grundlage für die Berechnung der Kurssicherungskosten abgeben.

Stellt beispielsweise eine Unternehmung am 2. 7. auf Grund der veröffentlichten Swaps fest, der 1-Monats-$ werde unter Banken mit $-0{,}0003/0$ Swapstellen für *Geld* (= Nachfrage der Bank)/ *Brief* (= Angebot der Bank) gehandelt, so beträgt unter Banken bei einem an diesem Tag festgestellten Kassakurs von 1 $ = 1,6498 Geld und 1 $ = 1,6578 Brief der für die Unternehmung relevante *Bezugskurs,* nämlich der 1-Monats-$-Terminkurs (Brief) für 1 $ = 1,6578 DM (der für die Unternehmung relevante *Abgabekurs* beläuft sich auf 1,6495 DM/$). Dieser Satz erfährt allerdings je nach Marktlage gegenüber der Unternehmung einen Ab- oder Zuschlag, beispielsweise um 10 Swapstellen, so daß sich der für sie verbindliche 1-Monats-$-Terminkurs »Geld« auf 1,6485 und »Brief« auf 1,6588 DM stellt. Da es sich um die zu kalkulierenden Kurssicherungskosten handelt, ist häufig eine Umrechnung dieses *Swapsatzes* in einen *Jahresprozentsatz (S)* nach folgender Formel erforderlich:

$$S = \frac{(T-K) \cdot \frac{360}{t} \cdot 100}{K}$$

T drückt den Terminkurs, K den Kassakurs und t die Laufzeit des Termingeschäfts in Tagen aus. Bezogen auf die oben angeführten Zahlen ergibt sich daher der jahresprozentuale Swapsatz als

$$S = \frac{(1{,}6485 - 1{,}6498) \cdot \frac{360}{30} \cdot 100}{1{,}6498} = -0{,}946\% \text{ p. a.}$$

Der *Swapsatz in Stellen unter Banken* wird nach folgenden Formeln ermittelt (siehe Andersen, 194 ff.; Lipfert 1981, 141 f.; Fischer-Erlach 1986, 78 ff.):

$$S_G = \frac{K_B \cdot (i_{IG} - i_{AB}) \cdot t}{36\,000 + i_{AB} \cdot t} \,; \quad S_B = \frac{K_G \cdot (i_{IB} - i_{AG}) \cdot t}{36\,000 + i_{AG} \cdot t}$$

wobei: S_G = Swapsatz in Stellen Geld;
S_B = Swapsatz in Stellen Brief
K_G = Kassakurs Geld; K_B = Kassakurs Brief
i_{IG} bzw. i_{IB} = Zinssatz für Euro-DM Geld bzw. Brief
i_{AG} bzw. i_{AB} = Zinssatz für Euro-$ Geld bzw. Brief

Unter Verwendung des obigen Zahlenmaterials und der Zinssätze aus Abbildung 6 ergibt sich daher für 1-Monats-Swaps:

$$S_G = \frac{1{,}6578 \,(8 - 8{,}25) \cdot 30}{36\,000 + 8{,}25 \cdot 30} = -0{,}0003 \text{ und für}$$

$$S_B = \frac{1{,}6498 \,(8{,}125 - 8{,}125) \cdot 30}{36\,000 + 8{,}125 \cdot 30} = 0$$

Differenzen zwischen Terminkursen und dem Kassakurs bestehen nicht nur bei unterschiedlichen Währungen, sondern auch zwischen den Terminkursen für verschiedene Laufzeiten ein und derselben Währung (Abbildung 6).

EURO-GELDMARKT (SÄTZE UNTER BANKEN)

2. 7.	1 Monat	2 Monate	3 Monate	6 Monate	1 Jahr
Deutsche Mark (DM)	8 − 8 1/8	8 1/16 − 8 3/16	8 1/8 − 8 1/4	8 7/16 − 8 9/16	8 11/16 − 8 13/16
Schweizer Franken (sfr)	9 − 9 1/8	8 15/16 − 9 1/16	8 15/16 − 9 1/16	8 3/4 − 8 7/8	8 7/16 − 8 9/16
US-Dollar (US-$)	8 1/8 − 8 1/4	8 3/16 − 8 5/16	8 3/16 − 8 5/16	8 1/4 − 8 3/8	8 5/16 − 8 7/16
Pfund Sterling (£)	14 13/16 −15 1/16	14 13/16 −15 1/16	14 13/16 −15 1/16	14 3/4 −15	14 7/16 −14 11/16
Niederländ. Gulden (hfl)	7 7/8 − 8 1/8	8 − 8 1/4	8 3/16 − 8 7/16	8 3/8 − 8 5/8	8 9/16 − 8 13/16
ECU	9 7/8 −10 1/8	10 −10 1/4	10 1/8 −10 3/8	10 3/8 −10 5/8	10 7/16 −10 11/16

MÜNCHNER TERMINHANDEL (SWAPS)

2. 7.	1 Monat	2 Monate	3 Monate	6 Monate	1 Jahr
US-Dollar (US-$)	− 0.0003/0	− 0.0004/0	− 0.0005/0	+ 0.0007/17	+ 0.0035/55
Pfund Sterling (£)	− 0.017/15	− 0.033/31	− 0.047/45	− 0.088/85	− 0.151/142
Schweizer Franken (sfr)	− 0.11/08	− 0.22/16	− 0.27/22	− 0.30/21	+ 0.08/30
Französische Francs (FF)	− 0.06/04	− 0.10/08	− 0.14/12	− 0.25/23	− 0.43/39
Italienische Lire	− 0.004/03	− 0.007/05	− 0.011/08	− 0.020/17	− 0.037/33

Quelle: Bayerische Hypotheken- und Wechsel-Bank, München

Abbildung 6: Eurogeldmarkt- und Swapsätze unter Banken

Die tendenzielle Übereinstimmung von Zinssatzdifferenzen am Euro-Geldmarkt und Swapsätzen resultiert aus der Praxis der Banken, im Rahmen von Swapgeschäften das zum Devisenteil gegenläufige Geldgeschäft (siehe dazu im einzelnen 2.2.1.2.2) auf dem Euro-Geldmarkt und nicht über die jeweiligen nationalen Geldmärkte der beteiligten Währungen abzuwickeln. Die Gründe für diese Präferenz bestehen zum einen in den niedrigeren Kosten (Wegfall von Mindestreservekosten, günstigen Zinsspielraum, Verringerung der Transferkosten), zum anderen in der Flexibilität und Schnelligkeit der Abwicklung.

b) Kursbildung am Devisenterminmarkt

Der *Prozeß* der Devisenterminkursbildung weist verschiedene *Determinanten* auf und läuft im allgemeinen nach dem im folgenden darzulegenden *Grundmuster* ab (siehe dazu auch *Bröker):*
Ob eine Differenz zwischen Devisenkassakurs der inländischen Währung w_1 (Landeswährung) gegenüber einer ausländischen Währung w_2 und dem Terminkurs von w_1 gegenüber w_2 besteht, d. h. ob sich ein Terminabschlag (Deport) oder Terminzuschlag (Report) gegenüber dem aktuellen Kassakurs ergibt, wie hoch dieser Swapsatz und damit der Terminkurs ist, hängt von zwei Sachverhalten ab: Erstens von den Erwartungen über die künftige Entwicklung des Kassakurses von w_1 gegenüber w_2 und zweitens davon, ob und in welcher Höhe Differenzen zwischen den Zinssätzen im Lande der Währung w_1 und im Lande der Währung w_2 bzw. zwischen Eurogeldmarktsätzen der beiden Währungen bestehen.

Um den Einfluß der *Kurserwartungen* auf das Verhältnis von Termin- und Kassakurs zunächst isoliert betrachten zu können, wird angenommen, daß Zinssatzdifferenzen zwischen den beiden

Ländern nicht bestehen, so daß hiervon keine Wirkungen ausgehen. Wenn sehr viele Teilnehmer des Devisenhandels damit rechnen, daß der Kurs der Währung w_1 (ausgedrückt in Einheiten von w_2) in nächster Zeit mit großer Wahrscheinlichkeit rückläufig sein wird, so besteht eine entsprechend große und verbreitete Neigung, zur Kurssicherung von über w_1 lautenden Währungsaktiva die Währung w_1 per Termin zu verkaufen, wobei diese Kurssicherungsverkäufe durch spekulative Abgaben ergänzt werden können. Der Terminkurs von w_1 geht daher zurück, und zwar unter Umständen selbst dann, wenn der Kassakurs sich noch nicht oder nur geringfügig abgeschwächt hat. Das Terminangebot hält solange an, bis der Terminkurs von w_1 ein Niveau erreicht hat, das dem für den betreffenden Zeitpunkt erwarteten Stand des Kassakurses etwa entspricht. Denn Terminverkäufe zu Kursen, die den erwarteten künftigen Kassakurs erheblich unterschreiten, sind nicht mehr gerechtfertigt. Wird zum Beispiel verbreitet damit gerechnet, daß der Kassakurs des Dollars – bei einem angenommenen gegenwärtigen Stand von 2,70 DM je Dollar – in sechs Monaten nur noch 2,55 DM betragen wird, werden Sechsmonatsdollars solange mehr angeboten als gefragt, bis der Sechsmonatskurs den Bereich von 2,55 DM annähernd erreicht hat. Diese Anpassung des Terminkurses an die erwartete künftige Höhe des Kassakurses vollzieht sich bei ausgeprägten Kurserwartungen wesentlich schneller als der Rückgang des Kassakurses, der überdies gar nicht einzutreten braucht, so daß die Kurserwartungen sich dann als verfehlt erweisen. Für eine *entwertungsbedrohte* Währung entsteht also ein *Deport,* der dadurch bedingt ist, daß die Terminkurse die erwartete Entwicklung der Kassakurse vorwegnehmen.

Im gegenteiligen Fall einer Währung w_1, für die verbreitet und mit großer Wahrscheinlichkeit ein *Anstieg* des Kassakurses erwartet wird, ist die Bereitschaft, sie zur Kurssicherung und aus spekulativen Beweggründen zu veräußern, gering; denn über diese Währung lautende Aktiva würden von Kursverlusten nur betroffen, falls die Kursentwicklung entgegen den Erwartungen verlaufen sollte. Dagegen stellt sich in einer solchen Situation für sehr viele Akteure die Notwendigkeit, über w_1 lautende Währungspassiva durch *Terminkäufe* von w_1 kurzusichern. Die Terminkurse von w_1, ausgedrückt in Einheiten von w_2, steigen infolgedessen bis annähernd auf dasjenige Niveau, das zu den betreffenden künftigen Zeitpunkten für den Kassakurs erwartet wird. Da auch in solchen Fällen der Terminkurs dem Kassakurs vorauszueilen pflegt, bildet sich für die optimistisch beurteilte Währung ein *Report*. Wird zum Beispiel erwartet, daß der aktuelle Kassakurs des Dollars von angenommen 2,70 DM auf 2,85 DM in 6 Monaten ansteigt, dann wird sich der Sechsmonatskurs bei diesen 2,85 DM einspielen.

Sieht man vom Einfluß der Zinsgegebenheiten ab, so ist zusammenfassend festzustellen, daß bei einer Währung, für die ein *Kassakursrückgang* erwartet wird, ein *Deport* entsteht, während eine Valuta, bei der mit einem *Kassakursanstieg* gerechnet wird, einen *Report* bildet. Die Höhe dieser Swapsätze spiegelt die Intensität und das Ausmaß der erwarteten Kursänderungen bei isolierter Betrachtung annähernd wider.

Die dargestellten Zusammenhänge wirken sich allerdings nur tendenziell in der geschilderten Weise aus. Denn die Kursänderungserwartungen der Devisenmarktteilnehmer sind im allgemeinen nicht homogen in dem Sinn, daß sämtliche Marktteilnehmer Kursänderungen in einer Richtung und von gleichem Umfang erwarten. Vielmehr gibt es immer Akteure, die überhaupt keine Vorstellungen über den wahrscheinlichen künftigen Kursverlauf besitzen, und die Erwartungen der übrigen Teilnehmer sind gewöhnlich nicht einmal bezüglich der Entwicklungsrichtung einheitlich. Erst recht bestehen unterschiedliche und zudem unpräzise Erwartungen über das Ausmaß der Kursveränderungen. Diese Heterogenität und Ungenauigkeit der Erwartungen hat ein divergentes Kurssicherungsverhalten der einzelnen Akteure zur Folge: Im gleichen Zeitpunkt halten manche von ihnen den Abschluß von Termingeschäften für entbehrlich, andere erachten Terminkäufe für zweckmäßig, wiederum andere entschließen sich zu Terminverkäufen, wobei die Kurslimite, bis zu denen die beiden letztgenannten Gruppen Termingeschäfte für angebracht halten, unterschiedlich sind.

Um nun den Einfluß der *Zinsgegebenheiten* auf die Swapsätze betrachten zu können, sei eine Situation unterstellt, in der von den Kursänderungserwartungen keine Einflüsse auf die Kursbildung ausgehen. Angenommen, es besteht zwischen Euro-DM und Euro-SFR (Schweizer Franken) ein Zinsgefälle derart, daß Dreimonatsgeld in Euro-SFR mit 5% p. a. erhältlich ist, während für Euro-DM derselben Fälligkeit eine Verzinsung von 8% p. a. gilt. Eine solche Konstellation ermöglicht eine Zinsarbitrage, die im angenommenen Fall darin bestünde, daß Dreimonatsgeld in Euro-SFR aufgenommen und in Euro-DM angelegt wird. Ein solches Zinsarbitragegeschäft wird normalerweise durch ein Swapgeschäft kursgesichert, weil der Arbitrageur andernfalls damit rechnen müßte, daß sein Arbitragegewinn – hier 3% p. a. – durch einen Devisenkursverlust geschmälert oder überkompensiert wird. Der Arbitrageur veräußert also im Rahmen eines Swapgeschäfts den SFR-Betrag per Kassa gegen DM und erwirbt ihn gleichzeitig per drei Monate zurück. Da in dem angenommenen Fall eines niedrigeren Zinssatzes für Euro-SFR und eines höheren Zinssatzes für Euro-DM viele Arbitrageure mit großen Beträgen in dieser Weise verfahren, entsteht ein beträchtliches Angebot von Schweizer Franken per Kassa und eine ebenfalls umfangreiche Nachfrage nach Schweizer Franken per drei Monate. Infolgedessen geht der Kassakurs des Schweizer Franken gegen DM zurück, während sein Dreimonatskurs steigt; der Dreimonats-Schweizer Franken bildet also gegenüber der DM einen Report.

Unter diesen Umständen verursacht die Kurssicherung durch Swapgeschäfte den Arbitrageuren *Kosten* in Höhe des Reports; denn sie müssen die Schweizer Franken zu einem Dreimonatskurs zurückerwerben, der um den Report höher ist als der Kassakurs, zu dem sie sie erwerben. Durch diese bei der Kurssicherung entstehenden Kosten wird der Arbitragegewinn gemindert. Kursgesicherte Zinsarbitragegeschäfte der geschilderten Art sind daher nur dann vorteilhaft, wenn der Report des Schweizer Franken kleiner ist als die Differenz zwischen den Zinssätzen für Euro-DM und für Euro-SFR (um diese Zinsdifferenz mit dem Swapsatz vergleichen zu können, muß der Swapsatz als Jahresprozentsatz ausgedrückt werden). Ist der Report gleich der Zinssatzdifferenz, so kommen die Zinsarbitragetransaktionen zum Stillstand, weil der dabei erzielbare Zinsgewinn durch die Kosten der Kurssicherung voll aufgezehrt wird. Dementsprechend finden auch die durch die Arbitrage ausgelösten Swapgeschäfte ein Ende. Die Transaktionen würden aber sogleich wieder aufleben, wenn der Report des Schweizer Franken sich verkleinern sollte. Der Report gleicht sich also der Zinssatzdifferenz tendenziell an.

Umgekehrt verhält es sich bei der *Währung mit den höheren Zinssätzen,* in dem verwendeten Beispiel, also bei der DM. Sie wird im Zuge der geschilderten Zinsarbitragegeschäfte per Kassa gegen Schweizer Franken erworben und gleichzeitig per drei Monate veräußert. Es kommt also zu einem Anstieg ihres Kassa- und zu einem Rückgang ihres Dreimonatskurses. Für die höher verzinsliche DM entsteht dadurch ein Deport, der sich der Zinssatzdifferenz ebenfalls tendenziell angleicht.

Diese Überlegungen an Hand von Beispielen zeigen, wie die Zinssatzdifferenzen, die zwischen zwei Währungen (insbesondere auf dem Eurogeldmarkt) bestehen, sich auf die Terminkurse der betreffenden Währungen auswirken: Die Währung des Landes mit dem niedrigeren (höheren) Zinssatz bildet gegenüber der Währung des Landes mit dem höheren (niedrigeren) Zinssatz einen Report (Deport). Die Höhe dieser Swapsätze entspricht − wie oben dargestellt — tendenziell der Zinsdifferenz. Ändert sich die Zinsdifferenz, so ändern sich die Swapsätze entsprechend.

Allerdings gilt auch für den Zinseinfluß auf die Swapsätze, daß er in der Realität nicht mit modellhafter Präzision und nicht sofort eintritt. Zwar pflegen niedrig verzinsliche Währungen in der Tat mit Reports und hochverzinsliche Valuten mit Deports gehandelt zu werden. Aber die Höhe dieser Swapsätze erreicht — selbst in Situationen, in denen die Terminkursbildung tatsächlich in der hier unterstellten Weise nicht von den Kurserwartungen beeinflußt wird — nicht immer die volle Höhe der Zinsdifferenz. Dies liegt daran, daß bei internationalen Geld- und Kreditgeschäften außer dem Valutarisiko auch noch andere, nicht immer ausschaltbare Risiken übernommen werden müssen, so daß die Bereitschaft zum Abschluß solcher Geschäfte bereits dann schwindet, wenn die Zinsdifferenzen durch Kurssicherungskosten nur teilweise aufgezehrt werden. Die Marktteilnehmer beachten in diesem Falle eine *Indifferenzmarge* (siehe dazu Wittgen/Eilenberger, 76).

Zusätzlich ist zu berücksichtigen, daß die Terminkursbildung in der Realität nur selten ausschließlich von den Zinsverhältnissen oder allein von den Kurserwartungen, sondern in aller Regel von *beiden Determinanten zugleich* bestimmt wird. Dabei kann die eine Einflußgröße die Wirksamkeit der anderen einschränken oder verstärken. Ob das erste oder das letztere geschieht, ist situationsabhängig und richtet sich nach der Intensität, mit der die beiden Determinanten jeweils auftreten. Wird zum Beispiel für eine niedrig verzinsliche Währung von sehr vielen Marktteilnehmern mit großer Wahrscheinlichkeit ein erheblicher Kursrückgang erwartet, so drücken die hieraus resultierenden Outright-Terminverkäufe den Terminkurs dieser Währung unter das durch die Zinssituation gerechtfertigte Niveau; ihr Report ist also kleiner als es den Zinsgegebenheiten entspräche. Möglicherweise kann sich sogar ein Deport bilden. Dies bedeutet allerdings, daß nach dem Land mit den niedrigen Zinssätzen trotz dieser niedrigen Zinssätze Geld- und Kreditimporte in Gang kommen, weil der Abschluß von Swapgeschäften — Verkauf dieser Währung per Kassa und Rückkauf per Termin — einen Nutzen erbringt, der den in der betreffenden ausländischen Währung erzielbaren Zinsertrag ergänzt. Infolgedessen kann sich bei solchen Zinsarbitragegeschäften eine höhere Gesamtrendite ergeben, als bei Anlagen in Währungen mit zwar höheren Zinssätzen, aber wesentlich ungünstigeren Swapbedingungen. Die durch die pessimistischen Kurserwartungen ausgelösten Terminkursbewegungen induzieren also internationale Geldbewegungen bzw. Transaktionen auf dem Eurogeldmarkt in verschiedenen Währungen und Swapgeschäfte, die ihrerseits die ursprünglichen Kursbewegungen begrenzen und unter Umständen rückgängig machen.

1.3.2.2 Floatende Devisenkurse

Devisenkurssysteme mit völlig frei beweglichen (= floatenden) Kursen beruhen auf der Vorstellung, daß durch das freie Spiel der Marktkräfte auf den inländischen und internationalen Devisenmärkten die Differenzen der Preissteigerungsraten der betroffenen Staaten das Austauschverhältnis der Währungen und damit die Entwicklung der Kaufkraftparitäten und der Zinsparitäten den Verlauf der Devisenkurse bestimmen würden. Damit würden Störungen der binnenwirtschaftlichen Entwicklung, die durch unzutreffende Devisenkursfestlegungen in Systemen mit festen Paritäten induziert sein können, weitgehendst ausgeschlossen (siehe Sachverständigenrat, Ziff. 282).

Auf Grund der Erfahrungen über einen Zeitraum von über zehn Jahren zeigt sich jedoch, daß die Zusammenhänge sehr viel komplexer als ursprünglich angenommen sowie die Determinanten der Devisenkursentwicklung vielfältiger sind und unterschiedliches Gewicht aufweisen (siehe auch Herrmann). Vor allem aber erwiesen sich die Devisenmärkte als störanfällig und nicht immer rational handelnd (siehe Köhler, 257): Nicht nur die Zinsparitäten und Kaufkraftparitäten erklären die oft erratischen Devisenkursbewegungen, vielmehr prägen auch das Produktionsgefälle, Einkommensdifferenzen, politische und kriegerische Ereignisse sowie spekulative Aktivitäten und Interventionen von Zentralbanken die Devisenkurse mit. Gleichwohl ist festzustellen, daß sich über einen längeren Zeitraum die Marktkräfte gegenüber marktfremden Einflüssen immer wieder durchgesetzt und für eine den tatsächlichen wirtschaftlichen Gegebenheiten entsprechende Devisenkursentwicklung gesorgt haben.

Floatende Devisenkurse bestehen nicht nur zwischen den in Abbildung 3 unter »unabhängiges Floating« ausgewiesenen Staaten, sondern auch zwischen den Währungen einzelner, am EWS (= gemeinschaftliche Wechselkursregelungen) teilnehmender Staaten und den unabhängigen Floatern, also die DM gegenüber v. a. US-$, SFR, Yen und £, wenn auch die Kursbewegungen innerhalb des EWS selbst begrenzt sind (siehe 1.3.2.3.2). Insofern sind die Ausführungen dieses Abschnittes auch für das Währungsmanagement deutscher Unternehmungen von wesentlichem Interesse.

Bei frei schwankenden Devisenkursen bleiben die Devisenmärkte, die eine conditio sine qua non für derartige Regelungen darstellen, in der Regel nicht sich selbst überlassen und sind auch dann nicht führungslos, wenn sich Zentralbanken von ihnen fernhalten. Im letztgenannten Fall, dem *reinen Floaten (clean floating),* sorgt der Wettbewerb allein über den Marktmechanismus (Zinsarbitragen bzw. Zinssatzmechanismus und Swapsatzmechanismus; siehe 1.3.2.1.2.b und Wittgen/Eilenberger, 73 ff.) für adäquate Marktergebnisse.

Allerdings bleibt clean floating die Ausnahme, da aus wirtschaftlichen und politischen Gründen Währungsinstanzen (Zentralbanken) häufig auf die freie Devisenkursbildung durch Interventionen an den Devisenbörsen dämpfend einwirken. Damit sollen die bei unbegrenzter Kurs-Volatilität ansonsten entstehen Kursspitzen geglättet oder spekulativen Entwicklungen insgesamt gegengesteuert oder eine Kursentwicklung herbeigeführt werden, die den beteiligten Zentralbanken als angemessen gilt. Während die beiden erstgenannten Varianten punktuelle Eingriffe einzelner Zentralbanken darstellen, die als *schmutziges Floaten (dirty floating)* bezeichnet werden, setzt die dritte Variante ein Zusammenwirken aller oder der wichtigsten Zentralbanken voraus, um die gewünschte Kurstendenz zu gewährleisten und laufend zu stabilisieren. Bei derartigen gemeinsamen Interventionen an den Devisenmärkten mit entsprechendem Einsatz an Devisen aus den Beständen der Währungsreserven der beteiligten Zentralbanken handelt es sich um sog. *managed floating.* Die New Yorker Erklärung der sog. Fünfer-Gruppe (gebildet von den fünf führenden Industrieländern) vom 22. 9. 1985 (siehe Pöhl) wurde als »gemeinsames Signal« zur Einführung des managed floating im Rahmen der internationalen Währungspolitik angesehen, das die angestrebte Verstetigung des internationalen Devisenmarktgeschehens im Sinne einer Stabilisierung des Devisenkurses des US-$ gegenüber den wichtigsten anderen internationalen Währungen bewirken sollte. Die Erfahrungen zeigen jedoch − wie bei Einzelinitiativen − trotz erheblichen Interventionsaufwandes nur bescheidene Ergebnisse: Erheblichen Eingriffen der Bundesbank in den Devisenmarkt waren im Zeitraum Ende 1977 bis Ende 1980 geringe Erfolge beschieden (Abbildung 7).

Die Existenz floatender Devisenkurse bedeutet für die *Unternehmungen* Chancen und Risiken zugleich. Vorteile werden bei derartigen Systemen immer dann gegeben sein, wenn ausländische Währungen auf Grund höherer Inflationsdifferenzen und/oder

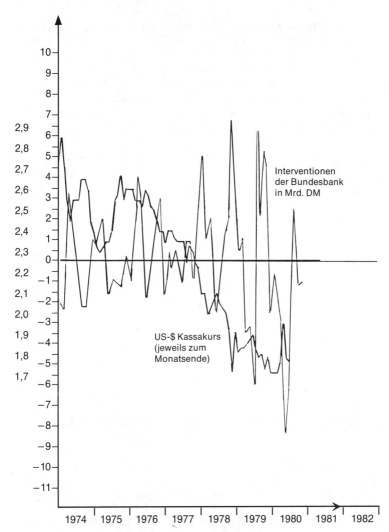

*Abbildung 7: Devisenmarktinterventionen
der Deutschen Bundesbank und Kassakursentwicklung des US-$
(jeweils Monatsende)
Quelle: Deutsche Bundesbank*

Zinssatzdifferenzen einen Exportsog ausüben und die Exporte in die betreffenden Staaten stimulieren. Tabelle 4 zeigt eine Zurechnung der Ursachen von Exportsteigerungsraten der deutschen Wirtschaft im Vergleich der Jahre 1983 und 1984, wobei deutlich wird, daß die Zunahmen der Exporte in die USA trotz günstiger Entwicklung des Austauschverhältnisses zwischen US-$ und DM nicht allein auf den Devisenkurs, sondern in erster Linie auf die Konjunkturentwicklung und die Exportstruktur zurückzuführen sind.

Land	Monatsdurch-schnittliche Veränderung des Devisenkurses 1983/84 in %	Deutscher Warenexport 1983/84 Mrd.DM	%	Rechnerische Zuordnung der Exportsteigerung[1) 1983/84 - %	
				Devisen-kurs	Konjunk-tur + Export-struktur
USA	DM/$ + 11,5	1983 32,854 1984 46,837	+ 42,6	30	70
Japan	DM/Yen + 11,5	1983 5,603 1984 6,918	+ 23,5	60	40
CAN	DM/kan + 6,1	1983 3,104 1984 4,321	+ 39,2	18	82
GB	DM/₤ - 1,9	1983 35,401 1984 40,580	+ 14,6	--	100
F	DM/FF - 2,9	1983 55,564 1984 61,347	+ 10,4	--	100

1) Ausfuhrpreise für Güter im andere industrialisierte westliche Länder 1983/84: + 3,5%

Tabelle 4: Einfluß der Devisenkurse auf die Warenexporte (Quelle: Schrick-Hildebrand, 12)

Das Management der Risiken, die einerseits aus *schmutzigen Floaten,* andererseits aus sonstigen Devisenmarktstörungen resultieren, kann derartige Störungen nur bedingt antizipieren, weshalb bei Unsicherheitssituationen der beschriebenen Art im allgemeinen eine vorsichtige Vorgehensweise angebracht erscheint, die grundsätzlich Absicherungen der gebotenen Art für die jeweiligen zu Grunde liegenden internationalen Aktivitäten erforderlich macht (zu den Sicherungsmaßnahmen im einzelnen siehe 2.). Die Zunahme des Handelsvolumens an den internationalen Devisenmärkten, das sich nach Schätzungen der »Gruppe der 30« (einer von multinationalen Unternehmungen getragenen Organisation zur Erforschung finanzieller Probleme) im Zeitraum 1979 – 1984 von täglich 75 Mrd. $ auf 150 Mrd. $ verdoppelt hat (Hauptmärkte: London 49 Mrd. $, New York 35 Mrd. $, Zürich 20 Mrd. $ und Frankfurt 17 Mrd. $) führte zu einer erhöhten Störanfälligkeit und damit weniger abschätzbaren Kursausschlägen. Der Grund für diese Entwicklung wird darin gesehen, daß die Expansion des Devisenhandels nur in geringem Umfang auf den Anstieg des Welthandels zurückgeht, während die wachsende Zahl von Marktteilnehmern (insbesondere Nichtbanken und deren häufig zu beobachtendes atypisches Verhalten) sowie die erhebliche Zunahme der (spekulativen) Aktivitäten im Bereich internationaler Finanztransaktionen (Finanzinnovationen) und Devisengeschäfte verantwortlich sind. Sporadische Anwesenheit an den Märkten, geringere Kompetenz vieler Akteure, Ausnützung von Marktfluktuationen und umgehende Realisierung von Gewinnen bewirken, daß die Devisenhandelsbeträge, welche die Märkte ohne größere Störungen bewältigen können, in der Tendenz ständig geringere Ausmaße annehmen und im selben Umfang die Störanfälligkeit in der Devisenkurs-Entwicklung wächst. Dazu tragen nicht zuletzt die Usancen auf dem Euro-Kapitalmarkt bei, dessen Volumen sich bezüglich der Emission von Euro-Anleihen von 46,8 Mrd. $ (1983) auf die Rekordhöhe von 133,1 Mrd. $ (1985) − bei einer Gesamtzahl von 1357 Euro-Anleihen − knapp verdreifachte (siehe dazu im einzelnen Uhlig). Dabei waren 75% der Emissionen von Swaps aller Art (Währungsswaps, Zinsswaps, Kombinationen von Währungs- und Zinsswaps; siehe dazu 2.2.2.5), begleitet. Insgesamt wird das Volumen dieses spezifischen Swap-Marktes für 1985 auf 150−200 Mrd. $ geschätzt. In diametralem Gegensatz zur möglichen Vorteilhaftigkeit von (bilanzunwirksamen) Währungsswaps unter dem Aspekt der Bilanzpolitik steht allerdings deren Risikopotential für die aus diesen Geschäften verpflichteten Unternehmungen.

Im Falle des *managed floating* ergibt sich für das Währungsmanagement von Unternehmungen dagegen eine verbesserte Voraussicht über die Entwicklung auf den Devisenmärkten und ein gewisser Schutz vor überraschend hohen Kursausschlägen in einem absehbaren Zeitraum, wenngleich auch bei dieser Art Kurspflege durch die Zentralnotenbank keinerlei Sicherheit oder Gewähr für die von der Unternehmung individuell antizipierten Devisenmarktsituation bestehen kann. Derartige Rahmenbedingungen schaffen allerdings dem unternehmerischen Währungsmanagement gewisse Freiräume gegenüber einem unkontrollierten Devisenmarktgeschehen, sowohl in Richtung auf Nutzung von Valutachancen als auch bezüglich des selektiven Einsatzes der Kurssicherung überhaupt oder bezüglich einzelner einzusetzender Verfahren.

1.3.2.3 Begrenzt flexible Devisenkurse: Das Europäische Währungssystem (EWS)

Während das System unbegrenzt floatender Devisenkurse unter dem Aspekt des Valutarisikos für das Währungsmanagement von Unternehmungen den ungünstigsten Fall darstellt, zielen Systeme begrenzt flexibler Devisenkurse auf einen Kompromiß zwischen Festkurssystemen und frei floatenden Devisenkursregelungen ab. Derzeit werden zwei Varianten praktiziert (siehe Abbildung 3), nämlich begrenzte Flexibilität gegenüber einer einzelnen Währung und begrenzte Flexibilität innerhalb »gemeinschaftlicher Wechselkursregelungen«, d. h. dem Europäischen Währungssystem.

1.3.2.3.1 Wesen des Systems

Zwischen den an der Devisenkursregelung beteiligten Währungen werden (bilateral) feste Leitkurse vereinbart, um die innerhalb bestimmter Bandbreiten (markiert durch obere und untere Interventionspunkte oder -kurse) sich die Kurse frei bilden können. Droht der Kurs einer der Währungen die Bandbreite nach oben oder unten zu durchstoßen, sind die beteiligten Zentralbanken zur Intervention und damit zur Beseitigung der Abweichung verpflichtet: Ist der obere Interventionspunkt erreicht, muß die Zentralbank des betreffenden Landes zu diesem Devisenkurs (Interventionskurs) die fremde Währung in jedem gewünschten Betrag zur Verfügung stellen, also aus ihren Beständen verkaufen. Umgekehrt ist eine Währung, die den unteren Interventionspunkt erreicht hat, zu diesem Kurs unbegrenzt anzukaufen. Es handelt sich bei diesem System grundsätzlich um einen freien Devisenhandel, in den sich die Zentralbanken als besonders potente Marktpartner nach bestimmten Verhaltensregeln ordnend einschalten.

Das System begrenzt beweglicher Devisenkurse hat für das *Währungsmanagement* der Unternehmungen den Vorzug, daß das Valutarisiko limitiert ist und sich überdies relativ genau quantifizieren läßt. Sofern die Spannen zwischen oberen und unteren Interventionspunkten nicht zu groß sind, kommt als weiterer besonders wichtiger Vorteil hinzu, daß das Ausmaß der möglichen Kursschwankungen entsprechend klein ist. Die Unternehmung besitzt somit eine verbesserte Kalkulationsgrundlage, insbesondere dann, wenn sich die betreffende Währung nur in einem Teilbereich der Bandbreite bewegt und die Kursausschläge auf ein Minimum reduziert sind sowie die Kursbewegungen eine einheitliche Tendenz aufweisen. Die dadurch feststellbare Höhe des maximalen Verlustes vereinfacht die Entscheidung, ob und welche Maßnahmen zu welchem Zeitpunkt zur Abwehr des Valutarisikos ergriffen werden sollen.

Allerdings kann von normalen Verhältnissen, wie sie bisher unterstellt wurden, auch unter den Bedingungen begrenzt beweglicher Devisenkurse nicht immer ausgegangen werden. Wie die Erfahrungen gezeigt haben, sind die Regierungen und Zentralbanken zwar bestrebt, die einmal festgesetzten Währungsparitäten und die darauf beruhenden Interventionspunkte für möglichst lange Zeiträume beizubehalten, dies nicht zuletzt in der Absicht, dem internationalen Wirtschaftsverkehr übergroße Valutarisiken zu ersparen. Wenn sich für ein Land dauerhafte Zahlungsbilanzungleichgewichte ergeben, wird es jedoch immer schwerer, die Parität und die Interventionspunkte zu gewährleisten. Der Zeitpunkt, zu dem eine Auf- oder Abwertung erfolgen muß, läßt sich zwar durch Aufnahme von Auslandskrediten oder Gewährung solcher Kredite unter Umständen für recht lange Zeit hinauszögern. Wenn dann aber die Anpassung der Währungsparität unvermeidlich geworden ist, fällt sie meist um so drastischer aus.

Berücksichtigt man neben den Devisenkursschwankungen bei unveränderten Währungsparitäten auch die Möglichkeit von Auf- oder Abwertungen, so ist festzustellen, daß letztlich auch bei begrenzten Devisenkursschwankungen ein erhebliches Risiko bestehen kann. Dies gilt insbesondere bei Betrachtung über längere Zeiträume von mehreren Jahren. Denn die Wahrscheinlichkeit, daß es innerhalb einer derart langen Zeitspanne zu einer Auf- oder Abwertung kommt, ist vergleichsweise groß. Demgegenüber kommen bei kurzfristiger Betrachtung die Vorzüge der Kursschwankungsbegrenzung besser zur Geltung.

1.3.2.3.2 Das Europäische Währungssystem (EWS)

Die oben dargelegten Vorteile treffen auf die deutsche Währung und auf deutsche Unternehmungen für internationale Aktivitäten innerhalb des Europäischen Währungssystems (EWS) zu, dessen Funktionsweise das Abkommen der EG-Zentralbanken vom 13. März regelt (siehe dazu und im folgenden MDB 3/1979 11 ff.). Teilnehmer am EWS sind — mit Ausnahme von Großbritannien (das künftig ebenfalls am EWS teilnehmen wird), Portugal und Griechenland — alle EG-Länder. Die Währungen der Teilnehmer verbindet ein *Gitter bilateraler Leitkurse,* die von den einzelnen

Zentralbanken innerhalb der zulässigen *Schwankungsbreite* von ±2,25% (Ausnahme: Schwankungsbreite der spanischen Peseta ±6%) verteidigt werden (Abbildung 8). Für Großbritannien, Griechenland und Portugal bestehen *fiktive* Leitkurse.

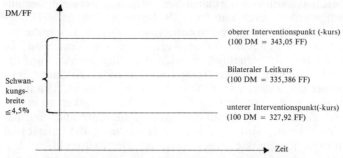

Abbildung 8: Bilateraler Leitkurs und Interventionskurse am Beispiel des Austauschverhältnisses DM/FF (Stand: 15. Mai 1990)

Hinsichtlich der Interventionen ist zwischen den *obligatorischen* Interventionen, die zur Einhaltung der Schwankungsmargen erfolgen, und den *intramarginalen* Interventionen zu unterscheiden, die bereits vor Realisierung der äußersten Schwankungsgrenzen (oberer oder unterer Interventionspunkt) unter der Voraussetzung einer Abstimmung der Zentralbanken möglich sind. Grundsätzlich erfolgen die Interventionen in Teilnehmerwährung. Die Regeln sollen ein gleichgerichtetes Verhalten der EG-Zentralbanken unter Wahrung ihrer Interessen bewirken.

Zeigen sich dauerhafte Spannungen auf Grund unterschiedlicher Inflationsraten der Teilnehmerländer, sind Korrekturen der Leitkurse im Sinne von Auf- und Abwertungen im Einvernehmen aller zuständigen nationalen Währungsinstanzen möglich. In diesem Fall des *Realignements* ändert sich das Paritätengitter (Abbildung 9). Bezugsgröße für die Devisenkurse, Indikator für Devisenkursabweichungen, Rechengröße für Forderungen und Verbindlichkeiten im EWS sowie als Zahlungsmittel und Reserveinstrument der EG-Zentralbanken ist die *Europäische Währungseinheit ECU (European Currency Unit)*. Dementsprechend erklären die nationalen Währungsinstanzen einen Leitkurs in ECU. Ein *Abweichungsindikator* soll Auskunft darüber geben, ob eine oder mehrere am Interventionssystem beteiligte Währung(en) sich wegen der Inflationsdifferenzen oder auf Grund von Sondereinflüssen deutlich anders entwickelt(n).

seit 8. Januar 1990   Stand: 15. Mai 1990

Land Währung		100 bfrs = ... WE	100 dkr = ... WE	100 DM = ... WE	100 FF = ... WE	1 Ir£ = ... WE	1000 Lit = ... WE	100 hfl = ... WE	100 Ptas = ... WE
Belgien 1) bfr	H M N	– – –	553,00 540,723 528,70	2 109,50 2 062,55 2 016,55	628,970 614,977 601,295	56,5115 55,2545 54,0250	28,193 27,5661 26,953	1 872,15 1 830,54 1 789,85	33,6930 31,7316 29,8850
Dänemark dkr	H M N	18,9143 18,4938 18,0831	– – –	390,16 381,443 373,00	116,32 113,732 111,20	10,4511 10,2186 9,9913	5,214 5,09803 4,985	346,24 338,537 331,02	6,231 5,86837 5,526
Deutschland, Bundesrepublik DM	H M N	4,959 4,84837 4,740	26,810 26,2162 25,630	– – –	30,495 29,8164 29,150	2,740 2,67894 2,619	1,3670 1,33651 1,3065	90,770 88,7526 86,780	1,633 1,53847 1,449
Frankreich FF	H M N	16,6310 16,2608 15,8990	89,925 87,9257 85,970	343,05 335,386 327,92	– – –	9,1890 8,98480 8,7850	4,5845 4,48247 4,3830	304,44 297,661 291,04	5,4785 5,15981 4,8595
Irland Ir£	H M N	1,8510 1,80981 1,7695	10,0087 9,78604 9,5683	38,1825 37,3281 36,4964	11,3830 11,1299 10,8825	– – –	0,510246 0,498895 0,487799	33,8868 33,1293 32,3939	0,609772 0,574281 0,540858
Italien Lit	H M N	3 710,2 3 627,64 3 546,9	20 062,0 19 615,4 19 179,0	76 540,0 74 821,7 73 157,0	22 817,0 22 309,1 21 813,0	2 050,03 2 004,43 1 959,84	– – –	67 912,0 66 405,3 64 928,0	1 222,3 1 151,11 1 084,1
Niederlande hfl	H M N	5,5870 5,46286 5,3415	30,21 29,5389 28,8825	115,235 112,673 110,1675	34,36 33,5953 32,8475	3,0870 3,01848 2,9510	1,540 1,50590 1,4725	– – –	1,8405 1,73345 1,6325
Spanien Pta	H M N	334,619 315,143 296,802	1 809,4 1 704,05 1 604,9	6 901,7 6 500,00 6 121,7	2 057,8 1 938,06 1 825,3	184,892 174,131 163,997	92,24 86,8726 81,82	6 125,3 5 768,83 5 433,1	– – –

Abbildung 9: Paritätengitter des EWS nach der Anpassung am 8. 1. 1990 (Quelle: Stat. Beihefte, Reihe 5)

Abweichung des ECU-Tageswertes vom ECU-Leitkurs der jeweiligen Währung
in % der maximalen Abweichung

Zeit		Deutsche Mark	Französischer Franc	Holländischer Gulden	Italienische Lira 1)	Belgischer und Luxemburgischer Franc	Dänische Krone	Irisches Pfund
Juli	1.	– 17	+ 19	– 15	– 44	– 39	+ 43	+ 52
	2.	– 21	+ 22	– 16	– 43	– 39	+ 43	+ 52
	3.	– 20	+ 22	– 16	– 39	– 40	+ 44	+ 54
	4.	– 20	+ 23	– 15	– 44	– 42	+ 40	+ 54
	5.	– 19	+ 24	– 14	– 42	– 43	+ 42	+ 54
	8.	– 18	+ 24	– 13	– 44	– 45	+ 41	+ 55
	9.	– 21	+ 23	– 14	– 42	– 39	+ 40	+ 50
	10.	– 19	+ 28	– 13	– 51	– 44	+ 38	+ 51
	11.	– 21	+ 30	– 13	– 57	– 42	+ 35	+ 50
	12.	– 21	+ 29	– 13	– 63	– 41	+ 29	+ 52
	15.	– 24	+ 36	– 15	– 67	– 42	+ 24	+ 50
	16.	– 25	+ 31	– 11	– 67	– 40	+ 29	+ 50
	17.	– 26	+ 33	– 10	– 67	– 39	+ 23	+ 49
	18.	– 26	+ 34	– 15	– 66	– 39	+ 22	+ 51
	19. 2)	– 26	+ 34	– 14	– 67	– 39	+ 24	+ 50
	22. 3)	– 19	+ 34	– 9	+ 23	– 41	+ 34	+ 54
	23.	– 22	+ 31	– 8	+ 21	– 37	+ 33	+ 52
	24.	– 24	+ 30	– 10	+ 24	– 39	+ 34	+ 53
	25.	– 23	+ 29	– 12	+ 24	– 41	+ 33	+ 53
	26.	– 22	+ 24	– 9	+ 25	– 51	+ 33	+ 48
	29.	– 19	+ 27	– 5	+ 19	– 48	+ 34	+ 50
	30.	– 17	+ 28	– 2	+ 20	– 50	+ 32	+ 49
	31.	– 2	+ 27	+ 13	+ 23	– 42	+ 39	+ 54

*) Auf Grundlage der Kurse der täglichen Konzertation um 14.30 Uhr. Abweichung der Landeswährung gegenüber der ECU nach oben: +; Abweichung der Landeswährung gegenüber der ECU nach unten: –. Falls die italienische Lira, das Pfund Sterling oder die griechische Drachme um mehr als 2,25 % von mindestens einer der anderen Währungen abweichen, wird der bereinigte Indikatorwert ausgewiesen. Eine Korrektur des Indikators für die italienische Lira erfolgt nur, wenn das Pfund Sterling oder die griechische Drachme um mehr als 6 % (erweiterte Bandbreite für die italienische Lira) von der Lira abweichen. Siehe auch Erläuterungen und Hinweise (Seite 75). – 1) Die Bandbreite für die italienische Lira beträgt 6 %. – 2) Grundlage: Kurse der Konzertation um 11.30 Uhr. – 3) Neufestsetzung der Wechselkurse im EWS m.W.v. 22.7.85.

Abbildung 10: Entwicklung des Abweichungsindikators für die jeweiligen Währungen vor und nach der Abwertung der italienischen Lira (22. 7. 1985) im Juli 1985 (Quelle: Stat. Beihefte, Reihe 5)

Für das *Währungsmanagement* von Unternehmungen ist dieser Abweichungsindikator insofern von Bedeutung, als das Erreichen eines bestimmten Wertes der maximal zulässigen Abweichung des ECU-Tageswertes vom ECU-Leitkurs einer Währung, der sog. *Abweichungsschwelle* (= 75% der maximal zulässigen Abweichung), die Vermutung begründet, daß in absehbarer Zeit Eingriffe in das Paritätengitter erfolgen können bzw. bevorstehen. Abbildung 10 zeigt am Beispiel der italienischen Währung die im Monat Juli erfolgte Entwicklung des Abweichungsindikators vor und nach der Leitkursänderung am 22. 7. 1985. Die Abwertung der Lira erfolgte bereits vor Überschreiten der Abweichungsschwelle.

Entsprechend der Vereinbarungen über das EWS werden die Gewichte der Währungen alle fünf Jahre überprüft und erforderlichenfalls revidiert. Die zweite Revision mit Wirkung vom 21. 9. 1989 (erste Revision: 17. 9. 1984) ergab folgende *Gewichtungskoeffizienten* für die *Anteile der nationalen Währungen* in der ECU (Verordnung Nr. 1971/89 des Rates der EG vom 19. 6. 1989):

DM	30,1	bfr	7,6
FF	19,0	dkr	2,45
£	13,0	Dr.	0,8
Lit	10,15	Ir£	1,1
hfl	9,4	lfr	0,3
Pta	5,3	Esc	0,8
			100,0

Dementsprechend wird die ECU ab diesem Zeitpunkt als die Summe folgender Beträge der nationalen Währungen *definiert:*

DM	0,6242	bfr	3,301
FF	1,332	dkr	0,1976
£	0,08784	Dr.	1,440
Lit	151,8	Ir£	0,008552
hfl	0,2198	lfr	0,130
Pta	6,885	Esc	1,393

Die Beträge in nationaler Währung für eine Einheit ECU werden täglich von der EG-Kommission auf Grund der vorgenommenen *Konzentration* festgestellt und im Amtsblatt der EG veröffentlicht. Da die täglichen Kursentwicklungen von den bilateralen Leitkursen abweichen, ändert der ECU-Tageskurs die Anteile der einzelnen Währungen im ECU-Währungskorb täglich geringfügig gegenüber den definierten Anteilen (*ECU-Währungskorb nach Tageskursen*). Die Berechnung des jeweiligen ECU-Leitkurses in nationaler Währung zeigt Abbildung 11 (auf der Basis bilateraler

Leitkurse). Zum 21. 9. 1989 ergab sich eine Abweichung des ECU-Tageskurses (2,07487 DM) vom ECU-Leitkurs (Abbildung 11) in Höhe von 0,01634 DM und ein Korbanteil der DM von 30,1%.

EG- Währungen[1]	Anteil in %	Währungs-betrag	Bilaterale Leitkurse in DM	DM-Gegenwert
	(A)	(B)	(C)	(D)
Deutsche Mark	30,1	0,6242	1	0,62420
Französischer Franc	19,0	1,332	0,29816	0,39715
Pfund Sterling[2]	13,0	0,08784	2,82520	0,24817
Holländischer Gulden	9,4	0,2198	0,88753	0,19508
Italienische Lira	10,75	151,8	0,00139	0,21063
Belgischer und Luxemburgischer Franc	7,9	3,431	0,04848	0,16635
Dänische Krone	2,45	0,1976	0,26216	0,05180
Irisches Pfund	1,1	0,008552	2,67894	0,02291
Griechische Drachme[2]	0,8	1,44	0,01365	0,01966
Spanische Peseta[2]	5,3	6,885	0,015385	0,10592
Portugiesischer Escudo[2]	0,8	1,393	0,01196	0,01666
	100,0	ECU-Leitkurs in DM		2,05853

[1] Jeweils 1 Einheit Fremdwährung = ... DM;
[2] Fiktiver Leitkurs seit 21.9.1989;
[3] seit 19.6.1989

Abbildung 11: ECU-Leitkurs in DM auf der Basis bilateraler Leitkurse (21. 9. 1989)

Für deutsche *Unternehmungen* erweist sich insbesondere die Bewegung der Kurse der DM innerhalb des EWS von Interesse, die sich zwar auf die obere Bandbreite beschränken, gleichwohl innerhalb dieser Abweichung von ±2,25% vom Leitkurs als Positionen relativer Stärke und relativer Schwäche interpretiert werden können (Abbildung 12).

Während die aus Abbildung 12 ersichtliche Entwicklung der DM für sich allein betrachtet keine eindeutigen Hinweise auf die am 22. 7. 1985 vorzunehmende Neufestsetzung der Wechselkurse erlaubt, liefert die in Abbildung 13 dargestellte Entwicklung der DM sehr starke Signale für eine bevorstehende Veränderung der *Paritäten* im EWS. Im Zeitraum April 1982 bis Mai 1983 war die relative Stärke der DM nicht zu übersehen und führte zu zwei in-

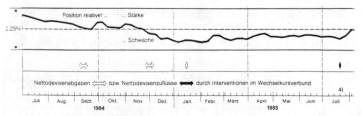

*Abbildung 12: Entwicklung der Position der DM im EWS im Zeitraum Juli 1984 bis August 1985
(Quelle: Stat. Beihefte, Reihe 5; Anm. 4: Neufestsetzung der Wechselkurse im EWS am 22. 7. 1985)*

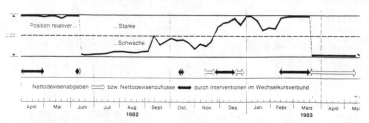

*Abbildung 13: Position der DM im EWS in der Zeit von April 1982 bis Mai 1983
(Quelle: Stat. Beihefte, Reihe 5)*

nerhalb eines Jahres vorgenommenen Neufestsetzungen der Paritäten am 14. 6. 1982 und 21. 3. 1983.

Obwohl die *ECU* in erster Linie die Recheneinheit der EG darstellt, ist ihre Nutzung auch für »private« Zwecke, also auch für die Erfordernisse der Unternehmungen, grundsätzlich möglich. Zwar ist die ECU keine gesetzlich abgestützte Währung, gleichwohl sind zwischenzeitlich bereits Übergänge in die wichtigsten (gesetzlichen) Währungen möglich. Damit wird die ECU *faktisch* als Währung angesehen und erfreut sich im internationalen Finanzbereich und im Außenhandel zunehmender Wertschätzung. Dies vor allem deshalb, weil die ECU eine relativ stabile Rechnungsbasis insofern abgibt, als sich im ECU-Durchschnittskurs Devisenkursschwankungen der im ECU-Korb verbundenen Währungen zum Teil ausgleichen und damit die ECU sich als Instrument der Kurssicherung eignet (siehe 2.1.4). Das Kursrisiko ist darüber hinaus dadurch begrenzt, daß die jeweilige Währung nur mit einem bestimmten Anteil im ECU-Währungskorb vertreten ist. Bei ±2,25% Schwankungsbreite und einem Korbanteil von

30,1% beträgt somit beispielsweise das *Kursrisiko* bezogen auf die DM nur ±1,57275%:

$$2{,}25\% \ (1 - 0{,}301) = 1{,}57275\%.$$

Die Spanne des ECU-Kurses ist somit faktisch nicht unerheblich geringer als die Spanne der Bandbreite.

1.3.3 Systeme mit Devisenkursspaltung

Bei derartigen Systemen spielen ebenfalls Festkurse und flexible Devisenkurse eine Rolle, jedoch in grundlegend anderer Weise als das bei Systemen mit begrenzter Flexibilität der Fall ist. Devisenkursspaltung wird nämlich durch die Existenz von (mindestens) zwei Teilmärkten gekennzeichnet und stellt eine besondere Form der Devisenkontrolle dar (siehe Gröner; Eilenberger 1980, 135 f.). Im allgemeinen besteht ein Teilmarkt für *Leistungsbeziehungen* (insbes. Außenhandelsbeziehungen) mit *festen Paritäten* oder ggf. *begrenzter Flexibilität* innerhalb bestimmter Bandbreiten und ein Teilmarkt für *Finanztransaktionen* mit meist floatenden Devisenkursen gegenüber den wichtigsten Währungen. Südafrika beispielsweise kennt für Devisentransaktionen im Waren- und Dienstleistungsverkehr einen offiziellen Kurs für den »Commercial Rand« und für Devisentransaktionen im Kapitalverkehr sowie für Zahlungen im privaten Reiseverkehr einen *Freimarktkurs* für den »Financial Rand«, der wesentlich *über* dem ersteren liegt.

Die *Vorteile* gespaltener Devisenkurse bestehen aus der Sicht der nationalen Währungsbehörden und auch vieler Unternehmungen darin, daß die *festen Devisenkurse* für die Außenhandelsleistungen eine sichere Kalkulationsgrundlage bilden und Valutarisiken damit weitgehend eliminiert werden können. Die *flexiblen Devisenkurse* für die Finanzbeziehungen sorgen für den Marktausgleich insbesondere bei kurzfristigen Transaktionen und halten somit grundsätzlich das infolge derartiger Leistungen bei festen Devisenkursen latent vorhandene Störpotential ab. Aus der Sicht der Unternehmungen ergeben sich in diesem Zusammenhang allerdings Valutarisiken gleichermaßen wie Valutachancen. Bei entsprechender Devisenkursprognose sind geeignete Sicherungsmaßnahmen (Aufbau von Gegenpositionen über Finanzmärkte u. a.) unabdingbar.

Die Probleme derartiger Parallelmärkte bestehen allerdings in ihrer häufig gegebenen Durchlässigkeit, die Unternehmungen zu Verstößen gegen devisenrechtliche Bestimmungen veranlassen können und die Übernahme erheblicher *Sanktionsrisiken* bewirken. Darüber hinaus können negative Auswirkungen auf die Wettbewerbssitutation entstehen, wenn sich einzelne Unternehmungen unter Umgehung der Regelungen ungerechtfertigte Finanzvorteile verschaffen. Derartige Möglichkeiten sind immer dann gegeben und werden verstärkt genutzt, wenn sich zwischen den Teilmärkten erhebliche Abweichungen der Devisenkurse ergeben. In diesem Falle liegt der Versuch nahe, Kapitalbewegungen über Leistungstransaktionen abzuwickeln, zumal in der Regel die Devisenkurse für den Außenhandel günstigere Werte aufweisen als die Finanz-Devisen. In diesem Zusammenhang werden häufig die Zahlungsmodalitäten in der Weise variiert, daß man Zahlungsziele auf der Importseite verkürzt oder Vorauszahlungen leistet, während man die Zahlungsziele auf der Exportseite hinausschiebt (siehe auch 2.1.6). Es entstehen somit Kreditbeziehungen oder Finanzanlagen im Ausland, die dem Teilmarkt für Finanzdevisen entzogen sind.

Eine andere Umgehungsmöglichkeit von Devisenmarktspaltungen besteht in der *unrichtigen Fakturierung* im Leistungsverkehr. Beabsichtigt man einen Kapitalexport aus dem kontrollierten Währungsgebiet, werden die Rechnungen gegenüber den tatsächlichen Rechnungsbeträgen für Exporte zu niedrig und diejenigen für Importe zu hoch angesetzt und damit die Kapitalausfuhr kostengünstig über Leistungsbeziehungen bewirkt.

1.3.4 Valutarisiko und Währung

Die Wahrscheinlichkeit des Eintritts ungünstiger Kursbewegungen und deren Ausmaß hängen in erster Linie von der *Währung* ab, um die es sich jeweils handelt.

So wurde bereits darauf hingewiesen, daß aus der Sicht deutscher Akteure eine Währung, die dem EWS zugehört, mit einem geringeren Risiko belastet ist als eine andere Valuta. Auch wenn hiervon abgesehen wird, gibt es Währungen, die aus strukturellen Gründen zu erheblichen und unvorhersehbaren Kursänderungen mehr neigen als andere. Dies gilt zum Beispiel für Valuten, die – wie vor allem der Dollar – als *internationale Reservemedien* Verwendung finden, in denen also Zentralbanken ihre Währungsreserven halten. Denn solche Währungen werden oft plötzlich und in sehr großen Beträgen angeboten oder nachgefragt, wenn Zentralbanken mit ihnen Devisenmarkttransaktionen vornehmen, z. B. zwecks Umschichtung ihrer Währungsreserven.

Anfällig für Kursschwankungen sind auch die Währungen der Länder mit *hochorganisierten Geld- und Kapitalmärkten von in-*

ternationaler Bedeutung. Beispiele hierfür sind ebenfalls der US-Dollar und das englische Pfund, ferner der Schweizer Franken und in gewissem Umfang auch die DM. Die Beweglichkeit dieser Währungen beruht darauf, daß Variationen von Zinssätzen oder anderen Marktdaten, die an den Finanzmärkten solcher Länder oder den korrespondierenden Euro-Märkten auftreten, grenzüberschreitende Finanzdispositionen beträchtlichen Umfangs auslösen, was am Devisenmarkt zu einer Veränderung der Angebots-Nachfrage-Konstellation bei der betreffenden Währung führt und entsprechende Kursbewegungen mit sich bringt. So ist es wahrscheinlich, daß eine Zinssteigerung am Euro-$-Markt für den Dollar einen Kursanstieg bewirkt, dessen Ausmaß von dem des Zinsanstiegs abhängen wird. Kommt es dagegen zum Beispiel in Dänemark zu einem Zinsanstieg, so ist die Wahrscheinlichkeit einer entsprechenden Reaktion des Kurses der dänischen Krone geringer, weil die dänischen Finanzmärkte keine internationale Bedeutung besitzen und die Zinsbewegung daher allenfalls bescheidene zwischenstaatliche Geld- und Kapitalbewegungen auslöst.

Ob eine Währung zu einer labilen oder beständigen Kursgestaltung neigt, hängt schließlich auch von den in dem betreffenden Land herrschenden *politischen Verhältnissen* ab. Die Währung eines Staates, in dem die Lebensdauer der Regierungen kurz zu sein pflegt und Regierungskrisen häufig sind, weisen rege Kursschwankungen schon deshalb auf, weil die wechselnde politische Lage sich im Devisenkurs widerspiegelt.

1.4 Währungsposition und Auslandsposition der Unternehmung

Eine sachgerechte und umfassende Beurteilung der Gesamtrisikosituation aus internationalen Aktivitäten setzt die Kenntnis sowohl der Währungsposition als auch der Auslandsposition der Unternehmung voraus. Während die *Währungsposition (Valutaposition, Devisenposition)* Aufschlüsse über die auf ausländische Währung lautenden Aktiva und Passiva, also bezüglich der *Währungsaktiva* und *Währungspassiva,* und die ihnen innewohnenden Währungsrisiken zuläßt, gibt die *Auslandsposition,* die darüber hinaus alle in DM fakturierten Zahlungsvorgänge (für Güter und Dienstleistungen sowie Kredite einschließlich Zinszahlungen gegenüber dem Ausland in DM) enthält, Auskunft auch über diejenigen Währungsrisiken, die mit derartigen Auslandsforderungen/-

verbindlichkeiten verbunden sein können. Wie an anderer Stelle bereits ausgeführt (1.2.1), sind nämlich die auf DM lautenden internationalen Forderungen/Verbindlichkeiten keineswegs völlig frei von Währungsrisiken. Deshalb erscheint die Risikoerfassung und -bewertung mit Hilfe der Auslandsposition, welche die Währungsposition miteinschließt, unbedingt geboten.

1.4.1 Die Währungsposition

Obwohl, wie dargelegt wurde, grundsätzlich alle über fremde Währungseinheiten lautenden Vermögensteile und Verbindlichkeiten dem Währungsrisiko ausgesetzt sind, wäre es unzweckmäßig, die einzelnen Valutaaktiva und -passiva isoliert zu betrachten. Dies zeigt folgende Überlegung: Angenommen, es sind Dollar-Aktiva im Gegenwert von 100 000, – DM vorhanden, und der Dollarkurs sinkt um 5%, dann beträgt der Wert der Dollar-Aktiva nur noch 95 000, – DM, es tritt ein Währungsverlust von 5000, – DM ein. Gleichzeitig mögen aber Dollarverbindlichkeiten im Gegenwert von 80 000, – DM bestehen. Der Rückgang des Dollarkurses führt bei ihnen zu einer Entwertung um ebenfalls 5%, verursacht somit einen Währungsgewinn in Höhe von 4000, – DM. Der bei den Aktiva eintretende Verlust wird also durch den bei den Passiva entstehenden Gewinn soweit kompensiert, daß der gesamte Währungsverlust nur 1000, – DM beträgt, 5% des Unterschiedsbetrages zwischen Aktiva und Passiva.

Ob ein Währungsgewinn oder -verlust entsteht und wie hoch er ist, hängt mithin nicht von der Höhe der Währungsaktiva und -passiva ab, sondern von der Höhe des Überschusses der einen Größe über die andere. Diese Überlegung führt zum Begriff der *Währungsposition*. Sie tritt als Einzel- und als Gesamtposition auf.

Bei einer *Währungseinzelposition* handelt es sich um die Gegenüberstellung der über eine *einzelne* ausländische Währung lautenden Aktiva und der über die gleiche Währung lautenden Passiva, beides umgerechnet in die Inlandswährung. Die Zahl der Einzelpositionen ist also gleich der Zahl derjenigen ausländischen Währungen, in denen Vermögensteile und/oder Verbindlichkeiten vorhanden sind.

Die *Währungsgesamtposition* ist die Gegenüberstellung *sämtlicher* in Inlandswährung umgerechneter Währungsaktiva und -passiva, gleichgültig, über welche Währungen sie im einzelnen lauten. Die Gesamtposition ist somit die Summe aller Einzelpositionen. Eine Währungsposition — dies gilt sowohl für eine Einzel- als auch für die Gesamtposition — wird als *ausgeglichen* bezeichnet, wenn die ihr zugehörigen Aktiva und Passiva gleich groß sind. Ist dies nicht der Fall, spricht man von einer *offenen* Position. Sind die Aktiva größer als die Passiva, nennt man die offene Position *aktiv* oder bezeichnet sie als *Plusposition;* übersteigen umgekehrt die Passiva die Aktiva, so handelt es sich um eine *passive* oder *Minusposition*.

1.4.1.1 Währungs-Einzelpositionen

Eine Einzelposition wird von *jeder* Änderung des Wertverhältnisses zwischen der Inlandswährung und der betreffenden Fremdwährung berührt, gleichgültig, ob diese Änderung infolge einer Bewegung der Inlands- oder der ausländischen Valuta eintritt. Ist eine Einzelposition passiv, so entsteht ein Verlust bei einer Kurs-

Die Einzelposition ist / Kursänderung der Fremdwährung	Anstieg	Rückgang	keine Änderung
aktiv	Gewinn	Verlust	—
passiv	Verlust	Gewinn	—
ausgeglichen	—	—	—

Tabelle 5: Die Wirkungen von Devisenkursänderungen auf eine Währungseinzelposition

steigerung und ein Gewinn bei einem Kursrückgang der Auslandsvaluta gegenüber der Inlandswährung. Die jeweils gegenteiligen Wirkungen ergeben sich, wenn die Einzelposition aktiv ist. Bei ausgeglichener Einzelposition entsteht, wie auch immer der Devisenkurs sich ändert, weder ein Gewinn noch ein Verlust. In Tab. 5 sind diese Zusammenhänge dargestellt.

Die vorstehend formulierten Feststellungen seien an einigen Zahlenbeispielen verdeutlicht und weitergeführt. Um vorerst die Probleme auszuklammern, die sich aus der Befristung der Währungsaktiva und -passiva ergeben, wird dabei unterstellt, daß die Aktiva zu den gleichen Zeitpunkten fällig sind wie die Passiva. Diese Annahme wird später aufgehoben werden (siehe 1.4.1.3).

Zunächst wird angenommen, daß drei Unternehmungen A, B und C im Zeitpunkt x folgende Einzelpositionen in US-$ haben:

$-Position Unternehmung A	$-Position Unternehmung B	$-Position Unternehmung C
$-Aktiva 100 000,- DM	$-Aktiva 60 000,- DM	$-Aktiva 100 000,- DM
$-Passiva 60 000,- DM	$-Passiva 100 000,- DM	$-Passiva 100 000,- DM
Saldo + 40 000,- DM	Saldo − 40 000,- DM	Saldo 0

Tabelle 6: Beispiel von $-Einzelpositionen (Ausgangssituation)

A hat also eine aktive, B eine passive und C eine ausgeglichene Dollarposition.

Unmittelbar nach dem Zeitpunkt x möge der Dollarkurs gegenüber der DM um 10% sinken. Um diesen Prozentsatz entwertet sich dann bei den drei Unternehmungen der DM-Gegenwert sowohl der Dollaraktiva als auch der Dollarpassiva, so daß sich nach dem Kursrückgang folgendes Bild ergibt:

$-Position Unternehmung A (nach $-Entwertung)	$-Position Unternehmung B (nach $-Entwertung)	$-Position Unternehmung C (nach $-Entwertung)
$-Aktiva 90 000,- DM	$-Aktiva 54 000,- DM	$-Aktiva 90 000,- DM
$-Passiva 54 000,- DM	$-Passiva 90 000,- DM	$-Passiva 90 000,- DM
Saldo + 36 000,- DM	Saldo − 36 000,- DM	Saldo 0

Tabelle 7: Beispiel von $-Einzelpositionen (nach Rückgang des Dollarkurses)

Bei Unternehmung A hat sich der Aktivsaldo um den Abwertungssatz von 10%, das entspricht einem absoluten Betrag von 4000,- DM, vermindert; in Höhe dieser 4000,- DM hat A einen Kursverlust erlitten. Bei B hat sich der Passivsaldo um den gleichen Prozentsatz und Betrag vermindert, so daß in dieser Höhe ein Gewinn entstanden ist. Die Unternehmung C dagegen ist dank ihrer ausgeglichenen Dollarposition von dem Kursrückgang überhaupt nicht berührt worden. Zwar haben sich ihre Aktiva ebenfalls um 4000,— DM entwertet, doch wird dieser Vermögensverlust durch einen gleich hohen Entschuldungsgewinn kompensiert, weil der DM-Gegenwert der Dollarpassiva im selben Umfang zurückgegangen ist. (Ebenso erfolgsneutral wäre für C eine Dollarbefestigung, die bei A einen Gewinn und bei B einen Verlust entstehen ließe.)

Es bestätigt sich, daß eine ausgeglichene — und *nur* eine ausgeglichene — Einzelposition gegen Kursverluste schützt, die andernfalls durch Kursänderungen der betreffenden Valuta gegenüber der Inlandswährung eintreten würden; dabei ist es unerheblich, ob diese Kursänderung von der fremden oder von der inländischen Währung ausgeht. Jedoch können bei ausgeglichener Einzelposition auch die andernfalls unter Umständen möglichen Kursgewinne nicht erzielt werden.

1.4.1.2 Währungs-Gesamtposition

Es stellt sich die Frage, wie sich Devisenkursänderungen auf die *Gesamtposition* auswirken. Auch hierzu soll ein Zahlenbeispiel verwendet werden. Dabei wird wiederum von den Unternehmungen A, B und C ausgangen und angenommen, daß jede dieser Unternehmungen neben der Dollar- auch eine Pfund-Sterling-Position hält, die Gesamtposition sich also aus diesen beiden Einzelpositionen zusammensetzt. Im Zeitpunkt x, unmittelbar vor größeren Devisenkursänderungen, bestehe folgende Situation:

Währungspositionen	Unternehmung A	Unternehmung B	Unternehmung C
$-Aktiva	100 000,— DM	60 000,— DM	100 000,— DM
$-Passiva	60 000,— DM	100 000,— DM	100 000,— DM
Saldo $-Position	+40 000,— DM	—40 000,— DM	0
£-Aktiva	100 000,— DM	100 000,— DM	100 000,— DM
£-Passiva	100 000,— DM	60 000,— DM	100 000,— DM
Saldo £-Position	0	+40 000,— DM	0
ges. Währungsaktiva	200 000,— DM	160 000,— DM	200 000,— DM
ges. Währungspassiva	160 000,— DM	160 000,— DM	200 000,— DM
Saldo Gesamtposition	+40 000,— DM	0	0

Tabelle 8: Beispiele für Einzel- und Gesamtpositionen (Ausgangssituation)

A erleidet also an seiner aktiven Dollarposition einen Verlust von 4000, – DM, während B durch seine passive Position einen gleich hohen Gewinn erzielt (der Passivsaldo vermindert sich um die 4000, – DM). Für C ist die Dollarabschwächung wegen seiner ausgeglichenen Dollarposition erfolgsneutral. Die Pfundpositionen bleiben von dem Vorgang naturgemäß unberüht, dies führt dazu, daß auch der Saldo der Gesamtposition sich bei A um 4000, – DM verschlechtert, bei B um den gleichen Betrag verbessert und bei C unverändert bleibt.

Kommt es zu einem Dollarrückgang um 10%, so ändert sich dieses Bild folgendermaßen:

Währungs-positionen	Unternehmung A	Unternehmung B	Unternehmung C
$-Aktiva	90 000,—DM	54 000,—DM	90 000,—DM
$-Passiva	54 000,—DM	90 000,—DM	90 000,—DM
Saldo $-Position	+36 000,—DM	—36 000,—DM	0
£-Aktiva	100 000,—DM	100 000,—DM	100 000,—DM
£-Passiva	100 000,—DM	60 000,—DM	100 000,—DM
Saldo £-Position	0	+40 000,—DM	0
ges. Währungsaktiva	190 000,—DM	154 000,—DM	190 000,—DM
ges. Währungspassiva	154 000,—DM	150 000,—DM	190 000,—DM
Saldo Gesamtposition	+36 000,—DM	+ 4 000,—DM	0

Tabelle 9: Beispiele für Einzel- und Gesamtpositionen (nach Rückgang des Dollarkurses)

Entwertet sich statt des Dollars das *Pfund* um 10%, so treten bei den Positionen folgende Änderungen gegenüber dem in Tab. 8 wiedergegebenen Ausgangszustand ein:

Währungs-positionen	Unternehmung A	Unternehmung B	Unternehmung C
$-Aktiva	100 000,— DM	60 000,— DM	100 000,— DM
$-Passiva	60 000,— DM	100 000,— DM	100 000,— DM
Saldo $-Position	+40 000,— DM	—40 000,— DM	0
£-Aktiva	90 000,— DM	90 000,— DM	90 000,— DM
£-Passiva	90 000,— DM	54 000,— DM	90 000,— DM
Saldo £-Position	0	+36 000,— DM	0
ges. Währungsaktiva	190 000,— DM	150 000,— DM	190 000,— DM
ges. Währungspassiva	150 000,— DM	154 000,— DM	190 000,— DM
Saldo Gesamtposition	+40 000,— DM	— 4 000,— DM	0

Tabelle 10: Beispiele für Einzel- und Gesamtpositionen (nach Rückgang des Pfundkurses)

In diesem Fall werden also die Dollarpositionen der drei Unternehmungen nicht betroffen. Im übrigen bleiben bei A und C auch die Salden der Pfundposition unberührt, da sie ausgeglichen sind. B hingegen erleidet wegen seiner aktiven Pfundposition einen Verlust von 4000, – DM. Dies bedeutet für B einen Verlust von 4000, – DM auch an der Gesamtposition, obwohl sie vor dem Kursrückgang ausgeglichen war. Käme es unter ansonsten gleichen Umständen statt zu einem Rückgang zu einem Anstieg des Pfundkurses, so würde B einen Gewinn erzielen. Es zeigt sich, daß allein eine ausgeglichene *Gesamtposition* nicht gegen Verluste aus Kursänderungen einer jeden in ihr enthaltenen Währung schützt. Dazu muß vielmehr *auch jede Einzelposition* ausgeglichen sein.

Schließlich bleibt noch zu prüfen, wie sich eine zehnprozentige Entwertung sowohl des Dollars als auch des Pfundes auswirkt. Eine solche gleichgerichtete und gleich große Wertänderung aller Währungen, in denen Einzelpositionen vorhanden sind, tritt als Reflex einer gegenläufigen Veränderung der *Inlandswährung* ein. (So würde es zu Kursrückgängen des Dollars und des Pfundes um je 10% kommen, wenn die DM um etwa 11,1% aufgewertet wird.)

Die Positionen ändern sich gegenüber der in Tab. 8 festgehaltenen Situation in folgender Weise:

Währungspositionen	Unternehmung A	Unternehmung B	Unternehmung C
$-Aktiva	90 000,— DM	54 000,— DM	90 000,— DM
$-Passiva	54 000,— DM	90 000,— DM	90 000,— DM
Saldo $-Position	+36 000,— DM	—36 000,— DM	0
£-Aktiva	90 000,— DM	90 000,— DM	90 000,— DM
£-Passiva	90 000,— DM	54 000,— DM	90 000,— DM
Saldo £-Position	0	+36 000,— DM	0
ges. Währungsaktiva	180 000,— DM	144 000,— DM	180 000,— DM
ges. Währungspassiva	144 000,— DM	144 000,— DM	180 000,— DM
Saldo Gesamtposition	+36 000,— DM	0	0

Tabelle 11: Beispiele für Einzel- und Gesamtpositionen (nach DM-Aufwertung um ca. 11,1%)

Die DM-Befestigung fügt A einen Verlust von 4000,— DM zu, weil nur die Pfundposition ausgeglichen, die Dollarposition aber aktiv ist. Für B ist der Vorgang erfolgsneutral, da der Verlust an der aktiven Pfundposition durch einen Gewinn an der passiven Dollarposition kompensiert wird. Ebensowenig wird die Unternehmung C von der DM-Aufwertung betroffen, denn sie hat nur ausgeglichene Positionen.

1.4.1.3 Tagespositionen in Valuta

Bei den bisherigen Überlegungen war vereinfachend unterstellt worden, daß die Währungsaktiva zu den gleichen Zeitpunkten fällig sind wie die Währungspassiva. Dies ist jedoch ohne besonderes Zutun normalerweise nicht der Fall. Unter *Fälligkeitszeitpunkt* ist derjenige Tag zu verstehen, an dem die Umwandlung der Fremdwährung in die Inlandswährung zu erfolgen hat. Dies ist z. B. bei einer Exportforderung der Tag, an dem der Devisenbetrag nach Eingang veräußert wird; bei einem in Fremdwährung aufgenommenen Bankkredit ist der Fälligkeitszeitpunkt derjenige Tag, an dem der für die Rückzahlung benötigte Devisenbetrag zu beschaffen ist.

Besteht zwischen Währungsaktiva und -passiva keine Fälligkeitskongruenz, entsteht ein Währungsrisiko auch dann, wenn die Position betragsmäßig ausgeglichen ist.

Dieser Sachverhalt sei ebenfalls an einem Zahlenbeispiel demonstriert: Es wird angenommen, daß die Unternehmung eine Dollarposition hat, die aus einer Forderung und einer Verbindlichkeit im Betrag von je 4000,– $ besteht; beide wurden am 31. 1. zu einem Kurs von 2,50 DM je $ begründet, so daß der DM-Gegenwert jeweils 10 000,– DM beträgt. Die Position ist also ausgeglichen. Die Forderung ist am 31. 4., die Verbindlichkeit am 15. 5. fällig. Diese Ausgangssituation wird in Tabelle 12 wiedergegeben.

	$-Betrag	Kurs $/DM am 31. 1.	DM-Gegenwert am 31. 1.	Fälligkeit
$-Forderung	4 000,—	2,50	10 000,—	31. 4.
$-Verbindlichkeit	4 000,—	2,50	10 000,—	15. 5.

Tabelle 12: Beispiel einer Dollarposition mit Fälligkeitsterminen (Ausgangsposition)

Der Dollarkurs möge nun bis zum 31. 4. auf 2,25 DM sinken und anschließend bis zum 15. 5. auf 2,75 DM steigen. Die Wirkungen dieser – zur besseren Veranschaulichung als unrealistisch stark angenommenen – Kursbewegungen zeigt Tabelle 13.

	$-Betrag	Kurs $/DM bei Fälligkeit	DM-Gegenwert bei Fälligkeit
$-Forderung	4 000,—	2,25	9 000,—
$-Verbindlichkeit	4 000,—	2,75	11 000,—

Tabelle 13: Beispiel einer Dollarposition mit Fälligkeitsterminen (nach Änderung des Dollarkurses)

Die Unternehmung erlöst also, wenn die ausstehenden 4000, – $ eingehen, beim Verkauf dieses Betrages am 31. 4. nur 9000, – statt 10 000, – DM, realisiert mithin einen Kursverlust von 1000, – DM. Andererseits muß sie für den Erwerb der 4000, – $, die sie am 15. 5. für die Rückzahlung der Verbindlichkeit benötigt, statt 10 000, – nun 11 000, – DM aufwenden, erleidet somit einen Verlust von weiteren 1000, – DM. Trotz betragsmäßig ausgeglichener Position entsteht ein Gesamtverlust von 2000, – DM, weil Dollaraktiva und -passiva ungleiche Fälligkeitstermine hatten.

Um die vom Währungsrisiko bedrohten Währungsaktiva und -passiva zu erfassen, genügt es also nicht, diese Größen ohne Berücksichtigung der Fälligkeitstermine gegenüberzustellen. Dies erfordert, daß *Tagespositionen* gebildet werden. Eine *Valuta-Tagesposition* ist die Gegenüberstellung der an einem bestimmten Tag fälligen Währungsaktiva und der am gleichen Tag fälligen Währungspassiva. Wird in dieser Weise mit den Aktiva und Passiva einer einzigen Währung verfahren, so erhält man die *Tageseinzelposition* für diese Währung und diesen Tag. Durch Addition aller Tageseinzelpositionen gewinnt man die *Tagesgesamtposition* des betreffenden Tages.

In Tabelle 14 wurden die Dollar-Tagespositionen zu der in Tabelle 12 dargestellten Situation gebildet.

US-$-Tagesposition per 31. 4. (in DM)	
Dollar-Aktiva	10 000,–
Dollar-Passiva	—
Saldo	+ 10 000,–

US-$-Tagesposition per 15. 5. (in DM)	
Dollar-Aktiva	—
Dollar-Passiva	— 10 000,–
Saldo	— 10 000,–

Tabelle 14: Beispiel für US-$-Tagespositionen

In dem Fall, der Tabelle 14 zugrundeliegt, sind die Dollar-Tagespositionen für den 31. 4. und den 15. 5. offen: per 31. 4. besteht ein Aktivsaldo, per 15. 5. ein Passivsaldo. Dies ist der Grund dafür, daß die Dollarschwankungen Kursverluste bewirkten, ebenso wie sie bei gegenteiligen Salden Kursgewinne hätten entstehen lassen. Ein Währungsrisiko (und eine Währungschance) hätte nicht bestanden, wenn eine Dollarverbindlichkeit im Gegenwert von 10 000, – DM mit Fälligkeit am 31. 4. und ein Dollaraktivum in gleicher Höhe mit Fälligkeit am 15. 5. vorhanden gewesen wären.

Wenn die einzelnen Währungsaktiva und -passiva mit unterschiedlichen Fälligkeitsterminen ausgestattet sind oder wenn diejenigen Aktiva und Passiva, die zum gleichen Termin fällig werden, von unterschiedlicher Höhe sind, weichen die Salden der einzelnen Tagespositionen voneinander ab. Zum Beispiel kann die Dollar-Tagesposition per Tag 1 einen Aktivsaldo von 10 000, − DM, per Tag 2 einen Passivsaldo von 30 000, − DM und per Tag 3 einen Aktivsaldo von 20 000, − DM haben. Für diesen dreitägigen Zeitraum ist die Gesamtheit der Dollar-Tagespositionen dann zwar ausgeglichen; dennoch besteht die Möglichkeit von Kursverlusten oder -gewinnen, weil jede einzelne Tagesposition nicht ausgeglichen ist.

Die *Höhe* des Kursrisikos, das aus mangelnder Fälligkeitskongruenz von Aktiva und Passiva resultiert, hängt von der Differenz zwischen den Fälligkeitsterminen ab: Ist die Differenz gering, so ist auch das Verlustrisiko normalerweise nicht groß, weil innerhalb eines derart kurzen Zeitraums (von z. B. einigen Tagen) gewöhnlich nur geringe Kursänderungen aufzutreten pflegen. Doch läßt sich die Möglichkeit, daß es gerade in einer kurzen Periode mit offenen Tagespositionen doch zu erheblichen Kursbewegungen kommt, nicht mit Sicherheit ausschließen.

Zusammenfassend ist zu den Beziehungen zwischen dem Kursrisiko und den Währungspositionen folgendes festzustellen:

1. Bei gegebener Richtung und gegebenem Ausmaß einer Devisenkursänderung wird die Höhe des Kursverlustes oder -gewinnes vom Saldo der jeweils relevanten Währungsposition bestimmt. Für die Gesamtposition und für jede Einzelposition gilt die Beziehung
$$E = S \cdot D$$
Dabei ist E (wenn negativ) der Kursverlust oder (wenn positiv) der Kursgewinn, ausgedrückt in Einheiten der Inlandswährung. S symbolisiert den in Fremdwährungseinheiten ausgedrückten Positionssaldo; S ist positiv, wenn es sich um einen Aktivsaldo und negativ, wenn es sich um einen Passivsaldo handelt. D ist die − in Einheiten der Inlandswährung für eine Fremdwährungseinheit ausgedrückte − Differenz zwischen dem Kurs, zu dem der Saldo aufgelöst wird, und dem Kurs, zu dem er gebildet wurde. Aus der Gleichung folgt, daß ein Kursanstieg (Kursrückgang) der fremden Währung(en) einen Verlust (Gewinn) bei einer passiven und einen Gewinn (Verlust) bei einer aktiven Position entstehen läßt.

2. Ein vollständiger Schutz gegen Kursverluste ist nur erreichbar, wenn sämtliche Währungsaktiva und -passiva einander hinsichtlich der Betragshöhe und der Fälligkeitstermine immer entsprechen, wenn also alle Tagespositionen stets ausgeglichen sind.

3. Eine ausgeglichene Tageseinzelposition schützt nur gegen Kursänderungen der betreffenden Währung, eine ausgeglichene Tagesgesamtposition bei offenen Tageseinzelpositionen nur gegen Kursänderungen der Inlandswährung.

1.4.2 Auslandsposition (Auslandsstatus)

In Ergänzung zur Währungsposition der Unternehmung, die alle auf fremde Währung lautende und durch einen bestimmten

Auslandsstatus zum ...... 19..

Position	Fremd- währung	Deutsche Mark	Auslands- position insgesamt
1. Auslandsaktiva			
1.1 Forderungen gegenüber Debitoren - bis 1 Monat - 1 bis 3 Monate - 3 Monate bis 1 Jahr - 1 Jahr und mehr			
1.2 Forderungen gegenüber Banken (Befristungen ggf. wie 1.1)		.	.
Forderungen an Ausländer			
2. Auslandspassiva			
2.1 Verbindlichkeiten gegenüber Lieferanten (Befristungen wie 1.1)			
2.2 Verbindlichkeiten gegenüber Banken (Befristungen wie 1.1)			
Verbindlichkeiten gegenüber Ausländern			
3. Währungsposition		—	—
4. Auslandsstatus	+	+	

Abbildung 14: Ermittlungsschema für den Auslandsstatus

DM-Kurs repräsentierte Forderungen und Verbindlichkeiten bzw. in DM ausgedrückte Deviseneinnahmen und Devisenausgaben zu einem bestimmten Zeitpunkt erfaßt, enthält die zu dem jeweiligen Zeitpunkt ermittelte Auslandsposition zusätzlich die in DM kontrahierten Forderungen und Verbindlichkeiten bzw. die auf DM lautenden und in dieser Währung erwarteten Einnahmen und Ausgaben aus internationalen Aktivitäten.

Dementsprechend läßt sich der *Auslandsstatus* (als übliche Bezeichnung für die Auslandsposition) als Gegenüberstellung der Summe der Auslandsaktiva und der Auslandspassiva charakterisieren (Abbildung 14). Zusätzlich sind im Zusammenhang mit dem Auslandsstatus zweckmäßigerweise auch währungsrelevante Eventualverbindlichkeiten zu erfassen, deren Kenntnis zur Beurteilung latent bestehender Währungseventualrisiken von wesentlicher Bedeutung ist.

1.5 Währungspolitische Zielsetzungen der Unternehmung und Währungsmanagement

Die Zielsetzung der Unternehmung im Rahmen der Währungspolitik muß in erster Linie darin bestehen, mögliche Gefährdungssituationen, die aus internationalen Aktivitäten drohen können, nach Möglichkeit völlig auszuschließen oder − sofern dies nicht realisierbar ist − im höchst erreichbaren Umfang zu vermindern. Da derartige Maßnahmen in der Regel mit Kosten verbunden sind, wird eine Konkretisierung der währungspolitischen Zielsetzungen dahingehend zu erfolgen haben, daß nur solche Maßnahmen in Betracht kommen, deren erwartete Kosten die maximal prognostizierten Verluste nicht überschreiten. Zwar erscheint ein derartiges Postulat als Binsenweisheit, gleichwohl zeigt sich in der Praxis nicht selten ein übervorsichtiges Währungsmanagement und Sicherungsverhalten, das die Gesamtposition einer zweifachen Sicherung insofern unterwirft als einerseits sowohl Valuta-Aktiva als auch -Passiva in derselben Währung jeweils für sich und isoliert als Einzelobjekte kursgesichert werden, andererseits − unbewußt − zusätzlich zur individuellen Sicherung auch noch eine globale (Über-)Sicherung der Gesamtposition durch gegenläufige internationale Finanztransaktionen erfolgt und die individuelle(n) Sicherung(en) entbehrlich macht.

Neben diesen Mindestzielsetzungen, die auf Risikoabwehr ausgerichtet sind, sollten die währungspolitischen Zielsetzungen allerdings auch dem Sachverhalt Rechnung tragen, daß insbesondere Valutachancen genützt werden. Das bedeutet nicht, daß die Zielsetzung dahingehend lauten soll, alle sich bietenden und auch spekulativen Chancen wahrzunehmen. Vielmehr muß die Nutzung von Valutachancen auf bestimmte, relativ unproblematische Bereiche mit geringem Verlustpotential im Falle des Nichteintretens der Chance beschränkt bleiben. Zu denken wäre also an Zielsetzungen derart, daß die Unternehmung bei sich abzeichnenden relativ stabilen Kurstendenzen auf Sicherungsmaßnahmen verzichtet, um beispielsweise im Falle steigender Devisenkurse bei Exporterlösen einen Valutagewinn zu erzielen oder zumindest die Kurssicherungskosten gespart zu haben, wenn kein höherer als der ursprünglich kalkulierte Exporterlös (in Inlandswährung) entsteht oder die ersparten Kurssicherungskosten höher sind als geringfügige Kursverluste durch unterlassene Kurssicherung.

Währungsmanagement ist integraler Bestandteil des Finanzmanagements jeder Unternehmung, die internationale Aktivitäten entfaltet. Das bedeutet, daß Währungsmanagement nicht neben und nicht gesondert – sozusagen als eine Art Nebenrechnung oder Zusatzmanagement – von den Instanzen und den Prozessen (Funktionen) des Finanzmanagements der Unternehmung erfolgen kann. Dies schließt allerdings nicht aus, daß die Währungskompetenz bestimmten Entscheidungsträgern und ggf. Abteilungen übertragen wird, die jedoch in gegenseitiger Abstimmung mit den übrigen Entscheidungsträgern und organisatorischen Einheiten der Finanzwirtschaft der Unternehmung zur Erreichung der vorgegebenen finanzwirtschaftlichen Zielsetzungen für die Unternehmung insgesamt (siehe dazu im einzelnen Eilenberger 1985, 50 ff.) beitragen. Währungsmanagement bedeutet somit lediglich eine Spezialisierung innerhalb des Gefüges und des Prozesses des Finanzmanagements, deren Ausprägungen in engem Zusammenhang mit der Unternehmensgröße stehen.

Während in kleinen Unternehmungen in der Regel eine Trennung der Aufgabengebiete der finanziellen Führung, die häufig in einer Person (nämlich der des Eigentümers) konzentriert ist, entfällt, zeigen größere Unternehmen zunehmend die Möglichkeit einer Spezialisierung bezüglich des Währungsmanagements und einer entsprechenden fachlichen Besetzung der Positionen, die gegenüber kleineren Unternehmungen bereits Wettbewerbsvorteile bewirken kann. In Großunternehmen erfolgen Zersplitterungen des Währungsmanagements in den Fällen, in denen einzelne

Sparten mit Gewinnverantwortung ausgestattet sind, hohe Auslandsumsätze aufweisen und daher auch selbständiges Währungsmanagement praktizieren; allerdings sind in diesen Fällen zentrale Anweisungen und Richtlinien für das Währungsmanagement zu befolgen, so daß die Realisierung der währungspolitischen Zielsetzungen der Gesamtunternehmung gewährleistet bleibt.

Erhebliche Schwierigkeiten für das Währungsmanagement ergeben sich naturgemäß für *kleine und mittlere* Unternehmungen, die bereits häufig mit der Wahrnehmung eines effektiven Finanzmanagements im Inland überfordert sind und mit der Währungssicherung zusätzliche Aufgabengebiete zu bewältigen haben, denen ihre Qualifikationen und ihr unternehmerisches Leistungspotential nicht mehr gerecht werden können. In diesen Fällen kommt insbesondere den Banken, die generell als Vermittler über die Devisen- und Finanzmärkte fungieren, die Aufgabe zu, den einzelnen Unternehmer bzw. die Entscheidungsträger von Unternehmungen verantwortungsvoll zu beraten und solche Leistungen anzubieten, die dem jeweiligen zu lösenden Problem der Unternehmung bestmöglich gerecht werden. Angesichts der zunehmenden Komplexität des Währungsgeschehens und der spezifischen Verhältnisse bei den einzelnen Unternehmungen sind allerdings nicht selten auch Banken in gewissem Sinne überfordert, die maßgeschneiderte Lösung anzubieten. Daher wird die finanzielle Führung jeder Unternehmung gut beraten sein, wenn sie zumindest über Kenntnisse der Grundzusammenhänge im internationalen Währungsgeschehen verfügt und die wichtigsten Instrumente zur Währungssicherung kennt sowie deren Vor- und Nachteile abzuschätzen in der Lage ist, um Empfehlungen ihrer Berater kritisch unter Berücksichtigung ihrer eigenen spezifischen Verhältnisse, über die nur sie allein bestens Bescheid weiß, zu überprüfen. Sie kann sich dann für das Angebot entscheiden oder ggf. Modifikationen vornehmen oder ablehnen und eine andere Alternative wählen. Angesichts der sich schnell ändernden Informationslage auf den Devisenmärkten und internationalen Finanzmärkten erfordert ein derartiges Verhalten jedoch entsprechende Flexibilität der finanziellen Unternehmensführung, da Entscheidungen im Währungsbereich im allgemeinen relativ rasch zu treffen sind und eine Überlegungsfrist von einigen Tagen oder länger ausscheiden dürfte. Das bedeutet aber auch, daß sich die finanzielle Führung kleiner und mittlerer Unternehmen laufend Informationen über die Entwicklung der relevanten internationalen Finanzmärkte beschaffen und diese verarbeiten muß. Nützliche Hilfen für kleinere und mittlere Unternehmen zeichnen sich in diesem Zusammenhang in Form des Einsatzes von dezentralen Datenverarbeitungsanlagen (PC's) ab, die eine Speicherung und zweckdienliche Verarbeitung aller notwendigen Informationen über Zinssätze, Devisenkurse, Swapsätze, Optionspreise u. ä. in Richtung auf Prognosen der Devisenkursentwicklung zulassen und das Ergreifen bestimmter Sicherungsmaßnahmen bezüglich ihrer Konsequenzen durchzuspielen ermöglichen.

1.5.1 Institutionelles Währungsmanagement

Unter organisatorischen Aspekten kann Währungsmanagement (im institutionalen Sinne) als das Positions-, Interaktions- und Kompetenzgefüge der (Führungs-)Entscheidungsträger mit Währungskompetenz, die von der Leitung des finanzwirtschaftlichen Bereichs bzw. der Unternehmensleitung übertragen worden ist, verstanden werden. Die Abgrenzung erfolgt unter dem Gesichtspunkt der *Institutionen* innerhalb des Finanzmanagements (Stellen, Abteilungen, Sparten), denen unter Zuweisung bestimmter Verantwortungs- und Kompetenzbereiche bezüglich der Durchführung internationaler Aktivitäten mit finanzwirtschaftlicher Relevanz die jeweiligen Managementfunktionen (siehe 1.5.2) übertragen sind, und der Interaktionsmöglichkeiten zur Zusammenarbeit und Aufgabenerfüllung.

Wie eine Studie der IAFEI (International Association of Financial Executives Institute) aus den Jahren 1982 und 1983 zeigt, liegt die Verantwortung für das Währungsmanagement in der überwiegenden Mehrzahl der Fälle (119 von 140 Unternehmungen) im Aufgabenbereich des Finanzmanagements (Treasury), während 5 Unternehmungen die Verantwortung an die Sales Division übertragen haben und in 16 Unternehmungen andere Entscheidungsinstanzen diese Aufgaben wahrnehmen, wobei es sich insbesondere um die Geschäftsleitung selbst oder die Leitung des Finanzmanagements handeln dürfte. In 15 der befragten Unternehmungen bleibt nämlich das Eingehen von offenen Währungspositionen Entscheidungen dieser Instanzen vorbehalten (GEFIU, 34). Dementsprechend erweisen sich die währungspolitischen Zielsetzungen für das Währungsmanagement häufig auch als Vorgaben oder als Limite, die den Handlungsspielraum des Währungsmanagements einschränken (z. B. Verbot des Eingehens offener Währungspositionen).

1.5.2 Funktionales Währungsmanagement

Im funktionalen Sinne läßt sich Währungsmanagement als die zielgerichtete Steuerung und ggf. Regelung aller währungsrelevanten Prozesse innerhalb der betrieblichen Finanzwirtschaft unter Mitwirkung der institutionell dazu befugten Entscheidungsträger auffassen. Die Betrachtung erfolgt dabei unter dem Gesichtspunkt der Wahrnehmung der Managementfunktionen Planung, Entscheidung und Kontrolle im Währungsbereich, weshalb grundsätzlich zwischen den Phasen des Währungsmanagements als Prozeß der Währungsplanung, Währungsentscheidung und Währungskontrolle unterschieden werden kann (Abbildung 15). Der Prozeß des Währungsmanagements ist darüber hinaus dadurch charakterisiert, daß seine einzelnen Phasen von Maßnahmen des Risiko-Managements begleitet bzw. überlagert werden, die insbesondere in der Identifikation der Währungsrisiken und Währungschancen, der Schätzung ihres Eintretens, der Bewertung bestimmter Alternativen unter Berücksichtigung des Verhaltens der Entscheidungsträger (Vermeidung von Währungsrisiken/-chancen, Neutralität, Bereitschaft gegenüber Währungsrisiken/-chancen) und der Kontrolle der getroffenen Maßnahmen bezüglich Währungsrisiken/-chancen bestehen.

1.5.2.1 Währungsplanung und Prognose der Währungsrisiken/-chancen

Die Planung der Zahlungsströme in fremder Währung (Deviseneinnahmen und Devisenausgaben) und der Vermögens- und Kapitalbestände in Valuta fußt grundsätzlich auf den Informationen aus dem *operativen* Bereich für Außenhandelsaktivitäten (geplanter Export von Absatzgütermengen; geplanter Import von Einsatzgütermengen; geplante Fremdwährungsforderungen und -verbindlichkeiten; geplante Währungsbestände innerhalb einer MNU) und für geplante Direktinvestitionen im Ausland sowie Informationen aus dem *finanzwirtschaftlichen* Bereich über geplante internationale Finanztransaktionen und geplante Kreditgewährungen/Kreditinanspruchnahmen in Zusammenhang mit Außenhandelsaktivitäten (Gewährung von Handelskrediten, Inanspruchnahme von internationalen Lieferantenkrediten). In allen diesen Fällen handelt es sich somit um *induzierte* Plangrößen für die Währungsplanung.

Daneben besteht auch die Möglichkeit, daß die Währungsplanung mit *autonomen* Plangrößen arbeitet, und zwar bei aus-

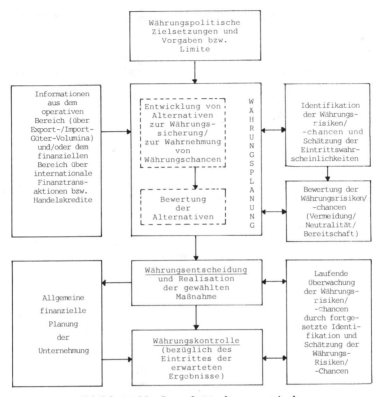

Abbildung 15: Interdependenzen zwischen Währungsmanagement und Finanzmanagement der Unternehmung im funktionalen Sinne unter Berücksichtigung des Managements von Währungsrisiken und -chancen.

schließlicher Devisenspekulation. Die Unternehmung würde die Devisenaktivitäten nur zu dem Zweck durchführen, um Devisengewinne zu erzielen. Da eine derartige Verhaltensweise nicht geeignet ist, dem Unternehmenszweck zu entsprechen (Ausnahme: Banken und sonstige Finanzinstitute), wird diesem atypischen Aspekt im folgenden nicht weiter nachgegangen.

1.5.2.1.1 Planung der Zahlungsströme aus internationalen Aktivitäten

Zweckmäßigerweise erfolgt eine Trennung der erwarteten Einnahmen und Ausgaben, die aus internationalen Aktivitäten resultieren, nach Fremdwährungsbeträgen, die einer Umrechnung in DM bedürfen, und DM-Fakturierungen (im Sinne einer Auslandsposition; siehe dazu Abbildung 14) für die einzelnen Zeitpunkte der Planungsperiode (Zeiteinheit: ein Tag).

Hinsichtlich der Erfassung der Fremdwährungsbeträge können sich Probleme insofern ergeben, als einerseits Entscheidungen über einen bestimmten Umrechnungskurs des Währungsbetrages in DM zu treffen sind, andererseits in der Regel Unsicherheit über den exakten Zeitpunkt beispielsweise des Deviseneingangs herrschen wird (wegen Inanspruchnahme von Zahlungszielen; wegen sonstiger Gründe siehe unten) und der Eingangszeitpunkt des Fremdwährungsbetrages nicht mit dem Zeitpunkt des tatsächlichen Umtausches identisch sein muß.

Da nicht alle erzielten Fremdwährungsguthaben in DM transferiert werden, sondern zum Teil auch als solche im Ausland oder auf *Fremdwährungskonten* (der Banken oder der Bundesbank) bestehen bleiben können, ist die Planungsrechnung um die betreffenden Währungsbeträge ggf. zu ergänzen; in diesem Fall erübrigen sich Überlegungen zum Währungsrisiko, da diese Devisen — sofern sie in vollem Umfang wieder im betreffenden Land verausgabt werden — ihren Währungsbereich nicht verlassen.

Bezüglich der Prognose der Deviseneinnahmen und -ausgaben ergibt sich für den Durchschnitt der Unternehmungen, daß die Mehrzahl der Exportforderungen (und korrespondierend dazu der Importzahlungen) innerhalb eines Zeitraumes von einem Monat fällig werden (rund 35% des Exportwertes sofort bzw. im Ausfuhrmonat und rund 37% innerhalb eines Monats), während sich die restlichen Fälligkeiten auf 2 Monate (rd. 13%), 3 Monate (8%), 4 bis 6 Monate (6%) und 7 bis 12 Monate (1%) verteilten (siehe Abbildung 16).

Auf Grund dieser Sachlage ergibt sich im allgemeinen die Notwendigkeit, in Abhängigkeit von den jeweiligen unternehmensindividuellen Fälligkeitsstrukturen für Exportforderungen und Importzahlungen die Deviseneinnahmen und -ausgaben sowie die diesbezüglichen DM-Fakturierungen schwerpunktmäßig innerhalb eines Zeitraumes von zwei bis drei Monaten prognostizieren und nur in einer geringeren Zahl von Fällen längerfristige Schätzungen vornehmen zu müssen.

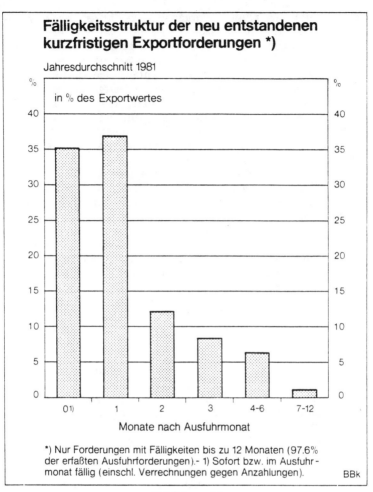

Abbildung 16:
Fälligkeitsstrukturen deutscher Exportforderungen 1981
(Quelle: MDB 5/1982, 35)

Die Ermittlung der geplanten Zahlungsvorgänge aus internationalen Aktivitäten erfolgt für jeden Tag der Planperiode, die in der Finanzplanung in der Regel den Zeitraum von jeweils 12 Monaten umfaßt. Der Umfang der Planungen wird durch die Intensität und den Rhythmus der Zahlungsvorgänge sowie die Zahl der einzubeziehenden fremden Währungen bestimmt. Zwar wird bei kleinen und mittleren Unternehmungen mit einer geringeren Zahl von internationalen Aktivitäten der Planungsaufwand geringer sein als bei Unternehmungen mit permanent anfallenden Deviseneinnahmen und -ausgaben, jedoch können sich im letztgenannten Fall zunehmend Voll- oder Teil-Kompensationen der Tagespositionen einstellen, die Überlegungen zur Devisenkurssicherung weitgehend entbehrlich machen und damit zu einer Entlastung der Planungs- und Entscheidungsinstanzen des Währungsmanagements beitragen.

Die für jeden einzelnen Tag der Planperiode ermittelten, erwarteten Deviseneinnahmen und Devisenausgaben werden zum Devisenkassakurs des Zeitpunktes der Planerstellung in einer Übersicht in Form einer Monatstabelle nach dem Muster in Abbildung 17 erfaßt. Da in der Regel Devisenkursänderungen zu erwarten sind, müssen in einem zweiten Schritt Annahmen über die künftige Devisenkursentwicklung getroffen und die jeweiligen Tagespositionen mit den zum Zeitpunkt der Planerstellung verfügbaren Devisen(termin)kursen bewertet und in Anmerkungen die Möglichkeiten der Realisierung sonstiger Währungsrisiken vermerkt werden. Dasselbe gilt für die Planung der in DM fakturierten internationalen Aktivitäten.

a) Planung der Deviseneinnahmen

Die Planung der Deviseneinnahmen bei Produktionsunternehmungen und Export-Handelsunternehmungen weist gegenüber den inländischen Verhältnissen die Besonderheit auf, daß eine Unterscheidung zwischen Absatz von Serienprodukten und Einzelprodukten mit größerem Auftragswert entfällt, da der Export von Serienprodukten (selbst mit relativ geringem Wert der einzelnen Produkteinheit) in erheblichen Losgrößen abgewickelt wird. Deren Bezahlung erfolgt in einer Summe bzw. einem Zahlungsakt und erlaubt damit eine größere Übersicht für die Planung der Einnahmeströme. Die Finanzplanung erfährt damit eine nicht unerhebliche Vereinfachung gegenüber einem Zustand bei inländischem Absatz, der aus einer sehr großen Zahl von einzelnen Einzahlungsbewegungen gekennzeichnet ist und für deren Prognose sich die Unternehmung statistischer Verfahren (z. B. Verweilzeitverteilungen; siehe dazu Langen 1964 und 1965; Langen u. a. 1971; Eilenberger 1985, 316 ff.) bedienen muß. Allerdings sind auch in diesem Zusammenhang die durch internationale Zahlungszielgewährungen möglichen Variationen der Eingänge in fremder Wäh-

	US-$			Umrechnung in DM	
Tag	Ein- nahmen (E)	Aus- gaben (A)	$-Tages- position	Valuta-Position x Kassakurs $/DM zum Planungs- zeitpunkt	Valuta-Position x erwartete Kassa- kurse $/DM bzw. Terminkurse
1					
2					
3					
4					
5					
.					
.					
.					
.					
.					
.					
.					
.					
30					
31					
Σ					

Abbildung 17: Schema zur Ermittlung der erwarteten Valuta-Tagespositionen

rung zu berücksichtigen oder die Möglichkeit, daß Zahlungen von bestimmten Kunden mit einer gewissen Verzögerung geleistet werden oder daß Valutaverzögerungen auf Grund des Postlaufs erfolgen. Für die Planung der Deviseneingänge besteht somit die Notwendigkeit, zur Rechnungsfälligkeit eine auf Erfahrungswerten beruhende »Karenzzeit« als Sicherheitsmarge hinzuzurechnen. Auf diesen Zeitpunkt wären demnach auch alle Kurssicherungsmaßnahmen zu beziehen.

Darüber hinaus kann sich die Planung der Deviseneinnahmen auch insofern komplizieren, als die Unternehmung ggf. die Valuta nicht in inländische Währung umtauscht, da sie den Fremdwährungsbetrag zum Ausgleich von Importen benötigt. In diesem Fall berühren weder die betreffende Deviseneinnahme noch die korrespondierende Devisenausgabe die inländische finanzielle Situation direkt, sondern nur indirekt. Die Unternehmung wird bei derartigen Verhältnissen, insbesondere wenn die Volumina der Beträge und die Häufigkeit der Zahlungen nicht unbedeutend sind, nicht umhin können, zur Wahrung ihrer Liquidität in der betreffenden Währung eine *gesonderte Finanzrechnung und Finanzplanung* zu führen, aus der nur tatsächlich in das Inland einfließende oder dieses verlassende Zahlungsströme (in inländischer Währung bewertet) in die inländische Finanzrechnung und Finanzplanung eingehen.

Für die Planung sowohl der Deviseneinnahmen als auch der Devisenausgaben ergibt sich das generelle Problem, daß die Bewertung der betreffenden Fremdwährungsbeträge – abgesehen von den eben dargestellten Sonderverhältnissen – bereits zum Zeitpunkt der Planerstellung, im Falle des Finanzplanes also häufig ein Jahr vor Realisierung der Devisenzahlungsströme, erfolgen muß, die Kursentwicklung der Valuta naturgemäß schlecht prognostizierbar ist und daher frühzeitig Kurssicherungsmaßnahmen getroffen werden müssen. Andernfalls könnten zwar Kurschancen besser genutzt werden, es würde jedoch eine erhebliche Unsicherheit der Finanzplanung entstehen, die einerseits Liquiditätsengpässe zu spät erkennen ließe, andererseits Liquiditätsüberschüsse nicht planmäßig disponieren und anlegen könnte, sondern ad-hoc-Maßnahmen mit meist schlechteren Ergebnissen notwendig machen würde.

b) Planung der Devisenausgaben

Die Planung der Devisenausgaben setzt bei *Produktionsunternehmungen* bei den planmäßig zu beschaffenden Importgütern in Valuta an, die auf der Basis der Devisenkassakurse oder bei Valutasicherung durch Termingeschäfte zum Devisenterminkurs entsprechender Fälligkeit zu bewerten sind. *Import-Handelsunternehmungen* sind zwar auch in der Regel längerfristig an vertraglich vereinbarte Abnahmetermine gebunden, jedoch häufig in der Lage kürzerfristig auf Kursentwicklungen zu reagieren und ggf. Kursverluste in Form steigender Preise an die inländischen Abnehmer zu überwälzen, was allerdings eine entsprechende Marktstellung bzw. mangelnde Nachfrageelastizität der Kundschaft voraussetzt.

Die Finanzplanung von Devisenzahlungsströmen im *finanzwirtschaftlichen* Bereich ist von geringeren Umwägbarkeiten gekennzeichnet, zumal die Fälligkeiten von internationalen Finanztransaktionen nur in geringem Umfang, wenn überhaupt, eigenmächtigen Verschiebungen der Kontrahenten zugänglich bzw. bei Banken als Geschäftspartnern atypisch sind.

1.5.2.1.2 Problematik der Devisenkursprognose

Eine exakte Prognose des künftigen Verlaufs von Devisenkursen hat zur Voraussetzung, daß die Sachverhalte, die die Dispositionen der Anbieter und Nachfrager am Devisenmarkt beeinflussen, ebenso bekannt sind wie die Art ihrer Wirkung auf die Kurse und daß diese Wirkungen sich quantifizieren lassen. Keine dieser Voraussetzungen ist gegeben. Daher ist es nicht möglich, die Höhe des Kurses einer Währung in künftigen Zeitpunkten exakt vorauszusagen. Allenfalls lassen sich aufgrund von Erfahrungsregeln Aussagen über den zu erwartenden Trend abgeben, etwa derart, daß man zu der Annahme gelangt, eine Währung werde in drei Monaten eher höher als niedriger bewertet werden als heute. Selbst solche vagen Aussagen sind aber mit erheblicher Unsicherheit belastet.

Dabei gilt, daß langfristige Voraussagen über mehrere Jahre nur unter so großer Unsicherheit abgegeben werden können, daß sie als Dispositionsgrundlage unbrauchbar sind. Das gleiche trifft zu für kurzfristige Prognosen für einige Tage oder wenige Wochen. Denn diese kurzfristigen Kursbewegungen werden sehr weitgehend von Sachverhalten hervorgerufen, die sich besonders schwer erfassen lassen, wie den häufig unberechenbaren Reaktionen des Marktes auf Tagesereignisse verschiedenster Art, spekulativen Transaktionen und Markteingriffen von Notenbanken. Noch am ehesten ist es möglich, zu Vorstellungen über den wahrscheinlichen Verlauf mittelfristiger Trends zu gelangen, d. h. der Kursentwicklung während einiger Monate. Denn über solche Perioden neutralisieren sich Sachverhalte, welche die kurzfristige Entwicklung bestimmen, gegenseitig weitgehend, während andererseits der betrachtete Zeitraum noch kurz genug ist, um eine wenn auch unvollständige und grobe Schätzung der anderen Einflußgrößen zu ermöglichen.

Um *Anhaltspunkte* für die Beurteilung der *künftigen Kursentwicklung* in diesem mittelfristigen Bereich zu gewinnen, bedarf die gesamte wirtschaftliche, wirtschaftspolitische und allgemeinpolitische Situation und die Entwicklung des betreffenden Landes der Beobachtung. Dabei haben sich einige Sachverhalte als *Indikatoren der Kursentwicklung* besonders bewährt. Im wirtschaftlichen

Bereich gehören hierzu insbesondere die Zinssituation, die Beschäftigung, die Geldwertentwicklung und die Außenhandelslage des betreffenden Landes. Zumindest für die wichtigeren Länder lassen sich diese Größen durch die Berichterstattung der Wirtschaftspresse unschwer verfolgen.

Deuten zum Beispiel eine über die saisonal übliche Veränderung hinausgehende Abnahme der Arbeitslosigkeit und andere Beschäftigungsindikatoren auf eine konjunkturelle Belebung, so ist zunächst eine Abschwächung der betreffenden Währung wahrscheinlich, weil unter den gegebenen Umständen eine Zunahme des Imports nach dem betreffenden Land bei unveränderten oder nur wenig wachsenden Exporten zu erwarten ist. Diese Tendenz im Bereich des Außenhandels würde sich verstärken, wenn der Konjunkturaufschwung einen stärkeren Preisauftrieb auslösen sollte. Spätestens in diesem Stadium der Entwicklung muß häufig mit konjunkturdämpfenden Maßnahmen der Regierung und der Notenbank des betreffenden Landes gerechnet werden. Welche Folgen sie für den Devisenkurs haben, hängt vom Charakter der Maßnahmen ab. Besonders schnell pflegen sich Änderungen der Geldmarkt-Zinssätze auszuwirken. Käme es in der angenommenen Situation der Hochkonjunktur zu einer Erhöhung des Diskontsatzes oder anderer repräsentativer Zinssätze (mit Leitfunktion) der Zentralbank, so würde der Kurs der betreffenden Währung mit großer Wahrscheinlichkeit steigen, wobei das Ausmaß dieser Befestigung von dem der Zinserhöhung abhinge.

Bei solchen Überlegungen ist allerdings zu berücksichtigen, daß die Kursbildung nicht selten von konträr wirkenden Sachverhalten, die sich gegenseitig ganz oder teilweise ausgleichen, bestimmt wird. Auch pflegen Kursbewegungen, von denen aufgrund von Überlegungen der skizzierten Art angenommen wird, daß sie erst in fernerer Zukunft eintreten werden, sich oft bereits sehr frühzeitig zu vollziehen, weil die erwartete Entwicklung von den Akteuren an den Devisenmärkten vorweggenommen wird.

Aus politischen Sachverhalten lassen sich Kursprognosen noch schwieriger ableiten als aus wirtschaftlichen Phänomenen. Das liegt nicht zuletzt daran, daß die – für die Kursbildung letztlich relevanten – wirtschaftlichen Auswirkungen politischer Ereignisse sich häufig nicht sogleich überschauen lassen und überdies von verschiedenen Beobachtern unterschiedlich eingeschätzt werden können. Immerhin läßt sich sagen, daß zum Beispiel eine die politische Handlungsfähigkeit eines Landes lähmende, voraussichtlich länger andauernde Regierungskrise auf eine Abschwächung der betreffenden Währung hinzuwirken geeignet ist. Parlaments- oder Regierungsbeschlüsse, die auf eine starke Einengung des unternehmerischen Handlungsspielraums hinauslaufen, pflegen sich in gleicher Weise auszuwirken. Für alle diese und auch andere Fälle gilt, daß nicht erst das Ereignis selbst, sondern schon seine bloße Möglichkeit den Kursverlauf zu beeinflussen pflegt.

Angesichts der dargelegten komplexen Sachverhalte kann es nicht verwundern, daß die bislang entwickelten Erklärungs- und Prognosemodelle (siehe dazu Cezanne; Filc 1981; Wentz; Lipfert 1980; Benke) nur eingeschränkt für Zwecke der Devisenkursprognose brauchbar sind, und zwar im Sinne einer Tendenzprognose. Dabei ist zu unterscheiden zwischen den Modellen, deren Anwendungsbereich auf *längerfristige* Prognosen beschränkt ist *(Kaufkraftparitätentheorie),* und solchen Modellen, die für *kurzfristige* Vorhersagen herangezogen werden können *(Zinsparitätentheorie).*

Unter der Voraussetzung *effizienter internationaler Devisen- und Finanzmärkte,* die dadurch gekennzeichnet sind, daß die jeweiligen Marktpreise alle verfügbaren Informationen widerspiegeln (siehe dazu Fama, 383), müßten theoretisch nicht nur die Swapsätze der Zinsdifferenz, sondern auch die Differenz der Zinssätze zwischen zwei Währungen den Veränderungen der Kaufkraftparitäten entsprechen (siehe dazu Köhler, 263). Die insbesondere für das Verhältnis DM-Dollar-Kurs zu beobachtende partielle Ineffizienz (siehe Cezanne) dürfte − neben spekulativen Einflüssen − zu einem nicht unerheblichen Teil auf die »Marktpflege« des Devisenmarktes und der Beeinflussung des Zinsniveaus der deutschen Finanzmärkte durch die Deutsche Bundesbank zurückzuführen sein.

a) Kurzfristige Devisenkursprognose

Da die überwiegende Mehrzahl der im Außenhandel abzuwickelnden Geschäftsvorfälle Fristigkeiten im Bereich bis zu 3 Monaten aufweist, interessieren in erster Linie Möglichkeiten einer *kurzfristigen Vorhersage* der Tendenz der Devisenkursentwicklung. Zu diesem Zweck scheint die Prognosefähigkeit der Zinsdifferenzen (Swapsätze) zwischen zwei frei floatenden Währungen ausreichend und damit der 3-Monats-Terminkurs zwar kein perfekter Prediktor, der die künftigen Kassakurse exakt vorhersagen würde, jedoch ein »vernünftiger« Indikator zu sein, der eine »systematisch unverzerrte (und für die Benützer erst noch kostenlose!) Prognose der künftigen Kassakurse« (Corti, 54) erlaubt.

Die Beobachtungen von Corti bezüglich der Prognosefähigkeit des 3-Monats-Terminkurses für die Entwicklung des SFR/Dollar-Kurses (1973 − 1982) mit Abweichungen von rd. ± 30% zwischen drei Monate zuvor festgestellten Terminkursen und den tatsächlich eingetroffenen Kassakursen werden durch entsprechende Ergebnisse für die Entwicklung des DM/Dollar-Kurses im Zeitraum 1975 – 1985 bestätigt: Wie Abbildung 18 zeigt, gingen Änderungen des Kassakurses jeweils (drei Monate früher) entsprechende Trendänderungen des 3-Monats-Terminkurses voraus. Die Abweichungen zwischen Terminkurs und später tatsächlich eingetretenem Kassakurs bewegten sich im Zeitraum 1975 – 1979 im Bereich zwischen −8% und +20%, im Zeitraum 1980 – 1984 zwischen +15% und −30% (Abbildung 19).

In Ermangelung geeigneterer und im Schnitt treffsicherer kurzfristiger Prognosemethoden ergeben sich mit Hilfe der Zinsparitätentheorie Aussagen bezüglich des Trends und insbesondere der *Trendumkehr* für die Kassakurse drei Monate später. Das bedeutet beispielsweise, daß im Zeitraum ab I/1984 bis IV/1984 für Exporteure wegen des signalisierten steigenden Kassakurses Sicherungsmaßnahmen nicht nur entbehrlich, sondern geradezu schädlich gewesen wären, während sich für Importeure eine Terminsicherung als unabdingbar erwies. In ähnlicher Weise können auf Grund der

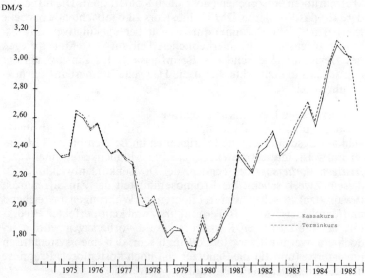

Abbildung 18: Kassakurse und 3-Monats-Terminkurse des US-Dollars (= Terminkurse jeweils drei Monate zuvor) Platz Frankfurt/M; jeweils zum Quartalsende.

Kassa-Mittelkurs am Monatsende		Dreimonatsterminkurs drei Monate vorher			Differenz Kassa/Termin
März	'75 2,3450	Dez.	'74	2,3965	+ 0,0515
Juni	' 2,3548	März	'75	2,3345	− 0,0203
Sept.	' 2,6615	Juni	'	2,3443	− 0,3172
Dez.	' 2,6223	Sept.	'	2,6340	+ 0,0117
März	'76 2,5383	Dez.	'	2,6083	+ 0,0700
Juni	' 2,5742	März	'76	2,5237	− 0,0505
Sept.	' 2,4365	Juni	'	2,5619	+ 0,1254
Dez.	' 2,3625	Sept.	'	2,4288	+ 0,0663
März	'77 2,3887	Dez.	'	2,3603	− 0,0284
Juni	' 2,3380	März	'77	2,3845	+ 0,0465
Sept.	' 2,3074	Juni	'	2,3264	+ 0,0190
Dez.	' 2,1050	Sept.	'	2,2902	+ 0,1852
März	'78 2,0230	Dez.	'	2,0800	+ 0,0570
Juni	' 2,0753	März	'78	2,0023	− 0,0730
Sept.	' 1,9386	Juni	'	2,0480	+ 0,1094
Dez.	' 1,8280	Sept.	'	1,9097	+ 0,0817
März	'79 1,8676	Dez.	'	1,7903	− 0,0579
Juni	' 1,8482	März	'79	1,8418	− 0,0064
Sept.	' 1,7425	Juni	'	1,8287	+ 0,0862
Dez.	' 1,7315	Sept.	'	1,7199	− 0,0116
März	'80 1,9419	Dez.	'	1,7066	− 0,2353
Juni	' 1,7582	März	'80	1,8953	+ 0,1371
Sept.	' 1,8113	Juni	'	1,7570	− 0,0543
Dez.	' 1,9590	Sept.	'	1,7878	− 0,1712
März	'81 2,1018	Dez.	'	1,9177	− 0,1841
Juni	' 2,3909	März	'81	2,0892	− 0,3017
Sept.	' 2,3225	Juni	'	2,3589	+ 0,0364
Dez.	' 2,2548	Sept.	'	2,2900	+ 0,0352
März	'82 2,4142	Dez.	'	2,2368	− 0,1774
Juni	' 2,4598	März	'82	2,3769	− 0,0829
Sept.	' 2,5276	Juni	'	2,4175	− 0,1101
Dez.	' 2,3765	Sept.	'	2,5041	+ 0,1276
März	'83 2,4265	Dez.	'	2,3562	− 0,0703
Juni	' 2,5419	März	'83	2,3988	− 0,1431
Sept.	' 2,6391	Juni	'	2,5130	− 0,1261
Dez.	' 2,7238	Sept.	'	2,6140	− 0,1098
März	'84 2,5900	Dez.	'	2,6970	+ 0,1070
Juni	' 2,7842	März	'84	2,5575	− 0,2267
Sept.	' 3,0253	Juni	'	2,7409	− 0,2844
Dez.	' 3,1480	Sept.	'	2,9853	− 0,1627
März	'85 3,0930	Dez.	'	3,1198	+ 0,0268
Juni	' 3,0607	März	'85	3,0538	− 0,0069
Sept.	' 2,6699	Juni	'	3,0349	+ 0,3650

Tabelle 15: Devisenkassa-Mittel- und Dreimonats-Terminkurse sowie Kursdifferenzen 3/1975 – 9/1985 (Quelle: Stat. Beihefte, Reihe 5 und eigene Berechnungen)

12-Monats-Terminkurse Prognosen für die Tendenz der nach einem Jahr eintretenden Kassakurse vorgenommen werden, zumal auch für diesen Prognosebereich nach den empirischen Beobachtungen systematische Prognosefehler nicht vorzuliegen scheinen (siehe Conti, 55).

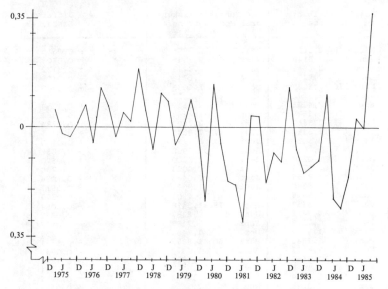

Abbildung 19: Abweichungen der Kassakurse
von den 3-Monats-Terminkursen (%)
jeweils am Quartalsende
(Basis: Tabelle 15).

b) Langfristige Devisenkursprognose

Der Kaufkraftparitätentheorie wird für die lange Frist Prognosefähigkeit aus der Überlegung zugeschrieben, daß Unterschiede in den *Inflationsraten* zweier Währungsgebiete (Volkswirtschaften) sich längerfristig gesehen in der Devisenkursentwicklung niederschlagen werden. Es handelt sich dabei um eine Proportionalitätsbeziehung folgender Art:

$$\frac{P_I}{P_A} = K_{I/A}$$

wobei P_I ... Preisniveau Inland (Bundesrepublik Deutschland), ausgedrückt durch den inländischen Preisindex
P_A ... Preisniveau Ausland (z. B. USA), ausgedrückt durch den ausländischen Preisindex
$K_{I/A}$ ... nomineller Devisenkurs der ausländischen Währung ($), ausgedrückt in inländischer Währung (DM)

Im Falle der Betrachtung von Veränderungen der einbezogenen Größen ist von folgender Gleichung auszugehen:

$$\hat{P}_I - \hat{P}_A = \hat{K}_{I/A}$$

wobei ^ jeweils Wachstumsraten symbolisiert, z. B. für

$$\hat{P}_I = \frac{d}{d_t} \cdot P_I/P_I$$

Die Gültigkeit der Kaufkraftparitätentheorie ist bereits mehrfach überprüft worden, allerdings mit unterschiedlichen Ergebnissen, die Anlaß zum Zweifel an der Eignung für längerfristige Kursprognosen geben: Buomberger/Müller kommen auf Grund einer empirischen Untersuchung der Devisenkurse und der Preisverhältnisse zwischen der Schweiz und den sechs Ländern Japan, Bundesrepublik Deutschland, Frankreich, Großbritannien, USA und Italien für den Zeitraum I/1973 bis IV/1982 zu dem Schluß, daß sich nur für die Währungen Großbritanniens und Frankreichs keine signifikanten Kaufkraftdifferenzen feststellen lassen und die Kaufkraftparitätentheorie bezüglich dieser Länder nur der Tendenz nach erfüllt ist (Buomberger/Müller, 48 ff.). Für die übrigen Länder, insbesondere Japan, korrelierten die nominellen Devisenkursänderungen mit den Inflationsdifferenzen in der langen Frist. Für kurzfristige Prognosen erwies sich die Kaufkraftparitätentheorie als ungeeignet.

Während Buomberger/Müller den Test mit einer von Lucas entwickelten speziellen Filtertechnik durchführten, ergab die unter Verwendung der Regressionsanalyse von Cezanne vorgenommene Untersuchung des DM/Dollar-Kurses für den Zeitraum 1974 bis 1983 ein abweichendes Ergebnis. Obwohl für 1974–1979 die Kaufkraftparitätentheorie »einen gewissen Erklärungswert« (Cezanne, 18) aufweist, zeigte sich im Zeitraum 1980 – 1983 eine mit der Kaufkraftparitätentheorie richtungsmäßig nicht zu vereinbarende Entwicklung des DM/Dollar-Kurses. Insgesamt kommt Cezanne zu dem Schluß, daß im Zeitraum 1974 bis 1983 die Kaufkraftparitätentheorie »weder kurz- noch langfristig eine adäquate Beschreibung der Entwicklung des DM/Dollar-Kurses« (Cezanne, 20) geliefert habe, da die Änderungen der nominalen Devisenkurse nicht den jeweiligen Inflationsdifferenzen zwischen den USA und der Bundesrepublik Deutschland entsprechen.

Obwohl die Evidenz der Auseinanderentwicklung von Devisenkurs und Inflationsdifferenz im (Sonder-)Verhältnis DM/Dollar nicht zu bestreiten ist, muß deshalb die Kaufkraftparitätentheorie als Hilfsmittel zur langfristigen Prognose und zur Unterstützung für die langfristig wirkenden Entscheidungen im internationalen Bereich, insbesondere bei langfristigen Finanzentscheidungen, nicht völlig ungenützt bleiben. Die Kaufkraftparitätentheorie kann ex definitione nicht in der Lage sein, kurzfristig einsetzende Sonderentwicklungen vorwegzunehmen oder diese zu eliminieren. Darüber hinaus ist sie primär auf die Abbildung realgütermäßiger Bewegungen beschränkt, so daß Maßnahmen der Wirtschaftspolitik im nominalgüterwirtschaftlichen Bereich erhebliche Abweichungen zwischen tatsächlichen und prognostizierten Kursen bewirken können, insbesondere dann, wenn das Zinsgefälle zwischen zwei Ländern kurzfristig erheblichen Einfluß auf die Entwicklung der nominalen Devisenkurse ausübte (siehe dazu auch Demmer, 9). Wesentlich für die Übereinstimmung von Prognosewerten mit den tatsächlichen Kursen ist darüber hinaus die Wahl der Bezugsperiode und des Maßstabes für die Preisniveau-Veränderungen (siehe dazu Filc, 73 ff.). Der in Abbildung 20 wiedergegebene *reale Devisenkurs* (»errechneter Kurs«) beruht auf dem Industriepreisindex der Bundesrepublik Deutschland, gewichtet mit dem durchschnittlichen Wert für den Kassakurs der Bezugsperiode (8/1975 – 7/1976) von 2,58, der mit dem Industriepreisindex der USA in Beziehung gesetzt wird (siehe IKB-Mitteilungen 3/1985, 35); der Zeitraum 1975/76 wurde als Indexbasis gewählt, weil weitgehende Kursstabilität herrschte, die als Erreichung des Gleichgewichtskurses nach Übergang zum $-Floating (1973) interpretiert werden kann.

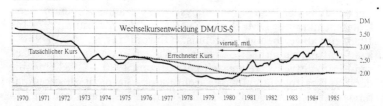

Abbildung 20: DM/Dollar-Kurs und Preisrelation (Basis 1975) im Zeitraum 1975 – 1985 (Quelle: IKB-Mitteilungen 3/1985, 2)

	1984		1985									
	Nov.	Dez.	Jan.	Febr.	März	April	Mai	Juni	Juli	Aug.	Sept.	Okt.
Tatsächlicher Kurs (DM)	2,99	3,10	3,17	3,29	3,31	3,08	3,11	3,06	2,92	2,79	2,84	2,64
Errechneter Kurs) (DM)	1,98	1,98	1,99	2,00	2,01	2,00	2,00	2,00	2,00	.	.	.

Tabelle 16: Nominale und reale Kursentwicklung DM/Dollar 1984/85
(Quelle: IKB-Mitteilungen 3/1985, 35)

Für langfristige Finanzierungs- und Investitionsentscheidungen können – trotz Trendentkopplung (1980–1983) der nominalen und realen Kurse DM/Dollar – entsprechende Schlüsse gezogen werden (siehe Demmer, 12): Eine Unternehmung, die vor der Entscheidung steht, im Ausland zu investieren (oder weiter zu exportieren), befindet sich bei dem erwarteten (errechneten) Kurs von längerfristig 2 DM für 1 $ sozusagen auf der »sicheren Seite«, allerdings können ihr Erfolge aus der Nutzung von Valutachancen entgehen. In Anbetracht der mit längeren Fristen zunehmenden Unsicherheit wird jedoch ein vorsichtigeres Verhalten, das Valutarisiken grundsätzlich auszuschließen sucht, vorzuziehen sein.

Bezüglich anderer Währungen, wie z. B. des Schweizer Frankens, gilt ohnehin die Kaufkraftparitätentheorie, so daß – von dem Sonderverhältnis DM/Dollar-Kurs abgesehen – die Devisenkursprognose mit Hilfe des Kaufkraftparitätenmodells ihre Bedeutung für das Währungsmanagement hat. Diese Feststellung trifft auch für die Prognose von Paritätsänderungen zu (siehe unten).

c) Prognose von Paritätsänderungen

Ein spezielles Problem stellt die Prognose von Paritätsänderungen dar. Da Paritätsänderungen in der Regel dann erfolgen werden, wenn sich die festgelegten Devisenkurse als nicht (mehr) angemessen erweisen, reduziert sich die »Prognose« auf Überlegungen zur *Angemessenheit der Devisenkurshöhe*. Grundsätzlich können derartige Überprüfungen auch bei Systemen mit begrenzt flexiblen Devisenkursen und/oder bei Systemen mit Devisenkursspaltung Anwendung finden. Bei ersteren ist der (bilaterale) Leitkurs als Parität Gegenstand der Betrachtung, im zweiten Fall insbesondere die Marge zwischen den Kursen des offiziellen Marktes und des parallelen Marktes.

Hinsichtlich der im *EWS* zusammengeschlossenen Währungen relativiert sich die Problematik der Beurteilung der Angemessenheit des jeweiligen bilateralen Leitkurses, zumal die täglich festgestellten Abweichungsindikatoren gerade zu dem Zweck eingerichtet sind, Ungleichgewichte aufzuzeigen. In diesem Falle ist zwar kein Auf- oder Abwertungsautomatismus gegeben, jedoch sind Entscheidungen der zuständigen Währungsinstanzen bei oder bereits vor Erreichen des kritischen Abweichungswertes zu erwarten und können somit für künftige Entscheidungen der Unternehmungen antizipiert werden.

Für die Beurteilung der Angemessenheit der Devisenkurse bei *festen Paritäten* werden sowohl vergangenheitsorientierte als auch zukunftsorientierte Analysen in Betracht kommen. Im Mittelpunkt der Analysen steht die Beurteilung der Angemessenheit des jeweiligen Kurses bezüglich der internationalen Wettbewerbsfähigkeit des Landes und der damit verbundenen Leistungsbilanzsituation. Die *Schätzung* der Angemessenheit kann im wesentlichen auf folgende Weise erfolgen (siehe Mansur, 18):

– Beobachtung der Bewegungen der verschiedenen Kurse (nominaler Devisenkurs und Kaufkraftparität bzw. realer Kurs) der relativen Rentabilitäten produktiver Aktivitäten und den relativen kursbereinigten Kosten-/Preisentwicklungen;
– Ermittlung der Devisenkursbewegungen auf dem offiziellen und dem parallelen Markt sowie Verzerrungen im Devisenkurssystem;
– Analyse der in der Vergangenheit praktizierten Geld-, Finanz- und Wirtschaftspolitik sowie der für die Zukunft erkennbaren bzw. erklärten Ausrichtung dieser wichtigen Politikbereiche des Landes;
– Beurteilung mittelfristiger Prognosen über das Wirtschaftswachstum und die Zahlungsbilanzsituation, insbesondere die Exportfähigkeit des betreffenden Landes unter Vernachlässigung von Veränderungen des aktuellen Devisenkurses;
– Beurteilung der allgemeinen politischen Situation des Landes, dessen Innen- und Außenpolitik ebenfalls Rückwirkungen auf Kursveränderungen zeigen kann.

Die benötigten Informationen sind in Anbetracht der häufig anzutreffenden unterentwickelten amtlichen Statistik und/oder der meist mit größeren zeitlichen Verzögerungen behafteten Veröffentlichungen im allgemeinen nicht im benötigten Umfang und/ oder nicht in der benötigten Qualität verfügbar. In diesen Fällen sind die Prognosemethoden für Unternehmungen stark eingeschränkt. Da jedoch das Prognoseproblem auf die Alternativen Aufwertung/Nichtaufwertung oder Abwertung/Nichtabwertung reduziert ist, können in diesem Zusammenhang Entscheidungshilfen in Form des *Entscheidungsbaumverfahrens* (siehe dazu Eilenberger 1985, 192 f.) Anwendung finden und auf Grund der angestellten Überlegungen, die in das Modell einfließen, und der angenommenen (subjektiven) Eintrittswahrscheinlichkeiten der Ereignisse zumindest eine Aufhellung des Entscheidungsfeldes erreicht werden. Der Zeitpunkt der tatsächlich erfolgenden Paritätsänderung wird ohnehin in den seltensten Fällen exakt (auf den Tag genau) bestimmbar sein, zumal die Währungsbehörden auf einen Überraschungseffekt setzen, der spekulative Transaktionen ausschließen soll.

1.5.2.1.3 Entwicklung und Bewertung von Alternativen zur Währungssicherung / Wahrnehmung von Währungschancen

Nachdem die Valuta-Tagespositionen für jeden einzelnen Tag der Planperiode erfaßt sind, können Alternativen zur Währungssicherung und/oder zur Wahrnehmung von Währungschancen entwickelt werden. Die Währungsplanung darf dabei nicht bereits erwartete oder bekannte oder als sicher vorausgesetzte Risiko-Einstellungen bzw. in der Vergangenheit dominierende Risiko-Verhaltensweisen der Entscheidungsträger antizipieren. Sie muß also unvoreingenommen *alle* sich bietenden Möglichkeiten in die Planungsüberlegungen einbeziehen, es sei denn, bestimmte Instrumente der Währungssicherung sind grundsätzlich ausgeschlossen oder im konkreten Fall nicht praktikabel oder das Eingehen von offenen Positionen wird als generell unzulässig erklärt. Im letztgenannten Fall scheidet somit die Wahrnehmung von Währungschancen als Planungsalternative völlig aus. Andernfalls umfaßt die Entwicklung von Planalternativen auch das Eingehen von offenen Währungspositionen, also das Nicht-Sichern.

Die zur Verfügung stehenden Möglichkeiten werden im folgenden für die vier *Standardfälle der Währungsplanung,* nämlich bezüglich Exporten und Importen sowie Finanzanlagen und Kreditaufnahmen in Fremdwährung, im Überblick erörtert (Einzelheiten zu den jeweiligen Sicherungsinstrumenten sind unter 2. dargelegt). Dabei wird deutlich (1.5.2.2.), daß als *Entscheidungskriterien* für die jeweilige Währungsentscheidung einerseits die Eignung der in Betracht kommenden Instrumente zur Risikoverminderung bzw. -vermeidung, andererseits die durch Währungsentscheidungen verursachten erwarteten Vor- und Nachteile (Erträge oder Aufwendungen der Kurssicherung bzw. Opportunitätserlöse oder -kosten bei »ersparten« Kreditaufnahmen; Liquiditätswirksamkeit) der Maßnahme im Mittelpunkt der Überlegungen des Währungsmanagements stehen müssen.

Darüber hinaus stellt sich die Situation der Währungsplanung für die Fälle *sporadischer* internationaler Aktivitäten und dementsprechend unregelmäßig sowie meist *asymmetrisch* (entweder nur Fremdwährungs-Pluspositionen oder nur Fremdwährungs-Minuspositionen) entstehender Valuta-Tagespositionen und für die Fälle *häufiger (täglicher)* internationaler Aktivitäten unterschiedlich dar, bei denen laufend und täglich sowohl Deviseneinnahmen als auch Devisenausgaben mit wechselnden Plus-/Minuspositionen anfallen, welche die Währungsplanung erleichtern.

a) Währungsplanung des Exporteurs

Die grundsätzliche Vorgehensweise der Entwicklung von Wahlmöglichkeiten eines deutschen Exporteurs, der *sporadische* Leistungsbeziehungen mit dem Ausland hat, und die jeweiligen Auswirkungen auf die Währungsposition und den Finanzplan der Unternehmung (in DM), soll an Hand eines einfachen *Beispiels* erörtert werden, in dem Devisen-Futures als Alternative ebenso ausscheiden wie Devisen-Optionen, die der Unternehmensleitung grundsätzlich als zu teuer erscheinen. Zur Vereinfachung wird darüber hinaus unterstellt, daß über die Währungssicherung erst am Tage der Lieferung, nicht jedoch bereits zu einem früheren Zeitpunkt (z. B. Vertragsabschluß, Kalkulationszeitpunkt) zu entscheiden sei.

Der Exporteur liefert am 1. 3. an seinen Geschäftspartner in den USA den kontrahierten Gegenstand aus und erwartet zum 31. 3. den vereinbarten Betrag von 100 000 $ als Entgelt, den er in DM umtauschen muß, um im Inland (zum 1. 4.) fälligen Zahlungsverpflichtungen nachkommen zu können.

Von seiner *Hausbank* erhält der Exporteur nachstehende Angaben über Devisenkurse, Swapsätze und Zinssätze als Grundlage der Planung bzw. Disposition:

	Geld (= Ankauf)	Brief (= Verkauf)
Kassakurs (1 $) am 1. 3.	2,3115 DM	2,3195 DM
Deport für 1 Monat (1-Monats-Swaps)	−0,0063 DM	−0,0058 DM
Somit Terminkurse 1-Monat	2,3052 DM	2,3137 DM
Zinssätze (%)	Geld (= Anlage)	Brief (= Kredit)
1-Monats-$	10 $7/8$	11
1-Monats-DM	7 $7/16$	7 $9/16$

Der Exporteur erwartet ein *Sinken* des $-Kassakurses zum 31.3. Folgende *Möglichkeiten* der *Währungssicherung* stehen daher unter den genannten Voraussetzungen zur Wahl, zumal in Anbetracht der Einschätzung der Kursentwicklung das Offenhalten der Währungsposition ausscheidet:

(1) Sicherung über den Devisenterminmarkt

Da der Exporteur am 31.3. den Eingang von 100 000 $ erwartet, könnte er ein *Solo-Termingeschäft* (z. B. durch Vermittlung seiner Bank oder mit dieser selbst) per 31.3. abschließen, d. h., er *verkauft* (der Bank) am 1.3. zum Terminkurs (Geld) von 1 $ = 2,3052 DM den Betrag von 100 000 $. Am 31.3. erfolgt die *Erfüllung* des Geschäfts: Der Exporteur liefert die 100 000 $, die vom ausländischen Importeur eingehen, und erhält den Gegenwert von 230 520 DM.

Der *Aufwand der Kurssicherung* wäre daher mit *absolut* 630 DM (231 150 − 230 520) bzw. mit 3,27% als *Jahresswapsatz* (siehe dazu 1.3.2.1.2) zu kalkulieren:

$$S = \frac{(-0{,}0063) \cdot 1200}{2{,}3115} = 3{,}27\%$$

Die *Planungsrechnung* sieht für die vorliegende Alternative wie folgt aus: Am 31.3.

(1) Einnahme (E)   von 100 000 $ vom ausländischen Importeur
(2) Ausgabe (A)   von 100 000 $ an Kontrahenten des Devisentermingeschäfts (Bank)
(3) Einnahme   von 230 520 DM   von Kontrahenten des Devisentermingeschäfts
(4) Kalkulierter Sicherungsaufwand   630 DM.

Tag	US – $		Finanzplan DM		Kalkulierte Kurssicherung	
	E	A	E	A	Erlös	Kosten
1.3.	–	–	–	–	–	–
↓	↓	↓	↓	↓		
31.3.	(1) 100.000	(2) 100.000	(3) 230.520	–	–	(4) 630

Das *endgültige* Kurssicherungsergebnis läßt sich erst am 31. 3. feststellen, wenn der Kassakurs $/DM (Geld) ermittelt wird (siehe 1.5.2.3).

(2) Sicherung über Finanzmärkte (Finanzhedging)
An Stelle eines Devisentermingeschäftes könnte der Exporteur am 1. 3. einen *Kredit* in Höhe von 100 000 $ für 1 Monat zum Zinssatz von 11% (Brief) aufnehmen. Die Tilgung des Kredits erfolgt durch Währungseingang am 31. 3. (100 000 $). Da jedoch die Zinszahlung für den Kredit in $ erfolgen muß, würde eine offene Währungsposition neu entstehen, die entweder ihrerseits abzusichern wäre oder offenbleiben könnte. Hält der Exporteur diese Position offen und träfen seine Kurserwartungen ein, würde sich zweifellos in Anbetracht eines niedrigeren Kassakurses (Brief) für den Kauf von US-$ die Anschaffung des zur Zinszahlung notwendigen Währungsbetrages »verbilligen«, im anderen Falle jedoch »verteuern«.

Um diesen Imponderabilien zu entgehen, empfiehlt es sich, einen $-Kredit in geringerer Höhe aufzunehmen, dessen Summe zusammen mit den zu zahlenden $-Zinsen 100 000 $ beträgt. Bei einem Zinssatz von 11% p. a. würde somit der aufzunehmende $-Kredit *99 091,66 $* betragen. Die Berechnung erfolgt nach der Formel (siehe Eilenberger 1985a, 108 f.):

$$K_o = \frac{K_n}{(1 + \frac{p \cdot t}{360 \cdot 100})}$$

$$K_o = \frac{100\,000}{(1 + \frac{11 \cdot 30}{36\,000})} = \frac{100\,000}{(1,0091667)} = \underline{\underline{99\,091,66\ \$}}$$

Ob die Aufnahme einer derartigen »krummen« Kreditsumme immer möglich ist, kann dahingestellt bleiben. Im folgenden wird jedoch von dieser Variante ausgegangen.

Der Exporteur verkauft somit den erhaltenen Kredit von 99 091,66 $ am selben Tage zum *Kassakurs* (Geld) an seine Bank; der Erlös beträgt *229 050,37 DM*. Grundsätzlich könnte er diesen Betrag entweder zu einer DM-Anlage (2.1) oder zur Begleichung von inländischen Verbindlichkeiten in DM (2.2) verwenden; im letzteren Falle würde er damit eine DM-Kreditaufnahme ersetzen.

(2.1) DM-Anlage
Die Anlage der durch Verkauf von 99 091,66 $ erlösten 229 050,37 DM erfolgt zum Anlagezinssatz (= Zinssatz »Geld«) für 1-Monats-DM von $7^{7}/_{16}$ (= 7,4375)%. Der Exporteur erhält am 31. 3. die Einlage einschließlich Zinsen in Höhe von 1 419,63 DM, also insgesamt *230 470, – DM* zurück. Um den Kurssicherungsaufwand kalkulieren zu können, ist zu berücksichtigen, daß der $-Kredit für einen Monat 908,34 $ kostet. Zwar sind diese Zinskosten kursgesichert, da der amerikanische Importeur dem deutschen Exporteur am 31. 3. insgesamt 100 000 $ zu zahlen hat und damit die Währungsrechnung unberührt bleibt, gleichwohl bedarf es der Umrechnung dieses $-Zinsaufwandes in DM. Da zum Zeitpunkt der Planung der endgültige $-Kassakurs am 31. 3., zu dem die Transformation erfolgen sollte, unbekannt ist, kann lediglich ein fiktiver Umrechnungskurs in Frage kommen. Bei vorsichtiger Rechnung könnte unterstellt werden, daß die 908,34 $ Zinsaufwand zum *Kassakurs (Brief)* am 1. 3. angeschafft worden sind, woraus sich ein Betrag von 2 106,89 DM ergäbe. Der *Kurssicherungsaufwand* würde in diesem Fall *687,26 DM* (= 2 106,89 – 1 419,63) betragen und läge damit 57,26 DM über demjenigen des Devisentermingeschäfts. Setzt man jedoch den Kassakurs (Geld) an, vermindert sich der Kurssicherungsaufwand auf *680 DM* (= 2 099,63 – 1 419,63), der den vergleichbaren Aufwand für das Devisentermingeschäft um 50 DM übertrifft. Wie auch immer gerechnet wird, in jedem der Fälle erscheint die Sicherung über den Finanzmarkt als die aufwendigere Alternative.

Die *Planungsrechnung* sieht im Gegensatz zu (1) wie folgt aus:
1.3.
(1) Einnahme 99 091,66 $ Kreditaufnahme in $ zu 11% p. a. für 1 Monat
(2) Ausgabe 99 091,66 $ Umtausch zum Kassakurs in DM
(3) Einnahme 229 050,37 DM   DM-Erlös aus Umtausch (2)
(4) Ausgabe 229 050,37 DM   DM-Anlage zu 7,4375% p. a.
31.3.
(5) Einnahme 100 000 $ Zahlung des amerikanischen Importeurs
(6) Ausgabe 100 000 $ Rückzahlung des $-Kredits einschließlich Zinsen
(7) Einnahme 230 470, – DM   Auflösung der DM-Anlage einschließlich Zinserlös
(8a) Kalkulierter Sicherungsaufwand 687,26 DM bei Umtausch zu 2,3195 DM

(8b) Kalkulierter Sicherungsaufwand 680,– DM
bei Umtausch zu 2,3115 DM.

Tag	US – $		Finanzplan DM		Kalkulatorische Kurssicherung (DM)	
	E	A	E	A	Erlös	Kosten
1.3.	(1) 99.091,66	(2) 99.091,66	(3) 229.050,37	(4) 229.050,37	↑	(8a) 687,26
↓	↓	↓	↓	↓		(8b) 680,–
31.3.	(5) 100.000,–	(6) 100.000,–	(7) 230.470,–	–	–	–

(2.2) Begleichung inländischer Verbindlichkeiten
(Ersatz eines DM-Kredits)

Zu prüfen ist, ob die Unternehmung durch Aufnahme eines $-Kredits einen ansonsten notwendigen DM-Kredit in derselben Höhe ersetzen und dadurch einen Zinsvorteil erreichen könnte. Den DM-Betrag legt die Unternehmung somit nicht am Finanzmarkt an, sondern benutzt ihn zum Ausgleich von fälligen Zahlungsverpflichtungen.

Wie unter (2.1) wird der Währungskredit am 31. 3. durch Zahlung des amerikanischen Importeurs kompensiert, so daß die Valuta-Tagespositionen jeweils ausgeglichen sind. Es entsteht derselbe Zinsaufwand von 908,34 $, dem allerdings kein direkter Zinsertrag in DM gegenübergestellt werden kann, sondern nur eine Zinsersparnis für den nicht aufgenommenen DM-Kredit (= Opportunitätskosten). Es wird *fingiert,* daß die DM-Anlage in der Unternehmung des Exporteurs selbst vorgenommen wird, weshalb nicht der in (2.1) gewählte Zinssatz »Geld« für eine (externe) DM-Anlage in Ansatz zu bringen ist, sondern der DM-Zinssatz »Brief« von mindestens $7^9/_{16}$ (= 7,5625%) bzw. ein höherer Kalkulationszinsfuß. Der Exporteur hat also diesen Kreditzinssatz auf 229 050,37 DM zu beziehen, das sind 1 443,49 DM. Die *Differenz* zu der auf der Basis des Kassakurses (Brief) zum 1. 3. gerechneten Zinsbelastung in US-$ (= 2 106,89 DM) beträgt *663,40 DM,* alternativ auf der Basis des Kassakurses (Geld) eine Belastung von *656,14 DM* (= 2 099,63 – 1 443,49). In beiden Fällen liegt der zu kalkulierende Sicherungsaufwand bei den getroffenen Annahmen mit *33,40 DM* bzw. *26,14 DM* über derjenigen des Devisentermingeschäfts, ist jedoch niedriger als der kalkulierte Sicherungsaufwand für die DM-Anlage.

Bei einem geringfügig höheren Kreditzinssatz für DM-Kredite,

z. B. 8% p. a., wäre bereits ein Vorteil gegenüber der Alternative (1) gegeben. Es entstünden nämlich folgende Differenzen:

2 106,89 DM	2 099,63 DM
./. 1 527,00 DM	./. 1 527,00 DM
579,89 DM bzw.	572,63 DM < 630 DM der Alternative (1)

Die Dollarkreditaufnahme erlaubt darüber hinaus die *Deckung des notwendigen Finanzmittelbedarfs* und ist somit finanzierungs- bzw. liquiditätswirksam, aber auch bilanzwirksam; diese Eigenschaften treffen für das Devisentermingeschäft nicht zu.

Die *Planungsrechnung* weist (bei einem Kreditzinssatz von 7,5625%) folgende zahlungsrelevante Vorgänge aus:

1.3.
(1)	Einnahme	99 091,66 $	wie (2.1)
(2)	Ausgabe	99 091,66 $	wie (2.1)
(3)	Einnahme	229 050,37 DM	wie (2.1)
(4)	Ausgaben	229 050,37 DM	zum Ausgleich fälliger Verbindlichkeiten

31.3.
(5)	Einnahme	100 000 $	wie (2.1)
(6)	Ausgabe	100 000 $	wie (2.1)
(7)	Kalkulatorischer Erlös	1443,49 DM	aus Anlage von 229 050,37 DM in der eigenen Unternehmung
(8a)	Kalkulatorischer Aufwand	2106,89 DM	bei Umtausch zu 2,3195 DM
(8b)	Kalkulatorischer Aufwand	2099,63 DM	bei Umtausch zu 2,3115 DM
(9a)	Kalkulatorisches Kurssicherungsergebnis	579,88 DM	
(9b)	Kalkulatorisches Kurssicherungsergebnis	572,63 DM	

Tag	US - $		Finanzplan DM		Kalkulatorische Kurssicherung (DM)	
	E	A	E	A	Erlös	Kosten
1.3.	(1) 99.091,66 ↓	(2) 99.091,66 ↓	(3) 229.050,37 ↓	(4) 229.050,37 ↓	(7) 1.443,49	(8a) 2.106,89 (8b) 2.099,63
31.3.	(5) 100.000,—	(6) 100.000,—	—	—	—	—

bei Kredit = (9a) 579,88 DM
Zinssatz 8%: (9b) 572,63 DM

(3) Halten von offenen Währungspositionen

Im folgenden wird zur Abrundung der Überlegungen die bislang unterstellte Annahme, der Exporteur erwarte ein Sinken des Devisenkassakurses und entwickle deshalb nur Sicherungsalternativen, aufgegeben und der Fall erwarteter *steigender Devisenkurse* berücksichtigt: Der Exporteur kann auf die unter (1) bis (2.2) erörterten Maßnahmen verzichten, sofern er von eindeutigen bzw. sicheren Erwartungen über das Eintreffen dieses Ergebnisses auszugehen in der Lage ist. Das Ausmaß der Valutachance zeigt sich allerdings erst nach Bildung des aktuellen Kassakurses am 31.3., so daß dessen (Vor-)Kalkulation nicht möglich erscheint. Allerdings kann der Exporteur niemals ausschließen, daß der erzielte Umrechnungsbetrag in Währung am 31.3. unter den oben getroffenen Annahmen nicht niedriger sein wird als 231 150 DM, zu dem am 1.3. seine Bank die 100 000 $ zum Kassakurs (Geld) von 2,3115 je $ anzukaufen bereit ist. Die Kurschance kann also nur durch die Unbekannte x (als Prozentsatz der Abweichung vom erwarteten Devisenkurs am 31.3.) ausgedrückt werden. Daher läßt sich am 1.3. bei offener Valutaposition zum 31.3. lediglich eine eingeschränkte Voraussage für die Auswirkungen auf den Finanzplan (DM) der Unternehmung treffen, nämlich:

Einnahme aus Forderung an amerikanischen Importeur =
231 150 (1 + x),
wobei $x = p/100$.

Das *tatsächliche* Ergebnis der geplanten Wahrnehmung der Valutachance zeigt erst die *Nachkalkulation* auf der Basis 31.3. (siehe 1.5.2.3).

b) Währungsplanung des Importeurs

Die Währungsplanung des Importeurs beinhaltet gegenüber den Verhältnissen des Exporteurs durchaus beachtenswerte Besonderheiten, die es nicht erlauben, einfach von gegenläufigen Annahmen auszugehen und – wie das in Lehrbüchern häufig geschieht – »mutatis mutandis« auf den Importeur zu übertragen.

Grundsätzlich ist nämlich bezüglich der zu entwickelnden Planalternativen zu unterscheiden, ob der Importeur
- das Importgut *selbst nützt* (als Anlagegegenstand) oder
- das Importgut im *Produktionsprozeß* als Rohstoff oder Halbfabrikat *einsetzt* oder
- das Importgut *weiterverkauft* und daher nur durchhandelt.

Im *ersten Fall* muß der Importeur den DM-Betrag bis zur Fälligkeit der Auslandsverbindlichkeit entweder aus dem *Cash Flow* erwirtschaften oder durch *Kreditaufnahme im Inland* aufbringen, sofern er nicht bereits im Besitz des entsprechenden Betrages sein sollte.

Dagegen kann der Importeur im *zweiten und dritten Fall* den DM-Betrag einerseits durch Verkauf des neu erstellten Gutes oder durch Weiterverkauf des Importgutes bis zum Fälligkeitstag der Auslandsverbindlichkeit bereits realisiert haben, andererseits ist es möglich, daß er bis dahin noch keinen Abnehmer gefunden hat oder der Abnehmer selbst ein Zahlungsziel in Anspruch nimmt, das über den Zahlungstermin des Importeurs hinausreicht. Während bei der ersten Variante dieses Sachverhaltes für den Importeur neben der Notwendigkeit zur Währungssicherung keine weiteren Probleme bestehen, trifft dies für die zweite Variante nicht zu: Angenommen, der Importeur hat Rohstoffe erworben, deren Preise nach unten reagibel sind (also sinken können), wie z. B. für Erdöl, Metalle, Baumwolle usw., und es treten nach Rechnungsstellung in $, aber noch vor Weiterverkauf der betreffenden Rohstoffe tatsächlich Preissenkungen (auf dem Weltmarkt) ein, und/oder – was zusätzlich eintreffen kann – es sinkt der Kurs des $, so ginge der erzielbare Marktpreis bei Weiterverkauf zurück und der Importeur würde einen geringeren Betrag als geplant oder erwartet erlösen. Ergibt sich eine Preissenkung bei feststehender Dollar-Verpflichtung, erleidet der Importeur einen Verlust in Höhe der Differenz zwischen seinem Verkaufspreis und dem Einstandspreis pro Mengeneinheit. Entwertet sich der $ und hat der Importeur die Valuta-Verbindlichkeit noch nicht ausgeglichen, ermäßigt sich zwar der Verkaufspreis pro Mengeneinheit, es vermindert sich aber auch der in DM zum Kassakurs aufzubringende Betrag am Fälligkeitstag, so daß kein Verlust entsteht. Nimmt auf der anderen Seite der Importeur, weil er ein Steigen des Kassakurses erwartet, eine Kurssicherung zum Fälligkeitstag der $-Verbindlichkeit vor, wird sich ein wider Erwarten eintretendes Sinken des $-Kassakurses vor erfolgtem Weiterverkauf zwar in einem Verlust in der oben beschriebenen Höhe bezüglich Erlöse in DM ergeben, jedoch stünde diesem Ausfall ein gleich hoher Vorteil aus der Sicherungsmaßnahme (z. B. Valuta-Anlage oder Termingeschäft) gegenüber.

Im folgenden soll bezüglich der Entwicklung von Planungsalternativen von der Annahme ausgegangen werden, daß ein deutscher Importeur am 1.3. eine Warenlieferung von einem ausländischen Exporteur erhält. Der Rechnungsbetrag lautet auf netto 100 000 $ und ist bis zum 31.3. auszugleichen. Sofern der Importeur dieses Zahlungsziel voll in Anspruch nehmen möchte und er ein *Steigen* des Devisenkassakurses erwartet, wird insbesondere ein Interesse an Alternativen zur Währungssicherung gegeben sein. Unterstellt man die Zahlenangaben, wie sie für die Erörterung der Verhältnisse des Exporteurs verwendet worden sind, müßte der Importeur nämlich anstatt einer Devisenausgabe von 231 950 DM auf Grund des Kassakurses (Brief) am 1.3. einen höheren DM-Betrag aufwenden.

Abgesehen von den unterschiedlichen Zweckbestimmungen des Importgutes und den dadurch hervorgerufenen Konsequenzen stehen dem Importeur zur Kurssicherung grundsätzlich die Möglichkeiten des Abschlusses eines Devisentermingeschäfts (1) und die Inanspruchnahme der Finanzmärkte in Form der Aufnahme eines DM-Kredits mit anschließendem Umtausch in US-$ sowie Valuta-Termineinlage (2.1) und − sofern die Unternehmung bereits am 1.3. über ausreichende freie Mittel verfügt − die Terminanlage von DM-Überschüssen in US-$ mit anschließender Auflösung der Anlage und Ausgleich der Valutaverbindlichkeit (2.2) offen. Vom Halten einer offenen Valutaposition (3) wird vorerst abgesehen.

(1) Sicherung über Devisenterminmarkt
Der Importeur könnte zur Kurssicherung ein *Solo-Termingeschäft* der Art abschließen, daß er am 1.3. mit seiner Bank den Kauf von 100 000 $ zum Termin 31.3. auf der Basis des Terminkurses (Brief) mit einem Deport von − 0,0058, also zum Gegenwert von 2,3137 DM je $, vereinbart. Am 31.3. bezahlt der Importeur seiner Bank *231 370 DM* und erhält dafür die benötigten 100 000 $ bereitgestellt. Da dieser DM-Betrag in Anbetracht des Deports geringer ist als der zum 1.3. ansonsten erforderliche Kauf zum Kassakurs (Brief) in Höhe von *231 950 DM*, ergibt sich ein *Ertrag* aus der Kurssicherung von *absolut 580 DM* bzw. ein *Jahresswapsatz* von 3%:

$$S = \frac{(-0{,}0058) \cdot 1200}{2{,}3195} = 3\% \text{ p.a.}$$

Das *endgültige* Kurssicherungsergebnis kann ebenso wie im Falle des Exporteurs erst nach Kenntnis des sich am 31.3. bildenden Devisenkassakurses (Brief) ermittelt werden.

Wird unterstellt, daß die *Erlöse* aus dem Verkauf des Importgutes spätestens am 31.3. mindestens in Höhe der zu leistenden 231 370 DM eingehen, zeigt die *Planungsrechnung* folgende Bewegungen:

31.3.
(1) Einnahme(n)   231 370 DM   Finanzplanung (DM): Eingang von Erlösen aus Verkauf des Importgutes oder Kreditaufnahme in DM am 31.3.
(2) Ausgabe   231 370 DM   Erwerb von Termindevisen (100 000 $)
(3) Einnahme   100 000 $ Eingang (Termin-)Devisen
(4) Ausgabe   100 000 $ Ausgleich der Valuta-Verbindlichkeit
(5) Kalkulierter Sicherungserlös   580 DM

Tag	Finanzplan (DM)		US – $		Kalkulatorische Kurssicherung (DM)	
	E	A	E	A	Erlöse	Kosten
1.3. ↓	—	—	—	—	—	—
31.3.	(1) 231.370	(2) 231.370	(3) 100.000	(4) 100.000	(5) 580	—

Würde der Erlös aus dem Verkauf bzw. der Verwertung des Importgutes bis zum 31.3. nicht realisiert sein, müßte die Unternehmung zum 31.3. den Betrag von 231 370 DM durch Kreditaufnahme in DM erbringen oder aus dem Cash-Flow erwirtschaftet haben.

Die eingangs dargestellten möglichen besonderen Verhältnisse des Importeurs legen eine Kreditaufnahme in DM bereits zum 1.3. mit gleichzeitiger Anlage als Termin-Valuta bis zum 31.3. nahe, womit zur nächsten Planungsmöglichkeit übergeleitet ist.

(2) Sicherung über Finanzmärkte (Finanzhedging)
Die Gemeinsamkeit der möglichen Sicherungsvarianten zeigt sich in der Vornahme einer Terminanlage in Valuta vom 1. 3. – 31. 3., d. h. dem Aufbau einer Gegenposition in Währungs-Aktiva zu der Valuta-Verbindlichkeit aus dem Importgeschäft.

(2.1) DM-Kredit und Valuta-Anlage
Verfügt der Importeur am 1. 3. noch nicht über einen entsprechenden DM-Betrag, der eine Terminanlage in $ ermöglicht, und möchte er dennoch eine Alternative zum Devisentermingeschäft entwickeln bzw. diese auf ihre Vorteilhaftigkeit prüfen, nimmt die Unternehmung am 1. 3. einen DM-Kredit in einer Höhe auf, die es gestattet, über den Devisenkassamarkt einen $-Betrag zu kaufen, der als Termineinlage für 30 Tage gehalten und einschließlich der dabei anfallenden Zinsen 100 000 $ beträgt. Am 31. 3. würde die Einlage von 100 000 $ frei und könnte zum Ausgleich der $-Verbindlichkeit gegenüber dem ausländischen Exporteur dienen. Bedingung ist allerdings darüber hinaus, daß der Verkauf des Importgutes bzw. eine anderweitige Finanzierung die Rückführung des DM-Kredits am 31. 3. gewährleistet (ansonsten entsteht eine offene DM-Position im Finanzierungsgefüge der Unternehmung mit den oben dargelegten Problemen). Fände das Importgut als Anlagegegenstand Verwendung in der Unternehmung, könnte zwar ebenso Kreditfinanzierung gewählt werden, jedoch zu anderen Bedingungen als im gewählten Beispiel.

Da die $-Termineinlage Zinsen von angenommen 10 $^7/_8$ (= 10,875)% bringt, benötigt der Importeur nur einen geringeren $-Betrag als 100 000 $, nämlich *99 101,89 $*, der nach der oben bereits angewandten Formel

$$K_o = \frac{100\,000}{(1 + \frac{10{,}875 \cdot 30}{36\,000})} = \frac{100\,000}{1{,}0090625}$$

ermittelt wird; der *Zinsertrag* beläuft sich auf *898,11 $*.

Der Importeur muß somit anstatt einer *Kreditverpflichtung* von 231 950 DM (zum Kassakurs »Brief« von 2,3195 DM) nur eine solche von *229 866,83 DM* eingehen, die mit 7 $^9/_{16}$ (= 7,5652)% zu verzinsen ist und *1448,64 DM* ausmacht. Rechnet man den US-Zinsertrag zum Kassakurs(-Geld) am 1. 3. um, beträgt er *2075,98 DM*, zum Kassakurs (Brief) würde der Betrag auf *2083,17 DM* lauten (zu den Umrechnungsüberlegungen siehe die Verhältnisse des

Exporteurs unter 2.1). Im ersten Fall entstünde – tatsächliche Kursbildung am 31.3. und dementsprechend Nachkalkulation vorbehalten – ein *Kurssicherungsertrag* von *627,34 DM,* im zweiten Fall ein solcher von *634,53 DM.* Insgesamt würde daher Alternative (2.1) unter den getroffenen Annahmen der Terminsicherung (1) überlegen sein.

Die *Planungsrechnung* ist dadurch gekennzeichnet, daß der Importeur in DM vorleisten und daher im Finanzplan (DM) einen entsprechenden Betrag zum 1.3. als Kreditaufnahme einplanen muß, der dann in die Valuta-Rechnung übertragen wird:

1.3.
(1)	Einnahme	229 866,83 DM	Finanzplan (DM) aus Kreditaufnahme für 1 Monat
(2)	Ausgabe	229 866,83 DM	für Kauf von Kassadevisen (Brief)
(3)	Einnahme	99 101,89 $	Kassadevisen (2)
(4)	Ausgabe	99 101,89 $	Valuta-Anlage für 1 Monat

31.3.
(5)	Einnahme	100 000,– $	Rückzahlung Valuta-Anlage einschließlich Zinsen
(6)	Ausgabe	100 000,– $	Ausgleich der Verbindlichkeit gegenüber ausländischem Exporteur
(7)	Einnahme	229 866,83 DM	Verkaufserlös für Importware in DM
(8)	Ausgabe	229 866,83 DM	Rückzahlung des 1-Monats-DM-Kredits
(9a)	Kalkulatorisches Kurssicherungsergebnis	627,34 DM	(Kassakurs »Geld«)
(9b)	Kalkulatorisches Kurssicherungsergebnis	634,53 DM	(Kassakurs »Brief«)

Tag	Finanzplan (DM)		US - $		Kalkulatorisches Kurssicherungsergebnis	
	E	A	E	A	Erlöse	Kosten
1.3.	(1) 229.866,83	(2) 229.866,83	(3) 99.101,89	(4) 99.101,89		
↓	↓	↓			(9a) 627,34	
31.3.	(7) 229.866,83	(8) 229.866,83	(5) 100.000,—	(6) 100.000,—	(9b) 634,53	

(2.2) Anlage freier Mittel in Valuta

Besitzt der Importeur bereits am 1.3. ausreichende freie Mittel, die ansonsten im Inland angelegt würden, kann eine *direkte* Anlage dieses DM-Betrages in Valuta der Währungsverbindlichkeit (zum 31.3.) in Betracht kommen. Allerdings müssen am 1.3. die 100 000 $ bzw. der um die zu erwartenden Zinsen verringerte Valuta-Betrag zum höheren Kassakurs (Brief) angeschafft werden. Erhält die Unternehmung für eine 1-Monats-$-Anlage einen Zinssatz von 10 $^{7}/_{8}$ (= 10,875)%, so beträgt die $-Anlage zum 1.3. *99 101,89* $ (siehe oben 2.1), die sich bis 31.3. zuzüglich Zinsen von *898,11* $ auf 100 000 $, dem Betrag der Valuta-Verbindlichkeit erhöht. Bei dem angenommenen Kassakurs (Brief) am 1.3. von 2,3195 DM je $ benötigt die Unternehmung daher *229 866,83 DM*, die sie alternativ im Inland zu 7 $^{7}/_{16}$ (= 7,4375)% anlegen (oder zu einem höheren Zinssatz an eine andere Unternehmung verleihen) könnte und für ein Monat somit *1424,70 DM* Zinsen erhalten würde. Rechnet man die erwarteten *Zinsen* für die *Valuta-Anlage* zum Kassakurs (Geld) bzw. Kassakurs (Brief) um — wegen der Umrechnungsproblematik siehe die Überlegungen unter (2.1) — ergäbe sich ein Betrag von *2075,98 DM* bzw. *2083,16 DM*. Dementsprechend beträgt die Differenz, die den *Kurssicherungsertrag* verkörpert, *651,28 DM* bzw. *658,46 DM*.

Die DM-Rechnung wird nach der Transaktion am 1.3. nicht mehr berührt, der Ausgleich der Valuta-Verbindlichkeit am 31.3. erfolgt ausschließlich in der Währungsrechnung. Insgesamt erscheint unter den getroffenen Annahmen die Planalternative (2.2) bezüglich des kalkulierten *Kurssicherungsergebnisses* sowohl (1) als auch (2.1) überlegen zu sein.

Die *Planungsrechnung* weist folgende Struktur auf:
1.3.

(1) Einnahme   229 866,83 DM   Zahlungsmittel-
bestand
(= freie Mittel)
in Finanzplan DM

(2)	Ausgabe	229 866,83 DM	Erwerb von Kassadevisen (Brief)
(3)	Einnahme	99 101,89 $	Übertragung Kassadevisen in Währungsrechnung
(4)	Ausgabe	99 101,89 $	1-Monats-Termin-Anlage in $

31.3.

(5)	Einnahme	100 000,– $	Rückzahlung $-Termineinlage einschließlich Zinsen
(6)	Ausgabe	100 000,– $	Ausgleich der Valuta-Verbindlichkeit
(7a)	Kalkuliertes Kurssicherungsergebnis	651,28 DM	(Kassakurs »Geld«)
(7b)	Kalkuliertes Kurssicherungsergebnis	658,46 DM	(Kassakurs »Brief«)

Tag	Finanzplan (DM)		US – $		Kalkuliertes Kurssicherungsergebnis (DM)	
	E	A	E	A	Erlöse	Kosten
1.3.	(1) 229.866,83	(2) 229.866,83	(3) 99.101,89	(4) 99.101,89		
↓	↓	↓	↓	↓	(7a) 651,28	
31.3.	—	—	(5) 100.000,—	(6) 100.000,—	(7b) 658,46	

(3) Halten von offenen Währungspositionen

Erwartet der Importeur ein *Sinken* der Devisenkassakurse in der Zukunft (in dem gewählten Beispiel zum 31. 3. gegenüber dem 1. 3.) und wird der Kursrückgang höher als der durch den Deport ausgedrückte Betrag eingeschätzt, dann erscheinen Maßnahmen zur Kurssicherung, die für die Unternehmung ein positives Kurssicherungsergebnis bedeuten, als entbehrlich. In diesem Fall ist der (am 31. 3.) in DM für den Kauf der Valuta aufzuwendende Betrag geringer als der am 1. 3. zum Kassakurs (Brief) und zum Terminkurs (Brief) notwendige DM-Einsatz. Der Importeur würde somit eine *Valutachance* nutzen können.

Bei der Kursprognose darf sich der Importeur jedoch nicht allein darauf verlassen, daß ggf. ein Deport zum 31. 3. besteht. Der sich am 31. 3. bildende Devisenkassakurs kann der durch den Deport angezeigten Tendenz entsprechen, muß es jedoch nicht, so daß auch mit einem Devisenkassakurs zu rechnen ist, der höher als der Terminkurs (1-Monat) oder höher als der Kassakurs (Brief) am 1.3. ausfällt. Im letzteren Fall trifft den Importeur das *Kursrisiko* in *vollem* Umfang, während in der erstgenannten Situation das Kursrisiko auf die Spanne zwischen Terminkurs und Kassakurs, also den Deport, beschränkt bleibt. Das Kurssicherungsergebnis kann somit schlecht kalkuliert werden. Es bleibt letztlich offen, welche DM-Beträge in der Finanzplanungsrechnung anzusetzen sind, so daß erhebliche Planungsunsicherheit besteht. Diese wird möglicherweise durch die oben beschriebenen Unwägbarkeiten bezüglich der weiteren Verwertung des Importgutes (der Importgüter) noch verstärkt, weshalb das Halten von offenen Valutapositionen nur bei hoher Risikofreudigkeit und hervorragender Ertragslage in Betracht gezogen werden dürfte.

c) Währungplanung von exportierenden und importierenden Unternehmungen (globale versus individuelle Kurssicherung)

Während bislang davon ausgegangen wurde, daß die Unternehmung entweder nur exportiert oder nur importiert, soll im folgenden die Situation erörtert werden, daß die Unternehmung Außenhandelsleistungen in beiden Richtungen abwickelt. Dabei kommt es letztlich wiederum auf den Umfang und die Intensität der betreffenden internationalen Aktivitäten an.

Das Beispiel in Abbildung 21 zeigt, daß die Unternehmung unterschiedliche Valuta-Tagespositionen in $ realisiert, die vom 1. bis 2. als eine *Fremdwährungs-Plusposition (Hausse-Position, lange*

März	1000 US-$		Währungsposition ($)	Währungsposition (DM) Kassa-Mittelkurs (1$ = 2,3155)
Tag	Einnahmen (E)	Ausgaben (A)		
1	250	240	+ 10.000	+ 23.155
2	300	150	+ 150.000	+ 347.325
3	150	150	0	0
4	100	250	- 150.000	- 347.325
5	100	300	- 200.000	- 463.100
31	100	100	0	0
∑				

Abbildung 21: Valuta-Tagespositionen einer Unternehmung mit Export- und Importleistungen

Position, long position), vom 4. bis 5. als eine *Fremdwährungs-Minusposition (Baisse-Position, kurze Position, short position)* und am 3. sowie 31. als eine *ausgeglichene* Valuta-Tagesposition zu charakterisieren wäre.

Bei *ausgeglichenen* Valuta-Tagespositionen erübrigen sich jegliche Kurssicherungsmaßnahmen. Wurden beispielsweise am 1.3. jeweils Devisentermingeschäfte mit Fälligkeit zum 31.3. abgeschlossen, stünden kalkulierten Kurssicherungskosten von 630 DM für den Export kalkulierte Kurssicherungserlöse von 580 DM für den Import gegenüber, so daß insgesamt ein Kurssicherungsverlust von 50 DM zu kalkulieren wäre (auf der Basis der bisher benutzten Zahlenangaben).

Besteht jedoch eine Differenz zwischen den Deviseneinnahmen und den Devisenausgaben, also eine *teilweise offene Position,* so reicht es aus, diesen sog. *net exposure* über den Devisenterminmarkt oder die Finanzmärkte ggf. vor Valutarisiken zu schützen. Ob eine derartige *globale Kurssicherung* notwendig ist, hängt einerseits von der *Art* der Tages-Valutaposition (Fremdwährungs-Plus- oder Fremdwährungs-Minusposition), andererseits von den Erwartungen über die *Entwicklung des Devisenkassakurses* bis zum Fälligkeitstag der Position ab. Grundsätzlich sind die in Abbildung 22 (siehe dazu Moser, 36) bezüglich der unterschiedlichen betrieblichen und umweltbedingten Situationen wiedergegebenen Maßnahmen in die Planungen einzubeziehen.

Würde das Beispiel in Abbildung 21 in der Weise abgewandelt, daß am 31.3. die Ausgaben (in $) die entsprechenden Einnahmen um 50 000 $ überschreiten und würde *Steigen* des $-Kurses erwartet, wäre lediglich dieser net exposure vor Valutarisiken zu schützen. Bei einem Terminkurs von 2,3137 DM je $ würde die Kurssicherung mit einem Ertrag von *290 DM* (= 0,0058 · 50 000) zu kalkulieren sein. Sichert die Unternehmung jedoch am 1.3. sowohl die Einnahmen von 100 000 $, als auch die Ausgaben von 150 000 $ per 31.3., dann entstehen ihr ein kalkulierter Kurssicherungsaufwand von *630 DM* und ein kalkulierter Kurssicherungsertrag von *870 DM* (= 0,0058 · 150 000) und *insgesamt* ein *kalkuliertes Kurssicherungsergebnis* von *+ 240 DM*. Das *endgültige* Kurssicherungsergebnis kann allerdings erst am 31.3. nach Kenntnis der *tatsächlichen* zustande gekommenen Devisenkassakurse festgestellt werden.

Das Beispiel demonstriert also augenfällig, daß *individuelle Kurssicherungsmaßnahmen* der globalen Kurssicherung unterlegen sind und übertriebene Vorsicht zusätzliche Kosten verursacht,

Kursprognose für den US-$	Tages-Valutaposition in $		
	Plusposition (Einnahmen > Ausgaben)	Minusposition (Einnahmen < Ausgaben)	Ausgeglichene Position (Einnahmen= Ausgaben)
Aufwertung	Keine Kurssicherung des net exposure, da "Kursgewinn" zu erwarten	Kurssicherung des net exposure notwendig, da "Kursverlust" zu erwarten (Kurssicherungstechniken für Importeure)	Keine Kurssicherung, da net exposure gleich Null
Abwertung	Kurssicherung des net exposure notwendig, da "Kursverluste" zu erwarten (Kurssicherungstechniken für Exporteure)	Keine Kurssicherung des net Exposure, da "Kursgewinne" zu erwarten (sofern Abwertung größer als Deport)	Keine Kurssicherung, da net exposure gleich Null

Abbildung 22: Entscheidungsmatrix zur globalen Kurssicherung

jedoch keine besseren Ergebnisse als die *globale Kurssicherung* zu bieten in der Lage ist.

Für die *Wahrnehmung von Valutachancen* durch Halten *offener Positionen* gelten folgende »Regeln«:
In Erwartung *steigender* Kurse der Valuta (des $) wird eine Fremdwährungs-Plusposition gehalten, eine Fremdwährungs-Minusposition dagegen glattgestellt (durch ein Devisentermingeschäft oder durch Absicherung über die Finanzmärkte).

Werden *sinkende* Devisenkurse erwartet, hat ein Ausgleich der Fremdwährungs-Plusposition zu erfolgen, während die Fremdwährungs-Minusposition offengehalten werden kann.

Zu beachten ist allerdings, daß diese »Regeln« nur für eine unmittelbar überschaubare Zukunft Anwendung finden können. Für das längerfristige Sicherungsverhalten empfiehlt sich bei frei floatenden Währungen auf jeden Fall ein Ausgleich der Positionen durch »Glattstellen«, insbesondere für das risikoscheuere und verantwortungsvoll handelnde Währungsmanagement.

d) Planung von Fremdwährungsanlagen

In diesem Fall geht es für die Unternehmung darum, freie Mittel für eine bestimmte Zeit in einer Fremdwährung anzulegen, um einen höheren Ertrag als mit einer DM-Anlage zu erzielen. Zu entwickeln sind entsprechende *Planungsalternativen*, die sowohl Anlagen in höher verzinslichen als auch niedriger verzinslichen Währungen einbeziehen müssen.

Die *Hausbank* der Unternehmung nennt die nachstehend angeführten Sätze, die den Beispielen (auch für die Planung der Fremdwährungskreditaufnahme) zu Grunde liegen sollen:

Devisenkassakurse am 1. 3.	Geld (= Ankauf)	Brief (= Verkauf)
für US-$ (1 $)	2,3115 DM	2,3195 DM
für SFR (100 SFR)	119,60 DM	119,80 DM
1-Monats-Swaps am 1. 3.		
für US-$	− 0,0063 DM	− 0,0058 DM
für SFR	+ 0,0400 DM	+ 0,1000 DM
daher **1-Monats-Terminkurse**		
für US-$	2,3052 DM	2,3137 DM
für SFR	119,64 DM	119,90 DM
Zinssätze für 1 Monat (%)	Geld (Anlage)	Brief (Kredit)
US-$	10 $7/8$ (10,875)	11
SFR	6 $15/16$ (6,9375)	7 $1/16$ (7,0625)
DM	7 $7/16$ (7,4375)	7 $9/16$ (7,5625)

Unabhängig davon, ob es sich um eine Anlage in niedriger oder höher verzinslicher Valuta handelt, sind jeweils folgende *Schritte* des Währungsmanagements notwendig:
1. Kauf von Kassadevisen (am 1. 3.) und
2. Verkauf des Valutabetrages per Termin (31. 3.) am 1. 3.;
3. Fremdwährungsanlage für ein Monat in Valuta (am 1. 3.);
4. Auflösung der Fremdwährungsanlage (am 31. 3.) einschließlich Valuta-Zinsen, und
5. Erfüllung des Devisentermingeschäfts (Zahlung des Valutabetrages gegen Erhalt des vereinbarten DM-Betrages).

Die Verfahrensschritte 1. und 2. (einschl. der Erfüllung in 5.) stellen aus der Sicht der Unternehmung ein *Devisenswapgeschäft* dar (siehe dazu im einzelnen 2.2.1.2.2). *Voraussetzung* für die Vorteilhaftigkeit zweier derartiger Devisenmarktoperationen ist ein *Nettoergebnis* (aus Valuta-Zinssatz ± Swapsatz), das die vergleichbaren DM-Anlagesätze übertrifft.

In diesem Zusammenhang ergibt sich allerdings ein *Problem*, das bei der üblicherweise angewandten Beurteilung der Vorteilhaftigkeit auf der Basis der *Zinssätze* allein (siehe beispielsweise Wermuth/Ochynski, 93 f.; Lipfert 1982, 98 ff.) nicht offenkundig wird. Die Valuta-Anlage erzielt nämlich einen Valuta-Zinsertrag, der – in *absoluten Werten* betrachtet – dem Kursrisiko ausgesetzt wäre, wenn der in Kassadevisen am 1.3. anzulegende Betrag (z. B. 100 000 $) als identisch mit dem am 31.3. zurückzutauschenden Valuta-Betrag (100 000 $) angenommen wird. Da der Valuta-Zinsertrag zusammen mit der Valuta-Anlage zum 31.3. in DM zu transformieren ist, weichen die Valuta-Beträge am 1.3. und 31.3. voneinander ab. Würde der Valuta-Zinsertrag nicht kursgesichert, entstünde die Gefahr, daß der (komparative) Vorteil der Fremdwährungsanlage eingeschränkt und ggf. geringer als kalkuliert ausfallen bzw. sogar tatsächlich unter dem einer vergleichbaren DM-Anlage liegen würde. Der reine Vergleich der Zinssätze könnte somit den Blick für Valutarisiken bezüglich des Valuta-Zinsertrages verdecken und Anlaß zu Fehlentscheidungen des Währungsmanagements geben.

Grundsätzlich lassen sich diese Risiken sowohl durch (unterjährige) Anlage des entsprechend *abgezinsten Valuta-Betrages,* dem die Zinsen zuwachsen, und Rücktransfer dieser Gesamtsumme, also durch die Beziehung

$$\frac{K_o}{(1 + \frac{p \cdot t}{36\,000})} \text{ (zum 1.3.) und } K_1 \text{ (zum 31.3.),}$$

oder durch *Aufzinsung* des ursprünglichen Betrages (K_o) der Fremdwährungsanlage und Devisentermin-Verkauf der sich daraus ergebenden Gesamtsumme, also

$$K_o \text{ (zum 1.3.) und } K_1 = K_o (1 + \frac{p \cdot t}{36\,000}) \text{ zum 31.3.,}$$

beherrschen. Im folgenden soll jeweils von der letztgenannten Möglichkeit ausgegangen werden, d. h. ein Betrag von 100 000 Fremdwährungseinheiten ($= K_o$) am 1.3. angelegt und zum 31.3. der Valuta-Betrag K_1 per Termin verkauft werden.

(1) Anlage in höher verzinster Währung

Da höher verzinsliche Währungen ($) einen Deport gegenüber der niedriger verzinsten Währung (DM) bilden, sind diese Kosten der Kurssicherung vom Zinsertrag abzuziehen und dieses Nettoergebnis mit dem Zinsertrag bei korrespondierender DM-Anlage zu vergleichen. Das Nettoergebnis ließe sich verbessern, wenn auf die Kurssicherung verzichtet würde. Allerdings erscheint ein derartiges

Verhalten als spekulativ, zumal im Gegensatz zu den oben erörterten Verhältnissen im Außenhandel keine Gegenpositionen aus Realgüterbewegungen zu Grunde liegen.

Für den Kauf von 100 000 $ Kassadevisen werden am 1. 3. in Anbetracht des Kassakurses (Brief) von 2,3195 DM/$ insgesamt 231 950 DM benötigt und deren Ankauf bei der Hausbank vorgenommen. Zugleich schließt die Unternehmung diese offene Devisenposition durch Valuta-Anlage in US-$ für einen Monat zum Zinssatz von 10,875% p. a. ebenso wie die am Fälligkeitstag ansonsten sich ergebende offene Position für die erzielten Zinserträge von *insgesamt 100 906,25 $* durch Devisenterminverkauf (31. 3.) an die Bank (oder einen anderen Partner) zum Terminkurs (Geld), der für einen Monat 2,3052 DM je $ beträgt (Differenz zwischen Kassakurs-Brief am 1. 3. und 1-Monats-Terminkurs-Geld am 31. 3. also 0,0143 DM!). Die Unternehmung liefert am 31. 3. der Bank 100 906,25 $ und erhält dafür im Gegenzuge *232 609,09 DM* (= 100 906,25 × 2,3052) gutgeschrieben, das sind *659,09 DM* mehr als sie ursprünglich für den Kauf der Kassadevisen aufgewendet hatte. Die *Inlandsanlage* dagegen würde − ohne Währungsrisiken! − für einen Monat zum Zinssatz von 7,4375% für denselben Betrag von 231 950 DM insgesamt *1437,61 DM* erbringen, so daß unter den getroffenen Annahmen eine Valuta-Anlage ausscheidet.

(1.1) Kritischer Zinssatz für Valuta-Anlage

Der Zinssatz für die Valuta-Anlage ($p_\$$), der in Anbetracht des bestehenden Zinssatzes für DM-Anlagen notwendig wäre, um mindestens dasselbe Ergebnis zu erwirtschaften *(kritischer Zinssatz* für die *Valuta-Anlage),* kann für *unterjährige* Anlagen wie folgt ermittelt werden (ohne Transaktionskosten):

$$(A_{DM} + Z_{DM}) - [(1 + \frac{p_\$ \cdot t}{36\,000}) \cdot A_\$ \cdot T_G] = 0$$

wobei
A_{DM} ... Anlagebetrag im Inland (DM)
Z_{DM} ... Zinsertrag in DM
t ... Laufzeit in Tagen
$A_\$$ ... Anlagebetrag in Valuta ($)
T_G ... Terminkurs (Geld)

Wird die Gleichung nach $p_\$$ aufgelöst und $(A_{DM} + Z_{DM}) = E_{DM}$ gesetzt, erhält man folgendes Ergebnis:

$$p_\$ \geq \frac{(E_{DM} - A_\$ \cdot T_G) \cdot 36\,000}{t \cdot A_\$ \cdot T_G}$$

Für das Beispiel in (1) müßte $p_\$$ daher betragen:

$$p_\$ \geq \frac{(233\,387{,}61 - 230\,520) \cdot 36\,000}{30 \cdot 230\,520} = 14{,}92769\% \text{ p. a.}$$

Bezogen auf 100 000 $ wären dann für die 1-Monats-Valuta-Anlage 1243,97 $ zu erzielen, das sind zum Terminkurs von 2,3052 DM insgesamt 2867,61 DM, so daß der Rückzahlungsbetrag von 233 387,61 (= 230 520 + 2867,61 DM) exakt dem Ergebnis der DM-Anlage (231 950 + 1437,61) = 233 387,61 DM entsprechen würde.

(1.2) Alternativen zur kursgesicherten Valuta-Anlage
Die Unternehmung könnte bei ihren planerischen Überlegungen auch die Alternativen einbeziehen, daß
– der Valuta-Zinsertrag nicht kursgesichert würde, d. h. die Unternehmung ein symmetrisches Swap-Geschäft durchführen würde, oder
– die gesamte Valuta-Anlage (einschl. der Valuta-Zinsen) ungesichert bliebe.

(1.2.1) Valuta-Zinsertrag als offene Position
Wie im Falle der Kurssicherung kauft die Unternehmung 100 000 $ am 1. 3. per Kasse (= 231 950 DM), verkauft aber gleichzeitig nur 100 000 $ per Termin 31. 3., was bedeutet, daß sie an diesem Tage 230 520 DM und 906,25 $ Zinsgutschrift erhalten würde, die sie am selben Tage zum Kassakurs oder an einem späteren Termin zu einem günstigeren Kassakurs gegen DM verkaufen könnte. Der kalkulierte Kursverlust beträgt somit 1430 DM, dem ein DM-Wert der Valuta-Zinsgutschrift zum Kassakurs (Geld) am 1. 3. von 2094,80 DM gegenüberstehen würde und nur geringfügig höher wäre als der gesicherte Valuta-Ertrag.

(1.2.2) Valuta-Anlage als offene Position
Die Unternehmung erwartet steigende Devisenkassakurse und kauft am 1. 3. für 231 950 DM Kassadevisen (Brief), um eine 100 000 $-Anlage für einen Monat vornehmen zu können. Erweisen sich die Erwartungen als zutreffend und entwickelt sich der

Devisenkassakurs (jetzt aber »Geld«) beispielsweise von 2,3115 DM auf 2,32 DM, so erzielt die Unternehmung einen Kursgewinn von 0,0085 DM je $, das sind bei 100 906,25 $ insgesamt 857,70 DM, und erhielte 234 102,50 DM zurück. Der Gesamtertrag der Valuta-Anlage würde sich dann auf 2152,50 DM belaufen und die DM-Anlage hinsichtlich ihrer Ertragskraft erheblich übertreffen.

(1.2.3) Kritischer Devisenkassakurs (Geld) als Entscheidungskriterium für ungeschützte Valuta-Anlage

Für das Währungsmanagement stellt sich bei Wahl der Alternative (1.2) die Frage, wie hoch ein *Zuschlag (x)* in DM auf den am Tag der Begründung der Valuta-Anlage geltenden Devisenkassakurs (Geld) am Tage der *Auflösung* der Valuta-Anlage *mindestens* ausfallen muß, d. h. auf welchen Wert der Devisenkassakurs (Geld) bis zu diesem Tag steigen muß, damit die Valuta-Anlage der DM-Anlage (ohne Währungsrisiko) nicht unterlegen ist.

Dieser künftige Devisenkassakurs läßt sich als *kritischer Devisenkassakurs (Geld)* interpretieren, der auf Grund folgender Gleichung ermittelt wird (Symbole wie unter 1.1; K_G ... Kassakurs »Geld«; $Z_\$$ ... Valuta-Zinsen auf Valuta-Anlage):

$$(A_{DM} + Z_{DM}) - (K_G + x)(A_\$ + Z_\$) = 0$$

Setzt man $(A_{DM} + Z_{DM}) = E_{DM}$ und $(A_\$ + Z_\$) = E_\$$, ergibt sich $E_{DM} = (K_G + x) \cdot E_\$$ und bei Auflösung nach x:

$$x = \frac{E_{DM} - E_\$ \cdot K_G}{E_\$}$$

Unter Anwendung der in Beispiel (1.2.2) verwendeten Zahlenangaben läßt sich der *notwendige Zuschlag (x)* zum Kassakurs (Geld) am 1. 3. wie nachstehend gezeigt ermitteln:

$$x \geq \frac{233\,386{,}07 - 233\,244{,}80}{100\,906{,}25} \geq 0{,}0014 \text{ DM}$$

Somit müßte der Kassakurs am 31. 3. *mindestens* 2,3129 (= 2,3115 + 0,0014) DM betragen, wenn die Unternehmung die Valuta-Position offen zu halten beabsichtigte (ohne Transaktionskosten!). In diesem Falle könnte die Unternehmung den eingesetzten Valuta-Betrag einschließlich Zinsen in Höhe von 100 906,25 $ zum Kurs von 2,3129 DM je $ verkaufen, insgesamt *233 386,07 DM* erlösen und damit praktisch dasselbe Ergebnis wie bei DM-Anlage (233 387,61 DM) erzielen.

(2) Anlage in niedriger verzinster Währung

In diesem Zusammenhang ist zu berücksichtigen, daß ein *Kurssicherungsertrag* in Höhe des *Reports* entsteht, der u. U. die (negative) Zinsdifferenz zwischen Inlandsanlage und Valuta-Anlage auszugleichen in der Lage ist.

Wählt man als Beispiel den Schweizer Franken (SFR) und unterstellt den Kauf von 100 000 SFR, muß die Unternehmung bei den eingangs angeführten Zahlenangaben (Briefkurs-Kassa: 100 SFR = 119,80 DM) am 1. 3. 119 800 DM aufwenden, die sie zu 6,9375% für einen Monat anlegen kann. Da der *Valuta-Zinsertrag 578,13 SFR* ausmacht, sind bei risikoscheuer Verhaltensweise 100 578,13 SFR am 1. 3. per Termin 31. 3. zum Terminkurs (Geld) von 119,64 DM je 100 SFR zu verkaufen. Die Unternehmung erhält daher am 31. 3. gegen Auslieferung der 100 578,13 SFR von ihrem Devisengeschäftspartner *120 331,67 DM* gutgeschrieben; der *kalkulierte* (= ex ante-)*Erlös* beträgt somit *531,67 DM*. Würde die Unternehmung dagegen eine Inlandsanlage im Umfang von 119 800,– DM zu 7,4375% p. a. für denselben Zeitraum vornehmen, ergäbe diese einen Zinsertrag von *742,51 DM* und einen Rückzahlungsbetrag von insgesamt 120 542,51 DM, weshalb unter den angenommenen Voraussetzungen eine Valuta-Anlage in SFR ausscheiden müßte. Die hohe Differenz zwischen Kassakurs (Brief) am 1. 3. und Terminkurs (Geld) am 31. 3. von $-0,16$ DM/100 SFR übertrifft den durch den Report verkörperten Kurssicherungsertrag erheblich.

Der *kritische Zinssatz* für die Valuta-Anlage (p_{SFR}) beträgt mindestens (siehe 1.1):

$$p_{SFR} \geq \frac{(119\,800 + 742,51 - 119\,640) \cdot 36\,000}{30 \cdot 119\,640}$$

$$p_{SFR} \geq \underline{9{,}052257\%} \quad \text{p. a.}$$

In diesem Falle würde sich der Rückzahlungsbetrag in Valuta am 31. 3. auf 100 754,35 SFR (100 000 + 754,35 SFR) stellen, bei dem angenommenen Terminkurs (Geld) 120 542,50 DM ergeben und daher dem Ergebnis der Inlandsanlage entsprechen.

Die Überlegungen zu einer *ungeschützten* Valuta-Anlage müßten von einem *kritischen Devisenkassakurs* (= Geld) von *119,85* (119,60 + 0,25) DM am 31. 3. ausgehen, der wie folgt zu ermitteln wäre (siehe oben 1.2.3):

$$x \geq \frac{E_{DM} - E_{SFR} \cdot K_G}{E_{SFR}}, \text{ wobei: } E_{DM} = A_{DM} + Z_{DM}$$
$$\text{und} \quad E_{SFR} = A_{SFR} + Z_{SFR}$$

$$x \geq \frac{120\,542{,}51 - 100\,578{,}13 \cdot 1{,}196}{100\,578{,}13} = 0{,}0025 \text{ DM}/1 \text{ SFR}$$

oder: $x \geq 0{,}25$ DM/100 SFR.

Bei diesem kritischen Kassakurs würde der Rückzahlungsbetrag am 31.3. mit *120 542,89 DM* dem Anlageergebnis im Inland (120 542,51 DM) entsprechen.

e) Planung der Kreditaufnahmen in Fremdwährung

Ob eine Unternehmung Kredite in Fremdwährung aufnimmt, hängt von verschiedenen Kriterien ab (siehe dazu Eilenberger 1985, 320 ff.). Zwar stehen die Finanzierungskosten und die Kurssicherungskosten im Mittelpunkt des Interesses, jedoch können darüber hinaus die Fristigkeit der Mittel, die Flexibilität bei Umfinanzierungsmaßnahmen, die steuerliche Behandlung, zu stellende Sicherheiten und vor allem die Ergiebigkeit der Finanzierungsquelle als Prüfsteine für die Kreditentscheidung der Unternehmung die ausschlaggebende Rolle spielen. Sind die benötigten Mittel nicht auf andere Weise als in Valuta zu beschaffen, so ist der Entscheidungsrahmen ohnehin erheblich eingeschränkt. In diesen Fällen geht es »nur« noch darum, die Konsequenzen der Kurssicherung oder des Haltens einer offenen Position zu entwickeln und zu beurteilen. Dabei ergeben sich zusätzliche Probleme für die Kreditentscheidung je nachdem, ob eine kurzfristige ober ob eine längerfristige Kreditaufnahme notwendig ist. Im folgenden beschränken sich die Überlegungen auf die Planung kurzfristiger (= unterjähriger) Fremdwährungs-Kreditaufnahme (zum langfristigen Aspekt siehe 2.2.2.5).

In Analogie zu d) lassen sich die Kreditaufnahmen sowohl in höher verzinster als auch in niedriger verzinster Valuta vornehmen, wobei grundsätzlich jeweils die nachstehend aufgeführten *Aktivitäten* zu planen sind:
1. Kreditaufnahme in Valuta (z. B. für einen Monat) und
2. gleichzeitig Verkauf des Valutabetrages per Kasse gegen Inlandswährung (DM) zum Zeitpunkt t;
3. Kauf von Termindevisen (zum Zeitpunkt t) per Termin (t + 30) in Höhe des Valuta-Kreditbetrages zuzüglich Valutazinsen (= Kreditzinsen);
4. Bereitstellung des notwendigen DM-Betrages bei Fälligkeit des Devisenterminkontrakts (t + 30);
5. Rückzahlung des Valuta-Kredits zuzüglich Valuta-Zinsen zum Zeitpunkt (t + 30).

Aus der Sicht der Unternehmung ergeben die Aktivitäten 2. und 3. (einschließlich 4.) ein *Devisenswapgeschäft*. Die Prüfung der

Vorteilhaftigkeit erfolgt auf der Basis der unter d) entwickelten Maßstäbe; dabei wird von den dort angegebenen Beispielswerten ausgegangen.

(1) Fremdwährungskreditaufnahme in höher verzinster Währung

Eine Kreditaufnahme in Höhe von *100 000* $ erfordert für den Zeitraum vom 1.3. bis 31.3. bei einem Kreditzins von 11% einen Valuta-Zinsaufwand von 916,67 $, weshalb am 31.3. *100 916,67* $ zu tilgen bzw. zurückzuzahlen sind:

$$K_1 = K_o (1 + \frac{p \cdot t}{36\,000}) = 100\,000 \,(1 + \frac{11 \cdot 30}{36\,000}) = 100\,916{,}67 \,\$$$

Die Unternehmung benötigt den Valuta-Kredit in Inlandswährung. Sie verkauft daher die 100 000 $ am 1.3. zum Kassakurs (Geld) von 2,3115 DM/$ und erhält *231 150 DM*. Am 31.3. benötigt die Unternehmung jedoch 100 916,67 $. Da sie ein *Steigen* des Kassakurses erwartet und/oder der Auffassung ist, am 31.3. einen höheren Kurs als 2,3137 DM/$ aufwenden zu müssen, schließt sie bereits am 1.3. durch einen Terminkauf zum Kurs (Brief) von 2,3137 DM das Kursrisiko aus und verpflichtet sich, am 31.3. insgesamt *233 490,90 DM* (= 100 916,67 · 2,3137) im Gegenzuge für die Auslieferung der Valuta zu leisten, so daß sie am Fälligkeitstag den Valuta-Kredit einschließlich Zinsen tilgen kann.

Bleibt der Unternehmung für die Kreditaufnahme keine andere Wahl als die Möglichkeit des $-Kredits, beschränkt sich die Beurteilung auf den *kalkulierten Kurssicherungsertrag,* der gegenüber dem Kassakurs (Brief) am 1.3. je $ 0,0058 DM beträgt, insgesamt also *583,32 DM* für 100 916,67 $. Der *tatsächliche* Kurssicherungserfolg läßt sich erst nach Kenntnis des Devisenkassakurses (Brief) am 31.3. ermitteln.

(1.1) Kritischer Zinssatz für Valuta-Kredit

Allerdings ist zu berücksichtigen, daß der *Finanzierungsaufwand 12,15% p.a.* beträgt (und nicht nur 11% p.a.), wenn die Differenz zwischen »Einstandswert« und Tilgungswert (in DM) zum Einstandspreis in Beziehung gesetzt (und im vorliegenden Fall mit 12 multipliziert) wird:

$$\frac{(233\,490{,}90 - 231\,150) \cdot 12 \cdot 100}{231\,150} = 12{,}15\%$$

Dieser Finanzierungsaufwand stellt den *kritischen Zinssatz* für die *Kreditaufnahme* dar, wenn ein entsprechender Finanzierungsbedarf auch im Inland gedeckt werden kann und somit die Wahl zwischen in- und ausländischer Verschuldung der Unternehmung besteht. Eine Kreditaufnahme in Valuta ($) kommt daher unter dieser Voraussetzung nur in Betracht, wenn der inländische Zinssatz (p_{DM}) mindestens so hoch (oder höher) ist als der Finanzierungsaufwand für den Valuta-Kredit. Es gilt daher folgende Beziehung (ohne Transaktionskosten):

$$p_{DM} \geq \frac{[(K_\$ + Z_\$) \cdot T_B - K_\$ \cdot K_G] \cdot 36\,000}{t \cdot K_\$ \cdot K_G}$$

wobei:
p_{DM} ... Zinssatz für Kreditaufnahme in DM
$K_\$$ ... Kreditbetrag in Valuta ($)
$Z_\$$ ... Valuta-Zinsen ($)
T_B ... Terminkurs (Brief)
K_G ... Kassakurs (Geld)

Da im Inland die Kreditaufnahme in der gewählten Beispielsrechnung nur 7,5625% p. a. Zinsaufwand verursachen würde, müßte die Alternative des Fremdwährungskredits ausscheiden.

(1.2) Valuta-Kredit als offene Position: Der kritische Devisenkassakurs (Brief)

Erwartet die Unternehmung *sinkende* Kassakurse, dann könnte sie auch das Halten einer offenen Valutaposition (zum 31. 3.) in die Planungsüberlegungen einbeziehen. Sie würde darauf spekulieren, daß durch die »Verbilligung« des Kaufs von Kassadevisen am 31. 3., nicht nur ein Kursertrag, sondern auch eine »Zinssubvention« zu erzielen wäre, so daß sich die Valuta-Kreditaufnahme als mindestens gleichwertige Alternative erweisen könnte.

Ein derartiger Devisenkassakurs könnte als *kritischer Devisenkassakurs (Brief)* bezeichnet werden. Zu ermitteln ist der *Abschlag* (y) vom Kassakurs (Brief) am 1. 3., der am 31. 3. einen Kassakurs (Brief) ergibt, zu dem die $-Kreditaufnahme der DM-Kreditaufnahme – jeweils einschließlich Zinsen – nicht unterlegen ist.

Dieser (künftige) *kritische Devisenkassakurs (Brief)* kann wie folgt ermittelt werden (Symbole wie unter 1.1; K_{DM} ... Kreditbetrag in DM; Z_{DM} ... Zinsen in DM; K_B ... Kassakurs »Brief« am 1. 3.; ohne Transaktionskosten):

$$(K_{DM} + Z_{DM}) - (K_\$ + Z_\$)(K_B - y) = 0$$

Werden für $(K_{DM} + Z_{DM}) = A_{DM}$ und für $(K_\$ + Z_\$) = A_\$$ gesetzt und die Gleichung nach y aufgelöst, erhält man:

$$y = \frac{A_\$ \cdot K_B - A_{DM}}{A_\$}$$

Im vorliegenden Beispiel (siehe auch 1.1) beträgt somit der notwendige Abschlag (y) vom Devisenkassakurs (Brief) am 1.3.:

$$y \geq \frac{100\,916{,}67 \cdot 2{,}3195 - (231\,150 + 1456{,}73)}{100\,916{,}67} = 0{,}01456 \text{ DM}$$

Unter den getroffenen Annahmen müßte sich der Devisenkassakurs (Brief) bis zum *31.3.* auf *mindestens* 2,30494 DM/$ ermäßigen ($= 2{,}3195 - 0{,}01456$), damit die Kreditaufnahmen in $ und DM gleichwertig wären:

$$A_\$ \cdot K_B = 100\,916{,}67 \cdot 2{,}30494 = 232\,606{,}87 \text{ DM}$$
$$A_{DM} = 231\,150 + 1\,456{,}73 = 232\,606{,}73 \text{ DM}$$

Bezogen auf den Devisenkassakurs (Brief) von 2,3195 DM/$ am 1.3. müßte sich der $ somit bis zum 31.3. um mindestens 0,63% entwerten.

(2) Fremdwährungskreditaufnahme in der niedriger verzinsten Währung

Obwohl die Aufnahme eines Valuta-Kredits mit niedriger Verzinsung (als im Inland) prima facie vorteilhaft erscheinen mag und daher die Wahrnehmung dieser Möglichkeit nahelegen würde, ergibt sich bei Berücksichtigung der jeweiligen Differenz zwischen Devisenkassakursen (Geld) und Terminkursen (Brief), welche die Summe der Reports wesentlich übersteigt, ein *zusätzlich* zu kalkulierender *Finanzierungsaufwand,* sofern die Unternehmung eine Kurssicherung beabsichtigt. Aber auch die ungeschützte Valuta-Kreditaufnahme kann einen bestimmten Rückgang des Devisenkassakurses (Brief) voraussetzen, wenn die Zinsdifferenz zwischen inländischen und ausländischen Krediten gering ist. Dabei zeigt sich, daß bereits eine relativ geringe Entwertung der Valuta-Verbindlichkeit der Unternehmung, deren Aufnahme geplant wird, größeren Einfluß auf die Kreditentscheidung ausüben kann als eine im Vergleich dazu überproportionale Erhöhung der Zinsdifferenz zwischen Inlands- und Auslandskrediten bei kursgesichertem Valuta-Kredit.

Wird beispielsweise die Aufnahme eines Kredits von 100 000 SFR für einen Monat geplant, entstünde in Anbetracht der eingangs unterstellten Situation ein *Valuta-Zinsaufwand* von 588,54 SFR, weshalb am 31. 3. insgesamt *100 588,54 SFR* zu tilgen wären:

$$K_1 = 100\,000 \left(1 + \frac{7,0625 \cdot 30}{36\,000}\right) = 100\,588,54 \text{ SFR.}$$

Bei Verwendung des Valutakredits im Inland beträgt der am 1. 3. durch *Verkauf* der 100 000 SFR erzielbare Gegenwert in Inlandswährung bei einem Kassakurs (Geld) von 119,60 DM/100 SFR insgesamt *119 600 DM*. Nimmt die Unternehmung zur Sicherung gegen eine Aufwertung des SFR einen *Devisenterminkauf* zum Ausgleich der 100 588,54 SFR vor, muß sie bei einem Terminkurs (Brief) von 119,90 DM/100 SFR am 31. 3. einen Betrag von *120 605,66 DM* aufwenden. Unter Berücksichtigung des Reports von 0,1 DM/100 SFR gegenüber dem Kassakurs am 1. 3. (119,80/100 SFR), also 100,59 DM, würde bereits der Zinsvorteil des Valuta-Kredits aufgezehrt. Zu kalkulieren ist darüber hinaus der Finanzierungsaufwand in Höhe der Differenz zwischen Kassakurs (Geld) und Terminkurs (Brief), das sind 0,3 DM/100 SFR (= 119,60 − 119,90). *Insgesamt* beträgt der gegenüber einer Inlandskreditaufnahme (bezogen auf 119 600 DM) *zusätzlich* zu kalkulierende Finanzierungsaufwand *251,93 DM:*

Rückzahlungsbetrag am 31. 3.	120 605,66 DM
∕. Kreditsumme am 1. 3.	119 600,00 DM
Finanzierungsaufwand Valuta-Kredit	1 005,66 DM
∕. Zinsaufwand Inlandskredit bei 7,5625% p. a.	753,73 DM
= zusätzlicher Finanzierungsaufwand gegenüber vergleichbarem Inlandskredit	251,93 DM

(2.1) Kritischer Zinsaufwand für gesicherten Valuta-Kredit

Unter Verwendung der in (1.1) entwickelten Formel ergibt sich im vorliegenden Beispiel ein *kritischer Zinssatz* (ohne Berücksichtigung anfallender Transaktionskosten) von

$$p_{DM} \geq \frac{(120\,605,66 - 119\,600) \cdot 36\,000}{30 \cdot 119\,600}$$

$$p_{DM} \geq 10{,}09\% \text{ p.a.}$$

Eine Kreditaufnahme in SFR käme in Anbetracht der gewählten Annahmen und bei unterstellter Wahlmöglichkeit zwischen Finanzmittelbeschaffung in Valuta und in Inlandswährung nur dann in Betracht, wenn der Zinssatz für die *DM-Kreditaufnahme mindestens 10,09% p. a.* betragen würde.

(2.2) Valuta-Kredit als offene Position und kritischer Devisenkassakurs (Brief)

Geht die Unternehmung – im Gegensatz zu der durch den Report angezeigten Aufwertungstendenz – von niedrigeren Kassakursen am Erfüllungstag des Kreditgeschäfts aus, könnte sie den notwendigen *Abschlag* (y) gegenüber dem Devisenkassakurs (Brief) am 1. 3. nach der unter (1.2) dargelegten Beziehung und damit den *kritischen Devisenkassakurs (Brief)* wie folgt kalkulieren:

$$y \geq \frac{100\,588,54 \cdot 1{,}199 - (119\,600 + 753{,}73)}{100\,588{,}54}$$

$$y \geq 0{,}0015 \text{ DM/SFR bzw. } 0{,}15 \text{ DM/100 SFR}$$

Der Devisenkassakurs (Brief) müßte sich daher um *mindestens 0,1505 DM/100 SFR* auf 119,65 DM/100 SFR bis zum 31. 3. ermäßigen, damit die Kreditaufnahme in Valuta und diejenige in DM gleichwertig wären (= Abwertung des SFR um rd. 0,13% bezogen auf den Kassakurs am 1. 3.)

$$A_{DM} = 119\,600 + 753{,}73 = 120\,353{,}73 \text{ DM}$$

$$A_{SFR} \cdot K_{B\,(31.3.)} = 100\,588{,}54 \cdot 1{,}1965 \text{ DM} = 120\,354{,}19 \text{ DM}$$

bzw. bei *weiterem Kursrückgang* auf 119,60 DM/100 SFR (= Kassakurs »Geld« am 1. 3.), also einen Abschlag von 0,2 DM/100 SFR:

$$A_{SFR} \cdot K_B = 100\,588{,}54 \cdot 1{,}196 = 120\,303{,}89 \text{ DM}$$

f) Beurteilung der Risikosituation

Sicherungsmaßnahmen gegenüber Währungsrisiken setzen jeweils eine *Einzelbewertung* und Schätzung der möglichen Gefährdungssituation voraus, die den jeweiligen internationalen Aktivitäten innewohnen können. Sind Verluste bereits manifest oder mit Sicherheit zu erwarten sowie exakt meßbar, so daß die Entscheidung in voller Kenntnis der negativen Ergebnisse (unter Sicherheit) getroffen wird, kann von Risiko nicht mehr gesprochen werden. Wesentlich ist somit die Ungewißheit über die Realisierung möglicher Gefährdungssituationen, die noch dazu in ihrem Ausmaß nicht oder nur zu einem geringen Teil einschätzbar sind, und die in diesem Zusammenhang drohenden (Währungs-)Verluste. Daher ist auch Empfehlungen zugunsten sog. *globaler* Kurssicherungsstrategien (als Alternative zu aufwendigeren Einzelsicherungsstrategien) mit Vorsicht zu begegnen, zumal diese nur den Valutarisiken, jedoch den ggf. nicht unerheblichen Transfer-, Konvertierungs- und Währungseventualrisiken überhaupt nicht begegnen können. Falls Zweifel an der Wirksamkeit globaler Kurssicherung bestehen, verbleibt — wie für jeden kleinen und mittleren Außenhandelstreibenden — die *individuelle* Währungssicherung (unter Einschluß der Instrumente zur Abwehr von Transfer-, Konvertierungs- und Währungseventualrisiken) jedes einzelnen Währungsaktivums und/oder Währungspassivums als Methode der Wahl.

Da das Währungsmanagement durch Schließen der Valutapositionen zumindest über Möglichkeiten zur Vermeidung von Valutarisiken, deren Ursache betriebsbedingt sind, verfügt, konzentrieren sich die Bemühungen auf die Entwicklung von Möglichkeiten zur Beurteilung der Währungsrisiken, die primär umweltbedingt sind.

In diesem Zusammenhang richtet sich das Interesse vorrangig auf Entscheidungshilfen bzw. Beurteilungshilfen bezüglich des Kursrisikos. Auf der Basis von Überlegungen zur künftigen Kursentwicklung (siehe dazu die Ausführungen zur Devisenkursprognose, 1.5.2.1.2) könnten beispielsweise unter Berücksichtigung des Risikoverhaltens des Währungsmanagements (Risikobereitschaft/ Risikoneutralität/Risikoaversion) alternative Szenarien folgender Art entwickelt werden (siehe Henning/Pigott/Scott, 492 ff.): Geht die Unternehmung auf Grund der Anhaltspunkte, die sie aus der Devisenkursprognose (oder Paritätsänderungsprognose) gewonnen hat, davon aus, daß eine bestimmte Währung innerhalb eines Jahres um 15% an Wert verlieren bzw. abwerten wird, sie aber unsicher ist über die Wahrscheinlichkeiten des Eintreffens des erwarteten Ergebnisses, wird sie verschiedene Annahmen treffen, die nicht nur die Kursentwicklung betreffen, sondern auch das Kurssicherungsverhalten einschließen. Nimmt das Währungsmanagement die Wahrscheinlichkeit für die Realisierung der prognostizierten Abwertung mit 55%, die Wahrscheinlichkeit, daß keine Veränderung des Austauschwertes eintritt, mit 15% und die Wahrscheinlichkeit für eine Aufwertung der Währung um 10% mit 30% an, ergeben sich drei (Teil-)Szenarien I, II und III. Diesen werden gegenübergestellt drei Kategorien möglicher Kurssicherungsstrategien bzw. Ausprägungen der Risikoeinstellung, beispielsweise eine Strategie der Risikovermeidung (A), die keinerlei net exposure der Valuta-Tagespositionen zuläßt, eine Strategie des Offenhaltens der Valutaposition (B) und eine Strategie des »Nichts-Tuns« (C), die weder bewußt offene Positionen schafft, noch Maßnahmen erwägt, offene Positionen zu schließen (in der Gewißheit, daß sich Valutaverluste und Valutagewinne langfristig gesehen kompensieren). Die in Anbetracht der jeweiligen Strategien in Verbindung mit den Annahmen über die Kursentwicklung ermittelten möglichen Valutagewinne und/oder -verluste faßt die Währungsplanung in einer Matrix zusammen (Abbildung 23). In einem zweiten

Kurs-sicherungs-strategien \ (Teil-) Szenarios	I	II	III
A	0	0	0
B	- 20	- 5	+ 10
C	- 12	+ 4	+ 8

Abbildung 23: Valutagewinne (+) und Valutaverluste bei bestimmten Konstellationen von Sicherungsstrategien und Kursprognosen

Kurs-sicherungsstrategien	Szenarios			Erwartungswerte
	I	II	III	
A	0 . 0,55	0 . 0,15	0 . 0,3	0
B	- 20 . 0,55	- 5 . 0,15	+ 10 . 0,3	-11-0,75+3= - 8,75
C	- 12 . 0,55	+ 4 . 0,15	+ 8 . 0,3	-6,6+0,6+2,4= - 3,6

Abbildung 24: Erwartungswerte für den Einsatz alternativer Strategien des Währungsmanagements

Schritt erfolgen Gewichtungen mit den unterstellten Wahrscheinlichkeiten, so daß schließlich Erwartungswerte für die Ergebnisse der einzelnen Kurssicherungsstrategien bei jeweils angenommener Risikoeinstellung entstehen (Abbildung 24). Der günstigste Erwartungswert würde den Einsatz einer bestimmten Strategie angezeigt erscheinen lassen. Die *fiktive* Beispielsrechnung zeigt die Strategie des Ausgleiches aller Valuta-Positionen als Methode der Wahl, gefolgt von der Strategie des Nichts-Tuns. Die so gewonnenen Ergebnisse dürfen zweifellos nicht unkritisch und nicht ohne weitere Überprüfung Grundlage der Währungsentscheidung werden. Andererseits bedeutet das Verfahren einen Schritt in Richtung auf Simulationsmodelle, in die man sowohl Strategien als auch Marktbedingungen einbeziehen und damit realitätsnähere Ergebnisse zur Unterstützung der Entscheidungsträger bei der Wahl einer Kurssicherungsstrategie erhalten kann.

1.5.2.2 Währungsentscheidung und Sicherungsstrategie

Wahlhandlungen im Währungsbereich sind in der überwiegenden Mehrzahl der Fälle als *Entscheidungen unter Unsicherheit* zu charakterisieren: Zum einen ist in der Regel das Entscheidungsfeld angesichts der komplexen Verhältnisse auf den ausländischen und internationalen Finanzmärkten unübersichtlich, zum anderen besteht Unsicherheit über das Ergebnis der Entscheidung bezüglich der vorzunehmenden Währungssicherung, das nach Umsetzung in die Realität eintreten wird. Dabei erhöht sich der Grad an Unsicherheit in der Regel mit der Zeitdauer, da die Gefahr ungewollter Zielverfehlungen auf Grund unvorhersehbarer spezifischer Umweltstörungen (z. B. Geschehen auf den Devisenmärkten und internationalen Finanzmärkten, Maßnahmen der Währungsbehörden u. ä.) wächst. Angesichts der bereits bestehenden Gesamtrisiko-Situation der Unternehmung im Nicht-Währungsbereich wird das Management häufig eine Sicherung vor Währungsrisiken vorziehen, um eine Erhöhung der Gefährdungssituation durch internationale Aktivitäten zu vermeiden. Damit verzichtet die Unternehmung u. U. zwar auf die Realisierung von Währungschancen, insbesondere Kurschancen, jedoch rechtfertigt in aller Regel die mit Sicherungsmaßnahmen verbundene bzw. geschaffene feststehende Kalkulationsgrundlage unter der Voraussetzung wettbewerbskonformer Währungssicherungskosten diese Verhaltensweise, da spekulative Transaktionen nicht zum typischen Aufgabengebiet von Unternehmungen, die im internationalen Leistungstausch stehen, zählen.

Die erhebliche Unsicherheitssituation erfordert einerseits spezifische entscheidungsunterstützende Maßnahmen, andererseits entsprechende Sicherungsstrategien, insbesondere Kurssicherungsstrategien, die Leitlinien für die Währungsentscheidung(en) darstellen.

Die Ergebnisse von vier unterschiedlichen *Kurssicherungsstrategien* wurden von Corti (52 ff.) an Hand der tatsächlichen Kassa- und Terminkurse (für drei und 12 Monate) SFR/$ für den Zeitraum 1973 – 1982 ermittelt. Dabei zeigte sich, daß im *Drei-Monats-Bereich* die Strategien »Nie absichern« und »Immer absichern« mit einem Durchschnittskurs von 2,23 SFR/$ praktisch zum selben (durchschnittlichen) Ergebnis führten (Tabelle 17). Die

	Nie absichern	Immer absichern	Selektiv «gut» absichern	Selektiv «schlecht» absichern
Durchschnittskurs	2.2336	2.2360	2.2918	2.1738
Standardabweichung	0.4942	0.5239	0.5184	0.4963
Variationskoeffizient	0.2213	0.2342	0.2262	0.2283
Minimum	1.464	1.431	1.580	1.431
Maximum	3.426	3.462	3.462	3.167
Differenz	1.962	2.031	1.882	1.736

Tabelle 17: Ergebnisse unterschiedlicher Kurssicherungsstrategien SFR/$ auf drei Monate (1973.6 – 1982.6, rund 2200 Werktage)
Quelle: Corti, 53

Strategie »Selektiv gut absichern«, die vollkommene Voraussicht unterstellt, erbrachte gegenüber dem Durchschnittskurs einen Vorteil von 0,06 SFR/$, die Absicherung auf Grund unzutreffender Prognosen (»Selektiv schlecht absichern«) einen Nachteil von ebenfalls 0,06 SFR/$; Vor- und Nachteile von situationsbezogenen bzw. fallweisen Kurssicherungen waren somit symmetrisch um das durchschnittliche Ergebnis (2,23 SFR/$) verteilt. Für den *12-Monats-Bereich* ergab sich zwar eine Abweichung der Durchschnittskurse der Strategien »Nie absichern« und »Immer absichern« von 0,04 SFR/$, dagegen entfernten sich die Durchschnittskurse der fallweisen Kurssicherungsstrategien stärker vom Mittelkurs konsistenter Absicherung (Abweichung ± 6% von 2,0988 SFR/$; siehe Tabelle 18).

	Nie absichern	Immer absichern	Selektiv «gut» absichern	Selektiv «schlecht» absichern
Durchschnittskurs	2.0735	2.1140	2.2167	1.9701
Standardabweichung	0.3765	0.5180	0.4445	0.4295
Variationskoeffizient	0.1801	0.2450	0.2005	0.2180
Minimum	1.464	1.325	1.533	1.325
Maximum	2.755	3.455	3.455	2.755
Differenz	1.291	2.13	1.922	1.430

Tabelle 18: Ergebnisse unterschiedlicher Kurssicherungsstrategien SFR/$ auf 12 Monate (1975.1 — 1982.6, rund 1850 Werktage)
Quelle: Corti, 53

Diese empirischen Ergebnisse von Kurssicherungsstrategien dürfen nicht fehlinterpretiert werden. Die dargelegten Kurssicherungsergebnisse stellen langjährige Durchschnittsergebnisse dar. Bei periodenbezogener Betrachtung können die Ergebnisse der verschiedenen Strategien durchaus stärker voneinander abweichen. Darüber hinaus besteht für diejenigen Unternehmungen, die nur sporadische internationale Aktivitäten aufweisen, die Wahl zwischen »Nie absichern« und »Immer absichern« in der Regel nicht. Die Anwendung dieser Strategien setzt vielmehr laufende internationale Aktivitäten der Unternehmung mit wechselnden Valutapositionen (Plus-/Minus-Valutapositionen) voraus, die langfristig zu Kompensationen der (zahlreichen) Transaktions- und/oder Kurssicherungsergebnisse führen.

Für *kleinere und mittlere Unternehmungen* mit sporadischen internationalen Aktivitäten reduzieren sich die möglichen Sicherungsstrategien somit häufig auf »Immer absichern« als Strategie der Wahl, um existenzbedrohende Währungsrisiken auszuschalten (oder Fakturierung in Inlandswährung). Allerdings hat ein derartiges Kurssicherungsverhalten möglicherweise die Konsequenz, gegenüber der Konkurrenz größerer Unternehmungen, die sich stärker auf das Gesetz der großen Zahl stützen können, Wettbewerbsnachteile insofern hinnehmen zu müssen, als die Absicherung zwar eine feste Kalkulationsgrundlage schafft, jedoch (Opportunitäts-Kosten verursacht, die in die Preiskalkulation eingehen (müssen) und regelmäßig zu höheren Angebotspreisen führen als das bei einem Konkurrenten der Fall ist, der eine Strategie des »Nie absicherns« verfolgt (siehe Corti, 55). Die Strategie des »Nie absicherns« kommt für kleinere und mittlere Exporteure/Importeure schon deshalb nicht in Betracht, weil die Kalkulationsgrundlage zu viele Fragezeichen aufweisen und bei starken Kursbewegungen unkalkulierbare Verlustrisiken in sich bergen würde.

Eine häufig verfolgte Sicherungsstrategie besteht im Sinne eines *Kompromisses* darin, jeweils nur die *halbe Valutaposition abzusichern,* da bei entsprechenden Kursentwicklungen nach oben oder unten jeweils nur der »halbe« Verlust (allerdings auch nur der »halbe« Gewinn) entstünden gegenüber einer Strategie des »Nie absicherns«. Zwar besteht der Vorteil dieser Strategie darin, die Sicherungskosten zu halbieren, jedoch ist keine Gewähr – zumindest nicht kurzfristig – dafür gegeben, befriedigende Sicherungsergebnisse zu realisieren.

Da die angesprochenen Sicherungsstrategien sich ausschließlich auf die Sicherung vor dem Valutarisiko beziehen, ist der Entscheidungsträger nicht der Sorge enthoben, bei seiner Währungsentscheidung auch die anderen möglicherweise zu berücksichtigenden Währungsrisiken in seine Überlegungen ebenso einzubeziehen wie andere finanzwirtschaftliche bzw. bilanzielle Aspekte.

Sind beispielsweise die Planungsalternativen A und B erarbeitet worden, die eine Absicherung über den Devisenterminmarkt (A) oder über Finanzmärkte (B) vorsehen, wird der Entscheidungsträger zweckmäßigerweise nicht nur die Sicherungskosten als Kriterium heranziehen, sondern auch prüfen, inwieweit durch die jeweilige Planungsalternative auch Währungseventualrisiken, Konvertierungs- und Transferrisiken beherrschbar sind und ob die entsprechende Maßnahme zusätzlich liquiditätswirksam sein soll und ob ggf. Prolongationsmöglichkeiten der Sicherung bestehen. Da die *einzelnen Kriterien* für den Entscheidungsträger unterschiedlichen Stellenwert aufweisen, wird eine *Gewichtung* der Entscheidungskriterien erforderlich sein. Unter Einbezug von Maßzahlen, welche die Vorteilhaftigkeit der jeweiligen Planalternative ausdrücken (z. B. von 0 bis 10, wobei 10 den höchsten Grad an Vorteilhaftigkeit und 0 den geringsten Eignungsgrad bedeuten würde), kann sich der Entscheidungsträger einen Überblick über die Konsequenzen und die Vorteilhaftigkeit der zu beurteilenden Plan-Alternativen verschaffen. Abbildung 25 zeigt schematisch das Vorgehen mit Hilfe der *Äquivalenzziffernmethode:* Wird eine bestimmte – vorzugebende – Gesamtpunktezahl nicht erreicht, scheidet die betreffende Alternative (oder beide) aus; wird die Mindestpunktzahl übertroffen, wäre die Annahme der Alternative mit der höchsten Punktezahl zu empfehlen. Das Beispiel zeigt, daß die Alternative A trotz eines günstigeren kalkulierten Sicherungsergebnisses der Alternative B unterlegen ist, da diese weitere Vorteile aufweist, die insgesamt die Annahme der Alternative B nahelegen, zumal auch die vorgegebene Mindestpunktezahl überschritten wird.

Kriterien	Gewichtungsfaktor	Alternative A		Alternative B	
		Maßzahl (0-10)	Punkte	Maßzahl (0-10)	Punkte
1. Sicherung gegenüber:					
1.1 Valutarisiken	20	10	200	10	200
1.2 Konvertierungsrisiken	3	1	3	8	24
1.3 Transferrisiken	5	1	5	3	15
1.4 Währungseventualrisiken	10	0	0	1	10
2. Kalkuliertes Sicherungsergebnis	15	10	150	6	90
3. Liquiditätswirksamkeit (Finanzmittelbeschaffung)	5	0	0	10	50
4. Bilanzwirksamkeit	1	0	0	0	0
5. Flexibilität (Aufhebung der Sicherung vor Fälligkeit)	5	0	0	5	25
6. Prolongationsmöglichkeit	15	0	0	8	120
7. Ergebnis (Mindestpunkte: 200)			358		534

Abbildung 25: Schema zur Beurteilung von Planungsalternativen im Rahmen von Währungsentscheidungen (Zahlenangaben fiktiv)

1.5.2.3 Währungskontrolle

Die im Rahmen der Währungsplanung vorgenommenen Kalkulationen des Sicherungsergebnisses der einzelnen Planungsalternativen sind ihrem Wesen nach *Vorkalkulationen,* deren Stichhaltigkeit bezüglich der entwickelten Alternative durch *Nachkalkulationen* zu überprüfen ist. Dabei geht es im wesentlichen darum, ob die prognostizierte Entwicklung eingetroffen ist. Aber selbst bei erheblichen Abweichungen der tatsächlichen von der erwarteten Kursentwicklung muß dieser Sachverhalt nicht unbedingt als nachteilig angesehen werden, da die Unternehmung den Vorteil einer festen Kalkulationsgrundlage hatte, vorausgesetzt, die Unternehmung konnte die auf dieser Basis gefundenen Preise auch durchsetzen. Zu überprüfen wäre allerdings auch, ob die Unternehmung in Anbetracht unzutreffender Vorkalkulationen auf die Realisierung internationaler Aktivitäten verzichtet hat, obwohl – im Nachhinein betrachtet – bei verbesserter Kursprognose die Unternehmung durchaus konkurrenzfähig gewesen wäre. Daher sollte sich die Währungskontrolle nicht nur auf die gewählten und realisierten Planalternativen beschränken, sondern *alle entwickelten* Varianten einbeziehen. Auf diese Weise erfolgt über laufende Lernprozesse eine Verbesserung der Entscheidungsunterstützung und Entscheidungsfindung der für das Währungsmanagement zuständigen Instanzen der Unternehmung.

1.5.2.3.1 Kosten der Terminsicherung

Die Kurssicherung von Währungsaktiva und -passiva durch Devisentermingeschäfte ist normalerweise mit Kosten verbunden. Sie ergeben sich daraus, daß Devisenkassa- und -terminkurse einer Währung nur in Ausnahmefällen übereinstimmen.

Auf die Kostengesichtspunkte, die bei der Kurssicherung von Finanzkrediten durch *Swapgeschäfte* zu beachten sind, war in Abschnitt 1.3.2.1.1.2 bereits eingegangen worden. Daraus ergibt sich, daß – von Gebühren und anderen Spesen abgesehen – bei einem Swapgeschäft Kosten selbstverständlich nur dann entstehen, wenn der Kurs, zu dem der Devisenbetrag gekauft wird, höher ist als derjenige Kurs, zu dem er verkauft wird. Wird ein Devisenbetrag auf diese Weise befristet beschafft (z. B. Kassakauf und Terminverkauf der betreffenden Währung), entstehen also Kosten, wenn die betreffende Währung einen Deport und Erträge, wenn sie einen Report hat. Bei der befristeten *Überlassung* von Fremdwährungsbeträgen (Kassaverkauf und Terminkauf) verhält es sich jeweils umgekehrt. Aus dem, was über die Bestimmungsgründe der Swapsätze gesagt wurde, ergibt sich, daß Swapgeschäfte in der Regel mit Aufwendungen verbunden sind und nur in Ausnahmefällen Erträge erbringen.

Weniger eindeutig ist die Kostensituation bei *Outright-Geschäften*. Wer zur Kurssicherung ein solches Termingeschäft abschließt, tätigt einen Terminkauf oder -verkauf in der Gegenwart und verzichtet darauf, statt dessen das Devisengeschäft zu einem späteren Zeitpunkt per Kassa vorzunehmen. Ob durch die Kurssicherung Kosten entstehen und wie hoch sie gegebenenfalls sind, hängt daher von der Differenz zwischen dem Kurs, zu dem in der Gegenwart das Termingeschäft erfolgt und demjenigen Kurs, zu dem später das Kassageschäft erfolgen könnte, ab. Da dieser letztere Kurs bei Abschluß des Termingeschäftes nicht bekannt ist, lassen sich etwaige Kosten nur im Nachhinein feststellen: Wird ein Fremdwährungsbetrag per Termin verkauft und ist der Kassakurs der betreffenden Währung am Erfüllungstag höher als der Kurs, zu dem der Terminverkauf erfolgte, so hat die Kurssicherung Kosten in Höhe des Differenzbetrages verursacht. Denn wäre der Fremdwährungsbetrag nicht per Termin, sondern später per Kassa veräußert worden, so hätte dies zu einem um die Differenz günstigeren Kurs geschehen können. Liegt der Kassakurs am Erfüllungstag unter dem Kurs, zu dem der Terminverkauf erfolgte, so hat die Kurssicherung einen Nutzen in Form des vermiedenen Kursverlustes erbracht.

Für den Fall des Kaufs von Termindevisen gilt entsprechendes. Hierbei enstehen, wenn der Kassakurs am Erfüllungstag niedriger ist als der dem Terminkauf zugrunde liegende Kurs, Kosten in Höhe der Differenz. Ist der spätere Kassakurs höher als der gegenwärtige Terminkurs, wurde durch den Terminkauf ein sonst eingetretener Kursverlust verhindert.

Weitere Kosten entstehen, wenn die Bank, mit der das Devisentermingeschäft getätigt wird, *Sicherheiten* fordert. Dies geschieht in der Regel deshalb, weil die Bank durch Abschluß des Termingeschäfts das Risiko übernimmt, daß der Kunde die von ihm im Erfüllungszeitpunkt zu leistende Zahlung nicht erbringt. Die Höhe der hierdurch bei der Kurssicherung entstehenden Aufwendungen richtet sich nach Art und Umfang der Besicherung. Fordert die Bank z. B. einen *Einschuß* in Höhe von 20% des kontrahierten Betrages, so entstehen entsprechende Zinskosten.

Sichert die Unternehmung nur einen Teil der offenen Valutapositionen ab, realisiert sie einen *Mischkurs,* der zwischen dem am Fälligkeitstag sich ergebenden Devisenkassakurs und dem Abschlußtag des Devisentermingeschäfts geltenden Terminkurs liegt. Die Höhe der Kosten ist somit von den zu Grunde liegenden Quantitäten (Valutaposition in absoluten Werten) abhängig.

Der wesentliche Aspekt besteht aus der Sicht der Unternehmung in der Schaffung einer sicheren Kalkulationsbasis für das Warengeschäft bzw. die Dienstleistung; auf dieser Grundlage und den dabei angestellten Wirtschaftlichkeitsrechnungen getroffene Entscheidungen fußen ausschließlich auf den dabei erwarteten Entgelten und bieten Schutz vor Nichtrealisierung dieser Erwartungen.

1.5.2.3.2 Kosten der Sicherung über Finanzmärkte

Es wurde bereits darauf hingewiesen, daß die Begründung von Währungskreditbeziehungen eigens für Kurssicherungszwecke u. a. dann vorteilhaft ist, wenn der Sicherungseffekt mit anderen Mitteln nur zu höheren Kosten erreichbar ist. Zu diesen alternativen, mit den Währungskrediten konkurrierenden Mitteln gehören namentlich Outright-Termingeschäfte. Der Kostenvergleich mit einem solchen Devisentermingeschäft ist allerdings mit der Schwierigkeit verbunden, daß nur die Konditionen der Kreditbeziehungen im vorhinein bekannt sind, während die durch ein Outright-Termingeschäft gegebenenfalls entstehenden Kosten sich erst im nachhinein feststellen lassen.

Von dem Zinsertrag, der durch eine *ausschließlich* zwecks Kurssicherung erfolgende *Kreditgewährung* entsteht, ist derjenige Ertrag zu subtrahieren, der bei nächstgünstiger Verwendung der für die Kreditgewährung benötigten Finanzmittel erwirtschaftet würde. Ist die Differenz positiv, so erbringt die Kreditgewährung einen effektiven Ertrag. Es ist dann also vorteilhaft, die Kurssicherung in dieser Weise vorzunehmen, sofern nicht eine andere Kurssicherungsmöglichkeit einen noch höheren effektiven Ertrag liefert.

Wenn die für die Gewährung eines Währungskredits benötigten Devisenmittel nicht zur Verfügung stehen, stellt sich die Frage, ob sie durch die Aufnahme eines Kredits in Inlandswährung – und dessen Veräußerung gegen die benötigte Fremdwährung – beschafft werden sollen. Sind die hierbei entstehenden Zinsaufwendungen kleiner als der Zinsertrag, der durch die Verwendung der Devisenmittel zur Gewährung eines Währungskredits entsteht, so wird ein effektiver Kurssicherungsertrag erzielt. Wenn dagegen für die Beschaffung der Kreditmittel höhere Zinsen aufgewendet werden müssen als durch ihre Verwendung erwirtschaftet werden können, so verursacht die Kurssicherung Aufwendungen. Sie sind mit den Kosten anderer Kurssicherungsmöglichkeiten zu vergleichen.

Bei einer auch aus *anderen* Kurssicherungsgründen erfolgenden Kreditgewährung ist der anfallende Zinsertrag um denjenigen Zinsertrag zu kürzen, der sich bei Kreditgewährung ohne Kurssicherungsabsicht – insbesondere in einer anderen als der für die Kurssicherung erforderlichen Währung – ergäbe. Ist die Differenz positiv, ermöglicht also die sicherungsmotivierte Kreditgewährung einen Zinsmehrertrag, so ist die Kreditgewährung schon aus diesem Grund vorteilhaft. Bei negativer Differenz, wenn sich also eine Zinsertragsminderung ergibt, hängt die Vorteilhaftigkeit dieses Vorgehens von einem Vergleich mit den Konditionen anderer Kurssicherungsmittel ab.

Ob Kredite *ausschließlich* zwecks Kurssicherung *aufgenommen* werden sollen, ergibt sich aus einem Vergleich der dadurch entstehenden Zinskosten mit denjenigen Kosten, die entstünden, wenn das nächstgeeignete Kurssicherungsinstrument verwendet würde. Wenn die Zinskosten niedriger sind, ist die Kreditaufnahme vorteilhaft. Betrachtet man Kreditaufnahmen, die auch *unabhängig* von ihrer Kurssicherungswirkung erfolgt wären, so ist davon auszugehen, daß sie zwar Zinsaufwendungen verursachen, solche Aufwendungen aber ohnehin entstanden wären. Es kommt also nicht allein auf die Zinskosten des Währungskredits an, sondern auf die Differenz zwischen diesen Kosten und denjenigen, die zu tragen wären, wenn der Kredit nicht in der für die Kurssicherung gebotenen Form – insbesondere nicht in der dafür relevanten Währung, sondern in der Inlandswährung – aufgenommen worden wäre. Ist diese Differenz positiv, werden also durch die Anpassung des Kredits an die Kurssicherungserfordernisse zusätzliche Kosten hervorgerufen, so gilt wiederum, daß die Kreditaufnahme unter Kostenaspekten ein geeignetes Mittel der Kurssicherung ist, wenn diese Mehrkosten niedriger sind als diejenigen Aufwendungen, die bei Verwendung anderer Sicherungsmittel entstehen würden. Ist die Differenz negativ, verursacht also der Kredit in der für die Kurssicherung geeigneten Form geringere Zinsaufwendungen als dies sonst der Fall wäre, so rechtfertigt diese Aufwandsminderung die Kreditaufnahme auf jeden Fall, sofern nicht noch günstigere anderweitige Kurssicherungsmöglichkeiten bestehen.

Die Möglichkeit, Kurssicherungswirkungen durch die *Aufnahme* von Währungskrediten zu erzielen, kann durch die *Bardepotpflicht* eingeschränkt werden (siehe 1.2.1.3). Der als Bardepot zu haltende Betrag ergibt sich durch Anwendung des für den jeweiligen Bezugsmonat geltenden *Depotsatzes* auf den um einen Freibetrag verminderten Monatsdurchschnitt der depotpflichtigen Verbindlichkeiten, also der im Ausland aufgenommenen Kredite.

Der Monatsdurchschnitt dieser Verbindlichkeiten ist aus ihren Endständen an allen Kalendertagen des Monats zu errechnen. Zu einer Verteuerung der Kreditaufnahmen im Ausland führt das Bardepot, weil dem Kreditgeber der volle nominale Kreditbetrag verzinst werden muß, während dem Kreditnehmer nur der um das Bardepot verminderte Kreditbetrag zur Verfügung steht. Die Kreditzinsen dürfen daher nicht auf den nominalen Kreditbetrag, sondern müssen auf den dem Kreditnehmer tatsächlich verbleibenden Teilbetrag bezogen werden. Die *effektiven Kreditkosten* unter Berücksichtigung des Bardepots lassen sich nach folgender Formel berechnen:

$$p = \frac{K \cdot i \cdot 100}{K - b(K-F)}$$

(p = effektive Kreditkosten in % p. a.; b = Bardepotsatz als Dezimalbruch; i = nominaler jahresprozentualer Kreditzinssatz als Dezimalbruch; F = Freibetrag; K = Kreditbetrag).

Bei einem Bardepotsatz von 20% und einem Freibetrag von 100 000, – DM kostet ein mit 10% p. a. zu verzinsender Auslandskredit von 600 000, – DM demnach effektiv 12% p. a.

2. Kapitel

Kurssicherungsinstrumente

Kurssicherung kann teils mit Hilfe unternehmensinterner Maßnahmen, teils über spezifische Märkte und sonstige externe Möglichkeiten erfolgen. Im ersten Falle wäre daher von *interner* Kurssicherung, im zweiten Fall von *externer* Kurssicherung zu sprechen. Welches der jeweiligen Kurssicherungsinstrumente benutzt wird, hängt von den spezifischen Verhältnissen der betreffenden Unternehmung und weiteren Entscheidungskriterien ab, auf die im 1. Kapitel bereits hingewiesen worden ist. Tabelle 19 zeigt im

	Art der Währungsaktiva und -passiva	Fakturierung in Inlandswährung	Wechselkurvversicherung	Währungsoptionsrechte	Währungsklauseln	Devisenkassageschäfte	Devisentermingeschäfte	Währungskredite	Forfaitierung	Export-Factoring	Diskontierung von Währungswechseln	Devisenoptionen	Financial Futures (Currency Futures)
Individuelle Kurssicherung / Aktiva	Bankguthaben					+	+					+	+
	Sortenbestand					+	+					+	+
	Exportforderungen	+	+		+	+	+	+	+			+	+
	Vorauszahlungen an Lieferanten	+			+	+	+					+	+
	Forderungen aus Finanzkrediten			+	+		+	+				+	+
	Wechsel	+				+	+				+	+	+
	Schuldverschreibungen			+	+		+	+				+	+
	Aktien						+					+	+
	Beteiligungen						+					+	+
	Immobilien im Ausland						+					+	+
	Abnahmeverpflichtungen aus Devisentermingeschäften					+	+					+	+
Individuelle Kurssicherung / Passiva	Bankverbindlichkeiten					+	+	+				+	+
	Importverbindlichkeiten	+			+	+	+	+				+	+
	Wechselverbindlichkeiten	+				+	+	+				+	+
	Vorauszahlungen von Abnehmern	+			+		+	+				+	+
	Begebende Schuldverschreibungen				+			+				+	+
	Lieferungsverpflichtungen aus Devisentermingeschäften					+	+	+				+	+
Globale Kurssicherung						+	+					+	+

Tabelle 19: Die Eignung der Kurssicherungsinstrumente für die Sicherung verschiedener Aktiva (obere Tabelle) und Passiva sowie für die globale Kurssicherung (untere Zeile).
+ = grundsätzlich geeignet

Sicherungsstrategien und -instrumente / Geschäftsarten	Fakturierung in Inlandswährung	Fakturierung in Auslandswährung								
		Generelle Strategie			"Hedging"-Techniken					
		Individuelle Kurssicherung	Globale Kurssicherung		Devisentermingeschäft	Fremdwährungskredite	Schließen von Export/Import-Positionen	Importe als Kompensation	Kreditversicherung	Fremdwährungsanlagen
			Ausschl. laufendes Geschäft	zukünftige Erlöseingeschlossen						
Kurzfristiger internationaler Handel	13	11		4	11	8	13	5		
Export von Massenprodukten	32	11	10	10	28	18	21	6		
Export von Spezialprodukten	20	13	2	2	16	9	7	5	1	
Export von Industrieanlagen	15	12			12	7	2	6	2	
Export von Industrieanlagen mit langfristiger Kreditfinanzierung	15	13			13	8	3	10	2	
Import von Gütern und Leistungen	27	23	8	9	27		28			11

Tabelle 20: Sicherungsstrategien und Sicherungsinstrumente bezüglich Außenhandelsleistungen deutscher Unternehmungen (55 Unternehmungen; Quelle: Gefiu, 41)

	Absicherungstechnik		Bedeutung		
	absolut	v. H.	gering v. H.	mittel v. H.	groß v. H.
Absicherungstechniken, die Ex- und Importeuren zur Verfügung stehen:					
Devisentermingeschäfte	262	82[a]	32,5	28,6	38,9
Finanzhedging	102	32[a]	42,2	35,3	22,5
Absicherungstechniken, die nur Exporteuren zur Verfügung stehen:					
Diskontierung von Fremdwährungswechseln zur Gutschrift in DM	81	33,2[b]	40,8	33,3	25,9
Forfaitierung zur Gutschrift in DM	48	19,7[b]	50,0	41,7	8,3
Factoring zur Gutschrift in DM	2	0,8[b]	100	—	—
Staatliche Wechselkursversicherung	—	—	—	—	—
Absicherungstechniken, die nur Importeuren zur Verfügung stehen:					
Aufnahme von Fremdwährungskrediten im Import	4	1,7[c]	—	50,0	50,0
Aufnahme von Finanzmitteln in Fremdwährung (Exporteure)	70	100	37,2	35,7	27,1
Anlage von Finanzmitteln in Fremdwährung (Importeure)	32	100	53,1	34,4	12,5

Tabelle 21: Sicherungstechniken im Außenhandel (Quelle: Scharrer, 26 und 27)

Überblick die grundsätzlichen Anwendungsbereiche bestimmter Sicherungsinstrumente bezüglich einzelner Währungsaktiva und Währungspassiva. Eine weitere Orientierung über den Einsatz von Sicherungsinstrumenten bei deutschen Unternehmungen der Groß- und Mittelindustrie gibt Tabelle 20. Das Ziel von Kurssicherungsmaßnahmen dieser Unternehmungen besteht zum einen in Kalkulationszwecken (Sicherung der Verkaufspreise und der Gewinnmarge), zum anderen in der Sicherung des laufenden Geschäftsverkehrs; bei Direktinvestitionen im Ausland dagegen spielt die Kurssicherung eine geringe Rolle (siehe Gefiu, 24 ff.).

Die Anwendungsbereiche und die Bedeutung von Techniken zur Absicherung von Valutageschäften sowie über die Anlage von Finanzmitteln in Valuta hat Scharrer in einer 1976 durchgeführten schriftlichen Befragung bei 719 Firmen aller Größen und Branchen erhoben. Die Ergebnisse sind in Tabelle 21 wiedergegeben.

2.1 Interne Kurssicherung

Die Instrumente der internen Kurssicherung ermöglichen einerseits bei *einzelnen Unternehmungen* das Entstehen von Währungsaktiva und/oder -passiva trotz internationaler Aktivitäten zu verhindern *(neutralisierende Kurssicherungsinstrumente)* oder Valuta-Zahlungen temporär zu variieren, andererseits im Rahmen von *multinationalen Unternehmensverbunden* den abzusichernden Net Exposure der MNU als Ganzes zu verringern und durch Kompensation verbundsintern ebenfalls zu neutralisieren.

2.1.1 Fakturierung in Inlandswährung

Für exportierende oder importierende Unternehmungen besteht die im Prinzip einfachste Möglichkeit zur Eliminierung des Währungsrisikos darin, daß sie mit den ausländischen Abnehmern oder Lieferanten *Fakturierung in ihrer eigenen Inlandswährung* vereinbaren. Statt Devisenforderungen oder -verbindlichkeiten, die dem Valutarisiko ausgesetzt sind, entstehen dann über Inlandswährung lautende Forderungen oder Verbindlichkeiten. So einfach dieses Verfahren an sich ist, so schwierig läßt es sich häufig realisieren. Denn das Risiko, dem der Exporteur oder Importeur sich in dieser Weise entzieht, wird auf den ausländischen Geschäftspartner abgewälzt, der vor die Wahl gestellt wird, es entweder zu tragen oder seinerseits Sicherungsmaßnahmen zu ergreifen.

Es hängt wesentlich von der *Einschätzung der Kursentwicklung* der relevanten Währungen durch den Kontrahenten ab, ob die Fakturierung in Inlandswährung sich vertraglich durchsetzen läßt. Erwartet zum Beispiel ein ausländischer Abnehmer deutscher Waren oder Dienstleistungen, daß bis zur Fälligkeit seiner Zahlung der DM-Kurs gegenüber seiner eigenen Landeswährung steigt, so wird er einer DM-Fakturierung größeren Widerstand entgegensetzen als wenn er mit einem unverändert bleibenden oder rückläufigen DM-Kurs rechnet. Wenn die Kurserwartungen des deutschen Exporteurs – wie es in der Regel der Fall sein dürfte – mit denen des ausländischen Importeurs übereinstimmen, ist sein Interesse an DM-Fakturierung also gerade dann dringlich, wenn er am wenigsten mit der Zustimmung des ausländischen Geschäftspartners rechnen kann. Entsprechendes gilt für die DM-Fakturierung von Waren- und Dienstleistungs*importen:* Die ausländischen Exporteure werden einer DM-Fakturierung namentlich dann widerstreben, wenn eine Abschwächung der DM gegenüber der betreffenden ausländischen Währung erwartet wird, und in diesem Fall ist dem deutschen Importeur an DM-Fakturierung besonders gelegen.

Ob die Widerstände, die ausländische Geschäftspartner auf Grund ihrer eigenen Beurteilung der Risikosituation einer DM-Fakturierung entgegensetzen, überwunden werden können und zu welchen Bedingungen das gegebenenfalls möglich ist, richtet sich nach der *Markt- und Verhandlungsposition* jedes der Beteiligten. So kann ein deutscher Exporteur, wenn er konkurrierende Anbieter bezüglich Angebotspreis, Finanzierungsbedingungen, Leistungsqualität oder Lieferfristen übertrifft, die DM als Vertragswährung leichter durchsetzen als bei Fehlen dieser Voraussetzungen. Was den Angebotspreis anbelangt, so ist zu berücksichtigen, daß die Übernahme des Valutarisikos sowohl von einem Exporteur als auch von einem Importeur kalkulatorisch erfaßt werden muß und zu einer Erhöhung der Selbstkosten führt; umgekehrt verhilft die durch Fakturierung in Inlandswährung erreichte Ausschaltung des Valutarisikos zu einem kalkulatorischen Spielraum, der bei der Preisbemessung nötigenfalls genutzt werden kann.

Selbst wenn es gelingt, die Inlandswährungs-Fakturierung durchzusetzen, kann der Kurssicherungseffekt dieser Vereinbarung im Nachhinein gemindert oder *zunichte gemacht* werden. Denn die Erfahrung zeigt, daß ein ausländischer Abnehmer, auf den das Valutarisiko in dieser Weise vertraglich überwälzt wurde, nach Eintritt einer für ihn ungünstigen Kursentwicklung oft doch die volle oder teilweise Übernahme des Kursverlustes durch den Exporteur verlangt, wobei dieser Forderung oft durch Drohung mit dem Abbruch der Geschäftsbeziehungen Nachdruck verliehen wird. Entsprechend können sich ausländische Exporteure verhalten. Ob solchen Wünschen nachgekommen werden muß, hängt wiederum vornehmlich von der Markt- und Verhandlungsposition der Beteiligten ab. Im allgemeinen wird man sich einem derartigen Begehren zumindest dann nicht verschließen können, wenn das Interesse an der Fortführung der Geschäftsverbindungen mit dem ausländischen Kontrahenten groß und dessen Kursverlust erheblich ist.

In Fällen, in denen sowohl der Exporteur als auch der Importeur mit einem besonders starken Kursanstieg der Exporteurs- gegenüber der Importeurswährung rechnen und daher keiner der Kontrahenten bereit ist, der Fakturierung in der Landeswährung des anderen zuzustimmen, kann die Verwendung einer *Drittwährung* unter Umständen einen Ausweg bieten. Diese Möglichkeit kommt besonders dann in Betracht, wenn beide Beteiligte erwarten, daß die Exporteursvaluta sich gegenüber der Drittwährung etwa im gleichen Ausmaß befestigen wird, in dem die Importeurswährung sich gegenüber der Drittwährung abschwächen dürfte.

Dazu ein *Beispiel:* Zwischen einem deutschen Exporteur und einem italienischen Importeur werden Verhandlungen geführt. Beide erwarten, daß die DM gegenüber der Lira bis zur Fälligkeit der Zahlung um etwa 10% steigt. Wird in DM fakturiert, würde bei Eintritt dieser Kursänderung der italienische *Importeur* einen entsprechend hohen Verlust erleiden, während bei Fakturierung in *Lira* der deutsche *Exporteur* den Schaden zu tragen hätte. Andererseits mögen die Partner auch damit rechnen, daß der Kursanstieg der DM gegenüber dem Dollar nur etwa 5% betragen und die Lira sich gegen Dollars um annähernd 5% abschwächen wird. In diesem Fall liegt es nahe, den Dollar als Vertragswährung zu wählen. Der deutsche Exporteur begründet dann also eine Dollarforderung, der italienische Importeur eine Dollarschuld. Treten die erwarteten Kursbewegungen tatsächlich ein, so wird der Verlust, der durch die zehnprozentige Änderung des DM/Lira-Kurses entsteht, von beiden Kontrahenten je etwa zur Hälfte getragen. Verläuft die Kursentwicklung dagegen anders als erwartet, so kann für einen oder für beide Partner ein höherer Kursverlust entstehen als angenommen worden war.

Während also die Fakturierung in der Landeswährung eines der Kontrahenten wenigstens diesen schützt, bleibt bei Verwendung einer Drittwährung das Risiko für *beide* Partner ungedeckt. Man wird diesen Weg daher nur dann als gangbar betrachten können, wenn die Kurserwartungen relativ sicher sind, das Interesse am Zustandekommen des Außenhandelsgeschäfts auf beiden Seiten groß ist und eine Einigung auf die Exporteurs- oder Importeurswährung als Fakturierungsvaluta nicht erzielt werden kann.

2.1.2 Bestellerkredite (gebundene Finanzkredite)

Exporteuren bietet sich die Möglichkeit, durch Inanspruchnahme von sog. Bestellerkrediten eine der Fakturierung in Inlandswährung entsprechende Währungssicherung vorzunehmen. Insbesondere gewinnen Bestellerkredite für die Abwicklung von Exportleistungen im *Investitionsgüterbereich* mit devisenschwachen Ländern und zur Vermeidung von Währungseventualrisiken (= Verlängerung von Zahlungszielen und -fristen) an Bedeutung.

Die Bank des deutschen Exporteurs oder ein Spezialkreditinstitut zur Auslandsfinanzierung (z. B. die KfW) gewährt einem ausländischen Importeur einen Bestellerkredit, wobei die Kreditsumme in DM und direkt an den Exporteur (zur Erstellung des Investitionsgutes) ausbezahlt wird und der ausländische Importeur für die Tilgung des Kredits und die Zinszahlung aufzukommen hat. Zweckmäßigerweise wird die Bank des Exporteurs bzw. der Exporteur selbst für eine Absicherung durch die *Hermes-Kreditversicherung* sorgen (siehe 3.2.1.1). Die Struktur eines Bestellerkredits zeigt Abbildung 26.

2.1.3 Mietfinanzierung (internationales Leasing)

In Zusammenhang mit Investitionsentscheidungen eröffnet sich insbesondere kleineren und mittleren Unternehmungen, denen die Möglichkeiten systematischen Währungsmanagements häufig verschlossen bleiben oder diese als zu aufwendig angesehen werden, die Beschaffung von ausländischen Investitionsgütern durch Mietfinanzierung, die mit keinerlei Valutarisiko behaftet ist (siehe dazu Koenig), sofern die Unternehmung mit der Mietfinanzierungsgesellschaft (Leasinggesellschaft) feste, auf DM lautende Mietzahlungen vereinbaren kann. In diesem Falle tritt die Leasinggesellschaft an die Stelle der Unternehmung, die das ausländische Investitionsgut benötigt, als *Importeur* und übernimmt die Valutarisi-

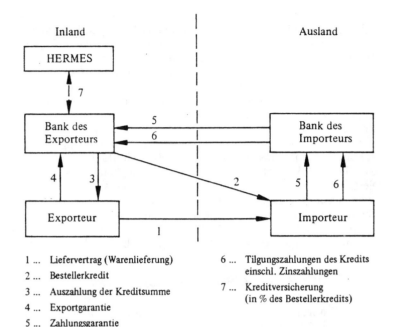

1 ... Liefervertrag (Warenlieferung)
2 ... Bestellerkredit
3 ... Auszahlung der Kreditsumme
4 ... Exportgarantie
5 ... Zahlungsgarantie
6 ... Tilgungszahlungen des Kredits einschl. Zinszahlungen
7 ... Kreditversicherung (in % des Bestellerkredits)

Abbildung 26: Struktur der Beziehungen bei Bestellerkrediten

ken (die sie allerdings in die Mietraten einbeziehen wird). Für die Unternehmung ergibt sich jedoch gleichwohl der Vorteil einer sicheren Kalkulationsgrundlage. Es entfallen für sie die Probleme der Wahl eines geeigneten Kurssicherungsinstruments, die gerade bei Investitionsobjekten, bei denen die Bezahlung des Kaufpreises nicht in einer Summe, sondern in Teil- oder Abschlagszahlungen über mehrere Jahre verteilt erfolgen soll, erheblich sein können.

Für inländische *Exporteure,* die ihrer ausländischen Kundschaft Investitionsgüter nicht gegen Barzahlung, sondern nur gegen über mehrere Jahre erstreckte Teilzahlungen liefern können und/oder ggf. die Finanzierung (in Valuta) mitbesorgen müssen, kann ebenfalls die Einschaltung einer Mietfinanzgesellschaft in Betracht kommen. In diesem Falle verkauft der Exporteur de facto an die Leasing-Gesellschaft, so daß in finanzwirtschaftlicher Sicht die Außenhandelstransaktion zu einem Bargeschäft auf DM-Basis umgewandelt wird. Die Leasinggesellschaft übernimmt auch hier die Valutarisiken und dient in diesem Sinne als Transformator, welche dem ausländischen Importeur das benötigte Investitionsgut in der Landeswährung (in Mietraten) anbietet. Beiden Kontrahenten des Außenhandelsgeschäfts ist somit durch Einschaltung der Mietfinanzgesellschaft als drittem Partner gedient: Sowohl der deutsche Exporteur als auch der ausländische Importeur stützen sich bei ihren Entscheidungen jeweils auf eine feste Kalkulationsbasis. Für jeden der beiden Kontrahenten erweist sich die Außenhandelsbeziehung als valutarisikofrei. Darüber hinaus kann die Leasinggesellschaft durch geeignete Valutapolitik für eine Minimierung der Kurssicherungskosten sorgen. Unabhängig davon »schonen« die Partner des Außenhandelsgeschäfts ihre Liquidität bzw. ihr Eigenkapital und befreien sich von jeglichem Kursrisiko. Die Leasinggesellschaft ihrerseits finanziert üblicherweise das Geschäft fristenkongruent im Käuferland. Für den Exporteur erscheint diese Variante insbesondere dann als Ersatzlösung zumindest prüfenswert, wenn ihm die Durchsetzung einer DM-Fakturierung nicht gelingt. Hermes-Sicherung ist möglich (siehe Anhang).

2.1.4 Währungsklauseln

Eine Währungsklausel ist eine vertragliche Vereinbarung, die vorsieht, daß die Höhe eines in einer bestimmten Währung *(Vertragswährung)* geschuldeten Betrages durch einen künftigen Kurs der Vertragswährung gegenüber einer anderen Währung oder mehreren anderen Währungen *(Bezugswährung)* bestimmt wird (siehe dazu Zehetner 1976 und 1978; Braun).

Währungsklauseln sind auf die Bedürfnisse der Devisenkurssicherung zugeschnittene *Wertsicherungsklauseln*. Mit ihrer Hilfe wird erreicht, daß der Vertragswährungsbetrag vor Kursverlusten geschützt wird, indem die Vertragswährung an die Bezugswährung gebunden wird. Die Bindung kann für den Kreditbetrag oder die Zinsen oder für beides vereinbart werden.

Währungsklauseln, bei denen die *DM* die *Vertragswährung* ist, bedürfen nach § 3 des Währungsgesetzes der Genehmigung. Die Deutsche Bundesbank erteilt solche Genehmigungen für Zahlungsverpflichtungen aus dem Geld- und Kapitalverkehr grundsätzlich nicht. Für die Zwecke der Kurssicherung durch Deutsche ist die Genehmigungspflicht jedoch ohne praktische Bedeutung, weil die sicherungsbedürftige Vertragswährung nicht die DM, sondern immer eine andere Währung ist. Bevor Währungsklauseln vereinbart werden, sollte aber geprüft werden, ob die Rechtswirksamkeit der Vereinbarung durch Rechtsnormen im Lande des Kontrahenten in Frage gestellt wird.

Obwohl Währungsklauseln bei entsprechender Konstruktion auch für die Kurssicherung der Verbindlichkeit des Schuldners in Betracht kommen, werden sie — dies ergibt sich aus der Natur von Kreditbeziehungen — nur zum Schutz des *Kreditgebers* verwendet. Als Bezugswährung wird daher meist dessen Landeswährung gewählt. Doch kann auch eine Drittwährung als Bezugswährung vereinbart werden, sofern der Kreditnehmer zwar sie, nicht aber die Landeswährung des Gläubigers akzeptiert. Eine vollständige Eliminierung des Valutarisikos wird für den Kreditgeber dadurch jedoch nicht erreicht, weil die Möglichkeit besteht, daß die als Bezugswährung gewählte Drittwährung sich gegenüber seiner Landeswährung entwertet.

Benutzt man die *Anzahl* der Valuten, die als Bezugswährung bestimmt werden, als Abgrenzungsmerkmal, so lassen sich zwei Gruppen von Währungsklauseln unterscheiden: Um *einfache Währungsklauseln* handelt es sich, wenn eine einzige Bezugswährung vereinbart wird. Von *multiplen Währungsklauseln* kann bei Verwendung mehrerer Bezugswährungen gesprochen werden.

2.1.4.1 Einfache Klauseln

Unabhängig davon, welcher Wortlaut bei der vertraglichen Formulierung im einzelnen verwendet wird, lassen sich *drei Grundtypen von einfachen Währungsklauseln* mit jeweils unterschiedlichen Sicherungswirkungen für Gläubiger und Schuldner unterscheiden. Bei der Darstellung dieser Grundtypen wird im folgenden als *Vertragswährung der US-Dollar* und als *Bezugswährung die DM* verwendet. Ferner wird davon ausgegangen, daß im Zeitpunkt des Vertragsabschlusses am Devisenmarkt ein Kurs von 1 $ = 2,50 DM gilt und daß der Vertragswährungsbetrag 100 000,— $ beträgt.

Typ 1: Die Klausel lautet: »Kreditbetrag ist der US-Dollar-Gegenwert von 250 000,— DM«. Diese Vereinbarung hat bei Kursänderungen des Dollars gegenüber der DM folgende Wirkungen: Wenn der Dollarkurs von 2,50 DM bei Vertragsabschluß auf 2,30 DM bei Fälligkeit des Kredites sinkt, sind 250 000,— DM = 108 695,65 $. Diese 108 695,65 $ erhält also der Gläubiger statt der 100 000,— $, die er zu beanspruchen hätte, wenn der Dollarkurs sich während der Kreditlaufzeit nicht geändert hätte. Steigt der Dollarkurs dagegen von 2,50 auf 2,70 DM, so sind 250 000,— DM nur noch 92 592,59 $, und der Gläubiger erhält lediglich diesen letzteren Betrag.

Es ergibt sich, daß bei Verwendung der Klausel vom Typ 1 der Gläubiger – da er immer den jeweiligen Vertragswährungsgegenwert des gleichen Bezugswährungsbetrages erhält – für den Fall einer Wertminderung der Vertragswährung gegenüber der Bezugswährung geschützt wird; dagegen zieht er keinen Nutzen aus einer Wertsteigerung der Vertragswährung gegenüber der Bezugswährung. Der Schuldner erleidet einen Verlust, wenn die Vertragswährung sich gegenüber der Bezugswährung entwertet, erzielt andererseits aber auch einen Gewinn aus einer Wertsteigerung der Vertragswährung.

Typ 2: Die Klausel lautet: »Der Kreditbetrag beträgt 100 000, – $, mindestens den Gegenwert von 250 000, – DM«. Klauseln dieses Typs werden als *Mindest-* oder *Einseitigkeitsklauseln* bezeichnet. Sinkt der Devisenkurs des Dollars von 2,50 auf 2,30 DM, so daß 250 000, – DM = 108 695,65 $ sind, erhält der Gläubiger diese 108 695,65 $. Insoweit tritt die gleiche Wirkung ein wie bei der Klausel vom Typ 1. Ein wichtiger Unterschied ergibt sich jedoch bei einem Dollar-Anstieg. Befestigt sich der Dollar von 2,50 auf 2,70 DM, so erhält der Gläubiger nicht 92 592,59 $ (den dann geltenden Gegenwert von 250 000, – DM), sondern er hat die vollen 100 000, – $ zu beanspruchen. Denn die Klausel vom Typ 2 bindet den Dollarbetrag nur einseitig an die DM, und zwar lediglich für den Fall einer Entwertung des Dollars. Der Gläubiger wird also nicht nur gegen eine Wertminderung der Vertragswährung geschützt, sondern zieht auch Nutzen aus ihrer Wertsteigerung. Dieser sehr günstigen Situation des Gläubigers steht eine entsprechend schlechte Stellung des Schuldners gegenüber: Er erleidet bei einem Kursrückgang der Vertragswährung einen Verlust, wird dagegen von einer Kurssteigerung dieser Währung nicht begünstigt.

Typ 3: Die Klausel lautet: »Der Kreditbetrag beträgt 100 000, – $; diese Summe erhöht und vermindert sich im gleichen Verhältnis, in dem der Dollarkurs gegen DM sinkt oder steigt, sofern die Kursänderung mehr als 1% beträgt«. Diese Klausel entspricht im Prinzip der vom Typ 1, unterscheidet sich von ihr aber dadurch, daß die Bindung der Vertrags- an die Bezugswährung erst wirksam wird, wenn die Devisenkursänderung eine bestimmte Spanne – hier 1% – übersteigt. Im einzelnen ergeben sich folgende Wirkungen: Wenn der Dollarkurs bei Fälligkeit des Kredits zwischen 2,475 und 2,525 DM liegt, erhält der Gläubiger 100 000, – $; Kursrückgänge bis auf 2,475 DM verursachen ihm also einen Verlust, Kurssteigerungen bis auf 2,525 DM bringen ihm einen Gewinn. Erst wenn der Dollarkurs unter 2,475 DM sinkt, erhält der Gläubiger einen entsprechend höheren Dollarbetrag, wird also gegen eine

Dollarentwertung um mehr als 1% geschützt. Steigt der Dollarkurs um mehr als 1% auf über 2,525 DM, so fließt dem Gläubiger ein entsprechend niedrigerer Dollarbetrag zu, so daß er aus diesem Kursrückgang keinen Nutzen zieht.

Statt einer *Bezugswährung* kann auch eine bestimmte Menge *Feingold* als Bezugsgröße verwendet werden, um den Vertragswährungsbetrag abzusichern. Bei Verwendung der Klausel vom Typ 1 könnte also z. B. vereinbart werden: »Der Kreditbetrag ist der Dollargegenwert von 88,317 kg Feingold.« Solange ein Grundpfeiler der internationalen Währungsordnung darin bestanden hatte, daß alle führenden Währungen in festen, nur verhältnismäßig selten durch Auf- oder Abwertungen sich ändernden Wertverhältnissen zum Gold standen, ließ sich durch die Verwendung von Goldklauseln für den Gläubiger eine Sicherungswirkung erzielen, die der von Währungsklauseln zumindest gleichwertig und — solange mit einer Erhöhung des sogenannten amtlichen Goldpreises gerechnet werden konnte — sogar überlegen war. Dies änderte sich jedoch, als die noch bestehenden rechnerischen Wertrelationen zwischen den Währungen und dem Gold immer mehr zu fiktiven Größen wurden. Der Goldpreis wird heute nicht mehr durch die Zentralbanken reguliert und orientiert sich auch unabhängig davon nicht mehr an den für die führenden Währungen festgesetzten Goldrelationen, sondern wird vom freien Spiel der Kräfte an den Goldmärkten bestimmt. Die mit der freien Goldpreisbildung bisher gesammelten Erfahrungen lehren, daß der Preis beträchtlichen und kaum vorhersehbaren Schwankungen unterliegen kann. Dadurch wird die Eignung des Goldes als Bezugsgröße insbesondere dann erheblich beeinträchtigt, wenn Kreditbeziehungen mit verhältnismäßig kurzen Laufzeiten gesichert werden sollen. Erwägenswert sind Goldklauseln allenfalls bei Krediten mit sehr langen Laufzeiten, sofern der Gläubiger erwartet, daß der Goldpreis während dieser langen Periode auf jeden Fall steigen wird.

2.1.4.2 Multiple Klauseln

Durch Bindung der Vertragswährung an mehrere Bezugswährungen wird eine *Streuung* des Valutarisikos auf diese Mehrzahl von Bezugswährungen erreicht.

Als Vertragswährung kann an sich auch hierbei eine »echte« Währung, die in einem Land gesetzliches Zahlungsmittel ist, vereinbart werden. Als zweckmäßiger hat es sich jedoch erwiesen, statt dessen eine *fiktive Quasi-Währungseinheit* zu benutzen, eine *Rechnungsgröße,* deren Wert durch Einheiten mehrerer echter Währungen – die dann die Bezugswährungen sind – definiert ist. Von diesem Prinzip ausgehend, werden zur Kurssicherung der Gläubiger internationaler *Anleihen* durch vertragliche Vereinbarung geschaffene Rechnungsgrößen mit im einzelner unterschiedlicher Konstruktion als Vertragswährungen verwendet. Sie sind im Prinzip nicht nur für Anleihen, sondern auch für andere internationale Kreditbeziehungen vornehmlich mit langen Laufzeiten verwendbar.

Als derartige Rechengrößen kommen insbesondere die ECU und die Sonderziehungsrechte (SZR) des IWF in Betracht, nachdem sich die European Unit of Account (EUA), die European Monetary Unit (EMU) und die European Composite Unit (EURCO) nur als eingeschränkt anwendbar erwiesen haben (siehe dazu auch Wielens und Humbert).

Die Werteinheit der *SZR* stellt eine *kombinierte Währungsklausel,* bestehend aus *fünf* unterschiedlich gewichteten Währungsbeträgen dar (siehe Zehetner 1986, 50 ff.). Seit 1. 1. 1986 betragen die *Wertanteile* des $ 42%, der DM 19%, des Yen 15%, des FFR 12% und des £ 12%. Die »Mechanik« der SZR besteht darin, daß jede Kursverbesserung einer Währung deren Wertanteil zu Lasten der anderen Währungen, die in den SZR enthalten sind, erhöht und umgekehrt jede Kursverschlechterung einer Währung eine Verbesserung der anderen Währungen bedeutet. Die *fixen Beträge* der einzelnen Währungen (unter Berücksichtigung der durchschnittlichen Devisenkurse der Klauselwährungen im Zeitraum Oktober/Dezember 1985) stellen die Wertidentität der SZR sicher (für $ 0,45, DM 0,54, Yen 33, FFR 1,03 und £ 0,09).

Konstruktionsmerkmale und Wirkung der *ECU* als Währungsklausel sind bereits unter 1.3.2.3.2 eingehend dargelegt worden. Die ECU findet zunehmend Verwendung nicht nur bei Anleihen von internationalen Organisationen, sondern auch als Währungsklausel bei Schuldverschreibungen privater Emittenten – insbesondere mit Sitz in »Weichwährungsländern«, die durch Verwendung der ECU Kursausschläge zu ihren Lasten dämpfen (zur Problematik der privaten Verwendung von ECU siehe Bürger und Nydegger): ECU-Schulden sind vorteilhaft, solange die Zinsdifferenz der ECU gegenüber der lokalen (schwachen) Währung höher als die Nachteile einer möglichen Aufwertung der ECU eingeschätzt werden. Darüber hinaus fördern einzelne EG-Mitgliedstaaten aus politischen Gründen ECU-Transaktionen (z. B. Italien, Frankreich).

2.1.5 Währungsoptionsrechte

Ein Währungsoptionsrecht ist das vertraglich begründete Recht eines Gläubigers, vom Schuldner die Tilgung und/oder Verzinsung des Krediets außer in der Kreditwährung auch in einer bestimmten anderen Währung – oder in einer von mehreren anderen Währungen – zu verlangen.

Die Währungen, zwischen denen der Gläubiger wählen kann (einschließlich der Kreditwährung) sind die *Optionswährungen*. Für sie werden Umrechnungskurse vertraglich festgelegt. Gewöhnlich werden dafür die Devisenkurse, die für diese Währungen im Zeitpunkt des Vertragsabschlusses gelten, verwendet. Damit der Schuldner den zeitlichen Spielraum erlangt, den er für die Vorbereitung seiner Zahlung benötigt, kann vereinbart werden, daß der Gläubiger das Optionsrecht bis zu einem bestimmten Zeitpunkt – oder innerhalb eines bestimmten Zeitraums – vor dem Fälligkeitstermin ausüben muß.

Die Kurssicherungswirkung einer solchen Vereinbarung beruht darauf, daß der Gläubiger – falls die Devisenkurse der Optionswährungen sich bis zur Fälligkeit der Tilgungs- und/oder Zinszahlung ändern – die Möglichkeit erlangt, die Zahlung in derjenigen Optionswährung zu fordern, die sich relativ zu den anderen am wenigsten abgeschwächt bzw. am stärksten befestigt hat.

Das Hauptanwendungsgebiet der Währungsoptionsrechte sind *internationale Anleihen*. Grundsätzlich kommen sie aber auch für andere Arten von Kreditbeziehungen in Betracht, so für langfristige Lieferanten- und Finanzkredite.

Ein *Beispiel* soll den Sicherungseffekt der Optionsrechte verdeutlichen. Angenommen, ein Kredit von 100 000,– US-$ soll durch eine Währungsoptionsklausel gesichert werden, wobei US-Dollar, DM und französischer Franc als Optionswährungen verwendet werden. Im Zeitpunkt des Vertragsabschlusses mögen am Devisenmarkt für diese Währungen Kurse von 100,– $ = 250,– DM = 500,– FF gelten. Ausgehend von diesen Devisenkursen wird vereinbart, daß der Gläubiger die Rückzahlung des Kredits wahlweise in Form von 100 000,– $ oder von 250 000,– DM oder von 500 000,– FF verlangen kann. Wenn der Dollar sich bis zum Fälligkeitstermin um 10% und die DM um 5% entwertet hat, beim französischen Franc dagegen keine Änderung eingetreten ist, so gelten Devisenkurse von 100,– $ = 236,84 DM = 450,– FF. Der Gläubiger wird dann die Rückzahlung in französischen Franc verlangen, also 500 000,– FF fordern. Er erleidet dann durch die Entwertung des Dollars und der DM keinen Verlust. Selbst wenn der Gläubiger ein Amerikaner oder Deutscher ist, wird er in dieser Weise verfahren. Denn er kann die 500 000, – FF am Devisenmarkt veräußern und erhält 111 111,11 $ oder 263 157,89 DM, also mehr, als wenn er vom Schuldner die Zahlung in einer dieser Währungen verlangen würde.

Wie groß der Schutz ist, den Währungsoptionsrechte gegen Kursverluste gewähren, hängt von der Art und von der Anzahl der Optionswährungen ab. Im Interesse des Gläubigers liegt es, Wahlmöglichkeiten bevorzugt in solchen Währungen zu vereinbaren, für die bis zur Fälligkeit der Forderung steigende oder zumindest nur wenig sinkende Kurse gegenüber seiner Landeswährung zu erwarten sind. Die Wahrscheinlichkeit, daß sich unter den Optionsvaluten wenigstens eine »gute« Währung findet, ist um so größer, je mehr Optionswährungen vereinbart werden. Eine möglichst große Anzahl von Optionswährungen ist für eine ausreichende Sicherungswirkung insbesondere bei langen Kreditlaufzeiten unerläßlich, weil auf diese Weise dem Umstand Rechnung getragen werden kann, daß die Kursentwicklung der Währungen auf lange Sicht mit besonders großer Unsicherheit behaftet ist.

Von besonderer Wichtigkeit ist es aus der Sicht des Gläubigers, daß seine eigene Landeswährung zu den Optionswährungen gehört, da andernfalls Kursverluste nicht mit Sicherheit verhindert werden; denn der Gläubiger erleidet trotz des Optionsrechts einen Kursverlust, wenn seine Landeswährung nicht zu den Optionswährungen gehört und ihr Kurs gegenüber *allen* Optionswährungen steigt.

Ein Nachteil der Währungsoptionsrechte besteht für Gläubiger darin, daß sie nur mit Zustimmung des Schuldners zustandekommen können. Da dessen Kurssicherungsinteresse dem des Gläubigers entgegengesetzt ist, wird er dazu neigen, seine Zustimmung entweder ganz zu verweigern oder Optionswährungen mit voraussichtlich rückläufigen Kursen zu bevorzugen.

Doppelwährungsanleihen als spezielle Art von internationalen Anleihen mit Währungsoption räumen sowohl dem Obligationär als auch dem Schuldner (Emittenten) *Optionsrechte* ein: Beispielsweise wird eine Anleihe einer amerikanischen Unternehmung (mit Stückelung in Beträgen von 3400 $) zu einem Emissionspreis von 5000 SFR und Zinszahlung in SFR (berechnet auf den Emissionspreis in SFR je Obligation) begeben. Die Laufzeit betrage 10 Jahre. Die *Rückzahlung* erfolgt *entweder* am Ende der Laufzeit zu dem Wert von 3400 $ je Obligation, *oder* zu einem früheren Zeitpunkt (3 Jahre vor Endfälligkeit), die der Obligationär zu (dem niedrigeren Kurs) 2920 $ fordern kann *(Put Option)* oder zu der

der Schuldner zum selben Termin zu 2920 $ berechtigt ist *(Call Option)*. Bei entsprechender Kursentwicklung SFR/$ werden entweder Obligationär oder Schuldner von der vorzeitigen Rückzahlungsmöglichkeit Gebrauch machen oder die Endfälligkeit abwarten. Für den schweizerischen Obligationär ist auf jeden Fall die Zinszahlung kursgesichert. Die Kalkulation der amerikanischen Unternehmung kann zumindest für den Rückzahlungsbetrag von einer festen Basis ausgehen und insofern ihr Valutarisiko zum Großteil neutralisieren.

2.1.6 Leading und Lagging

Exporteure und Importeure können sich in Erwartung von für sie jeweils ungünstigen Entwicklungen der Währungsrisiken auch dadurch schützen, daß sie den Umtausch der Valuta in Inlandswährung und umgekehrt entweder *beschleunigen (leading)* oder *verzögern (lagging)*. Dieses Maßnahmenbündel steht darüber hinaus multinationalen Unternehmungen im Rahmen des konzerninternen Leistungsaustausches zur Verfügung (siehe dazu auch McRae/Walker, 107f.).

Importeure werden bei prognostizierten *Kurssteigerungen* versuchen, möglichst schnell die Zahlungen zu leisten und damit Vorteile gegenüber einer späteren Zahlung zu einem ungünstigeren Austauschverhältnis der Währungen zu erzielen. Erwartet der Importeur dagegen ein *Sinken* der Devisenkassakurse (bei offener Valutaposition), so gehen seine Bestrebungen dahin, möglichst eine Verzögerung der Valutazahlungen zu erreichen, ggf. das Zahlungsziel zu übertreffen und damit die ausländische Währung günstiger einkaufen zu können.

In ähnlicher Weise – allerdings mit umgekehrtem Vorzeichen – verfährt der *Exporteur,* der eine *Kursverschlechterung* erwartet. In diesem Falle muß er versuchen, den Kontrahenten durch Anreize (z. B. Rabatte, Skonti) zu Zahlungen vor Ablauf der Zahlungsfrist zu bewegen. Allerdings sind die Möglichkeiten beschränkt und der Erfolg der Bemühungen ist ungewiß. Erwartet dagegen der Exporteur *Kurssteigerungen,* kann er sich Zugeständnisse der zuvor angesprochenen Art ersparen und ggf. die Valuta nach Zahlungseingang für eine gewisse Zeit im Ausland anlegen. Die Möglichkeiten des Exporteurs zu leading und lagging erweisen sich gegenüber der Situation des Importeurs jedoch als eingeschränkt anwendbar.

Unabhängig davon, ob Exporteure oder Importeure leading bzw. lagging anstreben, sind bei der Beurteilung dieser Maßnahmen nicht nur die Kursdifferenzen zu berücksichtigen, sondern auch die jeweiligen Zinssätze für Anlagen oder Kreditinanspruchnahmen, die entweder eine Verteuerung oder Verbilligung bei Variation der Zahlungsziele bzw. Zahlungserfüllung bewirken. Die Ermittlung der Vorteilhaftigkeit kann mit den unter 1.5.2.1.3. d) und e) dargelegten Methoden erfolgen.

Die Nutzung von leading und lagging in MNU, die durch die Spitzeneinheit koordiniert werden, dienen in der Regel der Erfolgsverlagerung (»Gewinnverschiebung«), da im Konzernverbund immer eine Grundeinheit einen Gewinn und eine (oder mehrere andere) einen Verlust erleiden. Die Zielrichtung wird somit darin bestehen, durch leading und lagging die Steuerbelastung für die MNU als Ganzes zu minimieren, indem Verluste bzw. Gewinnminderungen in dem höher besteuerten Land anfallen und Gewinne in den niedriger besteuerten Ländern deklariert werden.

2.1.7 Anzahlungen

Werden im Rahmen von Außenhandelsgeschäften Anzahlungen (Vorauszahlungen; siehe auch Raith, 25 f.) *vereinbart,* läßt sich in begrenztem Umfang ein leading oder lagging (siehe 2.1.6) je nach Interessenlage der Unternehmung in Abhängigkeit von der erwarteten Devisenkursentwicklung durchführen. Anzahlungen sind insbesondere im Anlagenbau, in der Auftragsfertigung von Spezialmaschinen und im internationalen Großanlagengeschäft üblich. Die Vorauszahlungen auf den endgültigen Kaufpreis werden häufig nach Fertigstellungsfortschritt (= definierte Bauphasen und deren jeweiliger Abschluß) oder an vertraglich festgelegten Terminen fällig. Dabei kommen sowohl für den Importeur als auch für den Exporteur Verschiebungen der Valutazahlungen in Betracht.

Darüber hinaus bleibt es den Partnern von Außenhandelsgeschäften der oben erwähnten Art unbenommen, Vorauszahlungen *ohne vertragliche Verpflichtungen* zu leisten, wenn die Devisenkursentwicklung eine solche Verhaltensweise nahelegt. Der Kontrahent im Ausland wird in den seltensten Fällen derartige Valuta-Anzahlungen zurückweisen, zumal der Eingang dieser Beträge eine anderweitige Finanzierung entbehrlich machen und die Finanzierungskosten senken kann, es sei denn, die Finanzierung liegt langfristig fest und eine Umfinanzierung würde ausscheiden. Aber selbst in diesem Falle könnte eine alternative Finanzlage für den ausländischen Kontrahenten von Vorteil sein.

Ob die Leistung von freiwilligen Valuta-Anzahlungen für die (inländische) Unternehmung von Vorteil ist, hängt von den Möglichkeiten einer anderweitigen Anlage/Kreditaufnahme im Ausland in Valuta, den dabei erzielbaren oder zu zahlenden Zinsen und den Verhältnissen auf den Devisenmärkten ab. Die Vorteilhaftigkeitsrechnung, welche die Entscheidung für die Anzahlung oder eine alternative Anlage/Kreditaufnahme in Valuta unterstützt, erfolgt nach den in 1.5.2.1.3.d) und e) dargelegten Grundsätzen. Allerdings darf das Problem für den Importeur nicht unterschätzt oder übersehen werden, das darin besteht, daß zwar eine Anzahlung geleistet worden ist, gleichwohl keinerlei Sicherheit für die Leistungserbringung durch den ausländischen Kontrahenten besteht (siehe dazu auch Molter).

2.1.8 Interne Kurssicherung in MNU: Netting und Matching

Die internen Leistungsbeziehungen innerhalb eines multinationalen Konzerns erlauben einen vereinfachten Abrechnungsmodus und/oder Liquiditätsausgleich. Es werden jeweils nicht alle Lieferungen und Leistungen der Einheiten der MNU gesondert abgegolten, sondern jeweils nur der (täglich) anfallende Saldo (= *Netting*). Dadurch läßt sich einerseits eine kostengünstigere Abwicklung des internationalen Zahlungsverkehrs, andererseits auch ein Liquiditätsausgleich innerhalb des Konzerns erreichen. Zu unterscheiden ist zwischen dem *bilateralen* Netting, an dem zwei Einheiten der MNU beteiligt sind, als einfachstem Fall, und dem *multilateralen* bzw. *multinationalen* Netting, an dem mehr als zwei Einheiten der MNU (in mehr als zwei Ländern) teilnehmen. Aus praktischen Erwägungen kann bei weltweitem Unternehmensverbund ein *regionales* Netting stattfinden, das eine von der Spitzeneinheit damit beauftragte Grundeinheit oder eine Zwischeneinheit als regionale Führungsinstanz koordiniert (zur MNU siehe Eilenberger 1980; zum Netting McRae/Walker, 102 ff. und Eilenberger 1985, 126; 104 f.).

Der Vorteil des Netting in Form des *Cash-Managements (Konzern-Clearings)* besteht darüber hinaus darin, daß durch den internen Liquiditätsausgleich die Einschaltung von Banken entbehrlich und eine Verringerung der Finanzierungskosten realisiert wird. Probleme bestehen allerdings in der Festsetzung eines adäquaten

Verrechnungszinssatzes und ggf. interner Devisenkurse; in diesem Zusammenhang ergibt sich die Möglichkeit zu Erfolgsverlagerungen (siehe auch 2.1.6). Das Management der Valuta-Zahlungsströme erfolgt zweckmäßigerweise mit Hilfe einer *Netting-Matrix* (siehe dazu Mc Rae/Walker, 103; Pausenberger/Völker, 60 f.), die Auskunft über das Netting-Potential und die mögliche Ersparnis durch die Beschränkung des Zahlungsausgleichs auf die Valuta-Salden der beteiligten Grundeinheiten gibt (Abbildung 27).

Zahlende Einheit (Mio$) / Empfangende Einheit (Mio$)	Deutsche GE	Englische GE	Amerikanische GE	Französische GE	Gesamterhalt an Zahlungen	Nettoerhalt an Zahlungen	Eliminierter Zahlungserhalt
Deutsche GE	X	10	8	0	18	0	18
Englische GE	10	X	5	8	23	2	21
Amerikanische GE	20	5	X	3	28	10	18
Französische GE	8	6	5	X	19	8	11
Gesamtzahlungen	38	21	18	11	88	X	X
Nettozahlungen	20	0	0	0	X	20	X
Ersparte (eliminierte) Zahlungen	18	21	18	11	X	X	68

Netting-Potential: Brutto-Zahlungsstrom 88 Mio. $
Netto-Zahlungsstrom 20 Mio. $

Eliminierte
(= ersparte) Zahlungen 68 Mio. $

Abbildung 27: Netting-Matrix im Rahmen multinationalen Konzern-Clearings

Anstatt eines Brutto-Zahlungsstromes von insgesamt 88 Mio. $ sind nur 20 Mio. $ netto auszugleichen, so daß die Bewegung von Zahlungen in Höhe von zusammen 68 Mio. $ überflüssig ist und daher eingespart werden kann. Für Exporteure und Importeure, die nicht einem multinationalen Unternehmensverbund angehören, eignet sich das Netting nicht.

In Analogie zum Netting steht die Möglichkeit des *Matching* auch Exporteuren und Importeuren offen und bedeutet die Anwendung des Netting-Prinzips auf »dritte« Unternehmungen, die also nicht dem Konzernverbund einer MNU angehören (= »netting out of group«; McRae/Walker, 105). Der Abrechnungsverkehr kann somit auf konzernexterne Importeure und Exporteure, die mit der MNU durch regelmäßigen Leistungsaustausch verbunden sind, erstreckt werden. Allerdings ergibt sich dabei das Problem, daß die aus der Sicht der MNU »dritte Partei« ihre Zahlungsströme nicht in derselben Präzision abzustimmen in der Lage sein kann und die Erfüllung der mit der Teilnahme am Matching verbundenen Verpflichtung gegenüber der »dritten« Unternehmung nicht ohne weiteres durchzusetzen ist.

Darüber hinaus kann unter *Matching* das Management der Valuta-Tagesposition in der Weise verstanden werden, daß Unternehmungen mit sowohl Export- als auch Importumsätzen in Valuta (»a company matches its currency inflows with its currency outflows with respect to amount and – to an approximate degree – timing.« McRae/Walker, 105) so gestalten, daß nur der net exposure kurszusichern ist (natural matching).

Für *MNU* bedeutet Matching in Verfolgung dieses Grundgedankens die bewußte Bildung von *Währungsgegenpositionen* innerhalb des Konzernverbundes in der Weise, daß durch Kursänderungen hervorgerufene Verluste bei der einen Grundeinheit zu Gewinnen bei der anderen Grundeinheit führen und somit der multinationale Konzern als Ganzes immun gegenüber Kursrisiken, aber auch Kurschancen wäre.

2.2 Externe Kurssicherung

Möglichkeiten externer Kurssicherung bestehen in der Sicherung über Devisenmärkte, Finanzmärkte, spezielle Terminbörsen und mittels sonstiger Sicherungsgeschäfte. Dementsprechend ergeben sich jeweils unterschiedliche Sicherungsinstrumente, die insgesamt als *kompensierende* Sicherungsinstrumente bezeichnet werden können, da sie zu den mit Valutarisiken behafteten Aktiva und Passiva bzw. Einnahmen und Ausgaben *konträre,* Valutarisiken kompensierende Positionen, also *Gegenpositionen,* schaffen. Im Gegensatz zu den neutralisierenden, der internen und individuellen Kurssicherung dienenden Instrumente, erlauben die kompensierenden Instrumente generell sowohl individuelle als auch globale Kurssicherung.

2.2.1 Kurssicherung über Devisenmärkte

2.2.1.1 Devisenkassageschäfte

Das Kursrisiko, mit dem *Währungspassiva* behaftet sind, läßt sich kompensieren, indem ein entsprechender Devisenbetrag in der betreffenden Währung per Kassa *gekauft* und solange gehalten wird, bis der Sicherungszweck erfüllt ist. Soll zum Beispiel ein aufgenommener Kredit von 100 000, − $, der in einem Monat fällig ist, in dieser Weise gesichert werden, so können 100 000, − $ per Kassa gekauft, für die Dauer von einem Monat auf einem Bankkonto gehalten und sodann zur Rückzahlung des Kredits verwendet werden.

Bei der Beurteilung dieser Sicherungsmöglichkeit sind *Liquiditäts-* und *Rentabilitätsgesichtspunkte* zu berücksichtigen. Der Liquiditätsaspekt besteht darin, daß durch den Erwerb und das Halten von Devisenguthaben Finanzmittel gebunden werden. Diese Finanzmittelbindung erbringt als Nutzen den Kurssicherungseffekt sowie die für das Devisenguthaben erzielbare Verzinsung (siehe 1.5.2.1.3).

Um entscheiden zu können, ob dieser Weg der Kurssicherung vorteilhafter ist als andere, müssen daher Kurssicherungseffekt und Zinsertrag mit dem − effektiven oder kalkulatorischen − Zinsaufwand, der durch die Beschaffung der zu bindenden Finanzmittel entsteht, verglichen werden. Ist der Zinsaufwand kleiner als die Summe der beiden anderen Größen, so ist der Kauf von Kassadevisen vorteilhaft. Gewisse Schwierigkeiten bereitet dabei die Quantifizierung des Kurssicherungseffekts. Dieses Problem läßt sich aber lösen, indem der Kurssicherungseffekt zu denjenigen Kosten angesetzt wird, die bei Verwendung des nächstgünstigen alternativen Kurssicherungsinstruments entstehen würden.

In den meisten Fällen dürfte sich ergeben, daß Kurssicherungseffekte und Zinsertrag nicht groß genug sind, um den Zinsaufwand zu übersteigen. Berücksichtigt man überdies, daß durch die Beschaffung der benötigten Finanzmittel der Fremdfinanzierungsspielraum, der für die Deckung anderer Finanzierungsbedürfnisse zur Verfügung steht, eingeschränkt wird, so ergibt sich, daß der Kassakauf von Devisen nur in Ausnahmesituationen als ein taugliches Mittel der Kurssicherung anzusehen ist.

Eine solche Ausnahmesituation kann darin bestehen, daß andere Sicherungsinstrumente nicht anwendbar sind (weil z. B. der Devisenterminmarkt vorübergehend nicht funktionsfähig ist) oder daß ihr Einsatz ungewöhnlich hohe Kosten verursachen würde. Der Kassakauf von Devisen kann auch dann vorteilhaft sein, wenn die Zinssätze in dem betreffenden fremden Land wesentlich höher sind als im Inland, so daß ein Zinsertrag erzielbar ist, zu dem die Kurssicherungswirkung noch hinzutritt. Sind die Vorteilhaftigkeitsbedingungen erfüllt, so eignet sich dieses Instrument sowohl für die individuelle Kurssicherung von Währungspassiva als auch für den Gesamtausgleich passiver Währungspositionen. Dagegen kommt es für den Schutz individueller Währungsaktiva und den globalen Ausgleich aktiver Währungspositionen nicht in Betracht.

2.2.1.2 Devisentermingeschäfte

Devisentermingeschäfte sind aus mehreren Gründen ein besonders vorteilhaftes Mittel der Kurssicherung. So ist die Nutzung dieses Instruments nicht an die formalen und materiellen Voraussetzungen gebunden, die den Einsatz anderer Kurssicherungsmittel häufig einschränken oder unmöglich machen. Sofern die Devisenterminmärkte funktionsfähig sind und kein Anlaß zu Zweifeln an der Solvenz des abschlußwilligen Unternehmens oder Privatmannes besteht, sind Devisentermingeschäfte in konvertierbaren Währungen stets möglich. Die Funktionsfähigkeit des Devisenterminmarktes war in den vergangenen Jahrzehnten fast immer gegeben; lediglich in Zeiten besonders starker Währungsunruhe erwies der Markt sich insgesamt oder für einzelne Währungen gelegentlich für einige Tage als nur begrenzt arbeitsfähig.

Ein weiterer Vorzug besteht darin, daß Termingeschäfte sich sowohl zur globalen als auch zur individuellen Kurssicherung eignen, wobei sie im letzteren Fall für den Schutz fast aller Währungsaktiva und -passiva in Betracht kommen (siehe Tabelle 19). Sie sind daher ein besonders vielseitig verwendbares Kurssicherungsmittel. Diese Vielseitigkeit gilt auch in zeitlicher Hinsicht: Devisentermingeschäfte lassen sich mit zahlreichen Laufzeiten abschließen und sind daher ein geeigneteres Mittel zur Regulierung der Tagespositionen als fast alle anderen Sicherungsinstrumente; nur der Einsatz von Devisen-Optionen und die Gewährung und Aufnahme von Währungskrediten sind in dieser Hinsicht zumindest gleichwertig. Die Grundsachverhalte wurden eingehend unter 1.3.2.1.2 und 1.5.2.1.3.a) und b) dargelegt.

Als Kontrahenten für Termingeschäfte stehen die Banken des In- und Auslandes zur Verfügung. Soweit sie das Devisengeschäft nicht selbst betreiben, sind sie in der Lage, das Zustandekommen von Abschlüssen zu vermitteln.

Termingeschäfte mit Fälligkeiten, die von den Standardlaufzeiten abweichen – z. B. 24, 42 oder 83 Tage – werden von den Kreditinstituten im allgemeinen ebenfalls kontrahiert, doch kann damit nicht in allen Fällen gerechnet werden. Die Konzentration der Terminabschlüsse auf die Standardtermine erklärt sich dadurch, daß diese Laufzeiten bei der Einräumung von Zahlungszielen im internationalen Handel sowie als Laufzeiten internationaler Geld- und Kreditgeschäfte bevorzugt werden, so daß am Devisenterminmarkt eine besonders große Zahl von Anbietern und Nachfragern auftritt, die zur Kurssicherung Devisentermingeschäfte mit diesen Laufzeiten abzuschließen wünschen.

Devisentermingeschäfte treten in zwei Varianten auf, als *Outrightgeschäfte* und als *Swapgeschäfte*. Diese beiden Arten von Termingeschäften kommen für unterschiedliche Kurssicherungszwecke in Betracht.

2.2.1.2.1 Outright-Termingeschäfte

Ein *Outrightgeschäft (Solo-Termingeschäft)* besteht darin, daß ein Devisenbetrag zu einem bestimmten Erfüllungstag entweder nur gekauft oder nur verkauft wird.

Outrightgeschäfte (im folgenden kurz Termingeschäfte genannt) kommen vor allem für die Sicherung von Währungsforderungen und -verbindlichkeiten aus Waren- und Dienstleistungsgeschäften in Betracht, ferner zum Schutz von Devisenguthaben, Sortenbeständen, Währungswechseln und über fremde Währung lautenden Wertpapieren mit kurzen und mittleren Laufzeiten.

Ein Exporteur erleidet einen Verlust an einer Exportforderung, wenn der Fremdwährungsbetrag nach seinem Eingang zu einem niedrigeren Kurs gegen DM verkauft werden muß, als der Exporteur der Kalkulation seines Angebotspreises zugrunde gelegt hatte. Dieses Risiko läßt sich vermeiden, wenn der Exporteur den Fremdwährungsbetrag nicht erst nach seinem späteren Eingang per Kassa verkauft, sondern ihn schon zu einem möglichst frühen Zeitpunkt per Termin veräußert, und zwar per demjenigen Zeitpunkt, an dem die Devisenzahlung des ausländischen Abnehmers eingehen wird. Die Devisenlieferungsverpflichtung, die der Exporteur durch den Terminverkauf übernimmt, kann er zu gegebener Zeit aus der ihm dann zufließenden Devisenzahlung des ausländischen Importeurs erfüllen.

Umgekehrt verhält sich ein *Importeur,* der durch den Einkauf von Waren im Ausland eine Währungsverbindlichkeit begründet hat. Er erwirbt den für die Erfüllung dieser Zahlungsverpflichtung benötigten Devisenbetrag nicht erst kurz vor Fälligkeit der Zahlung per Kassa, sondern kauft ihn von seiner Bank schon früher per Termin, und zwar entweder unmittelbar nach Abschluß des Kaufvertrages oder spätestens nach Eingang der Rechnung des ausländischen Lieferanten. Am *Erfüllungstag* dieses Termingeschäfts erhält er von der Bank den erworbenen Devisenbetrag zum vorher vereinbarten Kurs und kann damit die Zahlung an den ausländischen Lieferanten leisten. Gleichzeitig stellt er der Bank den DM-Gegenwert der gekauften Devisensumme zur Verfügung.

Allerdings ist zu berücksichtigen, daß die Beseitigung der auf Exportforderungen und Importverbindlichkeiten lastenden Verlustgefahren mit Schwierigkeiten deshalb verbunden ist, weil weder die für die Kurssicherung relevanten Zeitpunkte noch die Höhe des Betrages stets eindeutig feststehen. Betrachtet man wiederum zunächst die Situation des *Exporteurs,* so ist davon auszugehen, daß die Abwicklung von Exportaufträgen industrieller Unternehmungen sich in mehreren *Phasen* vollzieht. Davon sind für den vorliegenden Zusammenhang von Bedeutung die *Vorkalkulation* (auf deren Grundlage der Angebotspreis ermittelt wird), der rechtsverbindliche *Abschluß des Liefervertrages* (durch den die Höhe des Kaufpreises und seine Fälligkeit festgelegt werden) sowie der tatsächliche *Eingang der Zahlung* des Abnehmers.

Für den Exporteur stellt sich zunächst die Frage nach dem *zweckmäßigsten Abschlußzeitpunkt* für den Terminverkauf des Devisenbetrages. Um die nachteiligen Folgen eines ungünstigen Devisenkursverlaufs vollständig abzuwehren, müßte der Betrag *unmittelbar vor der Angebotskalkulation* verkauft werden. Denn nur dann kann bei dieser Kalkulation von einem »sicheren« Kurs ausgegangen werden. Wird aber in dieser Weise verfahren und kommt der angestrebte Liefervertrag schließlich nicht zustande, hat der Exporteur durch den Terminverkauf eine Devisenverbindlichkeit begründet, der kein entsprechendes Währungsaktivum gegenübersteht, so daß eine Passivierung der Währungsposition eintritt. Um sie wieder auszugleichen, müßte der Devisenbetrag per Fälligkeit des seinerzeitigen Terminverkaufs durch ein konträres Termingeschäft zurückerworben werden, wodurch Kosten entstehen.

Als weiterer Abschlußzeitpunkt für den Terminverkauf kommt der *Tag des Vertragsabschlusses* mit dem ausländischen Abnehmer in Betracht. Die Ungewißheit über das Zustandekommen dieses

Vertrages ist dann zwar beseitigt. Dafür bleibt aber bei dieser Zeitpunktwahl das Kursrisiko für den Zeitraum zwischen der Erstellung der Angebotskalkulation und der vertraglichen Festlegung des Verkaufserlöses ungedeckt. Sinkt während dieses Zeitraums der Kurs der Fremdwährung, so wird die Spanne zwischen Kosten und Erlös geschmälert und kann bei sehr starken Kursrückgängen ganz aufgezehrt werden oder negative Werte annehmen. Als Lösungsmöglichkeit bieten sich Devisen-Optionen an (siehe 2.2.3.3). Schließlich kann der Terminverkauf im *Zeitpunkt der Fakturierung* vorgenommen werden. Bei dieser Lösung wird auch das Risiko eines Kursrückganges in der Zeit zwischen Vertragsabschluß und Fakturierung übernommen, es drohen also zusätzliche Verlustgefahren.

Ob der Exporteur den Terminverkauf schon vor der Angebotskalkulation oder erst zu einem der beiden späteren Zeitpunkte vornehmen sollte, hängt von seinen Erwartungen über den Kursverlauf der fremden Währung ab. Rechnet er für die Periode zwischen Erstellung der Angebotskalkulation und Vertragsabschluß bzw. Fakturierung mit einem erheblichen Kursrückgang, so ist der Verkauf zum frühesten der drei Zeitpunkte vorteilhaft; bei Nichtzustandekommen des Exportvertrages muß die Valutaposition durch ein konträres Termingeschäft oder durch andere Maßnahmen wieder ausgeglichen werden. Wird die Gefahr, daß es in dem fraglichen Zeitraum zu ungünstigen Kursveränderungen kommt, gering eingeschätzt, so ist der Terminverkauf unmittelbar nach Vertragsabschluß oder bei Fakturierung vorzuziehen. Letzteres gilt namentlich dann, wenn die Zeitspanne zwischen Vorkalkulation und Abwicklung des Auftrages voraussichtlich kurz sein wird.

Unsicherheit besteht aber nicht nur bezüglich des Zeitpunkts, an dem das Termingeschäft abzuschließen ist, sondern auch über seinen *Fälligkeitstermin* (Währungseventualrisiko), auf den es zur Regulierung der Tagespositionen entscheidend ankommt. Diese Unsicherheit resultiert aus der Ungewißheit über den Zeitpunkt des tatsächlichen Eingangs der Devisenzahlung des ausländischen Abnehmers. Wird das Termingeschäft vor der Angebotskalkulation kontrahiert, läßt sich dieser Zahlungstermin überhaupt noch nicht voraussehen, weil mit dem Abnehmer noch keine Zahlungsbedingungen vereinbart wurden. Wenn nach Abschluß des Vertrages kontrahiert wird, muß in der Regel davon ausgegangen werden, daß kein fester Zahlungstermin, sondern eine Zahlungsfrist vereinbart worden ist, innerhalb derer der Abnehmer die Zahlung zu einem ihm genehmen Zeitpunkt leisten kann. Selbst wenn ein fester Zahlungstermin vorgesehen wurde, ist nicht sichergestellt, daß die Zahlung zu diesem vereinbarten Zeitpunkt auch *tatsächlich* eingeht. (Für diesen Fall empfiehlt es sich, im Rahmen der kaufvertraglichen Vereinbarungen sicherzustellen, daß Währungsverluste, die durch verspätete Zahlung des Abnehmers entstehen, von ihm getragen werden müssen.)

Um das Entstehen offener Tagespositionen zu verhindern, ist es im übrigen unvermeidlich, Divergenzen zwischen den Erfüllungszeitpunkten abgeschlossener Terminverkäufe und den Zeitpunkten des tatsächlichen Deviseneingangs soweit als möglich zu beseitigen, indem − wenn die Zahlung bei Fälligkeit des Termingeschäfts noch nicht eingegangen ist − ein ergänzender Terminverkauf vorgenommen oder − falls die Zahlung vor Fälligkeit des Termingeschäfts erfolgte − ein korrigierender Terminkauf getätigt wird. Ob dies angesichts der dadurch entstehenden Kosten vertretbar ist, hängt von der Einschätzung der Verluste ab, die infolge offener Tagespositionen möglicherweise eintreten können.

Weitere Probleme resultieren daraus, daß dem Exporteur die *Höhe* der Devisenforderung häufig ebenfalls nicht genau bekannt ist und daher auch bezüglich des per Termin zu veräußernden Betrages ein Entscheidungsspielraum besteht. Besonders groß ist dieser Spielraum zur Zeit der Angebotskalkulation, weil dann die Vereinbarung mit dem Abnehmer über die zu liefernden Mengen und den Preis pro Mengeneinheit noch nicht getroffen wurde und der Gesamtkaufpreis daher auch nicht feststeht. Aber selbst nach dem Vertragsabschluß ist er nur innerhalb gewisser − allerdings relativ kleiner − Toleranzen überschaubar. Denn es bleibt dann offen, ob der Abnehmer die Zahlung unter Skontoausnutzung leistet, ferner ob er kaufpreismindernde Mängel an der gelieferten Ware geltend macht.

Die Tatsache, daß im Kalkulationszeitpunkt besonders große Unsicherheit nicht nur in zeitlicher Hinsicht, sondern auch über den zu sichernden Betrag besteht, wird in vielen Fällen dagegen sprechen, das Termingeschäft bereits zu diesem frühen Zeitpunkt zu tätigen. Es empfiehlt sich dann, dies erst nach Vertragsabschluß zu tun und das bis dahin bestehende Kursrisiko *kalkulatorisch* zu berücksichtigen.

Analoge Probleme zu der Kurssicherung von Exportforderungen ergeben sich bei der Absicherung von *Importverbindlichkeiten*. Auch hier stellt sich die Frage nach dem günstigsten *Abschlußzeitpunkt,* dem zu wählenden *Erfüllungstermin* und der Höhe des zu kontrahierenden *Betrages*.

Was den *Abschlußtermin* anbelangt, hat der Importeur die Wahl zwischen dem Zeitpunkt, an dem ihm das verbindliche Lieferangebot des ausländischen Geschäftspartners vorliegt und dem späteren Zeitpunkt des Vertragsabschlusses. Im ersten Zeitpunkt ist noch nicht bekannt, ob der Kaufvertrag zustande kommt, welchen Kaufpreis er gegebenenfalls vorsieht und welche Zahlungsbedingungen vereinbart werden. Der Importeur geht also bei frühem Abschluß des Terminkaufs das Risiko ein, daß seine Währungsposition sich aktiviert, weil der − durch den Terminkauf begründeten − Devisenabnahmeverpflichtung gegenüber der Hausbank eine Devisenzahlungsverpflichtung gegenüber dem ausländischen Lieferanten nicht oder nicht in gleicher Höhe oder nicht mit der gleichen Fälligkeit gegenübersteht. Für die Lösungsmöglichkeiten, die dem Importeur geboten sind, gilt das für den Exporteur Dargelegte entsprechend.

In einer günstigeren Situation als der Exporteur befindet sich der Importeur ab dem Zeitpunkt des Vertragsabschlusses. Da er selbst der Zahlungsverpflichtete ist, vermag er − im Rahmen der getroffenen Vereinbarungen − den Zahlungszeitpunkt zu bestimmen und autonom darüber zu entscheiden, ob er ein ihm eingeräumtes Zahlungsziel ausnutzt oder unter Abzug des vereinbarten Skontos zahlt; Unsicherheit über die Höhe des geschuldeten und per Termin zu kaufenden Devisenbetrages kann sich hieraus also ebenfalls nicht ergeben. Was verbleibt, ist die Möglichkeit, daß der Importeur kaufpreismindernde Mängel an der gelieferten Ware feststellt.

Die Schwierigkeiten, denen der Exporteur bei der Kurssicherung von Devisenforderungen begegnet, treten in eher noch schärferer Form bei *anderen Währungsaktiva* auf, wenn der bei ihrer Realisierung erzielbare Devisenerlös und/oder der Realisierungszeitpunkt im vorhinein nicht bekannt sind. Beides ist vor allem bei ausländischen *Aktien* der Fall, da der Eigentümer den Kurs, zu dem er diese Papiere zu gegebener Zeit veräußern kann, nicht kennt und sich gewöhnlich auch keinen festen Veräußerungszeitpunkt setzt, ihn häufig vielmehr von der Kurshöhe abhängig macht. Ähnliches gilt aber auch für andere Währungsaktiva, die unbefristet gehalten werden sollen, wie *Auslandsbeteiligungen* und im Ausland belegene *Immobilien*.

Für Währungsaktiva der genannten Arten kommen Devisentermingeschäfte als Kurssicherungsinstrument wegen der Betrags- und Terminproblematik nur mit Einschränkungen in Betracht. Devisenbeträge können in solchen Fällen nur in der ungefähren Höhe der im Falle der Veräußerung zu erwartenden Devisenerlöse verkauft werden, so daß das Valutarisiko unter Umständen nicht vollständig eliminiert wird. Dabei ist es angebracht, den per Termin zu verkaufenden Devisenbetrag reichlich zu bemessen, wenn ein ins Gewicht fallender Kursrückgang der betreffenden Währung mit großer Wahrscheinlichkeit erwartet wird. Dagegen sollte sich der zu kontrahierende Devisenbetrag an der unteren Grenze des für das betreffende Objekt zu erwartenden Veräußerungserlöses bewegen, wenn mit der Möglichkeit eines Kursanstiegs gerechnet wird.

Die Unsicherheit, die bei den erwähnten Währungsaktiva über die »richtige« Laufzeit des Termingeschäfts besteht, läßt sich hilfsweise berücksichtigen, indem ein Devisenbetrag zunächst per demjenigen Termin veräußert wird, der als wahrscheinlichster Zeitpunkt für die Realisierung des Aktivums anzusehen ist. Erfolgt die Realisierung dann doch zu einem früheren Zeitpunkt, muß die Position durch einen Terminkauf, der die Zeitdifferenz überbrückt, ausgeglichen werden (siehe auch 3.2.6). Wenn dagegen bei Fälligkeit des Terminverkaufs das Aktivum noch weitergehalten werden soll, ist der ursprüngliche Terminverkauf durch einen Anschlußverkauf zu ergänzen. Dieser Anschlußverkauf – per dem nunmehr wahrscheinlichsten Liquidierungszeitpunkt – muß spätestens bei Fälligkeit des ersten Termingeschäfts getätigt werden, wenn nicht das betreffende Aktivum für eine Zwischenperiode ungesichert bleiben soll. Doch ist es auch möglich, das Anschlußgeschäft bereits während der Laufzeit des ersten Termingeschäfts abzuschließen. Diese letztere Möglichkeit ist insbesondere dann vorteilhaft, wenn der Abschluß zu einem günstigen, also relativ hohen Kurs erfolgen kann und nicht anzunehmen ist, daß dieser oder ein noch günstigerer Kurs auch bei späterem Abschluß erzielbar sein wird. Das Verfahren, Währungsaktiva, die für lange Zeiträume gehalten werden, durch eine Folge von Termingeschäften mit kürzeren Laufzeiten zu sichern, kann auch dann angewendet werden, wenn von vornherein die Absicht besteht, Währungsaktiva während sehr langer Zeiträume zu halten und Devisentermingeschäfte mit solchen Laufzeiten nicht realisierbar sind.

Dieses Vorgehen hat den wesentlichen Nachteil, daß eine vollständige Ausschaltung des Valutarisikos sich dadurch nicht erreichen läßt. Denn es ist möglich, daß jeder dieser Terminverkäufe zu einem Kurs erfolgen muß, der niedriger ist als derjenige, zu dem das jeweils vorangegangene Termingeschäft kontrahiert worden war. Es entsteht dann ein Kursverlust in Höhe des Produkts aus dem kontrahierten Betrag und der Summe dieser Kursdifferenzen.

Daher ist es häufig vorteilhafter, Währungsaktiva, die für Mehrjahreszeiträume oder unbefristet gehalten werden sollen, statt durch Devisentermingeschäfte durch Aufnahme von *Wäh-*

rungskrediten oder *Financial Swaps* (2.2.2.5) zu sichern. Voraussetzung dafür ist allerdings, daß es möglich ist, solche Kredite mit den benötigten langen Laufzeiten und überdies möglichst mit einer über die gesamte Laufzeit gleichbleibenden Verzinsung zu erhalten. Diese Voraussetzungen fehlen in vielen Fällen. Gegeben sind sie zum Beispiel bei emissionsfähigen Großunternehmungen mit Auslandsaktivitäten. Sie haben die Möglichkeit, zur Absicherung ihrer Auslandsbeteiligungen und anderer im Ausland belegener Vermögenswerte über fremde Währung lautende Schuldverschreibungen zu begeben.

2.2.1.2.2 Devisen-Swapgeschäfte

Ein Devisen-Swapgeschäft besteht darin, daß ein Devisenbetrag mit einer bestimmten Fälligkeit gekauft und im gleichen Geschäftsabschluß mit einer früheren oder späteren Fälligkeit verkauft wird (siehe dazu 1.5.2.1.3. d) und e)).

Eine derartige Kombination zweier entgegengesetzter Devisengeschäfte mit unterschiedlichen Fälligkeiten führt dazu, daß für die vereinbarte Frist Beträge zweier Währungen unter den Kontrahenten *ausgetauscht* werden. *Allgemein* gilt für ein Swapgeschäft mit zwei Währungen w_1 und w_2 folgendes: Wenn w_1 gegenüber w_2 einen Deport hat, entsteht für denjenigen Kontrahenten, der w_1 zum früheren Termin kauft und zum späteren Termin verkauft, ein Aufwand; der andere Kontrahent, der w_1 zum späteren Termin kauft und zum früheren Termin verkauft, erzielt einen Ertrag. Wird w_1 gegenüber w_2 mit einem Report gehandelt, so verhält es sich umgekehrt.

Swapgeschäfte kommen zur Kurssicherung vor allem von *Finanzkrediten* in Betracht, also von Kreditbeziehungen, die mit einer Geldzahlung des Kreditgebers begründet und mit einer Rückzahlung des Kreditnehmers beendet werden.

Swapgeschäfte lassen sich nicht nur zur *Kurssicherung* von Finanzkrediten verwenden, sondern können als *Ersatz* für solche Kredite dienen. Diese Möglichkeit ergibt sich daraus, daß ein Swapgeschäft mit dem gleichen Grundmerkmal ausgestattet ist wie ein über fremde Währungseinheiten lautender Finanzkredit: In beiden Fällen handelt es sich um die befristete Überlassung von Geldmitteln. Ein sehr wichtiger Unterschied besteht allerdings darin, daß bei einem Kredit eine einseitige, bei einem Swapgeschäft dagegen eine *wechselseitige* Überlassung von Geldmitteln vorliegt; der eine Swappartner überläßt dem anderen für eine bestimmte Periode einen Geldbetrag in einer Währung, und gleichzeitig überläßt dieser ihm für denselben Zeitraum den Gegenwert in einer anderen Währung. Für jeden der beiden Beteiligten bleibt also der gesamte Geldmittelbestand unverändert, es ändert sich nur seine währungsmäßige Zusammensetzung für die vereinbarte Zeitdauer.

Daraus folgt, daß Swapgeschäfte als Ersatz für Kreditaufnahmen oder -gewährungen immer dann *nicht* in Betracht kommen, wenn eine Erhöhung oder Verminderung des *gesamten* Geldmittelbestandes angestrebt wird. Wohl aber stellt sich diese Alternative in den Fällen, in denen eine Änderung seiner währungsmäßigen Zusammensetzung gewünscht wird. Dies ist u. a. der Fall, wenn in einer fremden Währung Finanzanlagen vorgenommen werden sollen, weil sich dadurch höhere Renditen erzielen lassen als für vergleichbare Anlagen in der Inlandswährung. Bringt zum Beispiel Dreimonats-Festgeld in Dollars eine höhere Verzinsung als Dreimonats-Festgeld in DM, so besteht die Möglichkeit, im Wege eines Swapgeschäfts einen entsprechenden Dollarbetrag für 3 Monate zu beschaffen (durch Kauf von Dollars per Kassa und gleichzeitigen Verkauf per 3 Monate) und diese Dollars als Festgeld anzulegen. Ein Kursrisiko entsteht dabei nicht. Ob eine solche Transaktion im Einzelfall vorteilhaft ist, hängt einmal von der Höhe der für Dollar- und für DM-Anlagen geltenden Verzinsung und zum anderen davon ab, ob und in welcher Höhe das Swapgeschäft Kosten verursacht (zu den Kostenaspekten siehe 1.5.2.1.3. d) und e)).

2.2.1.2.3 Termingeschäfte als Instrument der globalen Kurssicherung

Bei den bisherigen Darlegungen stand der Einsatz von Devisentermingeschäften als Mittel der *individuellen* Kurssicherung im Vordergrund. Im folgenden wird ihre Verwendung als Mittel zur *globalen* Kurssicherung behandelt — ein Zweck, für den sie in der Form von Outright-Geschäften besonders gut geeignet sind, weil durch sie Währungsaktiva oder -passiva geschaffen werden können.

Soll eine aktive Währungseinzelposition zum Ausgleich gebracht werden, läßt sich die benötigte Devisenverbindlichkeit begründen, indem ein Betrag in Höhe des zu beseitigenden Aktivsaldos per Termin verkauft wird, wodurch eine Devisenzahlungsverpflichtung entsteht. Wenn der Passivsaldo einer Währungseinzelposition zu beseitigen ist, wird ein entsprechender Devisenbetrag gekauft und derart eine Devisenforderung erworben (siehe 1.5.2.1.3. c)).

Außer der Aufnahme und Hergabe von Währungskrediten, des Einsatzes von Währungs-Futures (2.2.3.1) und von Devisen-Optionen (2.2.3.3) sind Devisentermingeschäfte praktisch das einzige für die globale Kurssicherung zur Verfügung stehende Instrument. Verglichen mit Valuta-Kreditbeziehungen haben sie jedoch wesentliche Vorteile. So wird die *Aufnahme von Devisenkrediten* durch die Kreditwürdigkeit begrenzt, die der Kreditnehmende nach dem Urteil der in Betracht kommenden Kreditgeber genießt. Soweit es sich hierbei um ausländische Banken oder andere ausländische Kreditgeber handelt, stellen sie relativ strenge Anforderungen nicht nur an die Bonität des den Kurssicherungskredit begehrenden Inländers, sondern berücksichtigen bei der Bemessung der für sie vertretbaren Kredithöhe auch die Situation der betreffenden Währung. Daher kann nicht immer damit gerechnet werden, daß Devisenkredite in der benötigten Höhe stets zur Verfügung stehen. Für den Kontrahenten eines zur Kurssicherung gewünschten Terminverkaufs von Devisen ist das Risiko dagegen normalerweise geringer, so daß solche Abschlüsse gewöhnlich in wesentlich größerem Umfang getätigt werden können als es möglich wäre, Devisenkredite zu erlangen. Andererseits ist der Terminkauf von Devisen einer alternativ in Betracht kommenden *Kreditgewährung* in der betreffenden Währung insofern überlegen, als im letzteren Fall der Kurssichernde selbst ein größeres Risiko zu übernehmen hat.

Für den Fall des Kaufs von Termindevisen gilt entsprechendes. Hierbei entstehen, wenn der Kassakurs am Erfüllungstag niedriger ist als der dem Terminkauf zugrundeliegende Kurs, Kosten in Höhe der Differenz. Ist der spätere Kassakurs höher als der gegenwärtige Terminkurs, wurde durch den Terminkauf ein sonst eingetretener Kursverlust verhindert.

Weitere Kosten entstehen, wenn die Bank, mit der das Devisentermingeschäft getätigt wird, *Sicherheiten* fordert. Dies geschieht in der Regel deshalb, weil die Bank durch Abschluß des Termingeschäfts das Risiko übernimmt, daß der Kunde die von ihm im Erfüllungszeitpunkt zu leistende Zahlung nicht erbringt. Die Höhe der hierdurch bei der Kurssicherung entstehenden Aufwendungen richtet sich nach Art und Umfang der Besicherung. Fordert die Bank z. B. einen *Einschuß* in Höhe von 20% des kontrahierten Betrages, so entstehen entsprechende Zinskosten.

Der Einsatz von Währungs-Futures und Devisen-Optionen wird

dagegen durch die Standardisierung der Beträge und die Kosten der Inanspruchnahme dieser Intrumente beschränkt.

2.2.2 Kurssicherung über Finanzmärkte

Instrumente der Kurssicherung über Finanzmittelmärkte werden immer dann in Betracht gezogen werden, wenn Kurssicherungen über Devisenterminmärkte (oder spezielle Terminbörsen) nicht möglich oder nicht opportun sein sollten und andere Gesichtspunkte bzw. Entscheidungskriterien (siehe Beispiel unter 1.5.2.2) die Wahl einer Kurssicherung über diese Märkte nahelegen oder als einzige wirtschaftlich sinnvolle Alternative erscheinen lassen.

2.2.2.1 Währungskredite / Währungsanlagen

Durch die Gewährung eines Fremdwährungskredites (Valuta-Anlage) entsteht eine Devisenforderung und damit ein Währungsaktivum, während durch die Aufnahme eines solchen Kredites ein Währungspassivum gebildet wird. Derartige Kreditbeziehungen eignen sich für die individuelle Kurssicherung vieler Arten von Währungsaktiva und -passiva ebenso wie für die globale Kurssicherung (siehe Tabelle 19). Den Devisentermingeschäften ist dieses Instrument insbesondere dann überlegen, wenn die Kurssicherung für lange Laufzeiten, mit denen Termingeschäfte nicht abgeschlossen werden können, erfolgen soll.

Zwei *grundsätzliche Verhaltensmöglichkeiten* bieten sich an: *Erstens* können Währungskreditbeziehungen eigens und ausschließlich mit dem Ziel der Kurssicherung begründet werden. Dies ist nur zweckmäßig, wenn der Sicherungseffekt sich mit anderen Mitteln nicht oder nur zu höheren Kosten oder nicht mit der nötigen Schnelligkeit erreichen läßt.

Zweitens ist es möglich, Kreditbeziehungen, die auch ohne Kurssicherungsabsicht begründet würden, für die Kurssicherung nutzbar zu machen, indem sie durch entsprechende Abwandlungen in die für diesen Zweck jeweils erforderliche Form gebracht werden; ist diese Anpassung nicht möglich, so kommt die Kreditgewährung oder -aufnahme für die Kurssicherung nicht in Betracht. Vor allem ist es unerläßlich, daß die Kreditbeziehungen über die *Währung* lautet, die gesichert werden soll. Normalerweise bedeutet dies, daß ein Kredit, der andernfalls in Inlandswährung aufgenommen oder gewährt worden wäre, in der entsprechenden Auslandswährung zu begründen ist. Eine weitere Anpassung des Kreditverhältnisses an die Kurssicherungserfordernisse kann sich bezüglich des Aufnahme- und Rückzahlungstermins sowie der Laufzeit als notwendig erweisen.

Grundsätzlich sind alle Arten von Währungskrediten für die Kurssicherung geeignet, sofern sie über die passende Währung lauten und die Inanspruchnahme sowie die Rückzahlung zu den durch die Kurssicherungserfordernisse bestimmten Zeitpunkten erfolgen können. Für die praktische Anwendung kommen aber vorwiegend solche Kredite in Betracht, die nötigenfalls sehr schnell aufgenommen und gewährt werden können. Diese Anforderungen erfüllen im Bereich der *Kredithergabe* (Valuta-Anlage) auch Lieferanten- und gewährte Vorauszahlungskredite. Bei den ersten ist allerdings zu berücksichtigen, daß durch die Vereinbarung eines Zahlungsziels mit einem ausländischen Abnehmer die Laufzeit der Kreditgewährung nicht genau festgelegt wird, da es im Ermessen des Abnehmers steht, wann innerhalb der Zahlungsfrist er die Zahlung leistet.

Sieht man von Lieferanten- und Vorauszahlungskrediten ab (2.1.7), sind die Möglichkeiten, die Währungsposition durch Gewährung von Krediten zu regulieren, begrenzt. Finanzkredite kommen dafür im allgemeinen schon deshalb nicht in Betracht, weil für die Suche nach einem kreditbedürftigen und kreditwürdigen Partner sowie für die mit ihm zu führenden Verhandlungen, die Bestellung von Sicherheiten usw. meist mehr Zeit aufgewendet werden muß als zur Verfügung steht. Als Ausweichlösung bietet sich die Möglichkeit an, einem in- oder ausländischen Kreditinstitut *Festgeldeinlagen* zu überlassen. Diese Alternative hat den wichtigen Vorzug, daß sie sich schnell realisieren läßt und daß überdies der Überlassungs- und der Rückzahlungstermin genau bestimmt werden können.

Für die *Kreditaufnahmen* kommt zunächst ebenfalls der Lieferantenkredit in Betracht, also die Ausnutzung von Zahlungszielen, die Lieferanten eingeräumt haben; innerhalb der vereinbarten Zahlungsfrist bereitet die Terminierung der Zahlung an den Lieferanten keine Schwierigkeiten, weil sie von den eigenen Entscheidungen abhängt.

Sofern im Einzelfall die Voraussetzungen gegeben sind, können Kredite ferner in Form von Anzahlungen der Abnehmer aufgenommen werden. Schließlich kommen dafür auch Währungs-Kontokorrentkredite inländischer oder ausländischer Banken in Betracht. Um diese Möglichkeit elastisch nutzen zu können, ist es allerdings unerläßlich, in denjenigen Währungen, in denen ein Kurssicherungsbedürfnis auftreten könnte, stets ausreichend hohe Kontokorrentlinien zu halten.

Die Beurteilung der jeweiligen Alternative erfolgt nach den in Abschnitt 1.5.2.1.3. a) bis e) im einzelnen erörterten Grundsätzen.

2.2.2.2 Diskontierung von Währungswechseln

Durch die Diskontierung eines über fremde Währungseinheiten lautenden Akzepts oder Solawechsels eines ausländischen Importeurs kann der Exporteur den gewährten Lieferantenkredit *finanzieren* und, sofern der Wechsel zum Ankauf gegen DM eingereicht wird, zugleich *kurssichern.* Der Kurssicherungseffekt beruht darauf, daß der Devisenkurs, zu dem die Bank den Wechsel übernimmt, bei Diskontierung festgelegt wird; der DM-Gegenwert des Diskonterlöses bleibt daher von Devisenkursänderungen, die zwischen der Diskontierung und dem Verfall des Wechsels eintreten, unberührt. Wegen der Verknüpfung des Kurssicherungsvorgangs mit einer bestimmten Exportforderung ist die Diskontierung von Währungswechseln nur zur *individuellen* Kurssicherung geeignet.

Die Diskontierung setzt selbstverständlich voraus, daß eine *Diskontlinie* zur Verfügung steht. Als *Diskontsatz* wird bei Akzepten, die bei der Bundesbank rediskontfähig sind, im allgemeinen der Satz verwendet, zu dem die Bank rediskontfähige Inlandswechsel diskontiert. Nicht rediskontfähige Abschnitte diskontieren die Banken gewöhnlich zum für Kontokorrentkredite geltenden Sollzinssatz, der um den Swapsatz, mit dem die betreffende Währung am Devisenterminmarkt gehandelt wird, korrigiert ist.

Grundlage für die Bemessung des *Kurses,* zu dem die Banken den Diskonterlös übernehmen, sind Ankaufskurse für Auslandswechsel, die die Bundesbank börsentäglich unter Orientierung an den für die einzelnen Währungen jeweils geltenden Devisenterminkursen festsetzt. Der Ankaufkurs des Kreditinstituts ist gewöhnlich dieser Bundesbank-Ankaufskurs, vermindert um die bei Devisenkassageschäften übliche Spanne zwischen Mittel- und Geldkurs (wegen Einzelheiten siehe Klenke, 215 ff.).

Unternehmungen mit ausländischen Bankverbindungen können – sofern eine Diskontlinie besteht und die Wechsel den von der betreffenden Bank gestellten Anforderungen genügen – Währungsakzepte auch im Ausland diskontieren. Um die Kurssicherungswirkung zu erzielen, muß der Diskonterlös per Kassa gegen DM veräußert werden. Ob dieser Weg kostengünstiger ist als die

Diskontierung im Inland, hängt von den jeweiligen Zinsverhältnissen ab.

Allgemein ist zu den *Kostenaspekten* der Diskontierung von Währungswechseln festzustellen, daß die dabei entstehenden Diskontaufwendungen das Entgelt für die Kreditgewährung der Bank darstellen und daher nicht als Kurssicherungskosten angesehen werden können. (Währungswechsel allein zwecks Kurssicherung zu diskontieren, auch wenn ein Kreditbedarf nicht besteht, ist stets wesentlich kostenungünstiger als die Sicherung durch ein Termingeschäft.) Für die eigentlichen Kurssicherungskosten gilt das im gleichen Zusammenhang über Termingeschäfte Dargelegte entsprechend: Sie lassen sich nur im Nachhinein ermitteln und bestehen – bezogen auf eine Währungseinheit – in einer positiven Differenz zwischen dem Kurs, zu dem die Wechselsumme nach Verfall hätte per Kassa veräußert werden können, und dem Kurs, zu dem der Wechsel bei der Diskontierung an die Bank veräußert wurde.

2.2.2.3 Forfaitierung von Exportforderungen

Als Forfaitierung bezeichnet man den Verkauf von Exportforderungen, wobei der Käufer (Forfaiteur) alle den Forderungen anhaftenden Risiken übernimmt, indem er auf einen Regreß gegen den Verkäufer verzichtet. Wenn der Forfaiteur bei Devisenforderungen auch das Valutarisiko übernimmt, ist mit der Forfaitierung von Ausfuhrforderungen – neben der in der Regel primär angestrebten Finanzierungswirkung – ein Kurssicherungseffekt verbunden.

Als Forfaiteure betätigen sich Kreditinstitute und Finanzierungsgesellschaften. Soweit deutsche Banken dieses Geschäft nicht selbst betreiben, sind sie meist in der Lage, Forfaitierungen zu vermitteln. Zentren des internationalen Forfaitierungsmarktes sind die Schweiz, die USA, Großbritannien und Luxemburg.

Exportforderungen sind nur forfaitierungsfähig, wenn sie gewissen Anforderungen genügen. Wenngleich diese Anforderungen von Fall zu Fall unterschiedlich sein können und sich auch im Zeitablauf ändern, läßt sich sagen, daß die Laufzeit der Forderungen 5 Jahre im allgemeinen nicht überschreiten darf, der Forderungsbetrag mindestens 100 000,– DM oder Gegenwert zu betragen hat und die Forderung über DM, Dollar oder Schweizer Franken lauten soll. Da die Forfaiteure einerseits auch Transfer- und Konvertierungsrisiken übernehmen, andererseits aber ihre Risiken zu begrenzen suchen, sind Forderungen im übrigen meist nur forfaitierbar, wenn sie entweder in die Form eines bankavalierten Solawechsels gekleidet sind oder auf einem unwiderruflichen bestätigten Akkreditiv beruhen oder durch eine Bankgarantie gesichert sind oder durch eine Ausfuhrgarantie oder -bürgschaft des Bundes gedeckt sind.

Die *Kosten* der Forfaitierung bestehen primär aus dem *Forfaitierungssatz*. Er ist ein Diskontsatz, wird also in einem Jahresprozentsatz ausgedrückt und beim Ankauf der Forderung vom Forderungsbetrag in Abzug gebracht. Die Forfaitierungssätze variieren von Schuldnerland zu Schuldnerland und hängen im übrigen von der Forderungswährung, der Qualität der Forderung, dem Zinsniveau am Eurogeldmarkt, den Kurssicherungskosten des Forfaitisten sowie der jeweiligen Lage am Forfaitierungsmarkt ab. Außer dem Forfaitierungssatz fallen als weitere Kosten gegebenenfalls die Gebühren einer vermittelnd eingeschalteten Bank an.

Die Struktur der Forfaitierung von Exportforderungen zeigt Abbildung 28.

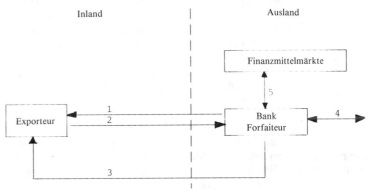

1 ... Forfaitierungszusage (= Kreditlinie)
2 ... Ankauf von Exportforderungen à forfait (unter Stellung von Sicherheiten, z. B. Wechsel, Garantien, Bürgschaften)
3 ... Entgelt (als Kredit)
4 ... Einzug der Exportforderung bei Schuldnern im Ausland bei Fälligkeit
5 ... Mittelbeschaffung des Forfaitisten durch Rediskontierung von Wechseln oder sonstige Kreditaufnahme

Abbildung 28: Beziehungen bei Forfaitierung von Exportforderungen

2.2.2.4 Export-Factoring

Beim Factoring kauft ein spezialisiertes Unternehmen (Factoring-Gesellschaft, Factor) *kurzfristige* Forderungen aus Warenlieferungen und Leistungen mit Laufzeiten zwischen 30 und 120 Tagen an und erbringt außerdem dem Verkäufer der Forderungen (dem Kunden) verschiedene Dienstleistungen. Zu diesen Dienstleistungen gehört, daß der Factor die Debitorenbuchhaltung des Kunden führt, das Inkasso der Forderungen betreibt und auf Wunsch des Kunden die Fakturierung besorgt. Als weitere Leistung übernimmt der Factor das den Forderungen anhaftende Delkredererisiko. Im Hinblick auf dieses Leistungsbündel spricht man von der Finanzierungs-, der Verwaltungs- und der Versicherungsleistung des Factors (siehe dazu Eilenberger 1986, 148).

Den Factoring-Gesellschaften können, wenn entsprechende Vereinbarungen getroffen wurden, auch Währungsforderungen aus Exportlieferungen überlassen werden. Von der Forfaitierung unterscheidet sich dieses *Export-Factoring* durch zwei Besonderheiten: Erstens werden von den Factors neben der Finanzierungs- und der Versicherungs-Leistung − wie sie auch die Forfaiteure zur Verfügung stellen − zusätzlich die erwähnten Verwaltungsleistungen erbracht. Zweitens übernehmen Factoring-Gesellschaften, anders als Forfaiteure, keine Einzelforderungen, sondern zur Risikostreuung nur den gesamten Forderungsbestand des Kunden oder allenfalls einen genau abgegrenzten größeren Teil davon. In der Regel verbleiben Transfer- und Konvertierungsrisiken beim Exporteur (siehe Gmür, 208).

Ob ein Factor Fremdwährungs-Exportforderungen ankauft und dabei neben dem Delkredererisiko auch das Kursrisiko übernimmt, hängt von seinen geschäftspolitischen Grundsätzen ab und richtet sich im Einzelfall nach der zwischen Factor und Kunden hierüber getroffenen vertraglichen Vereinbarung.

Für die Eliminierung des Kursrisikos muß der Exporteur allerdings Verpflichtungen übernehmen, die er unter Umständen als nachteilig empfindet. Dazu gehört, daß er die vom Factor erbrachten anderen Leistungen auch in Anspruch nehmen und die dafür entstehenden Kosten auch tragen muß, wenn ihm nicht an diesen Leistungen, sondern nur an der Kurssicherung gelegen ist. Ferner sehen Factoring-Verträge vor, daß *alle* in einem bestimmten künftigen Zeitraum (z. B. innerhalb von 2 Jahren) entstehenden Forderungen zediert werden. Während dieser Periode muß der Exporteur also Devisenforderungen auch dann abtreten, wenn eine Kurssicherung zeitweilig oder für bestimmte Währungen nicht gewünscht wird oder wenn eine anderweitige Kurssicherung kostengünstiger wäre. Auch besteht, wie erwähnt, keine Möglichkeit, *einzelne* Forderungen durch Factoring kurszusichern.

Als Mittel der Kurssicherung kommt das Export-Factoring daher vor allem dann in Betracht, wenn der Exporteur auch an den anderen Leistungen der Factoring-Gesellschaft interessiert ist und wenn überdies die vom Factor für die Übernahme des Kursrisikos berechneten zusätzlichen Kosten in einer angemessenen Relation zu den bei anderweitiger Kurssicherung anfallenden Kosten stehen.

Zur Abwicklung des Export-Factorings bedient sich der deutsche Factor eines *ausländischen Korrespondenz-Factors* (siehe dazu im einzelnen Reiter, 1723 ff.), so daß eine Kombination von inländischem Factoring und Export-Factoring entsteht, die auf eine Erhöhung der Finanzierungskosten hinwirkt. Wird die Exportforderung an den ausländischen Korrespondenz-Factor abge-

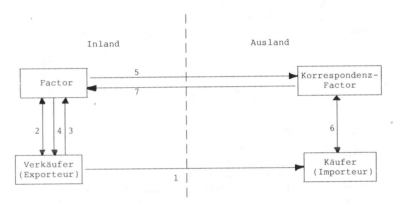

1 ... Warenlieferung
2 ... Factoring-Vertrag (u. a. »Kreditlinie«)
3 ... Verkauf der Exportforderung (Valuta)
4 ... Gutschrift des Exporterlöses (in DM) abzüglich der vereinbarten Kosten
5 ... Abtretung der Exportforderung an ausländischen Korrespondenzfactor zum Zwecke des Forderungseinzugs
6 ... Forderungseinzug in Valuta am Fälligkeitstag
7 ... Abrechnung des Factoring-Auftrages

Abbildung 29: Grundzüge der Abwicklung bei echtem Export-Factoring

treten (zediert), liegt *echtes* Export-Factoring mit Delkredereübernahme (= Forderungskauf durch den Factor) vor; bei Factoring ohne Delkredereübernahme wird eine Mehrheit von Dienstleistungen (siehe oben) mit einer Bevorschussung der Exportforderung (= Kreditgewährung) als verbunden angenommen (zur umsatzsteuerrechtlichen Relevanz der beiden Varianten siehe Reiter). Die Struktur des echten Export-Factorings zeigt Abbildung 29.

2.2.2.5 Financial Swaps

Financial Swaps stellen den Oberbegriff für Finanzierungen in Valuta mit Währungssicherung unter Umgehung des Umtausches/Austausches über Devisenmärkte dar. Ihre Konstruktion basiert auf der Grundidee der Devisen-Swaps (siehe 2.2.1.2.2). Die Gründe für die Wahl von Financial Swaps liegen zum einen im Fehlen funktionierender Devisenmärkte (wegen Devisenverkehrsbeschränkungen oder des Transferverbots von Devisen) oder fehlender Termingeschäftsmöglichkeiten für mehrjährige Laufzeiten (trotz vorhandener und im kurzfristigen Bereich funktionierender Devisenterminmärkte), zum anderen in der erwarteten Ersparnis, die steigerungsfähig ist, wenn es gelingt, Banken aus den internationalen Finanztransaktionen auszuschalten.

Derartige Swaps eignen sich für die Verhältnisse multinationaler Unternehmungen (und Banken), nicht jedoch für mittlere und kleinere Außenhandelsunternehmungen. Die Pionierleistung der Kreation von Financial Swaps geht auf die 1981 zwischen der Weltbank und IBM vereinbarten Transaktion zurück; seither hat das Interesse an derartigen Gegengeschäften erheblich zugenommen: Für 1985 wird das Gesamtvolumen an Währungsswaps auf 30 Mrd. $, dasjenige der Zinsswaps auf 100 Mrd. $ geschätzt.

Die *Grundtypen* der Financial Swaps in Form von Währungs- und zum Teil auch von Zinsswaps reichen von der einfachen Kreditgewährung in Drittwährung über Parallel- bzw. Back-to-Back-Kredite bis zu kombinierten Kredit-/Zins-Swaps in Valuta. Bei Schuldverschreibungsemissionen haben sich zusätzlich Coupon-Swaps, die das Zinsänderungsrisiko von variabel verzinslichen Euro-Anleihen ausschalten sollen, herausgebildet (siehe dazu insbesondere Beidleman).

2.2.2.5.1 Kredite / Anlagen in Drittwährung

Kredite in Drittwährung unter MNU oder zwischen Einheiten ein und derselben MNU, die insbesondere über den Euromarkt ggf. unter Einschaltung von Banken abgewickelt werden, sind dadurch gekennzeichnet, daß der kontrahierte Betrag auf eine Valuta außerhalb der Währungsgebiete der Vertragspartner lautet.

Besitzt beispielsweise eine *deutsche MNU* aus einem Exportgeschäft $ bei einer Eurobank oder einer amerikanischen Bank, die sie für die Bezahlung in Zukunft anfallender Importe benötigt, und sucht umgekehrt eine *französische MNU* für Importe $, die sie später durch Exportlieferungen wieder ausgleichen kann, treffen die beiden MNU zweckmäßigerweise eine Vereinbarung über einen *Drittwährungskredit* (der für die deutsche MNU eine Anlage bei einer Nichtbank darstellt): Die Beteiligten »swapen« (= drehen) den $-Betrag für eine bestimmte Frist in der Weise, daß die deutsche MNU zu Lasten ihres bei der amerikanischen Bank oder Eurobank geführten $-Kontos den $-Betrag der französischen MNU überträgt, diese also den entsprechenden Valutabetrag auf ihrem Konto bei derselben (oder einer anderen Bank) gutgeschrieben erhält (Abbildung 30). Denselben Vorgang können *MNU* jedoch auch *konzernintern* mit ihren Grundeinheiten bei entsprechendem Valutabedarf abwickeln.

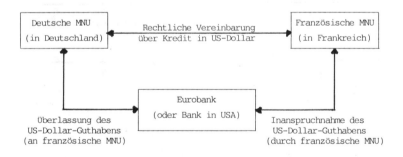

Abbildung 30: Struktur eines Kredits in Drittwährung (Currency Collateralized Loan)

Nach Ablauf der Überlassungsfrist erfolgt die Rückübertragung unter Zahlung der Zinsen seitens der französischen Unternehmung. Keine der beteiligten Unternehmungen ist bei dieser Transaktion ein Valutarisiko eingegangen.

2.2.2.5.2 Parallelkredite

Zur Vermeidung von Währungsrisiken, insbesondere Valutarisiken, eignet sich in bestimmten Fällen ein Parallelkredit bzw. Back-to-Back-Kredit (siehe Blake, 196; Eilenberger 1980, 129 f.). Beteiligt sind dabei zwei MNU in verschiedenen Ländern, die sich gegenseitig für ihre ausländischen Grundeinheiten auf bestimmte Zeit jeweils in der Währung ihres Domizillandes einen Kredit einräumen. Mit Hilfe dieses Swapgeschäftes werden Kursverluste bei Abwertung einer der betreffenden Währungen ausgeschlossen. Back-to-Back-Kredite eignen sich andererseits auch dazu, bestehende oder erwartete Transferbeschränkungen in einem der Länder, in dem die Einheiten domizilieren, zu umgehen. Die Struktur eines typischen Back-to-Back-Kredits zeigt Abbildung 31.

Hinsichtlich der Anzahl der Beteiligten wird zwischen »two-party-parallel loans«, wenn zwei Spitzeneinheiten direkte Kreditbeziehungen aufnehmen, »three-party-parallel loans« (bei zwei Spitzeneinheiten und einer ausländischen Grundeinheit von MNU) und »Four-party-parallel loans« (Abbildung 31) unterschieden (siehe Beidleman, 15 ff.).

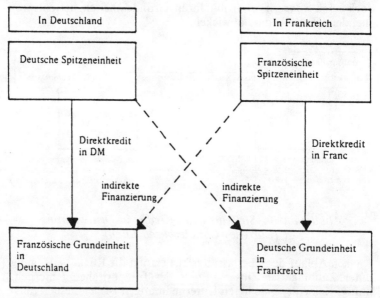

Abbildung 31: Grundstruktur eines Back-to-Back-Kredits

Ausgehend von der oben dargelegten Grundform sind eine Reihe von Variationen (Abwicklung über dritte MNU oder Banken) möglich. In jedem Fall ermöglicht dieses Instrument – insbesondere bei Abwicklung über Dritte – wirksamen Schutz vor Valutaverlusten und/oder Transferbeschränkungen sowie vor Konvertierungsrisiken.

2.2.2.5.3 Kredit-Swaps

Kredit-Swaps zielen auf eine Werterhaltung des eingesetzten Betrages und der erzielbaren Zinsen (bzw. Gewinne) ab. Ihr Anwendungsbereich bezieht sich typischerweise auf die Verhältnisse der sog. »Weichwährungsländer«.

Plant zum Beispiel die Spitzeneinheit einer deutschen MNU an ihre Grundeinheit im Weichwährungsland Z einen Kredit für 1 Jahr in Höhe von 100 000 LW (LW = Lokale Währung des betreffenden Auslandes) zu gewähren und erwartet sie einen Rückfluß von zusätzlich 25 000 LW (als Nettoergebnis von Gewinnerzielung in Höhe von 40 000 LW abzüglich 15% Zinsen in LW, das einen Gewinntransfer aus dem Weichwährungsland mit ggf. Devisenverkehrsbeschränkungen einschließt) sowie eine Abwertung der LW von 40% bis zum Ablauf der Jahresfrist, geht sie unter Annahme eines aktuellen Devisenkurses (Austauschverhältnisses) von 1 DM = 18 LW von folgenden Überlegungen aus (siehe Eilenberger 1980, 130 ff.):

Das Austauschverhältnis am Ende der Kreditüberlassungsdauer beträgt unter der getroffenen Annahme 1 DM = 30 LW, da

$$\frac{\text{Devisenkurs am}}{\text{Ende der Jahresfrist}} = \frac{\text{aktueller Kurs}}{1-\text{Abwertung}} = \frac{18}{(1-0{,}4)} = 30\,\text{LW}$$

Zur Vermeidung eines Valuta-Verlustes trifft die MNU mit einer lokalen Bank (im Weichwährungsland) folgende *Vereinbarung:* Die lokale Bank räumt der Grundeinheit der MNU einen Kredit in Höhe von 100 000 LW ein, die deutsche Spitzeneinheit ihrerseits stellt einer Filiale der (lokalen) Bank in Deutschland bzw. einer deutschen Korrespondenzbank der lokalen Bank einen bestimmten DM-Betrag, der dem Wert des Kredits an die Spitzeneinheit entspricht, zur Verfügung. Dieser *Kredit-Swap* hat den Vorteil, daß kein Umtausch der Währungen erfolgen muß, denn zum vereinbarten Termin zahlt die Grundeinheit an die lokale Bank in LW, die Filiale der Bank in Deutschland bzw. Korrespondenzbank überweist den entsprechenden DM-Betrag an die deutsche Spitzeneinheit zurück. Allerdings muß die MNU einen Kredit-Swapsatz akzeptieren, der vom aktuellen Devisenkurs (1 DM = 18 LW) abweicht: 1 DM = 15 LW. Wird der Kreditzins in lokaler Währung mit 15% p. a. angenommen, der in LW zahlbar ist, ergibt sich folgende Rechnung:

```
                                          DM           LW
Kreditsumme (X₀) zum
Kredit-Swapsatz (15 LW = 1 DM)         6.666 ─────▶ 100.000
Gewinn der Grundeinheit (X₁)                        + 40.000
./. lokaler Zinssatz auf LW-Kredit
    (15%)                                           - 15.000
Wert zum Zeitpunkt X₁ in LW                          125.000
Rückführung über Kredit-Swap           6.666 ◀───── 100.000
verbleibender Gewinn in LW                            25.000
Wert des verbleibenden Gewinns
(X₁) in DM (Kurs 30 LW = 1 DM)           833 ◀────────┘
./.Finanzierungskosten (10% auf
Kreditsumme) in DM                     - 666
Nettogewinn in DM                      = 167
```

Würde die MNU den Kredit über den Devisenmarkt abwickeln, müßte sie zwar für die 100 000 LW nur 5555 DM aufwenden, sie erhielte jedoch zum Zeitpunkt X_1 nur einen Gegenwert von 4666 DM für 140 000 LW (= 100 000 LW Kreditbetrag + 40 000 LW Gewinn); berücksichtigt man noch Finanzierungskosten von 10% auf 5555 DM, ergäbe sich insgesamt ein Nettoverlust von 1444 DM. Dem steht der Kreditswap mit einem Nettogewinn von 167 DM gegenüber.

Varianten dieses Grundmodells des Kredit-Swaps sind insofern möglich, als beispielsweise die *Notenbank* des Weichwährungslandes in den Swap einbezogen wird. In diesem Fall versucht die Spitzeneinheit, den Devisenhaushalt ihrer Grundeinheit im Weichwährungsland dadurch auszugleichen, daß zur Finanzierung der Grundeinheit von der deutschen Spitzeneinheit der Staatsbank (Notenbank) des Weichwährungslandes ein Kredit in Hartwährung eingeräumt wird, während diese über eine lokale Geschäftsbank der Grundeinheit einen entsprechenden Kredit in Weichwährung gewährt.

2.2.2.5.4 Currency Swaps (Währungs-Swaps)

Ein Währungs-Swap (siehe dazu Blake, 197; Beidleman, 20 f.; Lerbinger, 245 f.) liegt vor, wenn − in Analogie zu Parallelkrediten (2.2.2.5.2) − zwischen zwei Unternehmungen (z. B. einer deutschen MNU und einer amerikanischen MNU) der Austausch von benötigten Devisen (z. B. $ und DM) *heute* mit der Absprache zur Rückübertragung der Valutabeträge *per Termin* (zum üblicherweise identischen Devisenkurs) erfolgt (Abbildung 32). Zinsen für die wechselseitig gewährten Valutabeträge und Kurssicherungskosten werden nicht bezahlt, jedoch eine *Gebühr (fee),* deren Höhe von der Zinsdifferenz zwischen den beiden Währungen abhängt. Die Leistung der Gebühr obliegt der Absprache, wobei häufig der Kontrahent, der die »schwächere« Valuta liefert (und die »stärkere« Valuta erhält), der Verpflichtete sein wird.

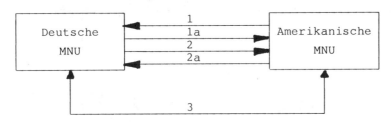

1 ... Übertragung von $ zum Zeitpunkt t_0
1a ... Übertragung eines äquivalenten DM-Betrages (t_0)
2 ... Rückübertragung des $-Betrages per Termin ($t_1$)
2a ... Rückübertragung des DM-Betrages (t_1)
3 ... Zahlung einer Gebühr (t_1) durch einen der Kontrahenten

Abbildung 32: Struktur eines Währungs-Swaps

2.2.2.5.5 Currency Coupon Swaps

Currency Coupon Swaps ähneln in ihrer Struktur inländischen Coupon Swaps (Zins-Swaps). Der Unterschied besteht jedoch darin, daß Zinszahlungen in Valuta ausgetauscht werden.
Coupon-Swaps (Zins-Swaps) bestehen in der Vereinbarung zwischen einer Bank und einer Nichtbank (Unternehmung) oder unter Banken, die eingegangenen Zinszahlungsverpflichtungen der jeweils anderen »Partei« zu übernehmen. Finanziert sich zum Beispiel eine Bank zu *festen* Zinsen und eine Unternehmung zu *variablen* Zinsen (für einen Roll-over-Kredit oder für Floating Rate Notes/Bonds; siehe dazu Eilenberger 1986, 254 ff. und 265 ff.) und erwartet die Bank einen Rückgang der variablen Zinsen, während die Unternehmung entweder einen Zinsanstieg vermutet oder

nur einen festen Zins als Kalkulationsgrundlage sucht (festverzinsliche Finanzierungsmittel jedoch nicht erhältlich waren), vereinbaren sie einen Zins-Swaps dessen Struktur Abbildung 33 wiedergibt (siehe Beidleman, 212; Lerbinger, 246 f.). Die Unternehmung leistet an die Bank die von dieser zu zahlenden fixen Zinsen, während die Bank an die Unternehmung deren variable Zinsen leistet.

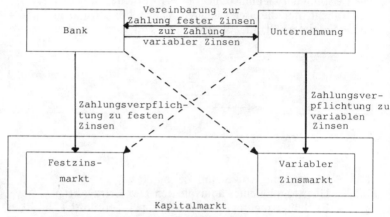

Abbildung 33: Grundzusammenhänge eines Zins-Swaps (Coupon Swaps)

Bei *Currency Coupon Swaps,* die zwischen mindestens zwei Partnern kontrahiert werden (zum Swap mit drei oder vier Partnern siehe Beidleman, 233 ff.), erfolgt im Unterschied zum reinen (inländischen) Zins-Swap die Finanzmittelaufnahme durch eine Bank (Eurobank) in Form einer beispielsweise Festzinsanleihe an einem bestimmten nationalen Kapitalmarkt (in Valuta, z. B. SFR) zu festem Zinssatz, während eine MNU (anderer Nationalität) an einem dritten Finanzmittelmarkt (z. B. Euro-Kapitalmarkt) Floating Rate Notes in Euro-$ begibt oder sich einen Euro-$-Rollover-Kredit beschafft (Basis jeweils LIBOR + Marge). Unter den oben getroffenen Annahmen für den reinen Zinsswap bezüglich der Erwartungen der Kontrahenten werden die Zinszahlungsverpflichtungen in den verschiedenen Währungen umgedreht (geswapt). Die Bank zahlt an die MNU jeweils die fälligen variablen Zinsen in $, während die MNU die Zahlung der festen Zinsen in SFR an die Bank übernimmt. Die MNU erhält durch den Coupon

Swap eine feste Kalkulationsgrundlage und erreicht eine Verminderung der Valutarisiken (siehe Abbildung 34).

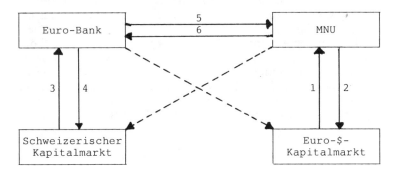

1 ... Mittelaufnahme in Euro-$
2 ... Zinszahlungsverpflichtung in variabler Höhe ($)
3 ... Mittelaufnahme in SFR
4 ... Zinszahlungsverpflichtung in fester Höhe (SFR)
5 ... Zahlung der variablen $-Zinsen
6 ... Zahlung der festen SFR-Zinsen

Abbildung 34: Struktur eines Currency Coupon Swaps

2.2.2.5.6 Währungs- und Zins-Swaps

Swapen Unternehmungen sowohl Währungen als auch Zinsen, handelt es sich um einen *kombinierten Währungs- und Zins-Swap* (siehe Levedag): Unternehmungen in zwei verschiedenen Ländern beschaffen sich auf ihren jeweiligen nationalen Finanzmärkten zu unterschiedlichen Konditionen durch Anleihe-Emissionen äquivalente Finanzmittelvolumina und tauschen diese im Rahmen einer Swapvereinbarung zu einem fest vereinbarten Devisenkurs aus; am Laufzeitende geben die Kontrahenten die Beträge in ursprünglicher Währung in voller Höhe (zum vereinbarten Devisenkurs) zurück. Während der Laufzeit zahlen die Partner jeweils der Gegenseite die in nationaler Währung zu leistenden Zinsen.

Derartige Währungs- und Zins-Swaps werden in der Regel auf Vermittlung von Banken (als »Intermediary«) arrangiert. In diesem Fall schließen die Swap-Interessenten mit der Bank voneinander völlig unabhängige Verträge und sind somit einander unbekannt. Die Bank übernimmt gegenüber den Swap-Parteien nicht nur eine Durchleitungsfunktion, sondern eine *Erfüllungsgarantie:* Bei Ausfall einer der Parteien muß die Bank an deren Stelle treten; sie trägt somit sowohl das Ausfallrisiko als auch Valuta- und Zinsänderungsrisiken. Aus diesem Grund ist der Kreis (internationaler) Banken, die eine derartige Intermediary-Funktion leisten (können), relativ klein und der Stellenwert kombinierter Währungs- und Zins-Swaps gering. Die betreffenden Banken sorgen durch entsprechende Kreditwürdigkeitsprüfungen, Prüfungen der Länderrisiken und Begrenzung der Risiken durch Swap-Limite für eine – in ihren Augen – insgesamt tragbare Risikosituation.

2.2.3 Kurssicherung über Terminbörsen

Seit Mitte der 70er Jahre entstand an ausländischen Warenterminbörsen die zusätzliche Möglichkeit, *finanzielle Kontrakte* aller Art *(Financial Futures),* insbesondere auch *Währungs-Futures (Currency Futures),* zu handeln. In der Zwischenzeit ist eine wahre »Futures-Explosion« und eine weltweite Handelbarkeit mit den Zentren Chicago, New York und London zu verzeichnen. An den ursprünglichen Warenterminbörsen stieg der Umsatzanteil der Financial Futures (Währungs-, Zins-, Index-Futures) auf über 50%.

In der Folgezeit entwickelten sich auf der Basis des Options-Konzepts zum Teil spezifische *Optionsbörsen,* die einen Handel mit Finanz-Optionen aller Art, insbesondere auch mit Devisen *(Devisen-Optionen)* und *Optionen auf Währungs-Futures (Options on Currency Futures),* d. h. Optionen auf Devisenterminkontrakt-Vereinbarungen als einer Variante der Devisenoptionen (CBOE), ermöglichen.

Unternehmungen sind bei Inanspruchnahme derartiger Sicherungsinstrumente auf die Mithilfe der (internationalen bzw. multinationalen) Banken angewiesen, da nur diese als Akteure an den betreffenden Märkten (neben anderen Maklern) zugelassen sind (zu den Einzelheiten der Zulassung, der Teilnehmer und der Usancen siehe v. a. Rebell/Gordon/Platnick, 9 ff.; Barth, 122 ff.; Stocker/Tschoch).

Die Zahl der sogenannten Marktmacher (market maker) für Devisen-Optionen, d. h. Banken, die Devisen-Optionen ausstellen, werden auf rd. 400 geschätzt. Nicht-Banken sind als Options-Aussteller derzeit noch äußerst selten, zumal der Aussteller als Stillhalter der Option fungiert und damit nicht unerhebliche Risiken verbunden sein können, deren Management von Banken besser bewältigt werden kann. Jedoch treten Unternehmungen in zunehmendem Ausmaß als (potentielle) Käufer von bzw. Interessenten an Devisen-Optionen in Erscheinung. Devisen-Optionen werden in erster Linie an den Plätzen Chicago (Chicago Board Options Exchange – *CBOE;* Chicago Mercantile Exchange – *CME/IMM),* Philadelphia (Philadelphia Stock Exchange – *PSE),* London (London International Financial Futures Exchange – *LIFFE)* und Amsterdam (European Options Exchange – *EOE)* gehandelt (einen Gesamtüberblick gibt die Sonderveröffentlichung von Euromoney, Februar 1986, »Directory of Futures and Options Contracts«).

2.2.3.1 Währungs-Futures (Currency Futures)

Währungs-Futures sind *standardisierte Kontrakte* des Inhalts, daß ein bestimmter Valutabetrag zur Ausschaltung des Valuta-Risikos per Termin verkauft/gekauft wird. Insofern besteht eine starke Ähnlichkeit zu den Devisentermingeschäften über Devisenterminmärkte. Wesentliche *Unterschiede* sind jedoch darin zu sehen, daß eine individuelle Gestaltung des Abschlusses bezüglich der benötigten Valuta-Summe nicht möglich ist und die Kontrakte nur für bestimmte, festgelegte Erfüllungstermine (bei Euro-$-Kontrakten am dritten Mittwoch der jeweils letzten Quartalsmonate: März, Juni, September, Dezember) abgeschlossen werden können. Daher ist die Eignung von Währungs-Futures für Zwecke der Kurssicherung sowohl von der Stückelung (Euro-$-Kontrakte bei IMM 1 Mio. $; SFR-Kontrakte 125 000 SFR; Yen-Kontrakte 12,5 Mio. Yen; DM-Kontrakte 125 000 DM; £-Kontrakte 25 000 £), als auch von den Erfüllungsfristen her für Exporteure und Importeure differenziert zu betrachten. Ein wesentlicher Vorteil von Währungs-Futures besteht darin, daß diese – im Gegensatz zu Devisenterminkontrakten – in Anbetracht der betragsmäßigen und fristbezogenen Standardisierung an den Terminbörsen gehandelt und vor Fälligkeit verkauft werden können.

Diese Eigenschaft von Währungs-Futures vergrößert den Entscheidungsspielraum des Währungsmanagements, da die Kontrakte je nach Marktlage (mit Gewinn oder Verlust oder zum selben Kurs) verkauft werden können, also die Übergabe am Erfüllungstag vermieden wird. Dabei ist zu beachten, daß mit zunehmend geringer zeitlicher Distanz zum Erfüllungstag der Währungs-Futures sich deren (Markt-)Preis immer stärker den aktuellen Devisenkassakursen für die Vertragsgewährung annähert; je länger die (Rest-)Laufzeit dagegen, um so größer stellt sich die Differenz zwischen Future-Preis und aktuellem Devisenkassakurs (des betreffenden Markttages; siehe rechte Spalte der Notierungen in Abbildung 35).

Angenommen, ein deutscher Exporteur beabsichtigt Güter im Wert von 10 Mio. DM in die USA zu verkaufen, deren Fakturierung in $ zu erfolgen hat. Am 10. 3. 1986 sei der Rechnungsbetrag für die am 10. 10. 1986 in $ auszugleichende Exportleistung festzulegen. Entscheidet sich die Unternehmung für den Einsatz von Währungs-Futures als Instrument der Kurssicherung, legt sie den Gegenwert der am *10. 3. 1986* zu kaufenden 80-DM-Dezember-Kontrakte (über je 125 000 DM) mit einem Preis von 0,4486 $/DM zu Grunde (siehe Abbildung 35), so daß der *Rechnungsbetrag* an dem amerikanischen Importeur mit *4 486 000 $* (= 10 000 000 · 0,4486) zu kalkulieren ist. Mit dem Abschluß auf Lieferung von 10 Mio. DM geht die Unternehmung Verpflichtungen zur Leistung von 4 486 000 $ an den Kontrahenten (= Verkauf von $) zum Dezember-Termin ein.

Erfolgt am *10. 10. 1986* fristgerecht der Eingang der Valuta-Forderung von 4 486 000 $, kann der Exporteur die 80-DM-Dezember-Kontrakte verkaufen, allerdings zu einem angenommenen Preis von 0,4400 $/DM. Der *Verlust* von *86 000 $* aus dem Futures-Verkauf entspricht der Summe aus dem Wert eines Punktes (0,0001) bezogen auf 125 000 DM, also 12,50 $, multipliziert mit der Differenz je Kontrakt (86) und der Zahl der Kontrakte (80) insgesamt (12,5 · 86 · 80 = 86 000). Ist der Umtausch des Exporterlöses in Valuta abzüglich des Verlustes aus dem Futures-Verkauf, also des Betrages von *4 400 000 $*, zu einem aktuellen Devisenkassakurs am 10. 10. 1986 von 2,2779 DM/$ (= 0,4390 $/DM) möglich, erzielt der Exporteur insgesamt einen Erlös aus dem Export- und Kurssicherungsgeschäft von *10 022 760 DM* und somit *22 760 DM* mehr als die Exportforderung (in DM) beträgt. Zusammenfassend handelte es sich um folgende Schritte (siehe auch McGeown, Fieleke und Körner/Moessmer, 154 f.):

10. 3. 1986:
(1) Kalkulation des Rechnungsbetrages der Exportforderung in *Valuta* auf Grund des herrschenden Preises für DM-Kontrakte per Dezember 1986 (0,4486 $/DM):
| 4 486 000 $ | fällig am 10.10.1986
(2) Kauf von 80-DM-Dezember-Kontrakten an der IMM (Chicago) zu je 125 000 DM:

Kurse vom 10. März

New York / Chicago

Langzeit-		Tages-			
Hoch Tief		Eröffn. Hoch Tief Schluss			+/−

Pfund Sterling (IMM) 25 000 £; $/£

1.4930 1.0650 Mar 1.4460 1.4510 1.4375 1.4475 − 35
1.4800 1.1530 Jun 1.4315 1.4360 1.4220 1.4325 − 30
1.4780 1.3240 Sep 1.4140 1.4220 1.4110 1.4220 − 20
1.4550 1.1590 Dec 1.4020 1.4020 1.4020 1.4095 − 15

Vortagesumsatz 17 964.
offene Kontrakte Vortag 40 516 ; −851.

D-Mark (IMM) 125 000 DM; $/DM

.4753 .3040 Mar .4404 .4420 .4374 .4399 − 77
.4599 .3335 Jun .4441 .4454 .4407 .4434 − 80
.4632 .3762 Sep .4476 .4476 .4443 .4467 − 81
.4660 .3300 Dec .4504 .4508 .4486 .4501 − 111

Vortagesumsatz 37 261.
offene Kontrakte Vortag 70 585 ; +931.

Yen (IMM) 12.5 Mio. Yen $/Y (.00)

.05645 .04035 Mar .05540 .05568 .05530 .05563 − 18
.05677 .04220 Jun .05575 .05597 .05559 .05593 − 18
.05715 .04690 Sep .05610 .05622 .05593 .05626 − 18
.05710 .04720 Dec .05640 .05640 .05640 .05665 − 18

Vortagesumsatz 11 263.
offene Kontrakte Vortag 34 752 ; −160.

Schweizerfranken (IMM) 125 000 sFr.; $/sFr.

.5400 .3790 Mar .5200 .5227 .5151 .5197 − 90
.5456 .4190 Jun .5250 .5276 .5202 .5247 − 91
.5500 .4790 Sep .5310 .5315 .5260 .5292 − 96
.5540 .4015 Dec .5350 .5350 .5300 .5350 − 80
.5440 .5425 Mar .5375 .5375 .5375 .5400 − 79

Vortagesumsatz 19 769.
offene Kontrakte Vortag 34 590 ; −1 103.

Eurodollars (IMM) 1 Mio. $; in % u. 100stel

92.53 86.10 Mar 92.55 92.59 92.55 92.57 +.04
92.70 86.73 Jun 92.72 92.77 92.71 92.74 +.06
92.66 87.08 Sep 92.64 92.72 92.63 92.70 +.11
92.52 87.28 Dec 92.44 92.59 92.44 92.56 +.15
92.30 87.64 Mar 92.25 92.40 92.25 92.37 +.17
92.11 88.84 Jun 92.05 92.21 92.05 92.19 +.19
91.94 89.29 Sep 91.94 92.04 91.94 92.02 +.20
91.77 90.18 Dec 91.77 91.85 91.77 91.86 +.22

Vortagesumsatz 44 678.
offene Kontrakte Vortag 156 464 ; −51.

Abbildung 35: Notierungen von Währungs-Futures an der IMM/CME (Quelle: NZZ)

Lieferung von $\boxed{10\text{ Mio. DM}}$ gegen Verpflichtung des Exporteurs zur Leistung (= Verkauf) von $\boxed{4\,486\,000\ \$}$

10. 10. 1986
(3) Eingang von $\boxed{4\,486\,000\ \$}$ von amerikanischem Importeur
(4) Verkauf der 80-DM-Dezember-Kontrakte zum Preis von 0,4400 \$/DM:
Verlust $\boxed{86\,000\ \$}$
(5) Umtausch des Exporterlöses abzüglich des Verlustes aus dem Kurssicherungsgeschäft, also Verkauf von insgesamt $\boxed{4\,400\,000\ \$}$, zum Kurs von 2,2779 DM/\$: DM-*Nettoergebnis* $\boxed{10\,022\,760\text{ DM}}$.

Die »*Effizienz*« dieses *Futures-Geschäfts* beträgt − bezogen auf die zu sichernden 10 Mio. DM − 100,22%. Die Vorteilhaftigkeit von Währungs-Futures ist auch unter dem Gesichtspunkt zu beurteilen, daß die *Anfangseinschüsse* auf Futures-Kontrakte relativ niedrig sind. Sie betragen beispielsweise je DM-Kontrakt (über 125 000 DM) an der IMM/CME 1500 \$; dazu kommt eine Mindestsicherheit von 1000 \$.

2.2.3.2 Zins-Futures (Interest Rate Futures)

Insbesondere Banken versuchen, im Rahmen der Verwaltung ihrer eigenen Geldmarkt- und Wertpapierpositionen durch den Handel mit Zins-Futures Risiken zu begrenzen. Darüber hinaus beteiligen sie sich im Auftrag von Kunden am internationalen Handel mit derartigen Futures-Kontrakten (siehe BIZ, 60 ff.). Allerdings besteht das Problem, daß derzeit an den Financial-Futures-Märkten ausschließlich Kontrakte angeboten werden, die auf amerikanische Papiere (US-Treasury-Bills, -Bonds, -Notes und Bank-CD's) lauten, nicht aber DM- oder Schweizer-Franken-Zinskontrakte. Gleichwohl können auch deutsche Unternehmungen von der Existenz dieser Sicherungsmöglichkeiten, die keine reine Währungssicherung, jedoch eine Zinssatz-Sicherung in Valuta bewirken, profitieren.

Erwartet beispielsweise ein deutscher Exporteur für den 1. September einen Valuta-Eingang im Umfang von 1 Mio. \$ und möchte er diesen Betrag in derselben Währung kurzfristig in US-Treasury-Bills anlegen, wird er am 7. 3. sich gegen vermutete Zinssatzsenkung in der Weise absichern, daß er bereits an diesem Tag einen September-Kontrakt über 1 Mio. $ zum Kurs von 93,63 (siehe Abbildung 36) kauft. Die Unternehmung wird den Kontrakt bei Eingang des Exporterlöses von 1 Mio. $, der dann zum aktuellen Kurs in Treasury-Bills am 1. 9. angelegt werden muß, verkaufen (per Mitte September als nächstem Fälligkeitstermin). Tritt die erwartete Zinssenkung tatsächlich ein, entsteht dem Exporteur ein

New York / Chicago

Langzeit-			Tages-			
Hoch	Tief		Eröffn.	Hoch	Tief	Schluss +/−

US-Treasury-Bills (IMM) 1 Mio. $; in % u. 100stel

93.36	86.60	Mar	93.40	93.43	93.38	93.40	+ .01
93.66	87.01	Jun	93.71	93.73	93.62	93.69	+ .02
93.70	88.00	Sep	93.66	93.67	93.59	93.63	− .01

Vortagesumsatz 12 308.
offene Kontrakte Vortag 52 825 ; +1 379.

US-Treasury-Bonds (CBT) 0,1 Mio. $; in % u. 32stel

97-22	57-2	Mar	94-9	95-2	93	94-29	+ 23
97-4	56-29	Jun	93-19	94-19	92-6	94-12	+ 24
96-16	56-29	Sep	93-2	93-25	91-20	93-19	+ 20
95-29	56-25	Dec	92-17	93-1	91	92-29	+ 16
95-9	56-27	Mar	91-26	92-12	90-30	92-9	+ 13
94-26	63-12	Jun	91-10	91-30	90-6	91-23	+ 11
94-17	63-4	Sep	90-25	91-7	90-25	91-7	+ 10
93-31	62-24	Dec	89-15	90-24	89-15	90-24	+ 09
93-14	67	Mar	89-24	90-9	89-24	90-9	+ 07
89-21	66-25	Jun	89-11	89-28	89-11	89-28	+ 06
93-2	76-8	Sep				89-16	+ 05

Vortagesumsatz 308 977.
offene Kontrakte Vortag 290 871 ; +9 198.

US-Treasury-Notes (CBT) 100 000 $; in % u. 32stel

100-24	75-14	Mar	99	99-25	98-10	99-20	+ 17
100-13	74-30	Jun	98-15	99-5	97-5	99	+ 17
100	80-7	Sep	97-31	98-16	97-31	98-16	+ 17
95-14	80-2	Dec	97-25	98-2	97-25	98-2	+ 17
95-8	89-15	Mar				97-21	+ 17

Vortagesumsatz 25 751.
offene Kontrakte Vortag 73 764 ; −1 758.

Bank-CD's (IMM) 1 Mio. $; in % u. 100stel

92.78	86.56	Mar	92.77	92.79	92.74	92.76	
92.95	86.43	Jun	92.96	92.99	92.96	92.99	+ .03

Vortagesumsatz 3.
offene Kontrakte Vortag 828 ; −2.

Abbildung 36: Notierungen für Zins-Futures an der IMM/CME und CBT (Quelle: NZZ)

Gewinn aus dem Verkauf des Zins-Futures (in Höhe der Differenz zum aktuellen Kurs am 1. 9.), der einen Verlust aus der Terminanlage durch den Kauf von US-Treasury-Bills, die niedrigere Verzinsung aufweisen, voll oder zumindest zu einem größeren Teil kompensiert.

2.2.3.3 Devisen-Optionen (Currency Options)

Für Unternehmungen mit internationalen Aktivitäten ergibt sich nicht selten das Problem, bei Beteiligungen an *internationalen Ausschreibungen* und/oder bei der Abgabe von sog. *Festofferten* eine Absicherung des Zeitraumes zwischen Abgabe des Angebotes und dem (eventuellen) Zuschlag vor Kursrisiken vornehmen zu müssen. Da in der Bundesrepublik Deutschland – im Gegensatz zu anderen Ländern, wie Großbritannien und Frankreich – keine »tender-to-contract«-Deckungen zur Verfügung stehen und die oben besprochenen Instrumente der Kurssicherung für diese Sicherungszwecke ausscheiden, sind als Methode der Wahl zur Lösung dieses Problems Devisen-Optionen in die Überlegungen einzubeziehen.

Zwar eignen sich Devisen-Optionen vorzüglich für derartige Sicherungen wie auch für alle anderen Sicherungszwecke, jedoch stellt sich die Frage, ob die dabei entstehenden Kosten tragbar sind und nicht die erwarteten Kursveränderungen einschließlich einer Sicherheitsmarge für ungewisse weitere Kursausschläge übertreffen, so daß ihr Einsatz aus Kostengründen ausscheidet. Ebenso wie bei bilateralen Devisentermingeschäften werden die Prämien für die Devisen-Optionen in den Angebotspreis einkalkuliert. Durch die Wahlmöglichkeit der Ausübung oder Nichtausübung der Option kann sich die Unternehmung jeweils für die aus ihrer Sicht günstigste Situation entscheiden und ggf. zusätzlich zur Kurssicherung noch Valutagewinne erzielen. Ein Importeur wird sich durch den Kauf von Devisen-Kaufoptionen, ein Exporteur durch den Kauf von Devisen-Verkaufsoptionen sichern. Sofern Devisen-Optionen vom (von den) Stillhalter(n) in Form *standardisierter Kontrakte* »geschrieben« werden, ist der Handel auf einem Sekundärmarkt für Devisen-Optionen (z. B. Philadelphia, London, Amsterdam) möglich. Insgesamt erweitern Devisen-Optionen die Kurssicherungsalternativen um eine neue Dimension. Im folgenden werden in einem *ersten* Schritt die Charakteristika von Devisen-Optionen ohne Berücksichtigung der Kurssicherungsmöglichkeiten (also *ohne Grundgeschäft)* unter dem Blickwinkel der Risiko-/Chancen-Verteilung dargestellt. Der *zweite* Schritt erläutert die Anwendungsmöglichkeiten von Devisen-Optionen im Außenhandel (also *mit Grundgeschäft)* in Abschnitt 2.2.3.3.2.

2.2.3.3.1 Arten von Devisen-Optionen

Ihrem Wesen nach stellen Devisen-Optionen Kontrakte dar, die dem jeweiligen Inhaber das Recht geben,
– einen im voraus *bestimmten Valutabetrag* (Standardkontrakt, der an einer Devisen-Optionsbörse handelbar ist),
– zu einem vereinbarten Devisenkurs (*Basispreis* oder *Exercice-* oder *Strike-* bzw. *Striking-Price)*
– *bis zu* einem vorbestimmten Zeitpunkt *(Optionsfrist;* = *Amerikanische Option)* oder *an einem* bestimmten Zeitpunkt *(= Europäische Option)*
– entweder zu *kaufen* oder zu *verkaufen*.

Der *Inhaber des Options-Kontraktes* kann somit im Falle der Amerikanischen Option bis zum Ausübungszeitpunkt entscheiden, ob auf Grund der Entwicklung des Devisenkassakurses die Option ausgeübt werden soll oder nicht, während bei der Europäischen Option nur ein einziger Ausübungszeitpunkt zum Laufzeitende (wie beim Devisentermingeschäft) in Frage kommt. Im Falle der Amerikanischen Option eröffnen sich dem Optionsberechtigten somit u. U. erhebliche Gewinnchancen durch zwischenzeitliche (erratische) Kursausschläge und erhöhen die Flexibilität des Währungsmanagements der Unternehmung, Valuta-Chancen wahrzunehmen. Dagegen sind diese Möglichkeiten bei Wahl der Europäischen Option stark eingeschränkt.

Zu unterscheiden ist grundsätzlich zwischen börsengehandelten Devisen-Optionen und nicht-standardisierten Devisen-Optionen, die von Banken angeboten werden. Bankmäßige Devisen-Optionen (auch *Freiverkehrs-Optionen* genannt) können im Gegensatz zu den Standardkontrakten und Standard-Fälligkeiten der Optionsbörsen bei entsprechend großen Beträgen zu jedem gewünschten Verfalltag und zu jedem Basispreis von Unternehmungen erworben werden.

Die Fälligkeiten der börsengehandelten Devisen-Optionskontrakte sind an der PSE jeweils auf den dritten Mittwoch, an der EOB jeweils auf den dritten Freitag der Kontraktmonate März, Juni, September und Dezember festgelegt. Es besteht Wahlmöglichkeit zwischen Optionen mit Höchstlaufzeiten von drei, sechs und neun Monaten, wobei der Handel in laufenden Serien mit dem Ausübungstag erlischt; erst nach Ablaufdatum einer Serie (z.B.

März-Kontrakte) werden die nächsten Serien (z. B. Dezember-Kontrakte) eingeführt.

Die Entscheidungen zur Ausübung von Freiverkehrs-Optionen muß den Banken als Stillhaltern i.d.R. unabhängig von der Art der Option zwei Werktage vor Fälligkeit oder vor Ausübungsdatum mitgeteilt werden.

Die *Kontraktgrößen* börsengehandelter Devisen-Optionen variieren von Börse zu Börse. Sie betragen beispielsweise für DM/$-Optionen an der PSE 62 500 $, an der CBOE 125 000 $, an der EOB 10 000 $, an der LIFFE 50 000 $ und an der LSE 62 500 DM. Die Preisquotierung lautet in der Regel auf $ und Cent per DM. Die DM-$-Option der LIFFE weicht von den üblichen Kontrakten insofern ab, als sie auf DM/$ lautet und damit der in Europa gängigen Praxis der Notierung am Devisenkassamarkt entspricht.

Abgesehen von den Modalitäten der Optionen und Optionsausübung sind bei derartigen Optionskontrakten jeweils zwei Parteien vorhanden, nämlich der *Wähler,* der die Entscheidung über die Ausübung der Option trifft, und der *Stillhalter,* der die Optionsdevise (per Kassa) entweder zu liefern oder zu kaufen hat (zum Optionsgeschäft allgemein siehe Eilenberger 1986, 182 ff.; zu Devisen-Optionen im speziellen siehe v. a. Citibank; Feldman; Harold/Masa). Während der *Wähler* (und *Käufer* der Option) jeweils den *aktiven* Kontrahenten verkörpert, ist der *Stillhalter* der *passive* Kontrahent (und *Verkäufer* der Option). Die Erwartungen der Kontrahenten über die Kursentwicklung sind notwendigerweise *konträr,* d. h. die eine Seite spekuliert à baisse (= auf Sinken der Kurse) und die andere Seite à hausse (= auf ein Steigen der Kurse).

Auf Grund der oben dargelegten Beziehungen sind *zwei Grundtypen* von Devisen-Optionen, nämlich

– *Devisen-Kaufoptionen* und
– *Devisen-Verkaufsoptionen*

mit insgesamt *vier* Käufer-/Verkäufer-Konstellationen gegeben:
– Kauf einer Devisen-Kaufoption
– Verkauf einer Devisen-Kaufoption
– Kauf einer Devisen-Verkaufsoption
– Verkauf einer Devisen-Verkaufsoption.

Unter Berücksichtigung dieser Ausprägungen von Devisen-Optionen und der Währungen, in denen Abschlüsse möglich sind, läßt sich der *Markt für Devisen-Optionen* insgesamt abgrenzen, wobei die verschiedenen (regionalen) Handels-Zentren dessen Leistungskraft bestimmen. Für europäische Unternehmungen sind insbesondere London, wo seit Ende Januar 1986 auch DM-$-Optionen, die auf DM je $ lauten, gehandelt werden, und Amsterdam (mit der Europäischen Optionsbörse) von wesentlichem Interesse. Über Umfang und Wert börsengehandelter Devisen-Optionen geben die Tabellen 22 und 23 für den Zeitraum 1982–1988 Auskunft.

Exchange	1983		1984		1985		1986		1987		1988	
Philadelphia Stock Exchange (PHLX)	194	5	1,104	6	3,747	6	7,875	7	10,761	8	9,994	8
Chicago Mercantile Exchange (CME)(a)	—		60	1	2,162	3	4,256	5	7,048	5	7,613	6
European Options Exchange (EOE)	89	1	338	3	509	5	518	3	692	2	503	2
Chicago Board Options Exchange (CBOE)	—		—		129	6	458	6	237(b)		—	
London International Financial Futures Exchange (LIFFE)	—		—		139	1	113	2	18	2	11	2
London Traded Options Market (LTOM)	—		—		89	2	44	2	22	2	7	2
Montreal Exchange	37	1	75	3	54	4	3	1	1	1	—	
New York Cotton Exchange (NYCE)	—		—		—		1	1	15	1	4	1
Sydney Futures Exchange (SFE)	—		—		1	1	2	1	—	1	—	1
Singapore International Monetary Exchange (SIMEX)	—		—		—		—		3	2	81	2
Total	320	7	1,577	13	6,929	29	13,270	26	18,797	22	18,213	21

Sources: Dale, Leslie and Wyatt: *Futures and Options: Winners and Losers*. Financial Times Business Information, 1988; Futures Industry Association Newsletters; Individual Exchanges.

(a) CME contracts are options on the CME's currency futures.
(b) CBOE delisted its foreign currency options contracts in August 1987 and transferred them to the Phipadelphia Stock Exchange.

Tabelle 22: Exchange-traded currency option contracts: total annual volume
Thousands of contracts: the numbers of different currency option contracts listed on each exchange at the end of the year are shown in italics.
(Quelle: Bank of England 1989, 237)

	Yen	Deutsche-mark	Swiss franc	Sterling	Canadian dollar	Other	Total
1982	—	—	—	68	—	50	118
1983	906	1,133	1,300	2,433	767	896	7,435
1984	6,413	40,153	8,972	12,290	3,504	2,792	74,124
1985	15,384	85,747	33,890	39,889	5,782	4,775	185,467
1986	134,041	198,159	138,037	39,363	8,126	4,787	522,513
1987	301,211	365,834	143,289	62,678	11,485	8,021	892,518
1988	435,707	316,762	144,220	72,760	39,229	10,453	1,019,131

Tabelle 23: Value of exchange-traded contracts by bilateral exchange rate against US dollar (US $ millions)
(Quelle: Bank of England 1989, 237; Schätzungen auf der Basis der Werte in Tabelle 22)

a) Devisen-Kaufoptionen (Currency Call Options)

Eine Devisen-Kaufoption räumt dem *Käufer* (Haussier) das Recht ein, einen bestimmten (standardisierten) Valuta-Betrag − je nach Ausgestaltung des Kontrakts − jederzeit innerhalb der Optionsfrist bzw. zum Ausübungszeitpunkt vom *Stillhalter in Devisen (Valuta),* dem Baissier, zum Basispreis zu kaufen. Dafür entrichtet der Käufer eine *Prämie (Gebühr, Optionspreis)* an den Verkäufer des Options-Kontraktes. Die Höhe der Prämie, die einen Ausgleich für das vom Verkäufer *(Kontraktzeichner)* übernommene Kursrisiko darstellt, regelt den Marktausgleich. Devisen-Kaufoptionen werden nur dann angeboten, wenn nach Auffassung des Stillhalters die geforderte Prämie eine ausreichende Kompensation für − wider Erwarten dennoch eintretende, mögliche − Verluste zuläßt. Sind potentielle Käufer von Kaufoptionen *(Kontrakthalter)* nicht bereit, die geforderte Prämie zu bezahlen, unterbleibt das Geschäft überhaupt. Wenn jedoch einzelne Käufer bereit sind, Prämien jeder Höhe zu bezahlen, hängt es von den Verkäufern ab, ob sie die gegebene Prämie als ausreichend ansehen oder angesichts eines Ungleichgewichts zwischen der Zahl der Käufer und der (geringeren) Zahl der Verkäufer die Prämie steigen würde. Während das Risiko für den Käufer von Devisen-Kaufoptionen auf den Verlust der Prämie (= des Optionspreises) begrenzt ist, ergibt sich für den Stillhalter eine spiegelbildlich verlaufende Risikofunktion (Abbildung 38): Der Stillhalter in Devisen (= Verkäufer der Devisen-Kaufoption) geht ein theoretisch unbegrenztes Risiko ein, wenn sich der aktuelle Devisenkassakurs entgegen seinen Erwartungen entwickelt.

Wird die in Abbildung 37 wiedergegebene Situation unterstellt, ergibt sich folgende Verteilung der Risiken zwischen Käufer und

Verkäufer der Kaufoption, wenn der *Basispreis* 2,20 DM/$ und die *Prämie* 0,105 DM/$ für Juni-Calls betragen:

Internationale Devisenkurse
(Mittelkurse von 16 Uhr Lokalzeit)

Zürich	7.3.	10.3.	London	7.3.	10.3.
sFr	—	—	sFr	2.7610	2.7925
DM	84.55	84.93	DM	3.2655	3.2841
fFr.	27.50	27.63	fFr.	10.0400	10.0990
hfl.	74.96	75.25	hfl.	3.6833	3.7085
Lit.	—.1241	—.1250	Lit.	2225.—	2232.—
£	2.7610	2.7820	£	—	—
kan. $	1.3435	1.3810	kan. $	2.0551	2.0170
Yen	1.0530	1.0705	Yen	262.20	260.37
$	1.8870	1.9320	$	1.4632	1.4409
austr. $	1.3250	1.3575	austr. $	2.0838	2.0503
Ecu	1.8180	1.8375	Ecu	1.5187	1.5218
Frankfurt			**New York**		
sFr	118.27	117.74	sFr.	1.8935	1.9330
DM	—	—	DM	2.2360	2.2780
fFr.	32.70	32.70	fFr.	6.6800	7.7100
hfl.	88.66	88.60	hfl.	2.5250	2.5710
Lit.	—.1468	—.1472	Lit.	1522.—	1549.—
£	3.2655	3.2756	£	1.4540	1.4470
kan. $	1.5890	1.6260	kan. $	1.4040	1.3950
Yen	1.2454	1.2604	Yen	179.35	180.30
$	2.2318	2.2748	$	—	—
austr. $	1.5671	1.5984	austr. $	—.7025	—.7015
Ecu	2.1502	2.1635	Ecu	—.9636	—.9480

Handelsgewogener Aufwertungssatz des Frankens in %.*

10.3.	10.2.	H/T 1984	H/T 1985
153.83	151.13	152.71	131.91	152.11	129.10

* Basis Paritäten vom 18.12.71 (Smithsonian Agreement)
(Quelle: SBV ZH)

Devisen / Edelmetalle

Devisenoptionen
(Mittelkurse)

$/sFr.						50 000 $; Rp./$
Strike-	Calls			Strike-	Puts	
preis	Mär	Jun	Sep	preis	Mär	Jun	Sep
1.90	3.50	6.60	8.10	1.85	0.10	3.25	5.75
1.95	1.15	4.50	6.10	1.90	0.60	5.25	8.25
2.00	0.40	2.75	4.60	1.95	3.00	8.05	11.00

DM/sFr.						100 000 DM; Rp./DM
84.00	0.90	1.00	1.20	83.00	0.05	0.10	0.20
85.00	0.40	0.50	0.80	84.00	0.05	0.30	0.40
86.00	0.35	0.35	0.40	85.00	0.35	0.70	1.00

(Quelle: SBG)

$/DM						min. 25 000 $; Pf/$
2.20	7.50	10.50	11.75	2.15	0.50	2.75	5.50
2.25	3.50	7.50	9.25	2.20	0.75	4.50	7.50
2.30	1.00	5.25	7.25	2.25	1.00	6.75	10.00

(Quelle: SBV ZH)

Abbildung 37: Mittelkurse von Kassadevisen und Devisen-Optionen (Quelle: NZZ)

Der *Erfolg* der Kaufoption für den *Käufer* ergibt sich aus der Beziehung

$$E_{KKO} = K - (B + P)$$

E_{KKO} ... Erfolg für Käufer einer Kaufoption
K ... Devisenkassakurs am Ausübungstag der Option
B ... Basispreis
P ... Prämie

Bei einem Kassakurs von 2,50 DM/$ am Ausübungstag entsteht ein Gewinn von 0,195 DM/$, da der Käufer der Kaufoption die vom Stillhalter zum Basispreis von 2,20 DM/$ zu liefernden Devisen umgehend am Devisenkassamarkt verkaufen kann (unter Berücksichtigung der gezahlten Prämie):

$E_{KKO} = 2,50 - (2,20 + 0,105) = 2,50 - 2,305 = \underline{0,195 \text{ DM}/\$}$.

Der *Break-Even-Kurs* für die Ausübung der Option durch den *Käufer* ergibt sich daher aus der Gleichung

$$K = (B + P)$$
$$\underline{K = 2,305 \text{ DM}/\$}$$

Für Devisenkassakurse, die niedriger als 2,305 DM/$ ausfallen, entstünden bei Ausübung der Option dem Käufer Verluste (eine

Zone eingeschränkten Verlustes im Bereich 2,20 − 2,305), da er sich unter Berücksichtigung der Prämie am Kassamarkt billiger eindecken kann. Er wird auf die Ausübung der Option verzichten, dafür aber die Prämie verlieren. Sein Verlust ist somit auf die Prämie begrenzt; im vorliegenden Beispiel sind dies 0,105 DM/$. Alle Kassakurse über 2,305 DM/$ legen die Ausübung der Option nahe, sofern die Transaktionskosten nicht den zu erwartenden Gewinn übersteigen.

Der *Erfolg* des *Verkäufers der Kaufoption (Stillhalter in Devisen)* kann − in spiegelbildlicher Weise − allgemein nach der Gleichung

$$E_{VKO} = (B + P) - K$$

ermittelt werden (wobei E_{VKO} ... Erfolg des Verkäufers der Kaufoption). Im unterstellten Beispiel ergibt sich somit bei einem Kassakurs von 2,50 DM/$ ein *Verlust* von 0,195 DM/$, da
$E_{VKO} = (2,20 + 0,105) - 2,50 = \underline{-0,195 \text{ DM/\$}}.$

Die graphische Darstellung dieser Zusammenhänge zeigt Abbildung 38. Dabei wird deutlich, daß die Verlustmöglichkeiten des Stillhalters in Devisen mit zunehmenden Devisenkassakursen ohne Begrenzung auf ein Höchstrisiko wachsen. Eine Zone eingeschränkten *Gewinnes* besteht im Intervall 2,20 − 2,305.

b) Devisen-Verkaufsoptionen (Currency Put Options)

Der *Käufer* von Devisen-Verkaufsoptionen (Baissier) erwirbt gegen Zahlung der *Prämie* das Recht auf jederzeitige Lieferung (bzw. auf Lieferung am Ausübungstag) des vereinbarten Valuta-Betrages *an* den Verkäufer der Verkaufsoption *(Stillhalter in Geld),* dem Haussier, innerhalb der Optionsfrist (bzw. am Erfüllungstag).

Unter Annahme einer Prämie von 0,045 DM/$ für Juni-Puts (Abbildung 37) für einen Basispreis von 2,20 DM/$ wird sich ein *Erfolg für den Käufer* einer Verkaufsoption nur dann einstellen, wenn der aktuelle Devisenkassakurs zum Ausübungszeitpunkt der Option niedriger ist als der Basispreis abzüglich der Prämie, also der *Break-Even-Kurs* 2,155 DM/$ beträgt:

$$K = (B - P)$$
$$K = (2,20 - 0,045) = \underline{2,155 \text{ DM/\$}}$$

Sinkt der Devisenkassakurs beispielsweise bis zum Ausübungstag auf 2 DM/$, ergibt sich für den *Käufer* der Verkaufsoption ein Erfolg von 0,155 DM/$, da

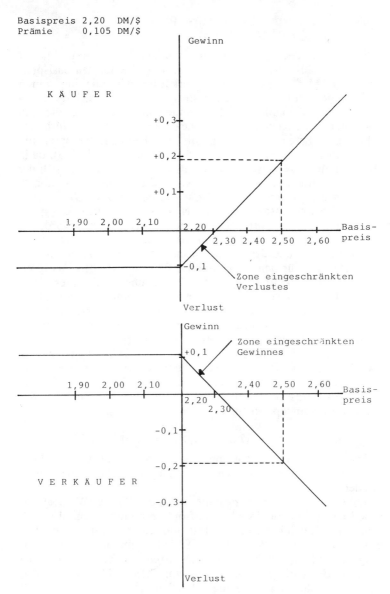

Abbildung 38: Situation von Käufer und Verkäufer einer Devisen-Kaufoption bezüglich Chancen und Risiken

$$E_{KVO} = (B - P) - K$$
$$E_{KVO} = (2{,}20 - 0{,}045) - 2{,}00 = \underline{0{,}155 \text{ DM}/\$}$$

Der Käufer deckt sich zum Kurs von 2,00 DM/$ ein und liefert an den Verkäufer der Verkaufsoption zum vereinbarten Basispreis von 2,20 DM/$. Der Gewinn des Verkäufers wird allerdings durch die Prämie gemindert; im obigen Beispiel verringert sich der Kursgewinn von 0,20 DM/$ um die Prämie von 0,045 DM/$, die vom Basispreis abzuziehen ist. Eine Zone *eingeschränkten Verlustes* ergibt sich im Bereich zwischen Break-Even-Kurs und Basispreis (im obigen Beispiel also zwischen 2,155 DM/$ und 2,20 DM/$), da in diesem Fall der Verlust kleiner ist als die Prämie, auf die sich der Verlust bei Kassakursen > 2,20 DM/$ *maximal* belaufen kann.

Dagegen profitiert der *Verkäufer (Stillhalter in Geld)* von steigenden Devisenkassakursen, da bei Kursen über dem Basispreis der Käufer der Verkaufsoption keine Devisen andienen wird. Allerdings beschränkt sich der *maximale Gewinn* des Verkäufers auch auf die Höhe der Prämie. Eine Zone *eingeschränkten Gewinns* besteht für den Verkäufer im Bereich zwischen Basispreis und Break-Even-Kurs, sofern der Käufer überhaupt unter dieser Konstellation liefern möchte, was unwahrscheinlich ist, zumal der Verkauf am Devisenkassamarkt einen höheren Erlös bringt. Allenfalls könnten hohe Transaktionskosten für den Devisenkassaverkauf den Käufer veranlassen, trotz der Diskrepanz zu liefern. Die *unbeschränkte Verlustzone* beginnt für den Verkäufer ab dem Break-Even-Kurs bei Devisenkursen, die niedriger als dieser sind, im obigen Beispiel also bei Kassakursen < 2,155 DM/$.

Für einen Kassakurs von 2,20 DM/$ gilt hinsichtlich des *Erfolges* der Verkaufsoption für den *Verkäufer* (E_{VVO}):
$$E_{VVO} = K - (B - P)$$
$$E_{VVO} = 2{,}00 - (2{,}20 - 0{,}045) = \underline{- 0{,}155 \text{ DM}/\$}.$$

Die oben erörterten Zusammenhänge der Situation für Käufer und Verkäufer einer Devisen-Verkaufsoption gibt Abbildung 39 wieder.

Bei *unsicheren Kurserwartungen* kann der *Käufer* (Wähler) ggf. eine Kaufoption mit einer Verkaufsoption kombinieren, also z. B. einen Juni-Call mit einem Juni-Put zum selben Basispreis von 2,20 DM/$. Bei *Kursanstieg* auf 2,50 DM/$ ergibt sich folgende Erfolgsbeurteilung für den *Kauf* eines *Straddle:* Die Ausübung der Kaufoption erbringt einen Gewinn von 0,195 DM/$ (durch Verkauf der Valuta am Kassamarkt); allerdings erfährt der Käufer durch Nichtausübung des Put einen Verlust in Höhe der Prämie von 0,045 DM/$, also:

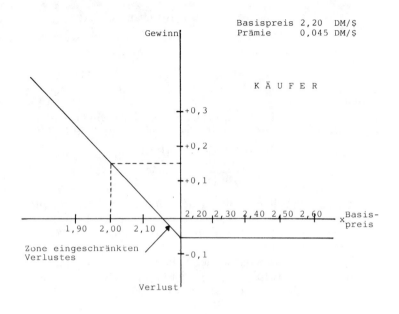
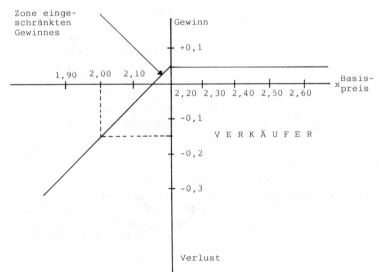

Abbildung 39: Situation von Käufer und Verkäufer einer Devisen-Verkaufsoption bezüglich Chancen und Risiken

```
Gewinn       + 0,195 (Call)
Verlust      − 0,045 (Put)
Gesamterfolg + 0,150 DM/$
```

Sinkt dagegen der Kassakurs auf 2,00 DM/$, dann läßt der Käufer die Kaufoption verfallen (= Verlust in Höhe der Prämie von 0,105 DM/$); aus der Verkaufsoption entsteht jedoch (durch Eindeckungsmöglichkeit über niedrigeren Kassakurs) ein Gewinn von 0,155 DM/$. Somit entsteht ein *Gesamterfolg* von 0,50 DM/$:

```
+ 0,155 Gewinn (Put)
− 0,105 Verlust (Call)
+ 0,050 DM/$
```

Grundsätzlich gelten somit für den *Käufer* von *Devisen-Optionen* bei Kombination von Calls und Puts derselben Laufzeit folgende allgemeine Beziehungen für die Ermittlung der *Vorteilhaftigkeit* in den Fällen

1. Kursanstieg der Valuta:
 Erfolg = $[K - (B + P_{Call})] - P_{Put}$
2. Sinken des Kurses der Valuta:
 Erfolg = $[(B - K) - P_{Put}] - P_{Call}$

Analoge Überlegungen mit umgekehrten Vorzeichen stellen auch Banken als *Stillhalter* an, die *Devisen-Optionsscheine* als Variante von Finanzinnovationen (siehe dazu im einzelnen Eilenberger, 1990c) in Form von *Kauf-/Verkaufs-Optionsscheinen* emittieren (siehe Beispiel einer entsprechenden Verkaufsmitteilung in Abbildung 39/1), vorausgesetzt, die Emission läßt sich in vollem Umfang als Straddle *verkaufen*. Für den *Käufer* (Wähler) ergibt sich die Möglichkeit des Erwerbs eines Straddles, wobei in Anbetracht der Börsengängigkeit der Optionsscheine auch eine vorzeitige Trennung von den Papieren zu ggf. günstigeren Ergebnissen grundsätzlich möglich ist.

Zu berücksichtigen ist bei den vorstehenden Überlegungen allerdings die Notwendigkeit der Verzinsung der Prämie (P), zumal diese bei Abschluß des Devisen-Optionsgeschäftes im voraus zu leisten ist und auf diese Weise beim Wähler (Käufer der Option) ein Zinsentgang eintritt. Der entgangene Zinsertrag mindert somit den Gesamterfolg, so daß der Break-Even-Kurs entsprechend zu korrigieren ist.

Beispiel:
Kauf einer Kaufoption: Basispreis 2,20
                       Prämie   0,105 (Juni-Call)

COMMERZBANK

Verkaufsmitteilung

Die Commerzbank Aktiengesellschaft bietet an:

4.000.000 US-$-Kauf-/Verkaufs-Optionsscheine

Emittentin:	Commerzbank Aktiengesellschaft
Verkaufspreis:	Tranche A: (Kaufoption) DM 8,50 Tranche B: (Verkaufsoption) DM 8,50 je Währungsoptionsschein freibleibend, zuzüglich Effektenprovision.
Verkaufsbeginn:	11. Juli 1990; Zeichnungen sind auf dem banküblichen Weg möglich.
Mindestzeichnung:	500 Währungsoptionsscheine
Volumen:	je Tranche 2.000.000 Währungsoptionsscheine
Optionsbedingungen:	Jeder Optionsschein der Tranche A berechtigt den Inhaber nach Maßgabe der Optionsbedingungen zum Kauf von jeweils US-$ 100,– zu einem Preis von DM 1,65 je US-$. Jeder Optionsschein der Tranche B berechtigt den Inhaber nach Maßgabe der Optionsbedingungen zum Verkauf von jeweils US-$ 100,– zu einem Preis von DM 1,65 je US-$. Optionsrechte können während der Optionsfrist für mindestens 500 Optionsscheine und ein ganzzahliges Mehrfaches von 100 ausgeübt werden.
Optionsfrist:	Vom 24. Juli 1990 bis zum 24. Juli 1991 einschließlich.
Verbriefung/Lieferung:	Effektive Optionsscheine werden nicht ausgegeben; den Inhabern von Optionsscheinen stehen Miteigentumsanteile an Global-Inhaber-Optionsscheinen zu, die in Übereinstimmung mit den Bestimmungen und Regeln der Deutscher Kassenverein Aktiengesellschaft und außerhalb der Bundesrepublik Deutschland von Euroclear und Cedel übertragen werden können.
Börsennotierung:	Es ist vorgesehen, die Optionsscheine zum Geregelten Markt an der Frankfurter Wertpapierbörse zuzulassen.
Valuta:	23. Juli 1990
Wertpapier-Kenn-Nr.:	803 243 (Tranche A) 803 244 (Tranche B)
Reuters:	CBGM/N

Das die näheren Einzelheiten beschreibende Informationsmemorandum kann bei der Commerzbank Aktiengesellschaft, Zentrale Konsortial-Abteilung, Emissionsabwicklung, Neue Mainzer Straße 32–36, 6000 Frankfurt am Main, angefordert werden.

Frankfurt am Main, 11. Juli 1990

COMMERZBANK
AKTIENGESELLSCHAFT

Abbildung 39/1: Verkaufsmitteilung über die Emission von Kauf-/Verkaufs-Devisen-Optionsscheinen

Die Aufzinsung der Prämie erfolgt grundsätzlich nach der Formel:

$$P_n = P_o \left(1 + \frac{p \cdot t}{36000}\right)$$

Dabei ergibt sich die Frage, welcher Zinssatz zu wählen ist (Inlandsanlage/Auslandsanlage). Bei realistischer Unterstellung des

Inlandszinses, z. B. für 3-Monats-Anlagen von 4,75% p. a. beträgt $P_n = 0,1062$ DM. Daher ist wie folgt zu korrigieren:
$$K = B + P_n$$
$K = 2,20 + 0,105 = 2,3062$ DM (anstatt 2,305 DM).
Allerdings besteht die Möglichkeit, im Rahmen Amerikanischer Optionen, vor Laufzeitende auszuüben. In diesen Fällen wäre eine entsprechende Zinskorrektur notwendig.

2.2.3.3.2 Anwendungsmöglichkeiten von Devisen-Optionen im Außenhandel (Devisen-Optionen mit »Grundgeschäft«)

Der Importeur wird sich für einen möglichst niedrigen Basispreis entscheiden, wenn er zum 10. 4. einen Betrag von 100 000 $ benötigt und einen Anstieg des Devisenkassakurses erwartet. Unter Verwendung der Zahlen aus Abbildung 37 kauft der Importeur daher eine *Kaufoption* (Juni-Call) mit dem Basispreis 2,20 DM/$ (Kassakurs zum Zeitpunkt der Entscheidung/Planung am 10. 3.: 2,2780 DM/$) und bezahlt dafür die Prämie von 0,105 DM/$. Würde er bereits am 10. 3. die benötigten 100 000 $ kaufen, müßte er 227 800 DM aufwenden, also um 7 800 DM mehr als den Gegenwert zum Basispreis (220 000 DM). Das *Sicherungsergebnis* beträgt *netto* $-2 700$ DM ($-10 500$ DM Prämie + 7 800 DM Ersparnis), bedeutet also einen (noch nicht realisierten) kalkulierten Sicherungsverlust, den der Importeur ggf. über den Preis an seine Abnehmer weitergeben kann. Ob bis zum 10. 4. die Option ausgeübt wird, hängt von der Entwicklung des aktuellen Kassakurses ab. Bei einem Kassakurs von 2,30 DM/$ verringert sich der Sicherungsverlust bereits auf DM 500 und erreicht bei einem Kassakurs von 2,305 den Break-Even-Punkt (Ergebnis: 10 500 DM Ersparnis ./. 10 500 DM Prämie; ggf. modifiziert um die aufgezinste Prämie P_n – siehe oben). Treffen jedoch die Erwartungen des Importeurs nicht ein, sinkt also der Kassakurs unter den Basispreis, dann unterbleibt die Ausübung. Der Importeur deckt sich nämlich am Kassamarkt günstiger ein und hat die Prämie als Sicherungsverlust zu tragen. Beispiel: Der Kassakurs sinkt auf 2,10 DM/$; Kauf von 100 000 $ zum Betrag von 210 000 DM auf dem Kassamarkt. Der Sicherungsverlust beträgt 500 DM gegenüber der Ausübung der Option zum Basispreis 2,20 DM (210 000 + 10 500 Prämie = 220 500 DM). Der Finanzplan in DM und in Valuta sowie die kalkulatorische Kurssicherung zeigen somit folgendes Bild:

Tag	Finanzplan DM		Finanzplan $		Kalkulatorische Kurssicherung	
	E	A	E	A	Erlöse	Kosten
10.3.	--	10 500	--	--	--	10 500
10.4.	--	Bei Ausübung: 220 000	Bei Ausübung: 100 000	100 000	Bei Ausübung: (1) 10 000 (2) 10 500	

(1) Kurs 2,30 DM/$: Verlust 500
(2) Kurs 2,305 DM/$: 0

Im Gegensatz zum Importeur wird ein *Exporteur* bestrebt sein, sich einen möglichst hohen Basispreis zu sichern, zumal er ein Sinken des Kassakurses befürchtet. Der analog zu den oben verwendeten Zahlen erwartete Exporterlös am 10.4. von 100 000 $ soll zum Basispreis von 2,25 DM/$ gegen eine Prämie von 0,0675 für Juni-Puts gesichert werden. Daher folgendes kalkuliertes Sicherungsergebnis:

Aktueller Kassakurs	2,278	227 800 DM
Basispreis	2,25	225 000 DM
Nachteil		− 2 800 DM
Prämie		− 6 750 DM
Kurssicherungsaufwand		− 9 550 DM

Beträgt der Kassakurs am 10.4. tatsächlich 2,20 DM/$, so erfolgt eine Ausübung der Option:
Der Exporteur erhält vom Stillhalter gegen Zahlung von 100 000 $ den vereinbarten Betrag von 22 500 DM und somit um 5000 DM mehr. Allerdings beträgt die Prämie 6750 DM, weshalb der *endgültige Sicherungsaufwand* 1750 DM ausmacht (bezogen auf den Gesamterlös von 225 000 DM ergibt sich ein prozentualer Sicherungsaufwand von 0,8% p.a.). Steigt jedoch der Kassakurs auf 2,35 DM/$, dann entsteht ein *Sicherungsgewinn* von 3250 DM (10 000 ./. 6750).

Grundsätzlich eignen sich Devisen-Optionen sowohl für Exporteure als auch für Importeure. Der praktische Einsatz dieses Kurssicherungsinstrumentes wird allerdings durch die Höhe der Prämien, die im allgemeinen höher als die korrespondierenden Swapsätze für Devisentermingeschäfte sind, eingeschränkt. Da die Unternehmung jeweils prüfen kann, ob sie die Option ausübt oder nicht, liegt sie in jedem Fall mit Sicherheit auf der »besseren« Seite des Marktes, da sie die Resultate der Strategie eines »Selektiv gut absichern« erzielt, ohne tiefschürfende Analysen und Kursprognosen anstellen zu müssen (siehe Corti, 56). Allerdings bewirkt die Höhe der Prämie, daß die Vorteile der Devisen-Option in der Regel neutralisiert werden. Ihr Anwendungsbereich konkurriert somit unter Kostenaspekten nicht mit den traditionellen Kurssicherungsinstrumenten wie den Devisentermingeschäften.

Für *Exporteure* ergibt sich jedoch in den Fällen der ansonsten nicht kompensierbaren Valutarisiken bei Abgabe von internationalen Angeboten eine erwägenswerte Lösungsmöglichkeit. Da Unsicherheit über die Annahme des Angebots herrscht, können die möglichen Zuflüsse an *Deviseneinnahmen* durch *Devisen-Verkaufsoptionen* abgesichert werden. Wird das Angebot abgelehnt und kommt es nicht zur Ausführung des Exportgeschäfts, verzichtet die Unternehmung auf Ausübung der Option; die Kosten der Kurssicherung sind somit auf die Prämie begrenzt. Ein Devisentermingeschäft hätte sich als untauglich erwiesen, da es zu einer Lieferung der Valuta verpflichtet, die dann anderweitig und ggf. teurer zu beschaffen und die Kurssicherungskosten somit nicht ex ante kalkulierbar wären. Bei Annahme des Angebots besteht durch die Verkaufsoption dagegen voller Schutz der Valuta; darüber hinaus ist die Unternehmung in der Lage, die − bekannten − Kosten der Verkaufsoption in den Exportpreis einzukalkulieren und auf diese Weise eine sichere Grundlage für die Abwicklung des Exportgeschäftes zu schaffen. Ein weiterer Vorteil ergibt sich bei Amerikanischen Devisen-Optionen in der Möglichkeit, während der Optionsfrist jeweils über die Ausübung entscheiden zu können und dabei auch flexibel auf ggf. ungeplante Zuflüsse und unerwartete Kursbewegungen zu reagieren.

Importeure, die Devisenbedarf haben, werden *Devisen-Kaufoptionen* vornehmlich ebenfalls in der Angebotsphase bei Verhandlungen über zukünftige Importe wählen, um die künftigen, noch unsicheren Abflüsse an *Devisenausgaben* abzusichern. Insofern ergibt sich spiegelbildliches Verhalten zu den Verhältnissen des Exporteurs und ist nicht weiter zu erörtern.

Importeure könnten aber auch − sofern laufender Bedarf an Devisen besteht − *Devisen-Verkaufsoptionen* verkaufen, um als Stillhalter (in Geld) die notwendigen Devisen zu erwerben. Dieser Weg wird jedoch in der Regel für Nicht-Banken nicht gangbar sein, da die Verlustrisiken bei falscher Einschätzung der Kursentwicklung theoretisch unbegrenzt anwachsen können. Dasselbe gilt für *Exporteure,* die grundsätzlich auch als Verkäufer von *Devisen-Kaufoptionen* auftreten könnten (= Stillhalter in Valuta), dann jedoch Verlustrisiken eingingen, wenn die Kassakurse anstiegen (anstatt unter den Basispreis zu fallen) und der Verkauf über den Devisenkassamarkt höhere Erlöse brächte.

2.2.3.4 Optionen auf Währungs-Futures (Futures Options)

Currency Futures Options bzw. Futures Options stellen Optionen auf Devisenterminkontrakt-Vereinbarungen (2.2.3.1) dar, die an der Börse in Chicago seit 1984 gehandelt werden.
Derartige Optionen geben das *Recht,* eine Devisenterminkontrakt-Vereinbarung (z. B. über 125 000 DM) innerhalb der *Op-*

Futures-Optionen

Schweizerfranken (CME) 125 000 Fr.: cents/Fr.

Strike-	Calls			Puts		
preis	Jun	Sep	Dez	Jun	Sep	Dez
50	3.07	3.79	–	0.60	0.92	–
51	2.38	3.12	–	0.90	1.22	–
52	1.79	2.54	–	1.30	1.61	–
53	1.31	2.04	–	1.80	2.07	–
54	0.94	1.62	–	2.41	2.61	–
55	0.68	1.28	1.87	3.14	3.23	–

Calls: Vortagesumsatz 1 300. offene Kontrakte 19 057
Puts: Vortagesumsatz 779. offene Kontrakte 7 782

D-Mark (CME) 125 000 DM: cents/DM

	Calls			Puts		
	Jun	Sep	Dec	Jun	Sep	Dec
42	2.77	3.31	–	0.41	0.69	–
43	2.06	2.66	–	0.69	1.00	–
44	1.48	2.10	–	1.08	1.40	–
45	1.01	1.60	–	1.59	1.86	–
46	0.69	1.21	–	2.26	2.43	–
47	0.48	0.93	–	3.03	3.12	–

Calls: Vortagesumsatz 4 658: offene Kontrakte 48 411
Puts: Vortagesumsatz 4 491: offene Kontrakte 43 194

Eurodollars (CME) 1 Mio. $: %

	Calls			Puts		
	Mär	Jun	Sep	Mär	Jun	Sep
91.50	1.08	1.26	1.22	–	0.01	0.06
92.00	0.58	0.79	0.80	–	0.04	0.12
92.50	0.10	0.39	0.46	0.02	0.13	0.24
93.00	–	0.15	0.22	0.42	0.38	0.47
93.50	–	0.05	0.10	–	–	–
94.00	–	0.02	–	–	–	–

Calls: Vortagesumsatz 5 771. offene Kontrakte 40 862
Puts: Vortagesumsatz 3 019. offene Kontrakte 44 104
(Quelle: CME)

Abbildung 40: Notierungen von Futures-Optionen am 10.3.1986 (Quelle: NZZ)

tionsfrist bis zum Verfalltag der Option jederzeit zum *Basispreis* kaufen oder verkaufen zu können (siehe Feldman). Im Unterschied zur Devisen-Option (2.2.3.3) ist bei Ausübung der Option nicht ein bestimmter (standardisierter) Valuta-Betrag, sondern eine (oder mehrere) Devisenterminkontrakt-Vereinbarung(en), also *Währungs-Futures,* zu *kaufen* oder zu *liefern.* Kontraktmonate sind in Analogie zu den Devisen-Optionen ebenfalls die Monate März, Juni, September und Dezember, wobei die Optionen jeweils 12 Tage vor den Verfalltagen der Kontraktmonate (dritter Mittwoch der betreffenden Monate) auslaufen. Derartige Geschäfte werden u. a. abgeschlossen, um die Zeit bis zum Abschluß von Gegengeschäften zu überbrücken und gleichwohl Kurssicherung zu gewährleisten (wegen Einzelheiten siehe Fischer-Erlach 1984, 329 f.). Hinsichtlich der Abwicklung ist auf die Ausführungen in den Abschnitten 2.2.3.2 und 2.2.3.3 hinzuweisen.

Am 10.3.1986 wurden an der CME/IMM Futures-Optionen auf SFR, DM und Euro-$ angeboten und gehandelt (Abbildung 40).

Der *Erwerb einer Kaufoption (Call)* auf DM-Futures war demnach zu Basispreisen von 42 bis 47 Cents/DM möglich. Am 10.3. betrug beispielsweise bei einem *Basispreis (Strikeprice)* von 45 ¢/DM die *Prämie (Optionspreis)* für Juni-Kontrakte in DM (125 000 DM) 1,01 ¢/DM, also 1262,50 $ pro Kontrakt (= 125 000 DM · 1,01 ¢). Das bedeutet, daß bei Ausübung der Option durch den *Käufer* (Kontrakthalter) der Kaufoption (zu 45) der *Stillhalter (in DM-Futures)* einen DM-Futures-Kontrakt zum Einstandspreis von 45 ¢/DM anzuschaffen hatte. Allerdings ist bei Ausübung der Option vom Käufer nur die geforderte »margin« (= Deckungsbetrag) bei der Clearingstelle zu hinterlegen, während die tatsächliche Zahlung des *Einstandspreises* von 56 250 $ je DM-Futures-Kontrakt erst bei Fälligkeit des Futures im Juni zu leisten wäre. In der Regel wird der Kontrakthalter jedoch bereits vor Fälligkeit seine Position durch ein Gegengeschäft (z. B. aus Exporterlösen) – vorzeitig – glattstellen (siehe 2.2.3.1). Wäre das nicht der Fall, müßte die Leistung des Einstandspreises von 56 250 $ je DM-Futures-Kontrakt an die Clearingstelle der Börse und nicht an den Stillhalter erfolgen.

Der *Käufer einer Verkaufsoption (Put)* erwirbt im obigen Beispiel gegen Zahlung einer *Prämie* von 1,59 ¢/DM das Recht, dem *Stillhalter (in Valuta)* bis zum Fälligkeitstag einen DM-Futures-Kontrakt (125 000 DM) zum Basispreis von 45 ¢/DM verkaufen zu können. Der Käufer zahlt dem Verkäufer der Verkaufsoption

(Stillhalter) bei Abschluß des Optionskontraktes somit 1987,50 $ je DM-Futures-Kontrakt; bei Ausübung der Option kann der Käufer spätestens am Fälligkeitstag den Kontrakt zu 45 ¢/DM mit 56 250 $ realisieren.

Ein *Gewinn* ergibt sich bei Optionen auf Futures-Kontrakte bei *Kauf einer Kaufoption* für den *Käufer* durch Bezug dieses Kontraktes und Verkauf eines gleichlautenden Kontraktes, wenn der aktuelle Devisenkassakurs zum Basispreis zuzüglich Prämie zum Ausübungszeitpunkt bzw. Fälligkeitstermin eine Differenz > 0 aufweist (wegen der weiteren Alternativen siehe die korrespondierenden Ausführungen zur Devisen-Option in Abschnitt 2.2.3.3).

2.2.4 Sonstige Kurssicherungen

2.2.4.1 Wechselkursversicherung

Ausfuhrforderungen deutscher Exporteure können unter bestimmten Voraussetzungen durch *Wechselkursgarantien* oder *Wechselkursbürgschaften* des Bundes vor Kursverlusten geschützt werden. Dieses im allgemeinen Sprachgebrauch meist als *Wechselkursversicherung* bezeichnete Verfahren wird im Auftrag des Bundes von der Hermes Kreditversicherungs-AG sowie von der Treuarbeit AG abgewickelt. Garantien werden für Ausfuhrverträge mit privaten ausländischen Schuldnern, Bürgschaften für Verträge mit ausländischen Regierungen und Körperschaften des öffentlichen Rechts übernommen.

Durch Wechselkursgarantien oder -bürgschaften deckungsfähig sind Exportforderungen, die auf US-Dollar, Pfund Sterling oder Schweizer Franken lauten. Jedoch können auch andere frei konvertierbare und an den Deutschen Devisenbörsen notierte Währungen von nicht der EG (Ausnahme: Pfund Sterling) angehörenden Staaten versichert werden, sofern der Antragsteller glaubhaft macht, daß ohne die Vereinbarung einer solchen Währung das Ausfuhrgeschäft nicht zustandekommen würde. In Betracht kommen nur Forderungen mit einer Laufzeit von mehr als zwei Jahren. Dabei übernimmt der Bund das Kursrisiko lediglich für den Zeitraum, der nach dem Ende einer sogenannten *Vorlaufzeit* von zwei Jahren beginnt. Für diese nicht versicherte Vorlaufzeit muß der Exporteur das Kursrisiko entweder selbst tragen oder es anderweitig absichern, z. B. durch ein Devisentermingeschäft.

Gedeckt wird der Mittelkurs, der am letzten Tag der Vorlaufzeit (die auf Antrag des Exporteurs um ein oder zwei Jahre verlängert werden kann) für die Umrechnung der Fremdwährung in DM an der Frankfurter Börse amtlich notiert wird *(gedeckter Kurs)*. Für Ausfälle durch Wechselkursverschlechterungen, die bis zum Tag der Fälligkeit der Zahlung oder von Teilzahlungen eintreten, leistet der Bund Entschädigungen in voller Höhe, sofern die Kursverluste 3% überschreiten. Kursverluste bis zu 3% muß der Exporteur dagegen selbst tragen. Anderseits ist der Garantie- oder Bürgschaftsnehmer verpflichtet, Kursgewinne, die 3% überschreiten, voll an den Bund abzuführen.

Die *Kosten* der Wechselkursgarantien und -bürgschaften setzen sich aus einer Bearbeitungsgebühr und dem eigentlichen Entgelt zusammen. Die *Bearbeitungsgebühr,* die auch bei Nichtzustandekommen des Geschäfts oder der Deckung zu entrichten ist, wird in gestaffelter Höhe erhoben. Sie beträgt mindestens 30 und höchstens 500 DM. Das *Entgelt* stellt sich auf 0,7% p. a., sofern nur das Wechselrisiko gedeckt wird, und 0,6% p. a., wenn − gegen zusätzliches Entgelt − zugleich auch eine Ausfuhrgarantie oder -bürgschaft in Anspruch genommen wird (siehe dazu 3.2.1). Bei der Beurteilung der Kostensituation ist überdies zu berücksichtigen, daß zu der Bearbeitungsgebühr und dem Entgelt diejenigen Kosten hinzutreten, die durch die anderweitig vorzunehmende Kurssicherung für die Vorlaufzeit entstehen, und daß Kursverluste bis zu 3% nicht gedeckt sind.

2.2.4.2 Gegenseitige Wechselkursgarantien

Sofern Devisentermingeschäfte nicht möglich oder nicht zulässig oder nicht gewollt sein sollten, können Unternehmungen die Möglichkeit gegenseitiger »Wechselkursgarantien« nutzen (siehe dazu auch Menzel, 85): Ein inländischer Exporteur und ein ausländischer Importeur mit nicht identischen Warengeschäften einigen sich darauf, sich gegenseitig gegen einen Devisenkurs zu versichern, der am Fälligkeitstag von dem aktuell geltenden Devisenkassakurs am Abschlußtag abweicht. Im Grunde handelt es sich um ein *direktes Devisentermingeschäft zwischen Unternehmungen* ohne Einschaltung von Banken als Devisengeschäftspartner oder -vermittler. Der auftretende Differenzbetrag zwischen Devisenkassakurs am Abschlußtag und am Fälligkeitstag ist stets in lokaler Währung zu zahlen.

Derartige direkte Devisentermingeschäfte laufen nicht über Devisenterminmärkte, die entweder nicht existieren oder umgangen werden sollen. Die Ermittlung des Swapsatzes als Ausdruck der

Zinsdifferenzen zwischen den beiden Ländern erfolgt nach den in 1.3.2.1.2. a) dargelegten Grundsätzen. Obwohl Banken an der eigentlichen gegenseitigen Wechselkursgarantie nicht beteiligt sind, ist deren Einschaltung bei der Abwicklung insofern notwendig, als diese die Valuta am Fälligkeitstag transferieren und am Devisenkassamarkt in inländische Währung umtauschen müssen. Die Partner einer gegenseitigen Wechselkursgarantie sparen die Zuschläge bzw. Abschläge zu den Swapsätzen unter Banken und vermindern damit durch die direkte Abwicklung die Kosten der Kurssicherung, die sie sich teilen werden. Allerdings besteht im Gegensatz zu den offiziellen *(indirekten)* Devisentermingeschäften ein Sicherheitsrisiko, da im Gegensatz zu der Beteiligung von Banken als Devisengeschäftspartner keine Garantie auf Erfüllung des Geschäfts durch einen Nichtbank-Partner gegeben ist.

3. Kapitel:
Instrumente zur Sicherung vor Transfer-, Konvertierungs- und Währungseventualrisiken

In Analogie zur Sicherung vor Valutarisiken können die möglichen Maßnahmen zur Sicherung vor den sonstigen Währungsrisiken ebenso nach internen und externen Instrumenten systematisiert werden.

3.1 Interne Instrumente

Als interne Instrumente sind alle diejenigen Vorkehrungen zu bezeichnen, die das Währungsmanagement ohne Mithilfe Dritter gegenüber den Kontrahenten internationaler Aktivitäten ergreifen kann. In diesem Zusammenhang kommen insbesondere Limitierungen der Währungsrisiken, Verbundgeschäfte und die Verlagerung der Produktion in das Ausland in Betracht.

3.1.1 Limitierung der Währungsrisiken

3.1.1.1 Festlegung von Länderlimiten

Entsprechend der Einstufung der *Länderrisiken* (siehe dazu Eilenberger 1980, 77 ff., und 1986, 237 ff.) erfolgt zweckmäßigerweise eine Klassifikation der Zielländer internationaler Aktivitäten nach den Kategorien »Nicht limitiertes Risiko«, »Limitiertes Risiko« und »Gesperrtes Risiko« (siehe Bierich, 544 ff.).

Während die Gruppe der *Länder ohne Risikolimitierung* von den hochindustrialisierten Industrieländern ohne erkennbare bzw. ohne nennenswerte Transfer- und Konvertierungsrisiken repräsentiert wird, bezüglich derer uneingeschränkt im Rahmen der sich bietenden (profitablen) Geschäftsmöglichkeiten internationale Aktivitäten entwickelt und Verpflichtungen eingegangen werden können, ist die Gruppe *Gesperrtes Risiko* durch hohe Konvertierungs-, Transfer- und auch Valutarisiken gekennzeichnet. In der

Regel wird es sich um Entwicklungsländer handeln, die noch wenig fortgeschritten erscheinen und mit denen nur im *Ausnahmefall* unter Abwägung aller Verlust-, aber auch Gewinnmöglichkeiten internationale Kontrakte eingegangen werden sollen. Auf jeden Fall müssen bei derartigen Risiken zusätzlich externe Sicherungsinstrumente (siehe 3.2) nach Lage des Falles Anwendung finden.

Besonderer Sorgfalt hinsichtlich des Risikomanagements bedarf vor allem die Gruppe derjenigen Länder und dort ansässiger Unternehmungen, deren *Länderrisiken als akzeptabel* eingestuft und die Transfer- und Konvertierungsrisiken als überschaubar bezeichnet werden können. Dazu zählen die fortgeschrittenen Entwicklungsländer und die meisten Ostblockstaaten. Häufig werden auch die internationalen Aktivitäten bei dieser Zielgruppe das höchste Volumen aufweisen. Auch für diese Gruppe von Risiken gilt, daß zusätzlich externe Sicherungsmaßnahmen zu ergreifen sind (z. B. Abschluß von Versicherungen, soweit versicherbar; siehe 3.2).

Entsprechend der Richtlinien der Unternehmensleitung und des Währungsmanagements unterliegen internationale Geschäfte mit Unternehmungen in *Ländern mit hohem Risiko* einer *Einzelgenehmigungspflicht,* Geschäfte mit Unternehmungen in Ländern mit mäßigem (überschaubaren) Risiko sind zwar im Rahmen der Limite grundsätzlich genehmigt, jedoch zusätzlich zu sichern, und Geschäfte mit Unternehmungen in Ländern der Risikoklasse mit »Risiko Null« überhaupt keiner Beschränkung hinsichtlich des Volumens unterworfen.

Divisionalisierte Unternehmungen und Konzerne geben darüber hinaus den einzelnen Sparten und Konzerngesellschaften jeweils *individuelle Limite (Währungsbudgets)* nach deren spezifischen Erfordernissen vor, die aus den Gesamtlimiten abgeleitet werden. Darüber hinaus können sich die Währungslimite an den Fristigkeiten der internationalen Aktivitäten orientieren, da kurzfristige Geschäfte unter Risikoaspekten anders zu beurteilen sind als langfristige Aktivitäten (z. B. langfristige Exportaufträge mit mehrjähriger Abwicklung und mehreren Zahlungsabschnitten).

3.1.1.2 Begrenzung von Währungspositionen in Relation zum Eigenkapital (Beteiligungskapital)

Entsprechend der Funktion des Beteiligungskapitals (Eigenkapitals) von Unternehmungen als Risikoträger und Risikopuffer, wird es sich als zweckmäßig erweisen, die Währungslimite nicht nur nach Länderrisiken, sondern auch in Relation zum spezifischen

Risikokapital festzulegen. In Analogie zur Begrenzungsrechnung im Grundsatz I a für Banken, kann das Währungsmanagement bzw. die Unternehmungsleitung (ggf. für die in 3.1.1.1 angeführten Ländergruppen) Anteilswerte für das Volumen internationaler Aktivitäten in bezug auf das Beteiligungskapital (Grundkapital + Rücklagen + ggf. Genußscheinkapital oder sonstiges nachrangiges Haftkapital) bestimmen, die nicht überschritten werden dürfen. Die Ermittlung der Obergrenzen von Aktiv- und/oder Passivposten gegenüber jedem in Betracht kommenden Land bzw. den jeweiligen Unternehmungen (sowohl in Valuta als auch in DM) erfolgt in Abstimmung mit den als notwendig erachteten Länderlimiten. Die individuelle Feststellung der tatsächlichen Auslastung derartiger Limite kann auf der Grundlage des Ermittlungsschemas für den Auslandsstatus (siehe Abbildung 14) vorgenommen werden. Die Festlegung würde im Einzelfall beispielsweise lauten: »Der Gesamtbetrag der Forderungen in Währung X darf Y% des Eigenkapitals nicht überschreiten«.

3.1.1.3 Netting und Reinvoicing

Multinationale Unternehmungen oder in einem internationalen Clearingsystem auf anderer Basis verbundene (internationale) Unternehmungen, die *Netting* (siehe 2.1.8) praktizieren, können damit nicht nur die Zahl der grenzüberschreitenden und dadurch dem Valutarisiko ausgesetzten Zahlungsströme reduzieren, sondern damit gleichzeitig im Umfang der nicht notwendigen internationalen Zahlungen und Finanztransfers Konvertierungs- und Transferrisiken vermeiden und damit die betreffenden Risiken auf den auszutauschenden Saldo beschränken. Währungseventualrisiken lassen sich durch Netting und konzerninternen Devisenaustausch beherrschen, wenn auch nicht ausschließen.

Netting kann in multinationalen Konzernen, die nach dem *Pool-System* abrechnen (siehe dazu Urban), durch *Reinvoicing* ergänzt werden. Erfolgt beispielsweise die Lieferung von Waren innerhalb der MNU von einer französischen Grundeinheit an eine südafrikanische Grundeinheit, wird die körperliche Verbringung der Leistung zwar an die südafrikanische Grundeinheit direkt bewirkt, die Fakturierung jedoch über einen konzerninternen (internationalen) Pool vorgenommen. Die französische Grundeinheit fakturiert in FF zu einem internen Verrechnungspreis an den Pool, gleichzeitig erteilt der Pool der südafrikanischen Grundeinheit eine (Parallel-)Rechnung in Südafrikanischen Rands. Auf diese Weise können aus Konzernsicht sowohl die Valutarisiken bestmöglich beherrscht und Gegenpositionen für Handelsbeziehungen durch Finanzanlagen/-kredite zentral aufgebaut, als auch Transfer- und Konvertierungsrisiken konzernintern auf ein Minimum reduziert werden. Desgleichen lassen sich auch durch Entscheidungen des Poolmanagements, das direkt den Weisungen der Zentrale unterstellt ist, Währungseventualrisiken beherrschen, ohne externe Instrumente (z. B. Devisen-Optionen, siehe 3.2.5) in Anspruch nehmen zu müssen.

3.1.2 Verbundgeschäfte (Gegenseitigkeitsgeschäfte)

Die Begriffe *Verbundgeschäfte, Gegenseitigkeitsgeschäfte, Countertrade* sind Synonima für eine Vielfalt von Erscheinungsformen bilateraler und multilateraler Warenhandelstransaktionen, deren gemeinsames Wesensmerkmal darin besteht, daß der Export eines Realgutes mit dem Import eines anderen Realgutes gekoppelt (verbunden) ist. Das Spektrum der Verbundgeschäftstypen reicht vom reinen Naturaltausch (Barter) über Kompensationsgeschäfte aller Art (mit verbundenen Finanzströmen) bis zu solchen Switch-Geschäften, die Devisentransaktionen zur finanziellen Abwicklung internationaler Realgütertransaktionen auf Gegenseitigkeit darstellen (siehe dazu v. a. Verzariu).

Zwar werden Verbundgeschäfte für die exportierenden deutschen Unternehmungen meist ohne Alternative sein, wenn mit dem entsprechenden Ostblockland oder Entwicklungsland wegen dessen Devisenmangel die vorgesehene internationale Aktivität nicht überhaupt ausscheiden soll und damit die Unternehmung zum Abschluß eines solchen Vertrages durch den ausländischen Kontrahenten veranlaßt wird, jedoch können Verbundgeschäfte durchaus auch auf Initiative der deutschen Unternehmung entstehen und damit gleichzeitig als interne Maßnahme zur Sicherung vor Konvertierungs- und Transferrisiken dienen. Darüber hinaus erwachsen der Unternehmung allerdings bei Verbundgeschäften, die mit Nominalgüterströmen (Zahlungen) verbunden sind, unter Umständen Valutarisiken, die ggf. mit den im zweiten Kapital erörterten Kurssicherungsinstrumenten zu beherrschen wären. Für Unternehmungen ohne Erfahrung in Verbundgeschäften können darüber hinaus Risiken insoweit entstehen, als für bestimmte Güter Einfuhr- oder Ausfuhrverbote oder Einfuhrbeschränkungen gelten (z. B. bei Ausschöpfung von EG-Quoten im Rahmen von Selbstbeschränkungsabkommen).

3.1.2.1 Barter

Den einfachsten Typus von Verbundgeschäften repräsentieren Barter-Kontrakte bzw. Barter-Agreements (mit bestimmten Staaten und deren Staatshandelsunternehmungen), die ausschließlich den Austausch von Gütern gegen Güter (als Entgelt für die ursprüngliche Güterlieferung) zum Gegenstand haben (Abbildung 41). In der eigentlichen Phase des Barter-Geschäfts erfolgt somit keinerlei Zahlungsmittelbewegung. Dies gilt jedoch nicht für den zweiten Schritt, bei dem der Exporteur den Verkauf der als Gegenleistung erhaltenen Güter, sofern diese in dessen Produktionsprozeß keine Verwendung finden kann, vornehmen muß. Derartige Verwertungen werden von spezialisierten Unternehmungen im In- und Ausland im Auftrage des (deutschen) Exporteurs durchgeführt (Abbildung 42), der die Güter grundsätzlich auch selbst verwerten könnte, häufig jedoch nicht über die entsprechenden Kontakte und das notwendige Know-how verfügen wird.

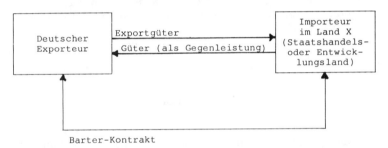

Abbildung 41: Struktur eines bilateralen Barter-Kontrakts

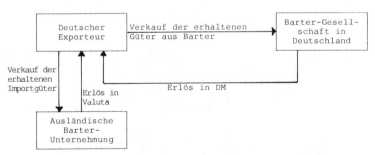

Abbildung 42: Verwertungsmöglichkeiten von erhaltenen Güterlieferungen im Rahmen von Barter-Geschäften

In der Bundesrepublik Deutschland entstanden seit Ende 1982 Barter-Gesellschaften in Form von Tauschringen, die den Teilnehmern in Aussicht stellen, »die liquiden Mittel in offiziellen Währungseinheiten zu schonen, höhere Umsätze und Gewinnverbesserungen zu erzielen und damit einen Wettbewerbsvorsprung zu erlangen« (Kruthaup, 52). Insbesondere vermitteln derartige Barter-Gesellschaften (z. B. Barter Business Club in Witten und BTZ BARTER Tauschzentrale in Hamburg) und der Bundesverband des Deutschen Exporthandels e. V. (BDEX) Kompensationspartner und Abnehmer bzw. Vermarkter der Güter und eine kostengünstige Verrechnung.

Durch Barter-Geschäfte werden Währungseventualrisiken, Konvertierungs- und Transferrisiken völlig neutralisiert und bei inländischer Verwertung auch das Valutarisiko ausgeschlossen (das allerdings bei ausländischer Verwertung und Abrechnung in Valuta gesondert zu berücksichtigen ist). Der deutsche *Exporteur* muß jedoch in den Exportpreis eine *Marge* in Höhe der eigenen Absatzkosten für die Verwertung der Fremdwaren oder in Höhe der voraussichtlichen *Prämienzahlung* an die Verwertungsgesellschaft (Barter-Unternehmung) sowie einen *Preisabschlag* (für den Fall geringer Marktgängigkeit der »Entgelt-Ware«) einkalkulieren.

3.1.2.2 Kompensationsgeschäfte

Das Wesen der Kompensationsgeschäfte besteht darin, daß der deutsche Exporteur ebenfalls eine Kaufverpflichtung der vom ausländischen Partner angebotenen Waren eingeht, jedoch werden im Gegensatz zum Barter beide Realgütertransaktionen getrennt abgeschlossen und fakturiert und die Kompensationsware kann an einen Dritten abgetreten werden.

Hinsichtlich des *Umfangs* von Kompensationsgeschäften wird zwischen Vollkompensation und Teilkompensation unterschieden:
– Bei *Vollkompensation* beträgt die Kompensationsquote 100% bzw. ist der nicht zu kompensierende Teil des Geschäfts minimal, wenn die bilateralen Verrechnungssalden (Überhänge) die vereinbarte 100%ige Kompensation überschreiten (Abbildung 43).
– Teilkompensationen beinhalten demgegenüber einen bestimmten Teilbetrag der Gesamtfaktura, der in zu vereinbarender Valuta auszugleichen ist (z. B. Warenkompensation 80%, Valutazahlungen 20%).

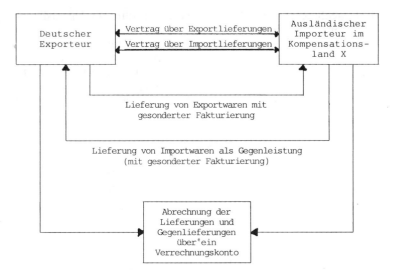

Abbildung 43: Struktur eines Vollkompensationsgeschäftes

Während bei Vollkompensation – wie bei Barter-Kontrakten – Konvertierungs-, Transfer- und Währungseventualrisiken völlig neutralisiert werden können, trifft dies bei Teilkompensationen nur auf den Güteranteil zu. Der Valuta-Anteil von Teilkompensationen bedarf dagegen entsprechender Kurssicherungsmaßnahmen.

Werden Kompensationsgeschäfte unter Beteiligung von mehr als zwei Vertragspartnern durchgeführt, handelt es sich um *Dreiecks-* oder *Vieleckskompensationen* (siehe 3.1.2.5, Switch-Geschäfte).

Infolge der Aufspaltung in ein Exportwarengeschäft und ein Importwarengeschäft erlauben Kompensationsgeschäfte die Einschaltung der Exportkreditversicherung (siehe Müller/Siemann).

3.1.2.3 Parallelgeschäfte

Eine Erweiterung gegenüber den Kompensationsgeschäften bedeuten die Parallelgeschäfte (Gegenkäufe; Parallel Contracts) insofern, als zwei getrennte Verträge die Modalitäten des Parallelgeschäfts bezüglich Warenlieferungen *und* Zahlungsabwicklung regeln: Ein Vertrag über den Export und die Bezahlung des Exporteurs durch den ausländischen Importeur sowie ein Vertrag über die Gegenlieferung von Waren und die Abgeltung an den ausländischen Geschäftspartner.

Der deutsche Exporteur erhält in diesem Falle nach Lieferung der Exportgüter entsprechend der vereinbarten Zahlungsbedingungen die volle Bezahlung in Valuta oder Inlandswährung, während das Entgelt für die Abnahme der Güter aus der Gegenleistung gesondert nach Auslieferung der Kompensationsgüter fällig wird (Abbildung 44).

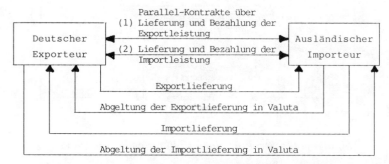

Abbildung 44: Grundzüge von Parallelgeschäften

Wird dieselbe Valuta als Abrechnungswährung vereinbart, können Kompensationen durch gegenseitige Aufrechnungen erfolgen, allerdings wird die zeitliche Struktur der Valuta-Zahlungsströme unterschiedlich sein, so daß gleichwohl Kurssicherungen erfolgen müssen. Transfer- und Konvertierungsrisiken sind im allgemeinen ausgeschlossen, wenn der ausländische Importeur eine Staatshandelsagentur oder sonstige Gesellschaft im Eigentum des betreffenden Staates ist und von dieser oder diesem die Erfüllung der Gegenleistung garantiert wird. Allerdings sind Zahlungsverzögerungen und damit Währungseventualrisiken bei Vornahme von Parallelgeschäften nicht auszuschließen.

3.1.2.4 Kooperationen (Rückkaufgeschäfte)

Derartige Geschäfte, auch als *Buy-Back-Geschäfte* bezeichnet, treten im Zusammenhang mit Lieferungen von schlüsselfertigen Fabriken oder von größeren Anlagen bzw. Anlagenkomplexen durch deutsche Exporteure in Erscheinung. Dieser akzeptiert die gesamte oder teilweise Abgeltung der Exportlieferung durch Kauf von Produkten, die mit der gelieferten Anlage hergestellt werden (*Rückkauf; Produktabnahme*). Der Kooperationsvertrag kann eine Regelung vorsehen, daß nicht nur der Lieferwert kompensiert wird, sondern darüber hinausgehend in bestimmtem Umfang Produktabnahmen zu erfolgen haben (gegen zusätzliche Abgeltung in Valuta).

Kooperationen neutralisieren grundsätzlich Konvertierungs- und Transferrisiken sowie Währungseventualrisiken. Da es sich bei den Ländern, in denen die Kontrahenten ansässig sind, um Weichwährungsländer handelt, ergibt sich bei zusätzlich zu entgeltender Produktabnahme grundsätzlich sogar eine Valuta-Chance. In allen Fällen besteht jedoch ein Verwertungsrisiko, dessen Ausmaß von der Entwicklung der (Welt-)Marktpreise abhängig ist (Beispiel: Chemieprodukte).

3.1.2.5 Switch-Geschäfte

Switch-Geschäfte sind einerseits Kompensationen indirekter Art, bei denen der Austausch der Güter über Dritte (im Land des Exporteurs oder des Importeurs oder in einem dritten Land) erfolgt (*Waren-Switch;* Abbildung 45), andererseits Devisentransaktionen, die eine Umwandlung der Verrechnungswährung des Verbundgeschäfts in eine konvertierbare (= freie) Währung bezwecken (*Finanz-Switch* oder *Devisen-Switch*).

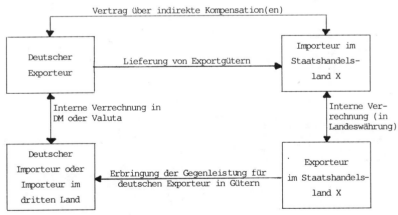

Abbildung 45: Grundzüge des Waren-Switch (Viereckskompensation)

Waren-Switch-Geschäfte neutralisieren grundsätzlich Konvertierungs-, Transfer- und Währungseventualrisiken; Valutarisiken entstehen allerdings im Falle der Verrechnung über einen Kontrahenten im Ausland (in Abbildung 45 z. B. der Importeur im dritten Land) oder bei Einschaltung einer ausländischen Bank im Falle der Teilkompensation (siehe 3.1.2.2) durch Verrechnung auf einem Valuta-Kompensationskonto. Räumt die Bank darüber hinaus zur Erleichterung der Abwicklung – unter der Voraussetzung entsprechender Vereinbarungen im Kompensationsvertrag – die Möglichkeit der wechselseitigen Inanspruchnahme von Krediten (z. B. als Vorgriff auf erwartete Kompensationseingänge oder bei Lieferverzögerungen) ein, liegt ein *Swing* vor (siehe SBG, 66): Die Rolle der Bank geht dann über die bei Führung eines reinen Kompensationskontos bestehende treuhänderische Funktion zwischen den Partnern hinaus.

Übernimmt die das Kompensationskonto führende Bank oder ein spezieller *Switch-Händler* den Verkauf des (positiven) Fremdwährungssaldos beispielsweise einer nichtkonvertiblen Valuta (siehe dazu 1.2.1.2) in eine bestimmte freie Währung im Auftrag

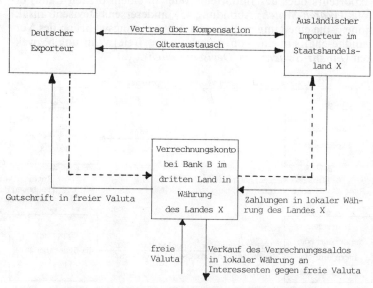

*Abbildung 46: Devisen-Switch durch Bank B
(unter Vereinfachung des Beispiels in Abbildung 45)*

des Exporteurs, erweitert sich der ursprüngliche Waren-Switch zum *Devisen-Switch,* für dessen Abwicklung die ausführende Bank oder der Switch-Händler eine Prämie in Rechnung stellt (Abbildung 46).

3.1.3 Verlagerung der Produktion in das Ausland (Ausländische Direktinvestitionen)

Durch Verlagerung von Produktionen oder Teilproduktionen in das Ausland (*Domestic Content;* siehe auch Verzariu, 38 f.), die sowohl erzwungen sein (z. B. durch Handelshemmnisse oder Währungsrisiken), als auch auf Grund ökonomischer Überlegungen erfolgen kann (siehe dazu Eilenberger 1980, 68 ff.), werden Währungsrisiken im Umfang der Produktionsverlagerung zweifellos neutralisiert. Insofern eignet sich diese Maßnahme gleichermaßen zur Vermeidung von Valutarisiken wie sonstigen Währungsrisiken, die ansonsten bei Außenhandelstätigkeit und internationaler Finanzierung auftreten würden.

Da jedoch mit der Vornahme von Auslandsinvestitionen der Aufbau von ausländischen Grundeinheiten im Rahmen des Verbundes einer MNU oder zumindest einer internationalen Unternehmung einhergeht, verlagert sich das Problem der Valutarisiken vom *Währungstransaktionsrisiko* zum *Währungsumrechnungsrisiko* und zum *ökonomischen Devisenkursrisiko* (Abbildung 47). Die inländische Unternehmung begründet nämlich mit der Direkt-

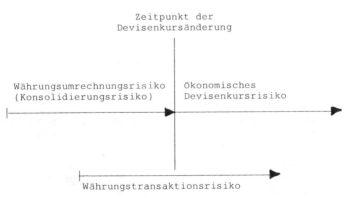

Abbildung 47: Zeitliche Lage von Valutarisiken in bezug auf den Zeitpunkt der Devisenkursänderung

investition im Ausland Vermögenswerte (und Schulden), deren Bestand durch Devisenkursänderungen entweder Werterhöhungen oder Wertminderungen, ausgedrückt durch das Verhältnis von Valuta zu inländischer Währung, erfährt (*Währungsumrechnungsrisiko; Konsolidierungsrisiko*), wobei hinsichtlich des Ausmaßes auch die gewählte Konsolidierungsmethode eine Rolle spielt (siehe Eilenberger 1980, 120 ff.).

Während das Währungsumrechnungsrisiko buchhalterischer Natur und im nachhinein unbeeinflußbar ist, bezieht sich das *ökonomische Devisenkursrisiko* auf die Wertentwicklung der künftigen Cash-Flows der betreffenden ausländischen Grundeinheit. Aus der Sicht der MNU als Ganzes können zur Verminderung derartiger Risiken nur Kompensationen durch Gründung von ausländischen Grundeinheiten in Ländern mit gegenläufiger Devisenkursentwicklung in Frage kommen.

3.2 Externe Instrumente

Mit dem Einsatz externer Instrumente zur Sicherung vor Konvertierungs-, Transfer- und Währungseventualrisiken wird vor allem eine Überwälzung von Währungsrisiken auf Dritte und die Teilung von Währungsrisiken mit anderen Unternehmungen, die an der Durchführung der betreffenden internationalen Aktivität beteiligt werden, verfolgt.

3.2.1 Staatliche Ausfallbürgschaften und Ausfuhrgarantien in der Bundesrepublik Deutschland

Staatliche Ausfuhrgarantien und Ausfallbürgschaften, die bei der Hermes-Kreditversicherungs-AG (im Zusammenwirken mit der Treuarbeit AG) organisatorisch vom sonstigen Geschäftsbetrieb getrennt bearbeitet werden, ergänzen die staatlichen Wechselkursgarantien und -bürgschaften (= Wechselkursversicherung; 2.2.4.1). Im einzelnen sind dabei Ausfuhrgarantien, Ausfuhrbürgschaften, Ausfuhr-Pauschal-Gewährleistungen und gebundene Finanzkredite (siehe dazu Wittstock/Dahremöller, 48 ff.) von Interesse. Dazu kommen in geringerem Umfang Exportgarantien der Länder.

3.2.1.1 Hermes-Kreditversicherungs-AG und Treuarbeit AG

Die Leistungen der Hermes-Kreditversicherungs-AG, die im Auftrag des Bundes federführend handelt, zielen insgesamt auf eine Förderung der Exportaktivitäten deutscher Unternehmungen in Länder mit (politischen) Risiken, die für den Exporteur entweder nicht abschätzbar oder nicht tragbar sind und daher auch eine private Exportkreditversicherung ausscheidet. Derartige Gewährleistungen des Bundes, kurz »Hermes-Deckung« (siehe auch Börgers) genannt, werden auf Antrag des Exporteurs bei Beträgen unter zwei Mio. DM von der Hermes-Kreditversicherung direkt, bei Beträgen bis zu fünf Mio. DM vom »Kleinen Interministeriellen Ausschuß« und bei höheren Beträgen vom »Interministeriellen Ausschuß für Ausfuhrgarantien und Ausfuhrbürgschaften« (mit Zustimmungsvorbehalt des Bundesfinanzministeriums) vergeben. Das Haushaltsrecht des Bundes (Haushaltsgesetz 1984; BGBl. 1983 I, 1516) beschränkt derartige Hermes-Deckungen, die letztlich über den Bundeshaushalt zu finanzieren sind (Bundesdeckungen), auf Ausfuhrgarantien und -bürgschaften im Zusammenhang mit förderungswürdigen Ausfuhren und/oder auf Ausfuhren, an denen ein besonderes öffentliches Interesse besteht (z. B. aus entwicklungspolitischen Motiven). Der vom Exporteur zu übernehmende Selbstbehalt ist für die einzelnen Instrumente unterschiedlich festgelegt.

3.2.1.1.1 Ausfuhrbürgschaften

Ausfuhrbürgschaften sichern die in Verträgen mit *öffentlichen Schuldnern,* d. h. ausländischen Regierungen und/oder sonstigen ausländischen öffentlichen Körperschaften, vereinbarten Geldforderungen gegen das Risiko der Nichterfüllung der Zahlungsverpflichtung (= Nichtzahlungsrisiko; wirtschaftliches Risiko) sechs Monate nach Fälligkeit und gegen das politische Risiko der Uneinbringlichkeit (= politischer Garantiefall), wenn die Erfüllung der Forderung wegen ungünstiger wirtschaftlicher Entwicklung nicht möglich war, *oder* eine Konvertierung bzw. ein Transfer der vom ausländischen Schuldner bezahlten Beträge vier Monate nach Hinterlegung nicht erfolgt, *oder* die Ware nach Versendung untergegangen oder beschädigt worden ist und eine Versicherung nicht möglich war, *oder* ein Mindererlös dadurch entsteht, daß die bei wahrscheinlichem Eintreten des Garantiefalles noch beim ausländischen Schuldner befindliche Ware im Einvernehmen mit dem

Bundeswirtschaftsministerium veräußert wird. Die Selbstbeteiligung beträgt bei Nichterfüllung 15%, bei politischem Risiko 10% des Ausfalls (Allgemeine Bedingungen für die Übernahme von Ausfuhrbürgschaften).

Auf Grund dieser Konstruktion sind Ausfuhrbürgschaften geeignet, Transfer-, Konvertierungs- und Währungseventualrisiken zu *begrenzen,* wobei es allerdings gilt, die Fristvoraussetzungen zu berücksichtigen.

3.2.1.1.2 Ausfuhrgarantien und Ausfuhr-Pauschal-Gewährleistungen

Ausfuhrgarantien beziehen sich entsprechend der »Allgemeinen Bedingungen für die Übernahme von Ausfuhrgarantien« auf die Deckung von Geldforderungen, die als Preise für Lieferungen und Leistungen mit *ausländischen (privaten) Schuldnern* vertraglich vereinbart worden sind. Entsprechend der gedeckten Risiken ist die Selbstbeteiligung unterschiedlich geregelt:
- für *wirtschaftliche* Risiken (der Uneinbringlichkeit infolge Zahlungsunfähigkeit des ausländischen Importeurs) mindestens 15% des Forderungsausfalls,
- für *politische* Risiken (Uneinbringlichkeit, die durch den ausländischen Staat verursacht ist) 10% des Forderungsausfalls.

Ausfuhr-Pauschal-Gewährleistungen ermöglichen seit 1981 eine vereinfachte und kostengünstige Abwicklung von regelmäßig wiederkehrenden, kurzfristigen Exportgeschäften mit *privaten und öffentlichen Abnehmern* im Ausland (Merkblatt über die Einführung von Ausfuhr-Pauschal-Gewährleistungen). Es besteht Andienungspflicht für Exportforderungen (Lieferantenkredite) mit Laufzeiten bis zu zwei Jahren gegenüber privaten Kunden in Nicht-OECD-Ländern, während ebensolche Exportforderungen gegenüber Abnehmern in OECD-Ländern oder öffentlichen Abnehmern in die Ausfuhr-Pauschal-Gewährleistung einbezogen werden können, also ein Wahlrecht besteht. Den Vereinfachungsbestrebungen entsprechend wird bei Geschäften mit Kreditlaufzeiten bis zu sechs Monaten eine *Selbstprüfungsgrenze* festgelegt, innerhalb dieser der Exporteur vor Versand der Ware das wirtschaftliche Risiko (Nichterfüllungsrisiko) selbst prüft bzw. einschätzt. Dabei hat er vorgegebene Prüfungsbestimmungen zu beachten. Auf Grund der Selbstprüfung entfällt die ansonsten übliche Bearbeitungsgebühr, so daß sich die Kosten der Inanspruchnahme dieses Sicherungsinstruments verringern.

Sowohl Ausfuhrgarantien als auch Ausfuhr-Pauschal-Gewährleistungen eignen sich zur Neutralisation der Konvertierungs-, Transfer- und Währungseventualrisiken innerhalb der vorgegebenen Grenzen, wobei die Wartezeiten (Fristen) für die Inanspruchnahme der Garantien zu berücksichtigen sind.

3.2.1.1.3 Bürgschaften für gebundene Finanzkredite (Bestellerkredite)

Von *Banken* an ausländische Kreditnehmer zum Zwecke der Finanzierung deutscher Lieferungen (z. B. für Investitionsgüter und komplette Industrieanlagen) und Leistungen gewährte und an den deutschen Exporteur ausgezahlte Kredite können durch Hermes-Deckung gesichert werden, sofern das Darlehen in gleichen, mindestens alle sechs Monate fälligen Raten, getilgt wird (Merkblatt über die Gewährung von Garantien und Bürgschaften für gebundene Finanzkredite an das Ausland). Bezüglich des vom *Exporteur* zu tragenden Selbstbeteiligungsanteils besteht Wahlmöglichkeit seitens der Bank zwischen Alternative I (15% für wirtschaftliches und 10% für politisches Risiko) und Alternative II (5% des Ausfalls generell). Im allgemeinen wählen die Banken die Alternative II, um das nicht überwälzbare Risiko für den Exporteur möglichst gering zu halten.

Die Reform der Hermes-Deckung bringt mit dem sog. *Treuhand-Modell* eine Verbesserung und Erweiterung der Finanzierungsmöglichkeiten insofern, als gebietsansässige Banken auch dann Finanzkreditdeckungen der angeführten Art erhalten, wenn sie nicht selbst Kreditgeber sind, sondern für gebietsfremde (ausländische Banken mit Sitz im Ausland) als *Treuhänder* einen Kreditvertrag mit dem ausländischen Schuldner (Abnehmer der Exportleistung) schließen (siehe Gehring; Börgers). Damit können einerseits kostenmäßige Finanzierungsvorteile durch Aufnahme von Fremdwährungskrediten genutzt, andererseits eine valutakongruente Finanzierung der Fremdwährungsexportkredite erreicht werden.

Eine Verbesserung für bundesgedeckte Exportkredite ergibt sich in diesem Zusammenhang durch die Möglichkeit, Finanzkredite nach dem Kostenfortschritt auszuzahlen (*Progress Payment*). Dadurch wird sowohl die Fertigungsfinanzierung erleichtert als auch die Risikosituation für den Exporteur verbessert.

3.2.1.1.4 Garantien und Bürgschaften zur Deckung des Fabrikationsrisikos

Auch das Risiko, daß der deutsche Exporteur bei Exportgütern, deren Herstellungsprozeß einen längeren Zeitraum in Anspruch nimmt oder die in sonstiger Auftragsfertigung produziert werden, die hergestellten Güter aus Verschulden des Abnehmers (wirtschaftliches Risiko) oder des Sitzstaates des Abnehmers (politisches Risiko) nicht ausliefern kann, läßt sich durch Hermes-Deckung (des Fabrikationsrisikos) zu einem Großteil neutralisieren. Objekt der Deckung sind die zum Zeitpunkt der Beendigung oder bis zur Einstellung der Fabrikation entstandenen Selbstkosten des Exporteurs, abzüglich der erhaltenen Anzahlungen und ggf. erzielbarer Erlöse aus anderweitiger Verwertung (siehe Bedingungen über die Übernahme von *Garantien* zur Deckung des Fabrikationsrisikos; Bedingungen für die Übernahme von *Bürgschaften* zur Deckung des Fabrikationsrisikos; Merkblatt über die Entgeltberechnung bei Fabrikationsrisikogarantien bzw. Fabrikationsbürgschaften).

3.2.1.1.5 Staatliche Bürgschaften für Direktinvestitionen im Ausland

Unter bestimmten Voraussetzungen kann die Bundesrepublik Deutschland auf Antrag von Unternehmungen mit Sitz im Inland Garantien für Kapitalanlagen im Ausland gewähren, die eine Absicherung der politischen Risiken bewirken sollen. Für diese Bundes-Garantien gelten die »Allgemeinen Bedingungen für die Übernahme von Garantien für Kapitalanlagen im Ausland« (abgedruckt im Anhang). Die Abwicklung erfolgt über die Treuarbeit AG und die HERMES-Kreditversicherungs-AG als Beauftragte des Bundes. Voraussetzung zur Erlangung von Garantien ist zum einen, daß der Schutz der Kapitalanlage durch das Gastland gewährleistet erscheint (bilateraler Vertrag oder entsprechende Rechtsverordnung), zum anderen die Förderungswürdigkeit der betreffenden Kapitalanlage (insbesondere Beteiligungen, Dotationskapital, beteiligungsähnliche Darlehen). Die Höchsthaftung ergibt sich aus dem Höchstbetrag der Garantie abzüglich der vereinbarten Selbstbeteiligung.

3.2.1.2 Exportgarantieprogramme der Länder

Aus der Erkenntnis, daß insbesondere kleine und mittlere Unternehmungen bei der Stellung von Garantien im Zusammenhang mit Exportaufträgen angesichts ihrer begrenzten Finanzierungsmöglichkeiten gegenüber größeren Unternehmungen benachteiligt sind, bieten die Bundesländer Baden-Württemberg, Bayern, Rheinland-Pfalz, Niedersachsen und Nordrhein-Westfalen *Rückgarantieprogramme (Exportförderungsprogramme)* an.

Die Rückgarantie des Landes wird gegenüber Kreditinstituten übernommen, die den betreffenden Unternehmungen auf dieser Grundlage internationale Anzahlungs-, Bietungs- und Erfüllungsgarantien (siehe dazu 3.2.3) zu günstigen Bedingungen gewähren können (wegen Einzelheiten siehe Wittstock/Dahremöller, 73 ff.). Mit diesem Instrument kann Währungseventualrisiken in Form von Leistungsrisiken in Valuta (siehe 1.2.1.4) wirksam begegnet werden.

3.2.2 Internationale Staatsgarantien und übernationale Garantien

3.2.2.1 Ausländische Staaten

Die Überwälzung von Währungsrisiken und Sicherung vor Konvertierungs- und Transferrisiken kann auch durch Inanspruchnahme von Garantien oder Bürgschaften ausländischer Staaten *(internationale Staatsgarantien),* die Zielland der betreffenden internationalen Aktivität(en) der Unternehmung sind, erfolgen. Der ausländische Staat garantiert gebietsfremden Unternehmungen generell oder bezüglich bestimmter Branchen oder bestimmter Projekte in unterentwickelten Landesteilen für den ungehinderten Transfer von notwendigen internationalen Zahlungen in Devisen und ggf. für den Gewinntransfer von Grundeinheiten multinationaler Unternehmungen.

Darüber hinaus besteht die Möglichkeit der Gewährung *internationaler Staatsbürgschaften.* Diese werden von ausländischen Staaten für bestimmte Zielsetzungen zu Gunsten einzelner gebietsansässiger Unternehmungen erteilt, damit der gebietsfremde Kontrahent hinsichtlich sowohl der Transfer- und Konvertierungsrisiken als auch der Währungseventualrisiken über ausreichende Sicherheiten verfügt und die geplanten Transaktionen mit der gebietsansässigen Unternehmung durchführen kann. Insofern handelt es sich um den zu den Ausführungen in Abschnitt 3.2.1.1 korrespondierenden Aspekt, allerdings aus der Sicht und Zwecksetzung des Auslandes.

3.2.2.2 Multilaterale Investitions-Garantie-Agentur (MIGA)

Die Gründung einer Multilateralen Investitions-Garantie-Agentur (*Multilateral Investment Guarantee Agency – MIGA –*; BGBl. 1987 II, 454) am 12. April 1988 durch Mitgliedstaaten der Weltbank dient der Förderung von internationalen Investitionen in Entwicklungsländern (siehe dazu v. a. Ebenroth/Karl). In Anbetracht der hohen Verschuldung der Mehrzahl dieser Länder sind die ausländischen Direktinvestitionen erheblich geschrumpft, zumal die Investoren bezüglich der uneingeschränkten Transferierbarkeit und Konvertierbarkeit der Erträge aus Direktinvestitionen besorgt sind. Auf der anderen Seite werden Direktinvestitionen auch von Entwicklungsländern neuerdings positiver beurteilt als kommerzielle internationale Kreditaufnahmen, die mit hohen Zinsbelastungen verbunden sind. Die MIGA soll die Abdeckung der politischen Risiken von Direktinvestitionen durch Abgabe von Garantien gegenüber den ausländischen Investoren übernehmen. Voraussetzung dafür ist, daß die Investitionen mittel- und langfristig erfolgen und von der MIGA als wirtschaftlich gerechtfertigt angesehen werden, wenn sie zur Entwicklung des Empfängerlandes beitragen. Zusätzlich zu den Garantien fördert die MIGA Direktinvestitionen in Entwicklungsländern durch Informationen über interessante Investitionsmöglichkeiten, Beratung in Grundsatzfragen und Mitwirkung an Marktstudien.

Die langfristigen *Garantien* der MIGA bestehen aus folgenden Kategorien:
- Garantien gegen Transferrisiken;
- Garantien gegen Verlustrisiken, die durch Maßnahmen der Regierung des Ziellandes durch Gesetze oder Verwaltungshandeln entstehen und die Erträge der Direktinvestition einzuschränken in der Lage sind und/oder eine Enteignung bewirken;
- Garantien gegen die Aufkündigung von Verträgen, die mit staatlichen Stellen des Ziellandes geschlossen worden sind (z. B. Garantien oder Bürgschaften gegen Konvertierungs-, Transfer- und Währungseventualrisiken);

– Garantien gegen Risiken in Verbindung mit bewaffneten Konflikten und Bürgerkriegsunruhen (die Währungsrisiken bewirken können).

Zusätzlich kann die MIGA im Rahmen ihrer Möglichkeiten Versicherungsverträge zu Gunsten von ausländischen Direktinvestitionen als Treuhänder zeichnen. Die Garantien werden auch für den Fall der Repatriierung von Auslandskapital durch gebietsansässige Unternehmungen des Entwicklungslandes gewährt (die zuvor durch Kapitalflucht das Land verlassen haben). Die Antragsberechtigung erstreckt sich somit nicht nur auf Staatsangehörige der Mitgliedsländer als Kapitalgeber, sondern auch auf Staatsangehörige der Empfängerländer, sofern damit eine Kapitalrückführung erreicht wird.

3.2.3 Internationale Bankgarantien und Bankbürgschaften

In Ergänzung zu den staatlichen Exportgarantien und -bürgschaften (siehe 3.2.1) gewähren auch Banken Exportgarantien und sonstige internationale Garantien (siehe Eilenberger 1986, 259 f.), die eine Neutralisierung bzw. Teilneutralisierung von Währungsrisiken aller Art bewirken sollen.

Internationale *Exportgarantien* werden in Form von *Bietungsgarantien* bzw. *Offertgarantien* oder *Bid Bonds* (Garantiebeträge bei internationalen Ausschreibungen in Höhe von 1% bis 5% des Auftragswertes), *Lieferungs- und Leistungsgarantien* bzw. *Performance Bonds* (Vertragserfüllungsgarantien mit Begrenzung auf 10% bis 20% der Auftragssumme) und *Anzahlungsgarantien* bzw. *Advance Payment Guarantees* (bei Vereinbarung von Anzahlungen im Falle der Herstellung von komplexeren Anlagegütern mit längerer Produktionszeit) gewährt. In Anbetracht der regelmäßig erfolgenden Beschränkung auf einen Teilbetrag der Auftragssumme können Exportgarantien von Banken allein die Sicherung vor Währungsrisiken nicht bewirken.

Sonstige *internationale Garantien* werden von Banken für bestimmte Finanzmittelbeschaffungen von Unternehmungen in Form einer *Back-Up-Line* (= Rückdeckung) erklärt. Im Gegensatz zu den Exportgarantien erstreckt sich der Umfang dieser Garantien im allgemeinen auf das gesamte Kreditvolumen. Als Anwendungsfälle kommen insbesondere die Emission von *Commercial Papers* und *Euro-Notes* in Betracht. Die Garantieleistung besteht darin, daß im Rahmen einer Vereinbarung mit einer oder mehreren (internationalen) Banken der Emittent (Kreditnehmer) sich innerhalb eines bestimmten Zeitraumes (z. B. fünf Jahre) die von ihm benötigten mittel- oder langfristigen Finanzmittel am Markt – bei Banken, Kapitalsammelstellen, Nichtbanken – revolvierend durch Ausgabe von kurzfristigen Commercial Papers oder von kurzfristigen Notes oder durch kurzfristige Kreditaufnahme beschaffen kann; gelingt das nicht, müssen die von der Garantie betroffenen Banken während der Laufzeit der Vereinbarung die Commercial Papers oder Notes selbst übernehmen oder entsprechende Kredite gewähren. Bei revolvierenden Eurokrediten erfüllt die Garantie einer *Standby-Kreditlinie* denselben Zweck.

Internationale Bankbürgschaften werden zugunsten einzelner Unternehmungen, die im Außenhandel tätig sind, oder für internationale Finanztransaktionen für im einzelnen definierte Zwecke eingeräumt. Im Umfang der erteilten Bankbürgschaft sind für den Kontrahenten der Unternehmung, für welche die Bank bürgt, Währungsrisiken neutralisiert, da bei Nichterfüllung die Bank an die Stelle der betreffenden Unternehmung zu treten und zu erfüllen hat.

3.2.4 Vereinbarung von Rahmenkreditverträgen mit Banken

Im Interesse einer kostengünstigen Finanzierung kleinerer und mittlerer Exportkontrakte (bei minimalem Dokumentations- und Verwaltungsaufwand) werden in zunehmendem Maße Vereinbarungen von Rahmenkreditverträgen zwischen deutschen Banken und Banken des Auslandes abgeschlossen (siehe dazu Schrick-Hildebrand): Beispielsweise bestehen seitens der Industriekreditbank AG/Deutsche Industriebank (IKB) Rahmenkreditverträge mit Banken in Bulgarien, in der CSSR, der DDR, der UdSSR, in Thailand (für Indonesien, Malaysia, Taiwan, Hongkong und Singapur) und in Südafrika. Der Zweck der Verträge besteht in der 85%igen Finanzierung von Bestellerkrediten oder Bank-zu-Bank-Krediten mit Hermes-Deckung, die durch die Vertragsbanken abgesichert werden. Die Kreditauszahlung (auf Exportkontrakte zwischen 0,5 und 20 Mio. DM) erfolgt an den Exporteur, die Zahlungsabwicklung z. T. auf der Basis unwiderruflicher Dokumenten-Akkreditive (siehe dazu Eilenberger 1986, 250 f.). Von wesentlicher Bedeutung ist für den Exporteur, daß die auf 5% reduzierten Selbstbehalte aus der Hermes-Deckung von der IKB getragen werden und somit eine volle Neutralisierung der Konvertierungs- und Transferrisiken realisiert wird. Bezüglich des Währungseventualrisikos, das grundsätzlich auch eine Absicherung erfährt, ist allerdings die Wartefrist (siehe 3.2.1.1) zu berücksichtigen. Die Kosten der Bundesdeckung trägt der Exporteur.

3.2.5 Devisen-Optionen

Devisen-Optionen (siehe 2.2.3.3) eignen sich insbesondere zur Sicherung vor Währungseventualrisiken. Der *Exporteur* kann beispielsweise durch Kauf von Devisen-Verkaufsoptionen im Falle der Angebotsstellung bereits den Kurs sichern (und damit eine feste Kalkulationsgrundlage schaffen), obwohl zu diesem Zeitpunkt noch ungewiß ist, ob es zum Abschluß des Exportgeschäfts und zu künftigen Zahlungseingängen in Valuta kommt. Desgleichen ist dem *Importeur* eine korrespondierende Kurssicherung in derselben Situation durch Kauf einer Devisen-Kaufoption möglich. Allerdings sind die Festlegungen auf bestimmte standardisierte Kontraktgrößen der Devisen-Optionen und die relativ hohen Prämien der Anwendung und weiteren Verbreitung eher hinderlich.

3.2.6 Verlängerung/Verkürzung von Devisentermingeschäften

Werden Devisentermingeschäfte in Form von Solo-Geschäften nicht zum vereinbarten Fälligkeitszeitpunkt erfüllt, ist das Währungseventualrisiko zwar bereits manifest geworden, läßt sich jedoch durch geeignete Maßnahmen begrenzen. Je nach Situation kann die Unternehmung Vereinbarungen über eine Verlängerung oder Verkürzung der Laufzeit des ursprünglichen Solo-Termingeschäfts treffen. Dabei kommt der Verlängerung höhere Bedeutung zu als einer Verkürzung, da bei letzterem Sachverhalt der Exporteur die Valuta zu einem früheren Zeitpunkt als vereinbart erhält. In diesem Fall wird im allgemeinen der Valutabetrag bis Fälligkeit des Devisentermingeschäfts zinsbringend angelegt, es sei denn, die Unternehmung benötigt die Finanzmittel, die in Valuta gebunden sind, bereits zu dem betreffenden früheren Zeitpunkt.
Alternativ zu Verlängerung/Verkürzung von Solo-Termingeschäften bestünde für den Fall der *Verlängerung* die Möglichkeit, das ursprüngliche Solo-Termingeschäft glattzustellen und die durch Zahlungsverzögerung entstandene offene Valutaposition für den neuen Termin durch ein *Devisen-Swapgeschäft* (siehe dazu

und zur Ermittlung der Sicherungskosten 1.5.2.1.3 und 2.2.1.2.2) zu kompensieren.

Welche der Alternativen (Verlängerung des Solo-Termingeschäfts oder Abschluß eines zusätzlichen Devisen-Swapgeschäfts) in Betracht kommt, hängt von den anzulegenden *Entscheidungskriterien* (siehe 1.5.2.2) ab. Die Sicherungskosten allein geben im allgemeinen nicht den Ausschlag für die Wahl einer Alternative.

Entscheidet sich die Unternehmung für eine *Prolongation (Verlängerung)* des Devisentermingeschäfts, ist eine sog. *Umrechnung auf alter Basis* (siehe dazu Wermuth/Ochynski, 117 ff.) notwendig, sofern dem Solo-Termingeschäft ein Waren- oder Dienstleistungsgeschäft mit dem Ausland zu Grunde liegt: Der *Devisenterminkurs für die Prolongation* (T_p), der für die Nachkalkulation und Ermittlung des tatsächlichen Erfolges der Sicherungsmaßnahme anzuwenden ist, wird nach folgender Gleichung ermittelt:

$$T_p = T_A \pm S_{St} + \frac{(T_A - K) \cdot t \cdot p}{360 \cdot 100} - M_{St}$$

wobei:

T_A ... ursprünglich vereinbarter (»alter«) Terminkurs
S_{St} ... Swapsatz in Stellen (Terminauf- oder Terminabschlag)
K ... aktueller Devisenkassakurs (zum Zeitpunkt der Umrechnung)
t ... Laufzeit der Verlängerung/Verkürzung
p ... Inlandszinssatz
M_{St} ... Marge, ausgedrückt in Swapsatzstellen, als Entgelt für die Transaktionskosten der Bank.

Die Prolongation durch Abschluß eines Swapgeschäfts zum Kurs des ursprünglichen Devisentermingeschäfts stellt die Ausnahme von den »Verhaltensnormen für Kreditinstitute am deutschen Devisenmarkt« dar (siehe »Verhaltensnormen« des Bundesverbandes deutscher Banken e. V. vom 18. 1. 1979 und »Leitsätze« des Verbandes öffentlicher Banken vom 6. 2. 1979, jeweils Nr. 3, und das Schreiben des BAK zur »Prolongation von Devisentermingeschäften, denen Waren- oder Dienstleistungsgeschäfte in Fremdwährung zugrunde liegen« vom 20. Juli 1978 I 3-122−1/77). Betroffen sind von dieser Ausnahme − daß Devisengeschäfte nicht zu künstlich gebildeten, von den Marktgegebenheiten abweichenden Kursen kontrahiert werden dürfen − ausschließlich Prolongationen, nicht jedoch Verkürzungen, weshalb letzterer Variante nicht weiter nachzugehen ist. Die Notwendigkeit einer Prolongation ergibt sich daraus, daß der Zahlungsanspruch oder die Zahlungsverbindlichkeit des Kunden (der Bank) aus dem Waren- oder Dienstleistungsgeschäft in Valuta erst später als zunächst vereinbart oder erwartet zu erfüllen ist.

3.2.7 Teilung von Währungsrisiken

Eine Verminderung der Währungsrisiken, die eine Unternehmung zu tragen hätte, läßt sich durch Einbezug weiterer Unternehmungen in die entsprechende internationale Aktivität erreichen. Eine derartige *Risikoteilung* wird man insbesondere bei Planung und Abwicklung von *internationalen Großprojekten* herbeiführen, wobei zusätzlich der Aspekt der Überwälzung von Währungsrisiken eine Rolle spielen kann. Zwar verbleiben der Unternehmung nach wie vor Währungsrisiken, es reduziert sich jedoch deren Gesamtumfang gegenüber dem Zustand ohne Risikoteilung. Gelingt es darüber hinaus noch, den (geringeren) Anteil an Währungsrisiken an Dritte (siehe 3.2.1) zu überwälzen, befreit sich die Unternehmung völlig von – u. U. nicht versicherbaren – Währungsrisiken in Form von Transfer- und Konvertierungsrisiken. Währungseventualrisiken entziehen sich dagegen einer wirksamen Vorbeugung bei Einsatz risikoteilender Maßnahmen. Transfer- und Konvertierungsrisiken lassen sich bei Großprojektfinanzierungen ohne Risikoteilung auch durch Finanzmittelaufnahme in dem Investitionsland – unter der Voraussetzung der Existenz leistungsfähiger Finanzmittelmärkte – vollständig neutralisieren.

Eine spezifische Variante der Risikoteilung stellt die Mitwirkung von internationalen Organisationen und/oder supranationalen Banken durch Erteilung entsprechender Garantien dieser Körperschaften und/oder durch *Co-Finanzierung* dar, bei denen die Weltbank zusammen mit anderen Banken und Kapitalsammelstellen die Projekt-Finanzierung und die entsprechenden Finanztransfers gewährleistet und damit Konvertierungs- und Transferrisiken vermindert bzw. neutralisiert werden können.

3.2.8 Private Exportkreditversicherung

Gegen das Risiko des Zahlungsausfalls auf Grund der Insolvenz des ausländischen Abnehmers von Warenlieferungen und Dienstleistungen bieten schließlich auch private Versicherungsgesellschaften (Allgemeine Kreditversicherung AG, Mainz, und Gerling-Konzern Speziale Kreditversicherungs-AG, Köln) der exportierenden Wirtschaft Versicherungsschutz. Allerdings beschränkt sich die Sicherung auf Schutz vor wirtschaftlichen Risiken, nicht jedoch vor politischen Risiken. Damit eignet sich die private Exportkreditversicherung nur für internationale Aktivitäten bezüglich Ländern ohne erkennbares Länderrisiko (politisches Risiko); Deckungen auf Schuldner in Staatshandelsländern werden nicht erteilt.

Der Versicherungsschutz beginnt i. d. R. nach Versendung der Ware. Bei Investitionsgütern ist auch der Einbezug des Fabrikationsrisikos, d. h. des Zeitraumes zwischen Auftragsabschluß und Versand des Investitionsgutes möglich.

Die private Exportkreditversicherung tritt nur bei folgenden Schadenstatbeständen mit Entschädigungen ein (wobei der Versicherungsnehmer einen Teil des Schadens durch Selbstbeteiligung zu tragen hat): Konkurs, gerichtlicher oder außergerichtlicher Vergleich, fruchtlose Zwangsvollstreckung oder − im Ausnahmefall − durch sonstige Umstände nachgewiesene Uneinbringlichkeit einer Forderung aus wirtschaftlichen Gründen.

Mögliche Versicherungsformen bestehen im Abschluß des *Mantelvertrags* (als üblicher Vertragsform), der für wiederkehrende Lieferungen an denselben Abnehmerkreis in bestimmten Absatzgebieten konzipiert ist, und eines *Rahmenvertrages,* der für die Lieferung v. a. von Investitionsgütern in Betracht kommt. Bei Mantelverträgen werden je Abnehmer Kreditlimite festgesetzt; die Laufzeit liegt i. d. R. zwischen einem und sechs Monaten. Die Forderungen aus Investitionsgütergeschäften sollen die Laufzeit von fünf Jahren nicht überschreiten. Die *Versicherungsprämien* werden individuell in Abhängigkeit von Kreditlaufzeit, Art des Geschäfts, Abnehmer und Abnehmerländer bemessen und betragen üblicherweise mindestens 0,6% des Umsatzes.

Anhang

Merkblatt

*über die Gewährung von
Wechselkursgarantien und Wechselkursbürgschaften
für Ausfuhrgeschäfte*

I. Allgemeines

Der Bund kann auf Antrag im Zusammenhang mit förderungswürdigen Ausfuhren zugunsten von inländischen Ausführern Deckungen zur Absicherung des Wechselkursrisikos übernehmen. Deckungen werden übernommen
- in der Form von Garantien für Ausfuhrverträge mit privaten ausländischen Schuldnern,
- in der Form von Bürgschaften für Ausfuhrverträge mit Regierungen und Körperschaften des öffentlichen Rechts im Ausland.

Die Deckungen können isoliert oder kombiniert mit einer Ausfuhrgarantie oder Ausfuhrbürgschaft oder mit Sonderdeckungsformen, soweit es sich bei diesen um Forderungsdeckungen handelt, gewährt werden (isolierte oder kombinierte Wechselkursdeckungen). Die Übernahme von Teildeckungen, die mindestens 60 v. H. jeder Rate umfassen, ist möglich. Dagegen werden keine Teildeckungen übernommen, die sich auf bestimmte Raten beschränken.

II. Voraussetzungen

Deckungen werden gewährt im Rahmen von Ausfuhrverträgen, die auf US-Dollar, Pfund-Sterling und Schweizer Franken lauten. Für andere frei konvertible und an den deutschen Devisenbörsen notierte Währungen von nicht der EG angehörenden Staaten können Deckungen gewährt werden, wenn der Antragsteller glaubhaft macht, daß ohne die Vereinbarung einer solchen Währung das Ausfuhrgeschäft nicht zustande kommen würde.

In Betracht kommen nur Ausfuhrgeschäfte mit nicht der EG angehörenden Staaten mit einer bei Vertragsschluß beginnenden und im Zeitpunkt der letzten Fälligkeit endenden Laufzeit von mehr als zwei Jahren.

Der Antrag auf Übernahme einer Deckung muß vor Abschluß des Ausfuhrvertrages gestellt werden. Die Zahlungsbedingungen müssen den im Rahmen der Ausfuhrgewährleistungen des Bundes entwickelten Grundsätzen der Förderungswürdigkeit entsprechen.

Das Kursrisiko wird für den nach Ablauf einer Vorlaufzeit von zwei Jahren beginnenden Zeitraum übernommen. Während der Vorlaufzeit, für die kein Entgelt erhoben wird, trägt der Exporteur das Kursrisiko selbst; es bleibt ihm überlassen, das Kursrisiko anderweitig, z. B. auf dem Devisenterminmarkt, abzusichern. Er kann von vornherein beantragen, daß die Vorlaufzeit auf drei oder vier Jahre verlängert wird.

III. Gegenstand und Umfang der Deckung

Maßgebend für den Gegenstand und den Umfang der Deckung ist ausschließlich die jeweilige Garantie-/Bürgschafts-Erklärung in Verbindung mit den Allgemeinen Bedingungen für die Übernahme von Wechselkursgarantien/-bürgschaften für Ausfuhrgeschäfte.

1. Gegenstand der Deckung

Gegenstand der Deckung sind die Zahlungen, die zur Erfüllung der im Vertrag mit dem ausländischen Schuldner in der Fremdwährung vereinbarten Geldforderungen geleistet werden.

Kreditzinsen können in die Deckung eingeschlossen werden. Zahlungen Dritter, die zu einem Übergang der in der Fremdwährung vereinbarten Forderung führen (Surrogatzahlungen), sind ebenfalls Gegenstand der Deckung. Hierzu gehören Zahlungen aus Ausfuhrgewährleistungen des Bundes, aus privaten Kreditversicherungen, nicht jedoch Erlöse aus anderweitiger Verwertung.

2. Umfang der Deckung

Die Haftung des Bundes beginnt am Tage nach Beendigung der Vorlaufzeit. Gedeckt wird der Mittelkurs (gedeckter Kurs), der am letzten Tage der Vorlaufzeit für die Umrechnung der Fremdwährung in Deutsche Mark an der Frankfurter Börse amtlich notiert wird. Die Vorlaufzeit beginnt am Tage des Abschlusses des Ausfuhrvertrages. Eine Änderung des einmal als Tag des Vertragsabschlusses angegebenen Datums ist nicht möglich.

Der Bund leistet Entschädigung für Ausfälle durch Wechselkursverschlechterungen, die bis zum Tage der Fälligkeit der einzelnen Raten eintreten. Dies gilt auch dann, wenn Zahlungen innerhalb einer bestimmten Frist nach Fälligkeit eingehen; hierbei werden Kursverbesserungen zwischen Fälligkeit und Zahlungseingang berücksichtigt.

Bei kombinierten Wechselkursdeckungen kann der Bund auf einen vom Exporteur von vornherein zu stellenden Antrag Wechselkursänderungen, die innerhalb von zwölf Monaten nach jeder vertraglichen Fälligkeit eintreten, in die Deckung einbeziehen.

Übersteigen die Kursverluste drei v. H., so werden sie voll entschädigt. Kursverluste, die nicht höher sind als drei v. H., trägt der Garantie-/Bürgschaftsnehmer selbst.

Für die Entschädigung ist maßgeblich die Differenz zwischen dem gedeckten Kurs und dem amtlichen Mittelkurs, der der Berechnung der Entschädigung zugrunde zu legen ist (Schadenskurs). Schadenskurs ist demnach,

a) bei isolierten Wechselkursdeckungen der Kurs am Tage des Zahlungseingangs, bei Zahlungseingang nach Fälligkeit höchstens der Kurs am Tage der Fälligkeit,

b) bei kombinierten Wechselkursdeckungen ohne Einbeziehung der Wechselkursänderungen innerhalb von zwölf Monaten nach jeweiliger Fälligkeit ebenfalls der Kurs am Tage des Zahlungseingangs, bei Zahlungseingang nach Fälligkeit höchstens der Kurs am Tage der Fälligkeit,

c) bei kombinierten Wechselkursdeckungen mit Einbeziehung der Wechselkursänderungen innerhalb von zwölf Monaten nach jeweiliger Fälligkeit der Kurs am Tage des Zahlungseingangs, bei Zahlungseingang nach Ablauf der zwölf Monate höchstens der Kurs am letzten Tage dieser Frist.

In den Fällen b) und c) gilt für Entschädigungen des Bundes aus der gleichzeitig übernommenen Forderungsdeckung als Tag des Zahlungseingangs der Tag der Festsetzung des Entschädigungsbetrages.

Die Entschädigung erfolgt für jede Zahlung gesondert und abschließend.

Aus isolierten Wechselkursdeckungen kann der Bund nicht mehr in Anspruch genommen werden, wenn und soweit die gedeckten Zahlungen nicht innerhalb von sechs Monaten nach jeweiliger Fälligkeit eingegangen sind. Diese Frist kann in Ausnahmefällen verlängert werden, z. B. wenn ein Entschädigungsverfahren bei einer privaten Kreditversicherung noch nicht abgeschlossen ist.

Bei kombinierten Wechselkursdeckungen kann der Bund aus der Wechselkursdeckung nicht mehr in Anspruch genommen werden, wenn und soweit er aus der gleichzeitig übernommenen Forderungsdeckung nicht mehr in Anspruch genommen werden kann und zwölf Monate nach jeweiliger Fälligkeit verstrichen sind.

IV. Abführung von Kursgewinnen

Der Garantie-/Bürgschaftsnehmer ist verpflichtet, Kursgewinne an den Bund abzuführen. Übersteigen die Kursgewinne drei v. H., so sind sie voll abzuführen. Kursgewinne, die nicht höher sind als drei v. H., brauchen nicht abgeführt zu werden.

Für die Ermittlung von Kursgewinnen gelten die für die Berechnung der Entschädigung dargelegten Regeln sinngemäß.

Kann der Bund aus der Wechselkursdeckung nicht mehr in Anspruch genommen werden und gehen Zahlungen danach ein, so sind Kursgewinne aus diesen Zahlungen nicht mehr abzuführen, es sei denn, daß der verspätete Zahlungseingang auf eine Einflußnahme des Deckungsnehmers zurückzuführen ist.

V. Bearbeitungsgebühr

1. Für jeden in Bearbeitung genommenen Antrag wird eine Antragsgebühr nach folgender Staffel erhoben:

Auftragswerte (ohne Finanzierungskosten) in DM	Antragsgebühr in DM
bis 3.000	30
über 3.000 bis 10.000	50
über 10.000 bis 50.000	100
über 50.000 bis 250.000	200
über 250.000 bis 500.000	300
über 500.000 bis 1 Mio.	400
über 1 Mio.	500

2. Bei Geschäften mit Auftragswerten von mehr als DM 5 Mio. wird bei Ausfertigung des Dokumentes zusätzlich zu der Antrags-

gebühr eine Ausfertigungsgebühr erhoben, die ¹/₁₀‰ des Auftragswertes, höchstens jedoch DM 10 000 beträgt.

Die Antragsgebühr ist auch bei Nichtzustandekommen des Geschäfts oder der Garantie bzw. Bürgschaft zu entrichten. Bei kombinierten Wechselkursdeckungen entfällt die Erhebung einer zusätzlichen Bearbeitungsgebühr.

VI. Entgelt

Wechselkursdeckungen werden nur gegen Entrichtung eines Entgelts gewährt.

Für die Vorlaufzeit wird kein Entgelt erhoben.

Nach der Vorlaufzeit beträgt das Entgelt bei isolierter Wechselkursdeckung 0,7% p. a. und bei einer mit einer Ausfuhrdeckung kombinierten Wechselkursdeckung 0,6% p. a. Bei Kombination mit einer lediglich alle politischen Risiken umfassenden Ausfuhrdeckung wird ein Entgelt von 0,65% p. a. erhoben. Bei Kombination mit einer auf das Konvertierungs- und Transferrisiko beschränkten Ausfuhrdeckung gilt das gleiche Entgelt wie bei einer isolierten Wechselkursdeckung.

Das Entgelt wird für den jeweils ausstehenden vom Bund gedeckten Forderungsbetrag vom Tage des Ablaufs der Vorlaufzeit bis zum Tage der jeweiligen Fälligkeit berechnet. Dabei ist immer auf volle Monate aufzurunden.

Hat der Bund bei kombinierten Wechselkursdeckungen Wechselkursänderungen, die innerhalb von zwölf Monaten nach jeweiliger Fälligkeit eintreten, in die Deckung einbezogen, so wird das Entgelt pauschal bis sechs Monate nach jeweiliger Fälligkeit berechnet.

Für die vorläufige Berechnung des Entgelts ist maßgeblich der amtliche Geldkurs der Frankfurter Börse am ersten Tage des Monats der Entgeltfestsetzung, wenn diese in der Zeit vom ersten bis zum fünfzehnten Tage des Monats stattfindet, am sechzehnten Tage des Monats der Entgeltfestsetzung, wenn diese in der Zeit vom sechzehnten Tage bis zum Ende des Monats stattfindet. Die endgültige Berechnung des Entgelts erfolgt unter Zugrundelegung des gedeckten Kurses.

Bei Übernahme der Wechselkursdeckung wird ein Vorausentgelt in Höhe des Entgelts für die beiden ersten Jahre nach der Vorlaufzeit in Rechnung gestellt. Nach Ablauf der Vorlaufzeit wird die Entgelterhebung auf Kalenderjahre umgestellt; das Entgelt wird dann jeweils zu Jahresbeginn für das auf dieses Jahr folgende Kalenderjahr erhoben. Diese Regelung gilt sowohl für isolierte als auch für kombinierte Wechselkursdeckungen.

VII. Höchsthaftung

Bei isolierter Wechselkursdeckung beträgt die Höchsthaftung des Bundes 50 v. H. des DM-Betrages, der der vorläufigen Berechnung des Entgelts zugrunde liegt. Bei kombinierter Wechselkursdeckung wird für die Deckung des Wechselkursrisikos kein besonderer Höchsthaftungsbetrag festgesetzt.

VIII. Antragsbearbeitung

Der Bund hat die Bearbeitung aller Wechselkursgarantien und Wechselkursbürgschaften der
HERMES Kreditversicherungs-AG, Postfach 50 07 40,
Friedensallee 254, 2000 Hamburg 50
Tel.: (040) 8 87 - 0 − Fernschreiber: 2 12 631 - 0 hk d
und der
TREUARBEIT Aktiengesellschaft
Wirtschaftsprüfungsgesellschaft Steuerberatungsgesellschaft
übertragen. Diese sind beauftragt und ermächtigt, alle die Garantien/Bürgschaften betreffenden Erklärungen, soweit sie nicht der Bundesschuldenverwaltung vorbehalten sind, namens, im Auftrage und für Rechnung des Bundes abzugeben und entgegenzunehmen. Federführend für beide Gesellschaften ist HERMES.

Die Direktion und die *nachstehenden Außenstellen* des HERMES stehen zu schriftlicher und persönlicher Auskunftserteilung und Beratung, zur Aushändigung der Antragsformulare und Bedingungen den Ausfuhrfirmen zur Verfügung.

Merkblatt

Ausfuhr-Pauschal-Gewährleistungen (APG)

Zur Absicherung der mit Exportgeschäften verbundenen Käuferrisiken (Delkredere) und Länderrisiken (politische Ursachen) können deutsche Exporteure die Ausfuhrgewährleistungen des Bundes zur Förderung der deutschen Ausfuhren in Anspruch nehmen. Einen Überblick über die bestehenden Absicherungsmöglichkeiten enthält das Merkblatt »*Grundzüge*« der Ausfuhrgewährleistungen des Bundes.

Werden laufend ausländische Kunden in verschiedenen Ländern beliefert, kommt eine *Ausfuhr-Pauschal-Gewährleistung (APG)* in Betracht. Diese Deckungsform bietet der Exportwirtschaft eine umfassende, verwaltungsmäßig einfache und kostengünstige Absicherung gegen wirtschaftliche und politische *Ausfuhrrisiken.*

Im Rahmen einer APG können *Forderungen an private und öffentliche ausländische Schuldner* aus Liefergeschäften abgesichert werden, deren *Kreditlaufzeit 24 Monate nicht überschreitet*; in besonderen Fällen können auch Forderungen aus Leistungsgeschäften in die APG einbezogen werden. Falls der Exporteur zusätzlich eine Absicherung der Risiken während der Fertigungsphase wünscht, kann ergänzend eine Fabrikationsrisikodeckung als Einzeldeckung außerhalb der APG beantragt werden. Bedarf die Übernahme der Risiken für ein Ausfuhrgeschäft einer Einzelprüfung und Einzelentscheidung durch den Bund, wie dies z. B. bei Anlagen- und Bauleistungsgeschäften in der Regel der Fall ist, kann keine Einbeziehung in die APG erfolgen.

Pauschalvertrag

Eine Ausfuhr-Pauschal-Gewährleistung wird in einem Rahmenvertrag (Pauschalvertrag) übernommen, dessen Inhalt durch die *Allgemeinen Bedingungen für Ausfuhr-Pauschal-Gewährleistungen* sowie die Besonderen Bedingungen der *Ausfuhr-Pauschal-Gewährleistungs-Erklärung* bestimmt wird. Die Ausfuhr-Pauschal-Gewährleistungs-Erklärung enthält dabei alle die Bestimmungen und Regelungen, die wegen der besonderen Form dieser Deckungsart erforderlich sind und auf die individuellen Bedürfnisse des Exporteurs zugeschnitten werden können. Ergänzt wird dieser Rahmenvertrag durch die *Länderliste* (das ist ein Verzeichnis der in die APG eingeschlossenen Absatzländer), eventuelle *Länderbestim-*

mungen sowie durch *Deckungsbestätigungen* auf die einzelnen ausländischen Schuldner.

Ferner gelten für die APG dieselben Grundsätze wie bei der Gewährung von sonstigen Bundesdeckungen. Diese sind in den »*Richtlinien für die Übernahme von Ausfuhr-Gewährleistungen*«* vom 30. 12. 1983 geregelt.

Die APG wird in der Regel für eine Laufzeit von 2 Jahren übernommen und kann in entsprechenden Vertragsperioden fortgeführt werden.

Umfang der Gewährleistung

Voraussetzung für den Abschluß einer APG ist die Bereitschaft des Exporteurs, alle absicherbaren Forderungen aus Geschäften *mit allen privaten* ausländischen *Schuldnern* in Ländern, die *nicht* der *OECD* angehören, in die APG einzubeziehen. Insoweit besteht eine *Einbeziehungspflicht*.

Einbeziehungspflicht

Von dieser Einbeziehungspflicht ausgenommen sind
– Forderungen aus Lieferungen auf *Sichtakkreditivbasis*
  Dies sind Forderungen, für die Zahlung aus vor Versand eröffneten unwiderruflichen, gegen Vorlage der Dokumente auszahlbaren Akkreditiven (Sichtakkreditiven) erfolgt.
– Forderungen aus Geschäften mit *verbundenen Unternehmen*
  Verbundene Unternehmen in diesem Sinne sind ausländische Schuldner, an denen der Gewährleistungsnehmer unmittelbar oder über Dritte mehrheitlich beteiligt oder mit denen er über gemeinsame Anteilseigner, die sowohl am Gewährleistungsnehmer als auch am ausländischen Schuldner kapitalmäßig mehrheitlich beteiligt sind, verflochten ist, oder ausländische Schuldner, auf die der Gewährleistungsnehmer in sonstiger Weise einen bestimmenden Einfluß – insbesondere durch Stellung der Geschäftsleitung – ausübt.

Einbeziehungsrecht

Über den durch die Einbeziehungspflicht bestimmten Mindestumfang der Gewährleistung hinaus hat der Exporteur ein *Einbe-*

---
* veröffentlicht im Bundesanzeiger Nr. 42 aus 1984

ziehungsrecht. Danach kann er *pro Vertragsperiode* nach seiner Wahl jeweils *länderweise* Forderungen

- an private ausländische Schuldner in OECD-Ländern
- an öffentliche ausländische Schuldner
- an verbundene Unternehmen
- aus Lieferungen auf Sichtakkreditivbasis

in die APG *einbeziehen.*

Dem Exporteur steht es also frei, den Umfang seiner APG nach seiner eigenen Einschätzung des Risikos und ggf. unter Berücksichtigung anderweitiger Absicherungsmöglichkeiten durch private Kreditversicherer selbst zu bestimmen. Soweit der Exporteur von einer Einbeziehung bestimmter Geschäfte in die APG absieht, werden für Forderungen aus solchen Geschäften jedoch keine Einzeldeckungen übernommen.

Ein *Beispiel,* wie sich ein Exporteur pro Land und Forderungs-

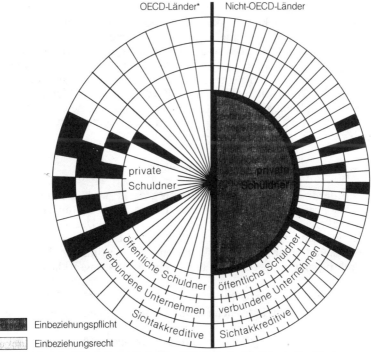

*Australien, Belgien, Dänemark, Finnland, Frankreich, Griechenland, Großbritannien, Irland, Island, Italien, Japan, Kanada, Luxemburg, Neuseeland, Niederlande, Norwegen, Österreich, Portugal, Schweden, Schweiz, Spanien, Türkei, USA.

kategorie entscheiden kann, gibt die nachfolgende Abbildung. Nur der innere stark umrandete Halbkreis stellt den Mindestumfang der APG (Einbeziehungspflicht) dar.

Gegenstand der Gewährleistung

Kaufpreisforderung

Durch die Ausfuhr-Pauschal-Gewährleistung sind nach näherer Bestimmung durch den Pauschalvertrag die in den jeweiligen Ausfuhrverträgen zwischen Gewährleistungsnehmer und ausländischem Schuldner für Lieferungen des Gewährleistungsnehmers als Gegenleistung vereinbarten Geldforderungen gedeckt (gedeckte Forderungen).Entsprechendes gilt für Leistungen des Gewährleistungsnehmers, soweit diese in die Gewährleistung einbezogen sind. Nicht unter die Gewährleistung fallen daher derivativ erworbene Forderungen oder Forderungen aus Finanzierungsgeschäften, wie z. B. solche, bei denen der Gewährleistungsnehmer die Funktion eines Confirming-House übernimmt.

Deckungsfähige Risiken sind dann nicht gegeben, wenn für Forderungen oder Forderungsteile ein Deviseninländer vorbehaltlos haftet, wie dies z. B. bei einem vor Versand im Inland vorbehaltlos bestätigten Akkreditiv der Fall ist. Forderungen aus Lieferungen von Gütern nicht ziviler Art fallen nur dann unter die Gewährleistung, wenn der Bund vorher der Lieferung unter der APG schriftlich zugestimmt hat.

Auslandsware

Forderungen sind grundsätzlich nur gedeckt, wenn die ihnen zugrunde liegenden Lieferungen ihren Ursprung im Geltungsbereich des Außenwirtschaftsgesetzes der Bundesrepublik Deutschland haben. Die Einbeziehung von Forderungen aus Lieferungen von Waren ausländischen Ursprungs kann jedoch in bestimmtem Umfang durch besondere Regelungen in der Gewährleistungserklärung erfolgen.

Handelsübliche Zahlungsbedingungen

Ebenso wie bei sonstigen Bundesdeckungen für Ausfuhrgeschäfte finden auch innerhalb der APG die Regeln über die Handelsüblichkeit von Zahlungsbedingungen Anwendung; bei Kreditfristen bis zu 6 Monaten wird die Handelsüblichkeit grundsätzlich nicht geprüft. Beantragt ein Exporteur eine Deckung für eine über 6 Monate hinausgehende Kreditlaufzeit, so erhält er Deckungsschutz nur, wenn die üblichen Regeln für die von Warenart und Auftragsumfang abhängigen Zahlungsbedingungen dieses rechtfertigen.

Gedeckte Risiken

Zu den in der *APG* gedeckten *politischen Risiken* gehören
- gesetzgeberische oder behördliche Maßnahmen, kriegerische Ereignisse, Aufruhr oder Revolution im Ausland, die die Erfüllung der gedeckten Forderung verhindern – sog. *allgemeiner politischer Schadensfall*,
- als in der Praxis bedeutendster und am häufigsten auftretender Schadensfall die Nichtkonvertierung und Nichttransferierung der vom Schuldner in Landeswährung eingezahlten Beträge infolge von Beschränkungen des zwischenstaatlichen Zahlungsverkehrs – sog. *KT-Fall*,
- der Verlust von Ansprüchen infolge auf politische Ursachen zurückzuführender Unmöglichkeit der Vertragserfüllung,
- Verlust der Ware vor Gefahrenübergang infolge politischer Umstände.

Als *wirtschaftliche Risiken* sind gedeckt
- Uneinbringlichkeit infolge *Zahlungsunfähigkeit* (Insolvenz) des ausländischen Schuldners,
   z. B. bei Konkurs, amtlichem bzw. außeramtlichem Vergleich, fruchtloser Zwangsvollstreckung, Zahlungseinstellung,
- die Nichtzahlung der Forderung innerhalb einer Frist von 6 Monaten nach Fälligkeit (*Nichtzahlungsfall*).

Abweichend von dem vorstehenden Regelkatalog der gedeckten Risiken gelten folgende *Ausnahmen*:

Für Lieferungen an *verbundene Unternehmen* ist die Deckung beschränkt auf die politischen Risiken und die Risiken der Insolvenz, soweit diese ausschließlich auf politische Ursachen zurückzuführen ist.

Bei Geschäften, bei denen Zahlung aus *Sichtakkreditiv* erfolgt, ist der Deckungsschutz auf die politischen Risiken beschränkt.

Die Leistung einer Entschädigung aufgrund eines *Gewährleistungsfalles* setzt voraus, daß die gedeckte *Forderung* und ggf. Ansprüche gegen mithaftende Dritte durch Eintritt *gedeckter Risiken uneinbringlich* geworden sind, obgleich die gedeckte Forderung rechtsbeständig und unbestritten ist.

Abtretung von Entschädigungsansprüchen

Die sich aus der APG ergebenden *Ansprüche* können mit Zustimmung des Bundes zu *Refinanzierungs*zwecken an Banken oder andere Kreditinstitute *abgetreten* werden.

Selbstbeteiligung

Der Gewährleistungsnehmer ist in jedem Schadensfall mit einer bestimmten Quote am Ausfall selbst beteiligt.
Die Selbstbeteiligung beträgt im Regelfall
für die politischen Risiken 10%
für die Insolvenzrisiken und
für das Nichtzahlungsrisiko 15%
Das Risiko aus der Selbstbeteiligung darf nicht anderweitig abgesichert werden. Zulässig ist jedoch die Weitergabe der Selbstbeteiligung an Unterlieferanten des Exporteurs.

Verfahrensgrundsätze

Selbstprüfung

In der APG wird für private und öffentliche Schuldner eine *Selbstprüfungsgrenze* festgesetzt, innerhalb derer der Gewährleistungsnehmer für Geschäfte mit Kreditlaufzeiten bis zu 6 Monaten (ausgenommen bei Lieferungen an verbundene Unternehmen) die Kreditwürdigkeit des ausländischen Schuldners anhand in den Besonderen Bedingungen festgelegter Kriterien selbst prüft.

Höchstbeträge

Bei Überschreitung der Selbstprüfungsgrenze sowie bei nicht unter die Selbstprüfung fallenden Geschäften beantragt der Gewährleistungsnehmer die Festsetzung eines (revolvierenden) *Höchstbetrages*; wird dem Antrag auf Festsetzung eines Höchstbetrages entsprochen, so wird hierüber eine *Deckungsbestätigung* ausgestellt, in welcher der Höchstbetrag, die Zahlungsbedingungen und sonstige erhebliche Einzelheiten der Deckung festgesetzt sind. Innerhalb eines uneingeschränkt festgesetzten Höchstbetrages besteht

Deckungsschutz für alle wirtschaftlichen und politischen Risiken. Darüber hinaus besteht für private ausländische Schuldner zusätzlicher Deckungsschutz für den allgemeinen politischen Schadensfall sowie die Konvertierungs- und Transferrisiken in Höhe des Doppelten des festgesetzten Höchstbetrages (*Zusatzhöchstbetrag*). Im übrigen kann der Gewährleistungsnehmer auf Antrag diesen Zusatzhöchstbetrag bis zum Dreifachen des beantragten Höchstbetrages erhalten, wenn dem Antrag auf Festsetzung eines Höchstbetrages nicht oder nicht in voller Höhe entsprochen wird.

Ausnutzung der Höchstbeträge

Höchstbeträge bzw. etwaige Zusatzhöchstbeträge werden ausgenutzt durch die sich aus den einzelnen Lieferungen ergebenden Forderungen, wobei die Reihenfolge der Versendungen maßgebend ist. Darüber hinausgehende Forderungen sind zunächst nicht gedeckt, können jedoch in den Deckungsschutz nachrücken, soweit im Höchstbetrag bzw. Zusatzhöchstbetrag dadurch Freiraum entsteht, daß die gedeckten Forderungen erfüllt werden. Bei Eintritt gefahrerhöhender Umstände kann der Bund dieses »Nachrücken« jedoch unterbinden.

Umsatzmeldepflicht

Für alle im Rahmen der APG getätigten Umsätze besteht eine *Umsatzmeldepflicht*, d. h. der Gewährleistungsnehmer hat einmal monatlich auf besonderem Vordruck die Umsätze des Vormonats länderweise aufzugeben. Einer Spezifikation nach einzelnen Schuldnern oder einzelnen Versendungen bedarf es nicht.

Entgelt

Bei der APG erfolgt die Festsetzung des Entgelts individuell aufgrund der im jeweiligen Vertrag gedeckten Risiken. Es besteht aus einem einheitlichen Entgeltsatz für Zahlungsbedingungen bis zu 6 Monaten Kreditlaufzeit sowie Entgeltsätzen für darüber hinausgehende Kreditlaufzeiten.

Bei einer ausgewogenen Mischung der zu deckenden Risiken kommt in aller Regel ein Entgeltsatz zur Anwendung, der deutlich unter dem entsprechenden Entgeltsatz für Einzeldeckungen liegt.

Im übrigen werden bei einer APG keinerlei Bearbeitungs- und Kreditprüfungsentgelte erhoben.

Antragsverfahren

Im Rahmen des Antragsverfahrens hat der Exporteur zunächst in einer »*Vordeklaration*« Angaben über Art und Umfang seiner Exporttätigkeit zu machen, auf deren Grundlage ein unverbindlicher Entwurf für eine APG erstellt und der Entgeltsatz ermittelt wird. Entsprechend diesem Entwurf kann dann eine APG beantragt werden.

Die *Geschäftsführung* im Zusammenhang mit der Übernahme und Abwicklung der Ausfuhrgewährleistungen ist einem Mandatarkonsortium übertragen, welches aus der *HERMES* Kreditversicherungs-AG und der *TREUARBEIT* Aktiengesellschaft Wirtschaftsprüfungsgesellschaft Steuerberatungsgesellschaft besteht. Diese Gesellschaften sind beauftragt und ermächtigt, alle die Ausfuhrgewährleistungen betreffenden Erklärungen namens, im Auftrage und für Rechnung des Bundes abzugeben und entgegenzunehmen. Federführend für beide Gesellschaften ist HERMES.

Dieses Merkblatt dient der Information über die Grundzüge der Ausfuhr-Pauschal-Gewährleistung. *Die Angaben erfolgen nach bestem Wissen, aber ohne Gewähr.* Maßgeblich sind im Einzelfall jeweils die der konkreten Ausfuhrgewährleistung zugrundeliegenden Allgemeinen Bedingungen und besonderen Vertragsbestimmungen. Verbindliche Aussagen über die Gewährung von Ausfuhrgewährleistungen erfolgen ausschließlich im schriftlichen Antragsverfahren.

Stand: April 1988

Entgelt-Merkblatt

– Ausfuhrgewährleistungen –
Stand: 1. Oktober 1986

I. Bearbeitungsentgelte

Bearbeitungsentgelte werden als Antragsgebühr und Ausfertigungsgebühr erhoben. Sie werden weder auf das Entgelt für die

Übernahme von Deckungen angerechnet, noch können sie erstattet werden.

Die Antragsgebühr wird bei Antragstellung erhoben und beträgt bei Auftragswerten (bzw. Selbstkosten bei isolierten Fabrikationsrisikodeckungen)

     bis zu DM   3 000,– = DM 30,–
     bis zu DM 10 000,– = DM 50,–
     bis zu DM 50 000,– = DM 100,–
     bis zu DM 250 000,– = DM 200,–
     bis zu DM 500 000,– = DM 300,–
     bis zu DM 1 000 000,– = DM 400,–
     über DM 1 000 000,– = DM 500,–

Für Finanzkreditdeckungen beträgt die Antragsgebühr einheitlich DM 500,– unter Anrechnung auf die Antragsgebühr für die Ausfuhrdeckung.

Die Ausfertigungsgebühr wird bei Ausfertigung der Deckungsurkunde erhoben und beträgt bei Auftragswerten

  über 5 000 000,– $^1/_{10}$‰ des Auftragswertes,
    höchstens jedoch DM 10 000,–

Bei Auftragswerten bis DM 5 000 000,– wird keine Ausfertigungsgebühr erhoben.

Für revolvierende Deckungen wird die Antragsgebühr einmal jährlich erhoben. Ausfertigungsgebühren werden nicht erhoben.

Für Ausfuhr-Pauschal-Gewährleistungen werden Bearbeitungsentgelte nicht erhoben.

II. Entgelte für die Übernahme von Deckungen

– Entgeltsätze für Forderungsdeckungen (Ausfuhrdeckungen und Finanzkreditdeckungen) –

Art der Deckung	Garantien	Bürgschaften
Deckung unter Einschluß aller deckungsfähigen Risiken	1,5% des gedeckten Forderungsbetrages unter Einschluß eines zeitentgeltfreien Zeitraumes von 6 Monaten ab Risikobeginn (**Grundentgelt**)	1% des gedeckten Forderungsbetrages ohne Einschluß eines zeitentgeltfreien Zeitraumes (**Grundentgelt**)

Art der Deckung	Garantien	Bürgschaften
	zzgl. 1⁰/₀₀ für jeden angefangenen Monat über 6 Monate ab Risikobeginn hinaus auf den jeweiligen Forderungsbetrag (**Zeitentgelt**)	zzgl. 0,55⁰/₀₀ für jeden angefangenen Monat ab Risikobeginn auf den jeweiligen Forderungsbetrag (**Zeitentgelt**)
Deckung für vertragliche Zinsen	1,5% des gedeckten Zinsbetrags	1% des gedeckten Zinsbetrags
Deckung für Geschäfte oder Forderungsteile mit den Zahlungsbedingungen Kasse gegen Dokumente (D/P)	1% des gegen Dokumente zu zahlenden Betrages	1% des gegen Dokumente zu zahlenden Betrages
Deckung für Geschäfte oder Forderungsteile mit Zahlung aus Sichtakkreditiv (KT/ZM-Deckung)	0,75% des gegen Dokumente auszahlbaren Betrages	0,75% des gegen Dokumente auszahlbaren Betrages (soweit die Deckung auf KT/ZM beschränkt wird)
Deckung für Geschäfte mit Tochtergesellschaften (Pol.-Ris.-/Pol.-Insolv.-Deckung) mit den Zahlungsbedingungen Kasse gegen Dokumente (D/P)	0,85% des gegen Dokumente zu zahlenden Betrages	———
Deckung für Geschäfte mit Tochtergesellschaften (Pol.-Ris.-/Pol.-Insolv.-Deckung) zu Kreditbedingungen	1,2% des gedeckten Forderungsbetrages unter Einschluß eines zeitentgeltfreien Zeitraumes von 6 Monaten ab Risikobeginn (**Grundentgelt**) zzgl. 0,75⁰/₀₀ für jeden angefangenen Monat über 6 Monate ab Risikobeginn hinaus auf den jeweiligen Forderungsbetrag (**Zeitentgelt**)	———
Deckung von Forderungen aus Montageleistungen nach monatlichen Situationen	1% des gedeckten Forderungsbetrages	1% des gedeckten Forderungsbetrages
Deckung von Fremdwährungsforderungen bei Wegfall der Begrenzung der Entschädigung durch den Entgeltkurs	10% **Zusatzentgelt** auf Grund- und Zeitentgelt	10% **Zusatzentgelt** auf Grund- und Zeitentgelt

– Entgeltsätze für Fabrikationsrisikodeckungen –

Art der Deckung	Garantien	Bürgschaften
Fabrikationsrisikodeckung unter Einschluß aller deckungsfähigen Risiken	1% der gedeckten Selbstkosten, wenn Zeitraum vom Fabrikationsbeginn bis zum Ende der Fabrikationsrisikodeckung nicht länger als ein Jahr; 1,25% der gedeckten Selbstkosten, wenn Zeitraum vom Fabrikationsbeginn bis zum Ende der Fabrikationsrisikodeckung länger als ein Jahr	1% der gedeckten Selbstkosten, wenn Zeitraum vom Fabrikationsbeginn bis zum Ende der Fabrikationsrisikodeckung nicht länger als ein Jahr; 1,25% der gedeckten Selbstkosten, wenn Zeitraum vom Fabrikationsbeginn bis zum Ende der Fabrikationsrisikodeckung länger als ein Jahr
Fabrikationsrisikodeckung, beschränkt auf die politischen Risiken; bei Garantien ggf. einschließlich der politischen Insolvenzrisiken	0,75% der gedeckten Selbstkosten, wenn Zeitraum vom Fabrikationsbeginn bis zum Ende der Fabrikationsrisikodeckung nicht länger als ein Jahr; 0,9% der gedeckten Selbstkosten, wenn Zeitraum vom Fabrikationsbeginn bis zum Ende der Fabrikationsrisikodeckung länger als ein Jahr	0,75% der gedeckten Selbstkosten, wenn Zeitraum vom Fabrikationsbeginn bis zum Ende der Fabrikationsrisikodeckung nicht länger als ein Jahr; 0,9% der gedeckten Selbstkosten, wenn Zeitraum vom Fabrikationsbeginn bis zum Ende der Fabrikationsrisikodeckung länger als ein Jahr

– Entgeltsätze für Deckungen im Rahmen von Bauleistungsgeschäften –

Art der Deckung	Garantien	Bürgschaften
Bauleistungsdeckung zu Bauleistungssonderbedingungen, d. h. bei Bezahlung der Forderung nach Situationen mit einem maximalen Einbehalt von 10% (schließt Gerätedeckung und Deckung von Gegengarantien – Ausnahme Bietungsgarantie – mit ein)	1% des vollen Bauleistungswertes (d. h. ohne Abzug von Vorauszahlungen); ist der Wert der eingeschlossenen Nebendeckungen höher, so wird das Entgelt aus diesem erhoben	1% des vollen Bauleistungswertes (d. h. ohne Abzug von Vorauszahlungen); ist der Wert der eingeschlossenen Nebendeckungen höher, so wird das Entgelt aus diesem erhoben
Fabrikationsrisikodeckung im Zusammenhang mit einem Baugeschäft zu Bauleistungssonderbedingungen	1% der gedeckten Selbstkosten, wenn Zeitraum vom Fabrikationsbeginn bis zum Ende der Fabrikationsrisikodeckung nicht länger als ein Jahr; 1,25% der gedeckten Selbstkosten, wenn Zeitraum vom Fabrikationsbeginn bis zum Ende der Fabrikationsrisikodeckung länger als ein Jahr	1% der gedeckten Selbstkosten, wenn Zeitraum vom Fabrikationsbeginn bis zum Ende der Fabrikationsrisikodeckung nicht länger als ein Jahr; 1,25% der gedeckten Selbstkosten, wenn Zeitraum vom Fabrikationsbeginn bis zum Ende der Fabrikationsrisikodeckung länger als ein Jahr
Ersatzteillagerdeckung	1% des gedeckten Wertes	1% des gedeckten Wertes
Einlagerungsdeckung für einen Zeitraum von 6 Monaten	0,5% des gedeckten Wertes	0,5% des gedeckten Wertes

Art der Deckung	Garantien	Bürgschaften
Einlagerungsdeckung für einen Zeitraum von 12 Monaten	1% des gedeckten Wertes	1% des gedeckten Wertes
Baustellenkostendeckung	1% der gedeckten Baustellenkosten	1% der gedeckten Baustellenkosten
Bevorratungsdeckung	1% des Betrages der durchschnittlichen Bevorratung	1% des Betrages der durchschnittlichen Bevorratung
Gerätedeckung (wird auch isoliert gewährt), soweit nicht entgeltfrei mitgedeckt	1% des gedeckten Gerätewertes	1% des gedeckten Gerätewertes
Globale Gerätedeckung (Laufzeit 2 Jahre mit entgeltpflichtiger Verlängerungsmöglichkeit)	1% des Gerätewertes für Laufzeit von 2 Jahren	1% des Gerätewertes für Laufzeit von 2 Jahren

— Entgeltsätze für Deckungen von Gegengarantien —

Art der Deckung	Garantien	Bürgschaften
Deckung der Bietungsgarantie	0,4% des gedeckten Betrages	0,4% des gedeckten Betrages
Deckung für Gegengarantien, wie insbesondere Liefer-, Leistungs-, Gewährleistungs-, Erfüllungs-, Zoll-, Einbehaltablösungsgarantien, sowie Anzahlungsgarantien über Fabrikationsende hinaus (diese Deckungen werden in der Regel nur zusammen mit Fabrikationsrisiko- oder Forderungsdeckungen übernommen)	0,4% des gedeckten Betrages	0,4% des gedeckten Betrages

— Entgeltsätze für sonstige Beschlagnahmedeckungen —

Art der Deckung	Garantien	Bürgschaften
Beschlagnahmedeckung mit KT-Deckung (z. B. Konsignationslager)	0,75% des gedeckten Warenwertes	0,75% des gedeckten Warenwertes
Beschlagnahmedeckung ohne KT-Deckung (z. B. Messelager)	0,4% des gedeckten Warenwertes	0,4% des gedeckten Warenwertes

Art der Deckung	Garantien	Bürgschaften
Revolvierende Konsignationslagerdeckung mit KT-Deckung (Laufzeit 1 Jahr mit entgeltpflichtiger Verlängerungsmöglichkeit)	0,9% des gedeckten Höchstbetrages pro Jahr	0,9% des gedeckten Höchstbetrages pro Jahr
Revolvierende Konsignationslagerdeckung ohne KT-Deckung (Laufzeit 1 Jahr mit entgeltpflichtiger Verlängerungsmöglichkeit)	0,6% des gedeckten Höchstbetrages pro Jahr	0,6% des gedeckten Höchstbetrages pro Jahr

— Entgeltsätze für Wechselkursdeckungen —

Art der Deckung	Garantien	Bürgschaften
Wechselkursdeckung (isoliert)	0,7% pro Jahr auf den jeweils ausstehenden gedeckten Forderungsbetrag	0,7% pro Jahr auf den jeweils ausstehenden gedeckten Forderungsbetrag
Wechselkursdeckung (kombiniert, d. h. mit Forderungsdeckung)	0,6% pro Jahr auf den jeweils ausstehenden gedeckten Forderungsbetrag	0,6% pro Jahr auf den jeweils ausstehenden gedeckten Forderungsbetrag
Wechselkursdeckung kombiniert mit einer lediglich alle politischen Risiken umfassenden Forderungsdeckung	0,65% pro Jahr auf den jeweils ausstehenden gedeckten Forderungsbetrag	
Wechselkursdeckung unter Einbeziehung eines Zeitraumes von 12 Monaten nach jeder vertraglichen Fälligkeit (nur bei kombinierten Deckungen möglich)	Pauschale Entgeltberechnung bis 6 Monate nach jeweiliger Fälligkeit	Pauschale Entgeltberechnung bis 6 Monate nach jeweiliger Fälligkeit
Wechselkursdeckung, bei der eine Option auf Umstellung in die fremde Währung innerhalb oder nach Ablauf der Vorlaufzeit eingeräumt ist (Zusatzentgelt)	0,3% pro Jahr	0,3% pro Jahr

— Entgeltsätze für Deckblattbürgschaften —

Verbesserte Deckung von abgetretenen garantierten/verbürgten Finanzkreditforderungen gegenüber dem Zessionar (Deckblattbürgschaft)	0,125% pro Jahr auf den abgetretenen und noch ausstehenden Kapitalbetrag	0,125% pro Jahr auf den abgetretenen und noch ausstehenden Kapitalbetrag

— Bei Ausfuhr-Pauschal-Gewährleistungen —

erfolgt die Festsetzung aufgrund der im jeweiligen Vertrag gedeckten Risiken

III. Erhebung des Entgelts

1. Fälligstellung des Entgelts

Grundsätzlich ist das Entgelt bei Aushändigung der Deckungsurkunde fällig. Es gelten jedoch folgende Ausnahmeregelungen:
— Geschäfte mit Kreditlaufzeiten von mehr als zwei Jahren, bei denen das Entgelt DM 5000,— übersteigt.
  Bei kombinierten Deckungen (Fabrikationsrisiko- und Forderungsdeckung) ist das Entgelt für die Fabrikationsrisikodeckung sofort (d. h. bei Aushändigung der Deckungsurkunde), das Grundentgelt für die Forderungsdeckung hälftig bei Beginn und bei Ende der vorgesehenen Lieferzeit zu entrichten.
  Bei isolierten Forderungsdeckungen ist das Grundentgelt hälftig sofort und beim vorgesehenen Lieferbeginn zu entrichten. In beiden Fällen wird das Zeitentgelt jeweils für ein Jahr Kreditlaufzeit im voraus fällig gestellt, wobei zwecks Vereinfachung Rundungen vorgenommen werden. Die Höhe jeder Rate beträgt mindestens DM 1000,—.
— Geschäfte zu Barzahlungsbedingungen, mit Liefer- und Leistungszeiten von mehr als zwei Jahren, bei denen das Entgelt DM 5000,— übersteigt.
  Das Entgelt für die Fabrikationsrisikodeckung sowie die Hälfte des Grund- und Zeitentgeltes für die Forderungsdeckung werden sofort fällig gestellt. Der Restbetrag wird in jährlichen Raten fällig, wobei die Höhe jeder Rate mindestens DM 1000,— beträgt.
— Wechselkursdeckungen
  Bei Übernahme der Deckung wird ein Vorausentgelt in Höhe des Entgeltes für die beiden ersten Jahre nach der Vorlaufzeit in Rechnung gestellt. Nach Ablauf der Vorlaufzeit wird die Entgelterhebung auf Kalenderjahre umgestellt; das Entgelt wird dann jeweils zu Jahresbeginn für das auf dieses Jahr folgende Kalenderjahr erhoben.
— Revolvierende Deckungen
  Es wird ein auf den genehmigten Höchstbetrag (gedeckter Forderungsbetrag) berechnetes Entgelt als Vorausentgelt erhoben, das mit den für die laufenden Versendungen zu entrichtenden Entgelten verrechnet wird.
— Ausfuhr-Pauschal-Gewährleistungen
  Das Entgelt ist innerhalb von 14 Tagen nach Abgabe der Umsatzmeldung und Entgeltberechnung zu entrichten.

2. *Erhebung einer Verzugskostenpauschale (Mahngebühr)*

Wird das in Rechnung gestellte Entgelt bei Fälligkeit nicht entrichtet, so wird mit der zweiten Mahnung neben dem angemahnten Entgeltbetrag eine Verzugskostenpauschale von DM 20, – und mit der dritten Mahnung eine Verzugskostenpauschale von DM 30, – erhoben.
Die Geltendmachung von Verzugszinsen bleibt vorbehalten.

3. *Entgelterstattung*

Stimmt der Bund einer Änderung des Inhalts oder des Umfangs einer Ausfuhrgewährleistung zu und ändert sich hierdurch der Betrag der gedeckten Selbstkosten oder der gedeckten Forderung oder die Dauer des Risikos, erfolgt eine Neuberechnung des Entgelts.

Sofern kein Gewährleistungsfall eingetreten ist, werden sich aus der Neuberechnung ergebende Überzahlungen erstattet abzüglich einer *Verwaltungskostenpauschale* in Höhe von 5% der Überzahlung, höchstens jedoch von DM 5000, – .

Ist der Bund von der Verpflichtung zur Entschädigung befreit, gebührt ihm gleichwohl das Entgelt, soweit es fällig geworden ist, bevor der Bund von seiner Leistungsfreiheit Kenntnis erlangt hat.

Der Bund hat die Geschäftsführung für die Ausfuhrgewährleistungen einem Konsortium übertragen, welches aus der *Hermes Kreditversicherungs-AG,* Hamburg, als Federführer und der *Treuarbeit Aktiengesellschaft* Wirtschaftsprüfungsgesellschaft Steuerberatungsgesellschaft, Hamburg, besteht.

Merkblatt

über die Gewährung von Garantien und Bürgschaften für Leasinggeschäfte über bewegliche Güter mit ausländischen Leasingnehmern

1. Allgemeines

Die Bundesrepublik Deutschland gewährt auf Antrag inländischer Leasinggesellschaften Deckungen für Leasinggeschäfte mit ausländischen Leasingnehmern. Diese Deckungen werden übernommen
- als Garantien für Leasingforderungen bei Leasingverträgen mit privaten ausländischen Leasingnehmern,
- als Bürgschaften für Leasingforderungen bei Leasingverträgen mit Regierungen oder Körperschaften des öffentlichen Rechts.

2. Voraussetzungen

2.1 Typische Leasingverträge

Der Bund gewährt Deckungen nur für Vollamortisationsverträge, nicht für Teilamortisationsverträge. Die Übernahme einer Deckung setzt deshalb voraus, daß nach dem Inhalt des Leasingvertrages
- die Summe der Leasingraten mindestens dem Gesamtbetrag der nach betriebswirtschaftlichen Grundsätzen zu ermittelnden Selbstkosten des Leasinggebers entspricht,
- der ausländische Leasingnehmer während der Laufzeit des Leasingvertrages keine Möglichkeit hat, das Eigentum an dem Leasinggegenstand zu erwerben, es sei denn, daß er durch vorzeitige Bezahlung aller ausstehender Leasingraten den Leasingvertrag beendigt und die Eigentumsübertragung auf ihn in diesem Zusammenhang erfolgt, und
- der Leasinggeber berechtigt ist, einen Leasinggegenstand bei Zahlungsverzug des Leasingnehmers zurückzunehmen.

Die Übertragung des Eigentums an dem Leasinggegenstand auf Dritte (oder auf den ausländischen Leasingnehmer) während der Laufzeit des Leasingvertrages bedarf der Zustimmung des Bundes.

Im Einzelfall kann die Zustimmung erteilt werden, wenn es sich um eine Sicherungsübereignung auf einen den Leasinggeber refinanzierenden Dritten handelt.

2.2 Zahlungsbedingungen

Die Dauer und Konditionen des Leasingvertrages müssen den im internationalen Handel üblichen Zahlungsbedingungen für Liefergeschäfte mit den für Leasinggeschäfte anerkannten Ausnahmen sowie den im Rahmen der Ausfuhrdeckungen des Bundes entwickelten Grundsätzen der Förderungswürdigkeit entsprechen.
Insbesondere müssen die Zahlungsbedingungen – entsprechend den Regeln für Liefergeschäfte, die die Leistung einer Anzahlung voraussetzen – die Zahlung einer Leasingrate in gleicher Höhe vorsehen, bevor der Leasinggegenstand dem Leasingnehmer zur Nutzung übergeben wird. Berechnungsgrundlage für diese – nach den gegenwärtig gültigen internationalen Regeln 15% betragenden – erhöhten ersten Leasingrate ist die Gesamtsumme der Leasingraten. Von dieser Gesamtsumme kann auf Antrag des Deckungsnehmers der Finanzierungsanteil abgezogen werden.

3. *Gegenstand und Umfang der Deckung*

3.1 Geltung der Allgemeinen Bedingungen

Maßgebend für den Gegenstand und den Umfang der Deckung ist ausschließlich die jeweilige Garantie-/Bürgschaftserklärung in Verbindung mit
– den Allgemeinen Bedingungen für die Übernahme von Ausfuhrgarantien bzw.
– den Allgemeinen Bedingungen für die Übernahme von Bürgschaften durch die Bundesrepublik Deutschland bei Lieferungen und Leistungen an ausländische Staaten und sonstige ausländische Körperschaften des öffentlichen Rechts (Regierungsgeschäfte).

3.2 Gegenstand der Deckung

Gegenstand der Deckung ist der Gesamtforderungsbetrag der im Leasingvertrag vereinbarten Leasingraten. Die Übernahme einer

Deckung setzt deshalb voraus, daß der Leasingvertrag eine feste Laufzeit mit im voraus festgelegten Leasingraten hat. Der bei einer etwaigen Rücknahme vorhandene Restwert des Leasinggegenstandes ist nicht Gegenstand der Deckung. Bei Leasingverträgen mit Kaufoption und bei Leasingverträgen mit Verlängerungsoption sind Kaufpreis und Verlängerungsmiete ebenfalls nicht Gegenstand der Deckung.

3.3 Umfang der Deckung

3.3.1 Durch *Garantien* werden wirtschaftliche und politische Risiken gedeckt.

Die *wirtschaftlichen Risiken* bestehen darin, daß die Forderung aus folgenden Gründen uneinbringlich wird:
- Eröffnung eines Konkurs- oder Vergleichsverfahrens über das Vermögen des Schuldners,
- Ablehnung der Eröffnung eines Konkursverfahrens mangels Masse,
- Abschluß eines außeramtlichen Vergleichs,
- Fruchtlosigkeit von Zwangsvollstreckungen,
- Aussichtslosigkeit der Bezahlung infolge nachgewiesener ungünstiger Umstände, insbesondere Aussichtslosigkeit einer Zwangsvollstreckung oder eines Konkursantrages.

Die *politischen Risiken* bestehen in der Uneinbringlichkeit der Forderung infolge allgemeiner staatlicher Maßnahmen im Ausland oder bestimmter politischer Ereignisse oder infolge von Stockungen bei der Durchführung oder Abwicklung von Zahlungs- oder Verrechnungsabkommen oder ähnlichen Vereinbarungen. Darunter fallen u. a. Moratorien, Zahlungs- und Transferverbote, das Einfrieren im Schuldnerland gezahlter Landeswährungsbeträge. Unter die Garantie fallen auch Kursverluste, die bei der Konvertierung und Transferierung von in nicht vereinbarter Währung hinterlegten Fremdwährungsbeträgen entstehen; dagegen sind nicht gedeckt Kursverluste an der im Liefervertrag vereinbarten Währung.

Als »Uneinbringlichkeit infolge politischer Ereignisse« gilt auch die Beschlagnahme durch ausländische staatliche Stellen und Verlust, Vernichtung oder Beschädigung der Ware infolge politischer Ereignisse während des Zeitraumes der Versendung bis zum Übergang in die Verfügungsgewalt des ausländischen Leasingnehmers, soweit diese Gefahren nicht durch Versicherungen gedeckt werden konnten.

3.3.2 Durch *Bürgschaften* wird das Risiko der Nichtzahlung (wenn die Forderung sechs Monate nach ihrer Fälligkeit nicht erfüllt ist) gedeckt; die politischen Risiken werden in demselben Umfang wie bei Garantien gedeckt.

3.3.3 Die *Haftung des Bundes* aus der Deckung beginnt mit der Versendung des Leasinggegenstandes. Der Bund haftet jedoch nur für Ereignisse, die nach Übergang des Eigentums an dem Leasinggegenstand auf den Leasinggeber eintreten.

Der Bund leistet keine Entschädigung, soweit und solange der Leasingnehmer unter Berufung auf Gewährleistungsansprüche die Zahlung der Leasingraten verweigert.

In die Deckungsurkunde wird daher eine Bestimmung aufgenommen, nach der der Bund von der Haftung befreit ist, soweit und solange der ausländische Leasingnehmer unter Berufung auf mangelhafte Vertragserfüllung des Garantie-/Bürgschaftsnehmers oder des Herstellers des Leasinggegenstandes die Erfüllung des Leasingvertrages verweigert, es sei denn, daß der Garantie-/Bürgschaftsnehmer und der Hersteller des Leasinggegenstandes die Mängel nicht zu vertreten haben. Diese Haftungsbefreiung gilt insbesondere für den Fall, daß der ausländische Leasingnehmer aufgrund einer Vereinbarung mit dem Garantie-/Bürgschaftsnehmer Gewährleistungsansprüche nur gegen den Hersteller des Leasinggegenstandes geltend machen kann.

4. Selbstbeteiligung

Der Garantie-/Bürgschaftsnehmer ist in jedem Fall mit einer bestimmten Quote am Ausfall selbst beteiligt. Seine Selbstbeteiligung beträgt mindestens:

bei Garantien
    für das wirtschaftliche Risiko   15% des Ausfalls
    für das politische Risiko   10% des Ausfalls
bei Bürgschaften
    für das Risiko der Nichterfüllung
    der Zahlungsverpflichtung   15% des Ausfalls
    für das politische Risiko   10% des Ausfalls

Die Selbstbeteiligung darf nicht anderweitig (z. B. durch eine andere Versicherung) abgedeckt werden.

5. Bearbeitungsgebühren

5.1 Für jeden in Bearbeitung genommenen Antrag wird eine *Antragsgebühr* nach folgender Staffel erhoben:

Auftragswerte in DM	Antragsgebühr in DM
bis 3 000	30
über 3 000 bis 10 000	50
über 10 000 bis 50 000	100
über 50 000 bis 250 000	200
über 250 000 bis 500 000	300
über 500 000 bis 1 Mio.	400
über 1 Mio.	500

5.2 Bei Geschäften mit Auftragswerten von mehr als DM 5 Mio. wird bei der Ausfertigung des Dokumentes zusätzlich zu der Antragsgebühr eine *Ausfertigungsgebühr* erhoben, die 0,1 ‰ des Auftragswertes, höchstens jedoch 10 000 DM beträgt.

6. Entgelt

Garantien und Bürgschaften werden nur gegen Entrichtung eines Entgelts gewährt. Das Entgelt wird in derselben Art und Höhe wie bei Ausfuhrdeckungen üblich berechnet. Einzelheiten enthält das Merkblatt E über die Entgeltberechnung bei Ausfuhrgarantien, Ausfuhrbürgschaften usw.

7. Antragsbearbeitung

Der Bund hat die Bearbeitung aller Garantien und Bürgschaften für Leasinggeschäfte der
HERMES Kreditversicherungs-AG
Friedensallee 254, Postfach 50 07 40, 2000 Hamburg 50
Telefon: (0 40) 88 70
Telex: 2 12 361 – 90, Drahtwort: Hermeskredit
und der
TREUARBEIT
Aktiengesellschaft
Wirtschaftsprüfungsgesellschaft
Steuerberatungsgesellschaft

übertragen. Diese sind beauftragt und ermächtigt, alle die Garantien/Bürgschaften betreffenden Erklärungen, soweit sie nicht der Bundesschuldenverwaltung vorbehalten sind, namens, im Auftrage und für Rechnung des Bundes abzugeben und entgegenzunehmen. Federführend für beide Gesellschaften ist HERMES.

Allgemeine Bedingungen für die Übernahme von Garantien für Kapitalanlagen im Ausland

(Fassung September 1986)

§ 1
Übernahme von Garantien

(1) Die Bundesrepublik Deutschland (Bund) kann auf Antrag zugunsten von Unternehmern mit Sitz oder Wohnsitz im Gebiet der Bundesrepublik Deutschland Garantien für Kapitalanlagen im Ausland zur Absicherung politischer Risiken übernehmen. Für die Garantien gelten diese »Allgemeinen Bedingungen«, soweit in der Garantieerklärung nichts Abweichendes bestimmt ist.

(2) Die TREUARBEIT Aktiengesellschaft Wirtschaftsprüfungsgesellschaft Steuerberatungsgesellschaft, Hamburg, und die HERMES Kreditversicherungs-Aktiengesellschaft, Hamburg, sind vom Bund beauftragt und ermächtigt, alle die Garantien betreffenden Erklärungen für den Bund abzugeben und entgegenzunehmen und Rechtshandlungen vorzunehmen, soweit sie nicht der Bundesschuldenverwaltung vorbehalten sind. Federführend ist die TREUARBEIT.

(3) Ein Rechtsanspruch auf Gewährung einer Garantie besteht nicht.

§ 2
Voraussetzungen für die Übernahme von Garantien

Garantien werden nur übernommen, wenn
a) zwischen dem Bund und dem Anlageland eine Vereinbarung über die Behandlung derartiger Kapitalanlagen besteht oder,

solange dies nicht der Fall ist, durch die Rechtsordnung des Anlagelandes oder in sonstiger Weise ein ausreichender Schutz der Kapitalanlage gewährleistet erscheint und
b) die Kapitalanlage förderungswürdig ist.

§ 3
Gegenstand der Garantien

(1) Gegenstand der Garantien sind folgende Kapitalanlagen:
a) Anteile an einem Unternehmen im Ausland (Anlageunternehmen), die gegen Einbringung von Kapital, Gütern oder sonstigen Leistungen unter Einräumung von Stimm-, Kontroll- oder Mitspracherechten sowie einer Teilnahme am Ertrag und am Liquidationserlös gewährt werden (Beteiligungen); die Garantie erstreckt sich auch auf die Guthaben, in die sich Beteiligungen umgewandelt haben (in Forderungen umgewandelte Beteiligungen);
b) Dotationskapital, das einer ausländischen Niederlassung oder Betriebsstätte eines Unternehmers mit Hauptniederlassung im Gebiet der Bundesrepublik Deutschland in Gestalt von Kapital, Gütern oder sonstigen Leistungen zugeführt wird, wenn für die Niederlassung oder Betriebsstätte ein gesonderter Jahresabschluß aufgestellt wird, in dem das Dotationskapital wie ein Stammkapital behandelt und ausgewiesen ist (Kapitalausstattung von Niederlassungen oder Betriebsstätten); über den aufzustellenden Jahresabschluß und die Berechnung des Dotationskapitals im Garantiefall werden in der Garantieerklärung Sonderbedingungen vereinbart;
c) Darlehen, die im Zusammenhang mit einer Beteiligung stehen und nach Zweck und Umfang den Charakter einer Beteiligung haben (beteiligungsähnliche Darlehen).
(2) Darüber hinaus können Gegenstand der Garantien Beträge sein, die für einen bestimmten Zeitraum auf garantierte Beteiligungen und beteiligungsähnliche Darlehen als Gewinnanteile ausgeschüttet werden oder als Zinsen zu leisten sind (Erträge). Eine Ertragsdeckung besteht nur, wenn in der Garantieerklärung ein Höchstbetrag der Garantie für die Ertragsdeckung ausdrücklich beziffert ist. Durch die Ertragsdeckung werden die ersten 10 v. H., gerechnet vom Einbringungswert (§ 7), der in einem Garantiejahr fälligen Erträge gedeckt; auf Antrag des Garantienehmers kann in der Garantieerklärung ein geringerer Vomhundertsatz festgesetzt werden.

(3) Alle anderen Rechte oder Forderungen (z. B. Bezugsrechte, Verzugszinsen, Vertragsstrafen, Reugeld, Forderungen auf Schadensersatz sowie Forderungen aus der Veräußerung von Kapitalanlagen an Dritte) sind auch dann nicht Gegenstand der Garantie, wenn sie in dem Vertrag über die Kapitalanlage ausdrücklich vorgesehen sind.

(4) Nicht garantiert sind Kapitalanlagen und deren Erträge, soweit der Unternehmer auf die Kapitalanlage vor Stellung seines Antrages auf Übernahme einer Garantie bereits Leistungen erbracht hat.

§ 4
Gedeckte Risiken

(1) Die Garantie des Bundes umfaßt Verluste an der Kapitalanlage oder an deren Erträgen, soweit die Verluste durch folgende politische Ereignisse oder Maßnahmen in dem Anlageland verursacht worden sind:
a) Verstaatlichung, Enteignung, enteignungsgleiche Eingriffe oder rechtswidrige Unterlassungen von Hoher Hand, die in ihren Auswirkungen einer Enteignung gleichzusetzen sind (Enteignungsfall);
b) Krieg oder sonstige bewaffnete Auseinandersetzungen, Revolution oder Aufruhr (Kriegsfall);
c) Zahlungsverbote oder Moratorien (Moratoriumsfall);
d) Unmöglichkeit der Konvertierung oder des Transfers von Beträgen, die zum Zwecke des Transfers in die Bundesrepublik bei einer zahlungsfähigen Bank eingezahlt worden sind (KT-Fall).

(2) Verluste infolge der in Absatz 1 genannten Ereignisse oder Maßnahmen, die auf einer unmittelbaren oder mittelbaren ausländischen Beteiligung am Garantienehmer oder einem ausländischen Einfluß auf den Garantienehmer beruhen, werden von der Garantie nicht erfaßt, wenn im Zeitpunkt der verlustbegründenden Ereignisse oder Maßnahmen das Kapital des Garantienehmers oder die Stimmrechte sich zu mehr als 50 % in ausländischer Hand befinden oder wenn der Garantienehmer einer ausländischen Kontrolle unterliegt. »Ausländische Kontrolle« bedeutet insbesondere, daß die rechtlich verantwortlichen oder faktisch maßgebenden Leiter des Unternehmens ausländische Staatsangehörige sind, von ausländischen Staatsangehörigen Weisungen empfangen oder unter deren Kontrolle handeln.

§ 5
Garantiefall

Der Garantiefall tritt ein:
1. wenn durch einen Enteignungsfall (§ 4 Abs. 1 Buchstabe a) in dem Anlageland die Beteiligung als solche, die in eine Forderung umgewandelte Beteiligung, die Forderung aus einem beteiligungsähnlichen Darlehen oder die Forderung auf ausgeschüttete Erträge ganz (Totalverlust) oder teilweise (Teilverlust) entzogen wird; dies gilt sinngemäß bei der Liquidation einer Niederlassung oder Betriebsstätte für den Liquidationserlös;
2. wenn durch einen Enteignungs- oder Kriegsfall (§ 4 Abs. 1 Buchstabe a oder b) in dem Anlageland
   a) die gesamten Vermögenswerte des Anlageunternehmens, der Niederlassung oder der Betriebsstätte entzogen oder zerstört werden oder
   b) ein so wesentlicher Teil der Vermögenswerte des Anlageunternehmens, der Niederlassung oder der Betriebsstätte entzogen oder zerstört wird, daß das Anlageunternehmen, die Niederlassung oder die Betriebsstätte auf die Dauer ohne Verluste nicht mehr fortgeführt werden kann
   und infolgedessen
   die Beteiligung oder das Dotationskapital als verloren anzusehen ist (Totalverlust)
   oder
   die Forderung, in die sich die Beteiligung umgewandelt hat, die Forderung aus dem beteiligungsähnlichen Darlehen oder die Forderung auf die Erträge ganz oder teilweise in keiner Form erfüllt oder beigetrieben werden kann;
3. wenn durch einen Moratoriumsfall (§ 4 Abs. 1 Buchstabe c) in dem Anlageland
   eine fällige Forderung, in die sich die Beteiligung umgewandelt hat, eine fällige Forderung aus dem beteiligungsähnlichen Darlehen oder eine fällige Forderung auf die Erträge ganz oder teilweise in keiner Form erfüllt oder beigetrieben werden kann; dies gilt sinngemäß bei der Liquidation einer Niederlassung oder Betriebsstätte für den Liquidationserlös;
4. wenn durch einen KT-Fall (§ 4 Abs. 1 Buchstabe d) in dem Anlageland
   Beträge nicht binnen 2 Monaten konvertiert oder transferiert worden sind, nachdem sie bei einer zahlungsfähigen Bank zum Zwecke der Überweisung an den Garantienehmer auf eine fällige Forderung, in die sich die Beteiligung umgewandelt hat,

auf eine fällige Forderung aus dem beteiligungsähnlichen Darlehen oder auf die Erträge eingezahlt worden sind, sofern alle bestehenden Vorschriften und Vereinbarungen für die Konvertierung und den Transfer dieser Beträge erfüllt sind; dies gilt sinngemäß bei der Liquidation einer Niederlassung oder Betriebsstätte für den Liquidationserlös.

§ 6
Bruttoverlust

(1) Bruttoverlust an der Kapitalanlage ist
a) bei einer Beteiligung im Falle eines Totalverlustes oder bei einem Dotationskapital im Falle eines Totalverlustes der Zeitwert der Kapitalanlage bei Eintritt des Garantiefalles, höchstens ihr Einbringungswert (§ 7);
b) bei einer Beteiligung im Falle eines Teilverlustes die Wertminderung, die sich errechnet aus dem Vergleich zwischen dem Zeitwert der Beteiligung bei Eintritt des Garantiefalles, höchstens ihrem Einbringungswert, einerseits und dem Restwert der Beteiligung andererseits;
c) bei einer in eine Forderung umgewandelten Beteiligung und bei einem beteiligungsähnlichen Darlehen der Ausfall an der bei Eintritt des Garantiefalles mit dem Zeitwert bewerteten Forderung, höchstens jedoch der Einbringungswert der Kapitalanlage; ist nur ein Teil der Forderung vom Garantiefall betroffen, so ist der Bruttoverlust auf den Teil des Einbringungswertes begrenzt, der auf den betroffenen Teil der Forderung entfällt. Bei einem Liquidationserlös aus der Liquidation einer Niederlassung oder Betriebsstätte gelten Satz 1 und 2 entsprechend.

(2) Bruttoverlust an Erträgen ist der Ausfall an Forderungen auf gedeckte Erträge.

§ 7
Einbringungswert

(1) Einbringungswert ist derjenige Betrag in Deutscher Mark, dessen Höhe sich aus dem nach den deutschen Grundsätzen ordnungsmäßiger Buchführung und Bilanzierung aktivierungsfähigen Wert der dem Garantienehmer obliegenden und von ihm erbrachten Leistungen auf die Kapitalanlage errechnet. Über den in der Garantieerklärung gemäß § 8 Abs. 2 Satz 1 festgesetzten Höchst-

betrag der Garantie für die Kapitaldeckung hinaus werden Leistungen für die Ermittlung des Einbringungswertes nicht anerkannt.
(2) Als vom Garantienehmer erbrachte Leistungen können auf besonderen Antrag auch diejenigen in Deutsche Mark umgerechneten Beträge anerkannt werden, die dem Garantienehmer in Form von Anteilen anläßlich einer Umwandlung offener – aus Gewinnen gebildeter – Rücklagen in Gesellschaftskapital zugeteilt werden; das gleiche gilt für die Zuteilung von Anteilen aufgrund von Maßnahmen des Anlageunternehmens, die einer solchen Kapitalerhöhung aus Gesellschaftsmitteln entsprechen. Derartige Beträge können bis zur Höhe von 300 v. H. der auf die garantierte Beteiligung erbrachten Leistungen gemäß Abs. 1 anerkannt werden.

§ 8
Höchstbetrag der Garantie

(1) Die Garantie des Bundes ist für jede Kapitalanlage und deren Erträge durch einen Höchstbetrag in Deutscher Mark begrenzt. Der Höchstbetrag der Garantie setzt sich zusammen aus dem Höchstbetrag der Garantie für die Kapitaldeckung und dem Höchstbetrag der Garantie für die Ertragsdeckung.
(2) Der Höchstbetrag der Garantie für die Kapitaldeckung wird in der Garantieerklärung unter Berücksichtigung des Wertes der von dem Garantienehmer auf die Kapitalanlage zu erbringenden Leistungen festgesetzt. Der Höchstbetrag der Garantie für die Kapitaldeckung verringert sich nach Garantiefällen bezüglich der Kapitalanlage selbst um den Betrag des bei Berechnung der Entschädigung ermittelten gedeckten Verlustes (§ 18 Abs. 3). Der Höchstbetrag der Garantie für die Kapitaldeckung ist auf Antrag des Garantienehmers zum Ende eines Garantiejahres herabzusetzen.
(3) Der Höchstbetrag der Garantie für die Ertragsdeckung wird auf Antrag in der Garantieerklärung bis zu 50 v. H. des Höchstbetrages der Garantie für die Kapitaldeckung festgesetzt. Verringert sich der Höchstbetrag der Garantie für die Kapitaldeckung infolge von Garantiefällen bezüglich der Kapitalanlage selbst oder auf Antrag des Garantienehmers, so ist der Höchstbetrag der Garantie für die Ertragsdeckung im gleichen Verhältnis herabzusetzen. Der Höchstbetrag der Garantie für die Ertragsdeckung verringert sich nach Garantiefällen bezüglich der Erträge um den Betrag des bei Berechnung der Entschädigung ermittelten gedeckten Verlustes (§ 18 Abs. 3); bei Eingängen nach Entschädigung (§ 21) kann der

Garantienehmer eine entsprechende Wiedererhöhung der Ertragsdeckung verlangen; ist jedoch inzwischen eine Verringerung des Höchstbetrages der Garantie für die Kapitaldeckung erfolgt, so ist auch der Wiedererhöhungsbetrag entsprechend zu kürzen.

§ 9
Selbstbeteiligung

(1) An jedem gedeckten Verlust (§ 18 Abs. 3) ist der Garantienehmer in Höhe des in der Garantieerklärung festgelegten Satzes selbst beteiligt.
(2) Die Selbstbeteiligung darf nicht anderweitig gedeckt werden.

§ 10
Höchsthaftung

(1) Aus dem Höchstbetrag der Garantie abzüglich der Selbstbeteiligung ergibt sich der Betrag der Höchsthaftung des Bundes; dieser wird in die Garantieerklärung aufgenommen. Über den Betrag der Höchsthaftung des Bundes hinaus können Ansprüche im Zusammenhang mit der Garantie, gleich aus welchem Rechtsgrunde, gegen den Bund nicht geltend gemacht werden.
(2) Die Entschädigungspflicht des Bundes für gedeckte Verluste (§ 18 Abs. 3) unter DM 4000,– (Bagatellschaden) ist ausgeschlossen. Dies gilt nicht, wenn während eines Zeitraumes von einem Jahr mehrere Bagatellschäden auftreten und die Summe der Verluste DM 4000,– oder mehr beträgt.

§ 11
Beginn und Ende der Deckung

(1) Die Deckung für Verluste an Kapitalanlagen und an deren Erträgen beginnt in dem Zeitpunkt, in dem der Garantienehmer die ihm obliegende Leistung auf die Kapitalanlage erbracht hat, jedoch nicht vor Wirksamwerden der Garantie (§ 12 Abs. 1). Voraussetzung für den jeweiligen Deckungsbeginn ist ferner, daß die Leistungen auf die Kapitalanlage innerhalb der in der Garantieerklärung festgesetzten Frist erbracht werden; die Frist kann durch Nachtrag zur Garantieerklärung verlängert werden. Wird an das Anlageunternehmen geleistet, so gilt die Leistung erst dann als er-

bracht, wenn ihr Gegenstand in die Verfügungsmacht des Anlageunternehmens, der Niederlassung oder der Betriebsstätte übergegangen ist.
(2) Erbringt der Garantienehmer die ihm obliegende Leistung in Teilleistungen, so beginnt die Deckung für jede Teilleistung in dem Zeitpunkt, in dem für sie die in Absatz 1 genannten Voraussetzungen vorliegen.
(3) Sind in dem Zeitpunkt, in dem die Voraussetzungen der Absätze 1 und 2 erfüllt werden, bereits in § 4 Abs. 1 genannte Ereignisse eingetreten oder Maßnahmen getroffen worden, so entfällt eine Deckung für Verluste durch diese Ereignisse oder Maßnahmen. Ist eine solche Maßnahme befristet (z. B. befristetes Moratorium) und wird die Frist später verlängert oder wird im Anschluß an die befristete Maßnahme eine neue Maßnahme gleicher Art getroffen, so entfällt die Deckung auch für Verluste infolge der Fristverlängerung oder der neuen Maßnahme. Soweit in dem Zeitpunkt, in dem die Garantie wirksam wird, Umstände gegeben sind, die die Zahlung oder den Transfer der Erträge bzw. die Zahlung oder den Rücktransfer des Gegenwertes der Kapitalanlage ausschließen oder beschränken, werden Verluste an der Kapitalanlage oder an deren Erträgen, die auf diesen Umständen beruhen, durch die Garantie nicht gedeckt; dies gilt auch, soweit die vorgenannten Umstände nach dem Wirksamwerden der Garantie, jedoch vor Beginn der Deckung, eintreten, es sei denn, dem Garantienehmer ist die Verweigerung der ihm auf die Kapitalanlage noch obliegenden Leistungen nicht zumutbar.
(4) Die Deckung endet mit Ablauf der in der Garantieerklärung festgesetzten Laufzeit der Garantie.
(5) Abweichend von Absatz 4 sind gedeckt:
a) Verluste an Kapitalanlagen aus Garantiefällen gemäß § 5 Nr. 1 und 2, die innerhalb von 6 Monaten nach Ablauf der Laufzeit der Garantie eintreten und auf vor Ablauf der Laufzeit eingetretenen Ereignisse oder Maßnahmen gemäß § 4 Abs. 1 Buchstaben a und b beruhen;
b) Verluste an Forderungen aus einem Garantiefall gemäß § 5 Nr. 4, der innerhalb von 2 Monaten nach Ablauf der Laufzeit eintritt.
Das gilt nicht, wenn die Garantie durch Kündigung oder Rücktritt endet.
(6) Für Forderungen (in Forderungen umgewandelte Beteiligungen, beteiligungsähnliche Darlehen, Erträge), deren Einziehung und Transferierung nicht unverzüglich nach Fälligkeit veranlaßt wird oder die gestundet werden, erlischt die Deckung, es sei denn,

daß der Bund der Fortdauer der Deckung zugestimmt hat. Dies gilt sinngemäß bei der Liquidation einer Niederlassung oder Betriebsstätte für den Liquidationserlös.

§ 12
Garantieerklärung

(1) Die Garantie wird mit Beginn des Tages wirksam, an dem die Garantieerklärung dem Garantienehmer zugeht; eine Erhöhung der Höchsthaftung des Bundes oder eine Verlängerung der Laufzeit der Garantie werden mit Beginn des Tages wirksam, an dem der darüber ausgefertigte Nachtrag zur Garantieerklärung dem Garantienehmer zugeht (Wirksamwerden der Garantie).
(2) Garantieerklärung und Nachträge sind nur rechtsverbindlich, wenn sie die Unterschrift der Bundesschuldenverwaltung tragen.

§ 13
Allgemeine Pflichten des Garantienehmers

(1) Der Garantienehmer hat die für Kapitalanlagen im Ausland vom Bund und vom Anlageland erlassenen Vorschriften zu beachten, die für Kapitalanlagen notwendigen Genehmigungen einzuholen sowie die in Genehmigungen des Anlagelandes und in Vereinbarungen mit dem Anlageland enthaltenen Bedingungen, Auflagen und Verpflichtungen zu erfüllen.
(2) Über den Stand und die Entwicklung der Kapitalanlage sowie des Anlageunternehmens, der Niederlassung oder Betriebsstätte ist jährlich schriftlich binnen 9 Monaten nach Ablauf des Geschäftsjahres des Unternehmens zu berichten. Dem Bericht sind die Bilanz und die Gewinn- und Verlustrechnung nebst Erläuterungen, der Geschäftsbericht sowie etwaige Berichte von Abschlußprüfern oder von Institutionen mit ähnlichen Aufgaben beizufügen. Auf Verlangen ist der Garantienehmer verpflichtet, jederzeit über Einzelheiten der Kapitalanlage sowie über die mit ihr im Zusammenhang stehenden Geschäfte Auskunft zu erteilen.
(3) Der Garantienehmer hat unverzüglich schriftlich anzuzeigen:
a) wenn die Voraussetzungen für den Beginn der Deckung (§ 11) bei einer Leistung oder Teilleistung auf die Kapitalanlage vorliegen; dabei ist der Betrag der vom Garantienehmer auf die garantierte Kapitalanlage erbrachten Leistungen (§ 7 Abs. 1 Satz 1) anzugeben;

b) wenn sich Beteiligungen in Forderungen umwandeln oder wenn Niederlassungen oder Betriebsstätten liquidiert werden;
c) wenn Kapitalanlagen veräußert werden, in anderer Weise über sie verfügt wird oder Rückzahlungen auf sie erfolgen;
d) wenn wesentliche Veränderungen bezüglich der Kapitalanlage eintreten, insbesondere wenn die Satzung des Anlageunternehmens oder Verträge, die im Zusammenhang mit der Kapitalanlage stehen, ergänzt oder aufgehoben werden; dies gilt sinngemäß für Niederlassungen oder Betriebsstätten;
e) wenn im Zusammenhang mit der Kapitalanlage stehende Genehmigungen mit Bedingungen oder Auflagen versehen werden;
f) wenn von der Regierung oder sonstigen Behörden des Anlagelandes besondere Zusagen bezüglich der Kapitalanlage oder des Anlageunternehmens gegeben oder geändert werden;
g) wenn er neben der durch die Garantie gedeckten Kapitalanlage eine weitere, nicht gedeckte Kapitalanlage bei demselben Unternehmen erwirbt.
4) Der Garantienehmer hat jederzeit auf Verlangen, spätestens im Schadensfall, den Wert der auf die garantierte Kapitalanlage erbrachten Leistungen nachzuweisen.
5) Nach Ablauf der Frist für die Stellung eines Entschädigungsantrages (§ 16 Abs. 1) hat der Garantienehmer Garantieerklärung und Nachträge zum Zwecke der Enthaftung zurückgegeben.
6) Der Bund, der Bundesrechnungshof sowie die von diesen Beauftragten sind vor und nach Inanspruchnahme des Bundes aus der Deckung berechtigt, die Bücher, Schriften und sonstigen Unterlagen des Garantienehmers, soweit sie mit der Garantie im Zusammenhang stehen können, auf Kosten des Garantienehmers einzusehen und zu überprüfen, Abschriften zu fertigen oder zu verlangen. Der Garantienehmer ist auf Verlangen des Bundes verpflichtet, alle ihm zumutbaren Maßnahmen zu ergreifen, um die gleiche Prüfung auch bei dem Anlageunternehmen zu ermöglichen. Alle die garantierte Kapitalanlage betreffenden Unterlagen sind sorgfältig aufzubewahren.

§ 14
Besondere Pflichten des Garantienehmers

(1) Droht ein Garantiefall oder ist er eingetreten, so hat der Garantienehmer mit der Sorgfalt eines ordentlichen Kaufmanns vorzugehen, insbesondere alles zu tun, um den Schaden abzuwenden

oder zu mindern; er hat hierbei etwaige Weisungen des Bundes zu befolgen.
(2) Der Garantienehmer hat unverzüglich schriftlich anzuzeigen:
a) wenn ihm risikoerhöhende Umstände bekannt werden, insbesondere wenn die Kapitalanlage betreffende Ereignisse oder Maßnahmen gemäß § 4 Abs. 1 bevorstehen;
b) wenn derartige Ereignisse eingetreten oder Maßnahmen getroffen worden sind.
(3) Kündigt das Anlageland eine mit der Bundesrepublik Deutschland geschlossene Vereinbarung über die Behandlung derartiger Kapitalanlagen und verliert die garantierte Kapitalanlage dadurch den Schutz dieser Vereinbarung vor Ablauf der Garantielaufzeit, so hat der Garantienehmer im Einvernehmen mit dem Bund die Maßnahmen zu treffen, die infolge des fehlenden Schutzes dieser Vereinbarung zur Sicherung der Kapitalanlage erforderlich sind.

§ 15
Folgen von Vertragsverletzungen; Genehmigungen; Rücktritts- und Kündigungsrecht

(1) Wirkt der Garantienehmer schuldhaft an der Entstehung eines Schadens mit, insbesondere dadurch, daß er eine ihm nach diesen »Allgemeinen Bedingungen« oder nach den Bestimmungen der Garantieerklärung obliegende Pflicht verletzt, so bestimmen sich die Verpflichtung des Bundes zur Entschädigung sowie der Umfang der zu leistenden Entschädigung nach den Umständen, insbesondere danach, inwieweit der Schaden durch das pflichtwidrige Verhalten des Garantienehmers herbeigeführt worden ist. Das gilt entsprechend, wenn das pflichtwidrige Verhalten des Garantienehmers zu einer Erhöhung des Schadens beiträgt oder eine Minderung verhindert.
(2) Verletzt der Garantienehmer schuldhaft eine ihm nach diesen »Allgemeinen Bedingungen« oder den Bestimmungen der Garantieerklärung obliegende Pflicht, ohne daß die Pflichtverletzung einen Einfluß auf das Entstehen und den Umfang des Schadens hat, so kann der Bund eine Entschädigungsleistung gleichwohl ablehnen oder mindern, wenn die Pflichtverletzung Einfluß auf die Feststellung oder den Umfang der dem Bund obliegenden Leistung gehabt hat.
(3) Durch die Garantie nicht gedeckt sind Nachteile, soweit sie auf den in Genehmigungen des Anlagelandes und auf den in Vereinba-

rungen mit dem Anlageland enthaltenen Bedingungen und Auflagen beruhen. Ebenso sind Nachteile nicht gedeckt, die sich daraus ergeben, daß im Einzelfall für die Erlangung genereller oder spezieller Vorteile zur Verfügung stehende Genehmigungen nicht eingeholt werden. Genehmigungen im Sinne dieser Bestimmungen sind auch Zusagen, Registrierungen, Konzessionen u. ä.

(4) Hat der Garantienehmer im Zusammenhang mit der Stellung des Antrages schuldhaft unvollständige oder unrichtige Angaben gemacht, so kann der Bund innerhalb von zwei Monaten seit Kenntnis hiervon von der Garantie zurücktreten. Tritt der Bund zurück, nachdem der Garantiefall eingetreten ist, so bleibt seine Verpflichtung zur Leistung gleichwohl bestehen, soweit der Umstand, in Ansehung dessen die unvollständigen oder unrichtigen Angaben gemacht worden sind, keinen Einfluß auf den Eintritt des Garantiefalles und auf den Umfang der Leistung des Bundes – insbesondere auf die Übernahme der Garantie – gehabt hat. Das Recht des Bundes, die Garantie wegen arglistiger Täuschung anzufechten, bleibt unberührt.

(5) Bei Eintritt gefahrerhöhender Umstände kann der Bund die Garantie mit sofortiger Wirkung kündigen oder beschränken, soweit die Deckung gemäß § 11 noch nicht begonnen hat, es sei denn, dem Garantienehmer ist die Verweigerung der ihm auf die Kapitalanlage noch obliegenden Leistungen nicht möglich.

(6) Werden die Satzung des Anlageunternehmens oder Verträge, die im Zusammenhang mit der Kapitalanlage stehen können, geändert, ergänzt oder aufgehoben und tritt hierdurch eine wesentliche Erhöhung des Risikos ein, so kann der Bund die Garantie mit Wirkung von der Änderung, Ergänzug oder Aufhebung an kündigen; die Entschädigungspflicht des Bundes für vor der Änderung, Ergänzung oder Aufhebung eingetretene Garantiefälle bleibt bestehen. Dies gilt sinngemäß für Niederlassungen oder Betriebsstätten.

(7) Werden Zusagen gemäß § 13 Abs. 3 Buchstabe f gegeben oder erweitert, so kann der Bund die Garantie mit Wirkung von der Abgabe oder Erweiterung der Zusagen an insoweit einschränken, als sich daraus eine Erhöhung des Risikos ergeben könnte.

(8) Der Bund ist berechtigt, die Garantie mit sofortiger Wirkung zu kündigen:
a) bei grober Verletzung der Vertragspflichten durch den Garantienehmer,
b) aus wichtigem Grunde, der in der Person des Garantienehmers liegt.

(9) Der Garantienehmer hat sich das Verhalten des Anlageunter-

nehmens, seiner Treuhänder und anderer Personen, die seinen Weisungen unterliegen, anrechnen zu lassen.
(10) Der Garantienehmer ist berechtigt, die Garantie zum Ende eines Garantiejahres unter Einhaltung einer Frist von einem Monat schriftlich zu kündigen.

§ 16
Antrag auf Entschädigung

(1) Der Antrag auf Entschädigung ist bei der TREUARBEIT unverzüglich nach Eintritt eines Garantiefalles, spätestens jedoch sechs Monate nach Beendigung der Deckung (§ 11 Abs. 5 und 6) einzureichen.
(2) Der Garantienehmer hat das Vorliegen der Voraussetzungen für den Eintritt eines Garantiefalles sowie Grund und Höhe des Schadens nachzuweisen.

§ 17
Feststellung des Schadens und Zahlung der Entschädigung

(1) Die Feststellung des Schadens erfolgt binnen angemessener Frist, nachdem der Garantienehmer alle zum Nachweis des Schadens erforderlichen Unterlagen beigebracht hat. Ist dies zunächst nach Lage der Sache nicht möglich, so kann der Bund auf Antrag des Garantienehmers eine vorläufige Entschädigung zahlen, über deren Höhe der Bund nach Prüfung der verfügbaren Unterlagen entscheidet.
(2) Die Entschädigung wird frühestens drei Monate nach Absendung der Schadensberechnung oder der Berechnung der vorläufigen Entschädigung, jedoch nicht vor Ablauf von sechs Monaten nach Eintritt des Garantiefalles gezahlt; bei beteiligungsähnlichen Darlehen ist der Bund in Moratoriums- und KT-Fällen berechtigt, die Entschädigung für die Darlehensforderung frühestens drei Jahre nach Wirksamwerden der Garantie zu leisten.
(3) Der Bund kann bei beteiligungsähnlichen Darlehen die Entschädigung für die Darlehensforderung in Raten, die den im Darlehensvertrag vereinbarten Tilgungsraten entsprechen, oder in angemessenen, über die Restlaufzeit der Garantie verteilten Raten zahlen, und zwar unter Zahlung der vereinbarten Darlehenszinsen, höchstens jedoch 6 vom Hundert jährlich auf den jeweils ausste-

henden Entschädigungsbetrag, gerechnet vom Tage der Auszahlung der ersten Entschädigungsrate an.
(4) Stellt sich nach Zahlung einer Entschädigung heraus, daß die Voraussetzungen für die Zahlung oder für eine Zahlung in dieser Höhe nicht gegeben waren, so ist der Garantienehmer verpflichtet, den Betrag insoweit unverzüglich an den Bund zurückzuzahlen.

§ 18
Berechnung der Entschädigung

(1) Zum Zwecke der Berechnung der Entschädigung wird der Bruttoverlust (§ 6) ermittelt. Hierbei wird
a) als Einbringungswert der Kapitalanlage der sich gemäß § 7 ergebende Betrag zugrunde gelegt. Sind im Falle einer Bareinbringung die dem Anlageunternehmen zugeflossenen Mittel dazu verwandt worden, beim Garantienehmer oder bei ihm nahestehenden oder verbundenen Unternehmen Anlagen oder andere Vermögensgegenstände zu erwerben, so kann der Einbringungswert auf den Betrag ermäßigt werden, der sich bei Anwendung der Grundsätze des § 7 Abs. 1 Satz 1 für die erworbenen Anlagen oder Vermögensgegenstände ergäbe, wenn diese als Sacheinlage eingebracht worden wären. Ist dem Garantiefall eine Tilgung, sonstige Rückführung, Veräußerung oder ein anderer Garantiefall an der Kapitalanlage selbst voraufgegangen, so ist der Einbringungswert für die Berechnung der Entschädigung in dem Verhältnis zu kürzen, in dem der getilgte, rückgeführte, veräußerte oder von dem früheren Garantiefall betroffene Teil der Kapitalanlage zur ganzen garantierten Kapitalanlage steht.
b) — soweit erforderlich — als Zeitwert der Kapitalanlage der Wert in Deutscher Mark festgestellt, der der Kapitalanlage bei Eintritt des Garantiefalles in Anlehnung an betriebswirtschaftliche Grundsätze unter Berücksichtigung der bis zu diesem Zeitpunkt fortgeführten Bilanzen sowie der Erfolgsrechnungen des Unternehmens beizulegen ist;
c) — soweit erforderlich — als Restwert der Beteiligung der Wert in Deutscher Mark festgestellt, der der Beteiligung unmittelbar nach Eintritt des Garantiefalles in Anlehnung an betriebswirtschaftliche Grundsätze unter Berücksichtigung der bis zu diesem Zeitpunkt fortgeführten Bilanzen sowie der Erfolgsrechnungen des Unternehmens beizulegen ist; bei der Wertermittlung werden mit großer Wahrscheinlichkeit zu erwartende

nachhaltig wertmindernde Folgen des Garantiefalles angemessen berücksichtigt; folgt dem Garantiefall eine Liquidation des Unternehmens oder wird die Restbeteiligung veräußert, so ist der Liquidations- oder der Veräußerungserlös als Restwert der Kapitalanlage anzuschen, sofern Liquidation oder Veräußerung in ursächlichem Zusammenhang mit dem Garantiefall stehen;
d) als Ausfall an Forderungen festgestellt,
   1. wenn sie auf Deutsche Mark lauten: der Ausfall gegenüber dem Betrag in Deutscher Mark, den der Garantienehmer bei einem Transfer im Zeitpunkt des Eintritts des Garantiefalles erhalten hätte; Wertsicherungsklauseln werden nicht berücksichtigt;
   2. wenn sie auf ausländische Währung lauten: der Ausfall in ausländischer Währung, in Deutsche Mark zu dem Kurs (einschließlich etwaiger Devisenprämien o. ä.) umgerechnet, der bei Transfer und Konvertierung der Forderung im Zeitpunkt des Eintritts des Garantiefalles maßgebend gewesen wäre, hilfsweise zu dem Geldkurs der Frankfurter Börse am Stichtag oder, falls am Stichtag keine amtliche Kursnotierung stattfand, zu der vorangegangenen Notierung oder, wenn für die in Betracht kommende Währung in der Bundesrepublik eine amtliche Notierung nicht festgestellt wurde, zu dem von der Deutschen Bundesbank zuletzt als Geldkurs bekanntgegebenen Umrechnungssatz.

(2) Von dem nach Absatz 1 ermittelten Betrag (Bruttoverlust) werden zur Ermittlung des Nettoverlustes folgende Beträge (Vorteile), sofern sie im Zusammenhang mit dem Garantiefall stehen, abgesetzt, und zwar gekürzt um die für ihre Erlangung vom Garantienehmer aufgewandten notwendigen Auslagen:
a) alle Zahlungen bzw. der Wert aller sonstigen Leistungen, die der Garantienehmer nach Eintritt des Garantiefalles von dem Anlageunternehmen, dem ausländischen Staat, aus Versicherungen oder von sonstigen Dritten erhalten hat,
b) alle Erlöse, die der Garantienehmer aus der Verwertung von Rechten, Gütern, Pfändern und sonstigen Sicherheiten erhalten hat,
c) der Wert der Verbindlichkeiten des Garantienehmers, von denen er durch den Garantiefall befreit wurde oder von denen er sich durch Aufrechnung oder auf sonstige Weise gegenüber dem Anlageunternehmen oder einem aus dem Garantiefall schadensersatzpflichtigen Dritten befreien kann,

d) der Wert etwaiger sonstiger Vorteile, die der Garantienehmer erhalten hat.

Betreffen Vorteile sowohl garantierte als auch nicht garantierte Kapitalanlagen, so sind sie in derjenigen Höhe abzusetzen, in der sie auf die garantierte Kapitalanlage entfallen.

(3) Der nach den Absätzen 1 und 2 ermittelte Nettoverlust wird durch die Garantie nur insoweit gedeckt, als er im Rahmen des Höchstbetrages der Garantie für die Kapitaldeckung bzw. die Ertragsdeckung liegt (gedeckter Verlust).

(4) Der gedeckte Verlust ergibt nach Abzug der Selbstbeteiligung den vom Bund zu zahlenden Entschädigungsbetrag.

§ 19
Übertragung von Rechten

(1) Erhält der Garantienehmer vom Bund eine Entschädigung, so ist er verpflichtet, diejenigen Rechte, die Gegenstand der Entschädigung waren, die Ersatzansprüche und etwaige Ansprüche aus Versicherungen und dergleichen sowie den Anspruch auf die im Ausland eingezahlten und hinterlegten Beträge, jeweils nebst Sicherheiten und Nutzungen, auf den Bund zu übertragen. Ist eine solche Übertragung nicht möglich oder verzichtet der Bund hierauf, so hat der Garantienehmer diese Rechte insoweit treuhänderisch für den Bund zu halten und nach dessen Weisungen zu verwalten.

(2) Der Bund kann die Auszahlung einer Entschädigung von der vorherigen Übertragung der Rechte abhängig machen.

§ 20
Rechtsverfolgung

(1) Unbeschadet des Übergangs der Rechte auf den Bund nach § 19 hat der Garantienehmer, auf Verlangen des Bundes auch im eigenen Namen, alle zur Einziehung oder Verwertung der Rechte, einschließlich der Sicherheiten, geeigneten Maßnahmen durchzuführen und hierbei etwaige Weisungen des Bundes zu befolgen. Das gleiche gilt für Rechte, die der Garantienehmer nach § 19 treuhänderisch für den Bund hält.

(2) Sachgemäße Aufwendungen des Garantienehmers für besondere Maßnahmen, die er zur Rechtsverfolgung auf Verlangen des Bundes durchführt, werden zwischen dem Bund und dem Garan-

tienehmer im Verhältnis ihrer Beteiligung an dem Gegenstand der Rechtsverfolgung aufgeteilt.

§ 21
Eingänge nach Entschädigung

Eingänge nach Entschädigung werden zwischen dem Bund und dem Garantienehmer in dem Verhältnis von Entschädigungsbetrag und Selbstbeteiligung aufgeteilt. Der Anteil des Bundes an Eingängen nach Entschädigung ist jedoch insgesamt begrenzt auf die Summe, bestehend aus vom Bund gemäß § 17 Abs. 3 gezahlten Zinsen, vom Bund gezahlten Entschädigungsbeträgen im Rahmen der Ertragsdeckung, vom Bund gezahlten Entschädigungsbeträgen im Rahmen der Kapitaldeckung zuzüglich einer Verzinsung in Höhe des jeweiligen Bundesbankdiskontsatzes auf die vom Bund im Rahmen der Kapitaldeckung gezahlten Entschädigungsbeträge von ihrer Auszahlung bis zu ihrem Rückfluß. Die Anrechnung der dem Bund zustehenden Eingänge erfolgt gemäß der Reihenfolge der vorstehenden Aufzählung.

§ 22
Verfügung über Ansprüche aus der Garantie

Die Verfügung über Ansprüche aus der Garantie bedarf der vorherigen schriftlichen Zustimmung des Bundes. Stimmt der Bund der Verfügung zu, so bleiben sämtliche Verpflichtungen des Garantienehmers aus der Garantie gegenüber dem Bund unverändert bestehen, sofern nichts anderes vereinbart wird. Der Bund kann gegenüber demjenigen, zu dessen Gunsten verfügt wurde, in gleicher Weise aufrechnen, Einwendungen, Zurückbehaltungs- und sonstige Rechte geltend machen wie gegenüber dem Garantienehmer.

§ 23
Veräußerung der Kapitalanlage

Veräußert der Garantienehmer die garantierte Kapitalanlage oder verfügt er über sie in sonstiger Weise oder geht das Unternehmen, bei dem die Kapitalanlage besteht, durch Verschmelzung oder ähnliche Vorgänge unter, so erlischt die Garantie, es sei denn, der Bund stimmt der Fortdauer der Garantie zu.

§ 24
Entgelt

(1) Für die Garantie wird ein Entgelt erhoben. Das Entgelt wird für jedes Laufjahr im voraus mit der Erteilung der Entgeltrechnung fällig.
(2) Geht das erste Entgelt für die Garantie nicht innerhalb von 3 Wochen nach Fälligkeit ein, kann der Bund nach schriftlicher Androhung von der Garantie zurücktreten; geht das Entgelt für die folgenden Jahre nicht innerhalb von 3 Wochen nach Fälligkeit ein, kann der Bund nach schriftlicher Androhung mit sofortiger Wirkung die Garantie kündigen.
(3) Tritt der Bund von der Garantie zurück, kündigt er die Garantie oder erlischt diese, so ist das Entgelt für die Zeit bis zum Rücktritt, zur Kündigung oder zum Erlöschen zu zahlen.

§25
Schriftform

Alle Vereinbarungen und Erklärungen bedürfen zu ihrer Gültigkeit der Schriftform.

§ 26
Gerichtsstand und Ausschlußfrist

(1) Ansprüche aus der Garantie gegen den Bund sind innerhalb einer Ausschlußfrist von sechs Monaten gerichtlich geltend zu machen, nachdem der Bund dem Garantienehmer gegenüber den erhobenen Anspruch unter Hinweis auf diese Rechtsfolgen schriftlich abgelehnt hat.
(2) Für Streitigkeiten zwischen dem Bund und dem Garantienehmer ist das Landgericht Hamburg zuständig.

Allgemeine Bedingungen für die Ausfuhrkreditversicherung
(AVB-Ausfuhrkredit 1988)

§ 1
Gegenstand der Versicherung

Der Versicherer ersetzt dem Versicherungsnehmer Ausfälle an Forderungen aus Warenlieferungen und Dienstleistungen, die während der Laufzeit des Versicherungsvertrages durch Zahlungsunfähigkeit versicherter Kunden mit Sitz im Ausland entstehen.

§ 2
Umfang des Versicherungsschutzes

1 Versicherungsschutz wird gewährt für rechtlich begründete Forderungen des Versicherungsnehmers aus
a) Warenlieferungen und Dienstleistungen, welche im regelmäßigen Geschäftsbetrieb des Versicherungsnehmers in seinem Namen und auf seine Rechnung ausgeführt wurden,
b) Frachten und Versicherungsprämien, Wechseldiskont und -spesen, soweit sie im Zusammenhang mit versicherten Forderungen aus Warenlieferungen und Dienstleistungen entstanden sind.
2 Forderungen sind ab Lieferung oder Leistung versichert, wenn und soweit vom Versicherer für den Kunden des Versicherungsnehmers eine Versicherungssumme festgesetzt ist, das vom Versicherungsnehmer gewährte Zahlungsziel nicht über das äußerste Kreditziel gemäß § 7 Nr. 1 AVB hinausgeht und diese Forderungen innerhalb von 4 Wochen fakturiert werden. Wird später fakturiert, sind diese Forderungen erst von da ab versichert.
    Als Lieferung oder Leistung gelten der Tag der Versendung der Ware an den Kunden oder der Beginn der Dienstleistung.
    Die Festsetzung der Versicherungssumme erfolgt durch schriftliche Kreditmitteilung. Maßgeblich für den Inhalt und Umfang des Versicherungsschutzes ist der Versicherungsvertrag, soweit nicht die Kreditmitteilung abweichende Bestimmungen enthält.
3 Im Rahmen der Versicherungssumme sind die jeweils ältesten ab Beginn des Versicherungsschutzes entstandenen Forderungen versichert. Forderungen, welche die Versicherungssumme eines Kun-

den übersteigen, rücken erst und insoweit in den Versicherungsschutz nach, als durch die Bezahlung älterer Forderungen innerhalb der Versicherungssumme dafür Raum wird.

Jede vor Eintritt der Zahlungsunfähigkeit geleistete Zahlung wird auf die jeweils älteste Forderung angerechnet. Wird dem Versicherungsnehmer auf einem Konto in einem Schuldnerland ohne freie Devisenwirtschaft der Gegenwert seiner Forderung gutgeschrieben, gilt diese Gutschrift als Zahlung. Schecks und Wechsel gelten erst mit ihrer Einlösung als Zahlung.

4 Im Schuldnerland in nicht vereinbarter Währung gezahlte oder hinterlegte Beträge, die noch nicht transferiert oder in die vereinbarte Währung konvertiert sind, sind zum letzten amtlichen Kurs im Schuldnerland am Tage vor ihrer Zahlung oder Hinterlegung in die vereinbarte Währung umzurechnen und ebenfalls auf die jeweils älteste Forderung anzurechnen.

5 Der Versicherungsschutz erstreckt sich nicht auf
a) Verzugszinsen, Vertragsstrafen, Schadenersatz, Kosten der Rechtsverfolgung und Kursverluste,
b) Forderungen gegen öffentlich-rechtliche Unternehmen und Privatpersonen sowie Forderungen gegen Unternehmen, bei denen der Versicherungsnehmer mittelbar oder unmittelbar mehrheitlich beteiligt ist oder nachweislich anderweitig maßgebenden Einfluß auf die Geschäftsführung ausüben kann,
c) Forderungen aus Warenlieferungen und Dienstleistungen, für deren Durchführung die erforderlichen Genehmigungen nicht vorliegen, sowie Forderungen aus der Lieferung von Waren, deren Einfuhr in das Bestimmungsland gegen ein bestehendes Verbot verstößt,
d) Versicherungsfälle, bei denen der Versicherer nachweist, daß sie durch Krieg, kriegerische Ereignisse, innere Unruhen, Streik, Beschlagnahme, Behinderung des Waren- und/oder Zahlungsverkehrs von hoher Hand, Naturkatastrophen oder durch Kernenergie mitverursacht worden sind. Der Ersatz der Kernenergieschäden richtet sich ausschließlich nach dem Atomgesetz. Ist nicht festzustellen, ob eine dieser Ursachen vorliegt, so entscheidet die überwiegende Wahrscheinlichkeit.

§ 3
Anbietungspflicht

1 Der Versicherungsnehmer ist verpflichtet, dem Versicherer alle Forderungen gegen seine Kunden zur Übernahme des Versiche-

rungsschutzes anzubieten und ausreichende Versicherungssummen zu beantragen.
  Die Anbietungspflicht umfaßt alle Forderungen an gegenwärtige und künftige Kunden mit Sitz in den im Versicherungsschein aufgeführten Ländern, soweit die bestehende oder zu erwartende Gesamtforderung an einen Kunden sich mindestens auf die in dem Versicherungsschein genannte Summe beläuft (Anbietungsgrenze).
2 Übersteigt die Gesamtforderung an einen Kunden die eingeräumte Versicherungssumme, so hat der Versicherungsnehmer unverzüglich einen Erhöhungsantrag zu stellen.
3 Unterschreitet die Gesamtforderung an einen Kunden, für den eine Versicherungssumme besteht, die Anbietungsgrenze, so bleiben die Forderungen weiterhin versichert.

§ 4
Beginn und Ende des Versicherungsschutzes

1 Der Beginn des Versicherungsschutzes für einen Kunden wird in der Kreditmitteilung festgelegt.
2 Der Versicherungsschutz für einen Kunden endet für Forderungen aus künftigen Lieferungen und Dienstleistungen
a) mit Aufhebung des Versicherungsschutzes gemäß § 8 Nr. 6 AVB,
b) bei Kreditzielüberschreitung gemäß § 7 Nr. 3 AVB,
c) mit Eintritt des Versicherungsfalles gemäß § 9 AVB.
3 Der Versicherungsschutz erlischt für alle versicherten Forderungen mit Beendigung des Versicherungsvertrages, soweit nicht der Versicherungsfall eingetreten ist.

§ 5
Selbstbeteiligung

  An jedem nach § 10 Nr. 2 AVB berechneten Ausfall ist der Versicherungsnehmer mit dem im Versicherungsschein festgelegten Anteil beteiligt, soweit nicht ein höherer Satz vom Versicherer im Einzelfall in der Kreditmitteilung festgesetzt ist.
  Die Selbstbeteiligung darf nicht anderweitig versichert oder gesondert abgesichert werden.

§ 6
Prämie und Kreditprüfungsgebühren

1 Die Prämie wird nach dem im Versicherungsschein genannten Verfahren aus dem Umsatz mit den versicherten Kunden berechnet.
2 Der Versicherungsnehmer ist verpflichtet, dem Versicherer die für die Prämienberechnung erforderlichen Angaben zu dem im Versicherungsschein genannten Zeitpunkt zu liefern. Die rechtzeitige und ordnungsgemäße Meldung dieser Angaben ist eine Voraussetzung für den Versicherungsschutz.
3 Zu Beginn eines jeden Versicherungsjahres ist vom Versicherungsnehmer eine Anzahlung zu entrichten, die auf die monatlichen Prämienbeträge angerechnet wird.
   Der Versicherungsnehmer garantiert dem Versicherer eine Mindestprämie pro Versicherungsjahr.
4 An den Prüfungs- und Überwachungskosten beteiligt sich der Versicherungsnehmer mit einer Kreditprüfungsgebühr pro Kunde und Versicherungsjahr.
5 Prämien und Kreditprüfungsgebühren unterliegen der gesetzlichen Versicherungssteuer.
6 Rechnungen über Prämien und Kreditprüfungsgebühren sind unverzüglich zu bezahlen.

§ 7
Äußerstes Kreditziel

1 Das äußerste Kreditziel wird im Versicherungsschein festgesetzt und gilt für jeden Kunden, soweit die Kreditmitteilung nicht eine abweichende Bestimmung enthält. Gleiches gilt für die bei Vertragsbeginn oder Neueinschluß eines Kunden bestehenden Forderungen.
   Das äußerste Kreditziel beginnt mit dem Tag der Fakturierung einer Forderung.
2 Die Überschreitung des äußersten Kreditziels ist – gleichgültig, ob es sich um versicherte oder unversicherte Forderungen handelt – dem Versicherer unverzüglich anzuzeigen. Gleiches gilt, wenn z. B. durch Entgegennahme von Wechseln oder durch Stundungsvereinbarung die Überschreitung des äußersten Kreditziels erkennbar wird.
3 Wird im Sinne von Nr. 2 das äußerste Kreditziel überschritten oder dessen Überschreitung erkennbar,

a) endet der Versicherungsschutz für Forderungen aus künftigen Lieferungen und Dienstleistungen,
b) ist ein Nachrücken von Forderungen aus bereits ausgeführten Lieferungen und Dienstleistungen, welche die Versicherungssumme übersteigen, ausgeschlossen,

es sei denn, der Versicherer bestätigt den Fortbestand des Versicherungsschutzes.

Darüber hinaus bleiben die Folgen einer Nichtanzeige (Obliegenheitsverletzung) unberührt.

4 Der Versicherer wird sich auf die unterlassene Anzeige einer Überschreitung des äußersten Kreditziels gemäß Nr. 2 und auf die Beendigung des Versicherungsschutzes gemäß Nr. 3 nicht berufen, wenn die nicht gemeldeten Kreditzielüberschreitungen länger als zwei Jahre zurückliegen.

§ 8
Anzeige- und Verhaltenspflichten, Gefahrerhöhung

1 Der Versicherungsnehmer hat alle ihm bei Beantragung des Versicherungsschutzes bekannten sowie die ihm anschließend bekanntwerdenden Umstände, die für die Übernahme des Versicherungsschutzes, insbesondere für die Beurteilung der Kreditwürdigkeit seiner einzelnen Kunden erheblich sein können, dem Versicherer anzuzeigen.

2 Der Versicherungsnehmer hat Fälle drohender oder eingetretener Zahlungsunfähigkeit seiner einzelnen Kunden unverzüglich telefonisch, telegrafisch oder fernschriftlich dem Versicherer anzuzeigen.

Sonstige gefahrerhöhende Umstände sind ebenfalls unverzüglich anzeigepflichtig; das gilt insbesondere bei
a) ungünstigen Informationen über Vermögenslage, Zahlungsweise oder persönliche Beurteilung des Kunden,
b) starker Verschlechterung der Zahlungsmoral,
c) Einstellung der Belieferung aus Bonitätsgründen,
d) nachträglich vereinbarten Wechselprolongationen, Nichteinlösung von Schecks oder Wechseln sowie Rücklastschriften mangels Deckung,
e) Einleitung des gerichtlichen Mahnverfahrens bzw. Klageerhebung.

3 Der Versicherungsnehmer hat mit der Sorgfalt eines ordentlichen Kaufmanns auf seine Kosten alle zur Vermeidung oder Minderung eines Ausfalls geeigneten Maßnahmen zu ergreifen. Dabei

sind Weisungen des Versicherers zu befolgen. Vor dem Abschluß von Vergleichen, Zahlungs- oder ähnlichen Absprachen ist die Einwilligung des Versicherers einzuholen.

4 Um das Ausfallrisiko zu vermindern, ist der Versicherer berechtigt, aber nicht verpflichtet, im Namen des Versicherungsnehmers mit einzelnen seiner Kunden Vereinbarungen zur Absicherung der Forderungen zu treffen.

5 Der Versicherer hat das Recht, selbst oder durch einen Beauftragten Einsicht in die für das Vertragsverhältnis wesentlichen Geschäftsunterlagen des Versicherungsnehmers zu nehmen, hiervon Abschriften zu verlangen oder anzufertigen.

6 Bei Gefahrerhöhung oder aus sonstigen ihm berechtigt erscheinenden Gründen kann der Versicherer jederzeit den Versicherungsschutz für den betroffenen Kunden beschränken oder aufheben.

Diese Maßnahme des Versicherers wird wirksam mit Zugang der Mitteilung beim Versicherungsnehmer. Der bedingungsgemäß bestehende Versicherungsschutz für die bis zum Eingang der Mitteilung beim Versicherungsnehmer entstandenen Forderungen aus Warenlieferungen und erbrachten Dienstleistungen bleibt unberührt.

7 Wird eine Versicherungssumme herabgesetzt, so können nach Bezahlung älterer Forderungen bisher unversicherte Forderungen in den Versicherungsschutz nachrücken, soweit im Rahmen der neuen Versicherungssumme hierfür Raum wird.

Wird der Versicherungsschutz aufgehoben, so ist ein Nachrücken unversicherter Forderungen ausgeschlossen.

§ 9
Versicherungsfall

1 Der Versicherungsfall tritt ein, wenn der Kunde zahlungsunfähig wird.

Zahlungsunfähigkeit liegt vor, wenn
a) das Konkursverfahren eröffnet oder dessen Eröffnung vom Gericht mangels Masse abgelehnt worden ist oder
b) das gerichtliche Vergleichsverfahren zur Abwendung des Konkurses eröffnet worden ist oder
c) mit sämtlichen Gläubigern ein außergerichtlicher Liquidations- oder Quotenvergleich zustande gekommen ist oder
d) eine vom Versicherungsnehmer vorgenommene Zwangsvollstreckung nicht zur vollen Befriedigung geführt hat oder

e) infolge nachgewiesener ungünstiger Umstände eine Bezahlung aussichtslos erscheint, weil eine Zwangsvollstreckung, ein Konkursantrag oder eine andere gegen den Kunden gerichtete Maßnahme des Versicherungsnehmers keinen Erfolg verspricht.
2 Als Zeitpunkt für den Eintritt der Zahlungsunfähigkeit gilt
im Falle a) und b) der Tag des Gerichtsbeschlusses,
im Falle c) der Tag, an dem sämtliche Gläubiger ihre Zustimmung zum Vergleich gegeben haben,
im Falle d) der Tag der Zwangsvollstreckung,
im Falle e) der Tag, an dem aufgrund entsprechenden Beweismaterials die Aussichtslosigkeit von Maßnahmen gegen den Schuldner angenommen werden muß.
3 Der Versicherungsfall tritt auch ein, wenn die Zahlungsunfähigkeit des Kunden nach Lieferung oder Leistung wegen Verschlechterung seiner Bonität droht und die Ware, soweit sie sich noch in der Verfügungsgewalt des Versicherungsnehmers befindet oder zurückgenommen worden ist, im Einvernehmen mit dem Versicherer bestmöglich anderweitig verwertet wurde und dabei ein Mindererlös entstanden ist.
Als Tag des Eintritts des Versicherungsfalles gilt hier der Tag, an dem der Ausfall nach anderweitiger Verwertung der Ware feststeht.

§ 10
Verwertung von Sicherheiten, Ausfallberechnung

1 Der Versicherungsnehmer ist verpflichtet, die ihm zustehenden Rechte geltend zu machen und Sicherheiten bestmöglich zu verwerten. Der Versicherungsnehmer hat dem Versicherer alle Auskünfte zu erteilen und alle Unterlagen vorzulegen, die der Versicherer zur Feststellung der Zahlungsunfähigkeit und der Höhe des Ausfalls für erforderlich erachtet.
2 Zur Berechnung des versicherten Ausfalls werden in nachstehender Reihenfolge von den bei Eintritt des Versicherungsfalles bestehenden Forderungen abgesetzt:
a) nicht versicherte Forderungen oder Forderungsteile,
b) aufrechenbare Forderungen,
c) Rücklieferungen, Verwertungserlöse im Sinne des § 9 Nr. 3 und Erlöse aus Eigentumsvorbehalten sowie aus sonstigen Rechten und Sicherheiten mit folgenden Ausnahmen:
  aa) Erlöse aus Eigentumsvorbehalten, die auf unversicherte Forderungen entfallen, stehen dem Versicherungsnehmer

zu,
bb) Erlöse aus sonstigen Rechten und Sicherheiten, die nicht zur Voraussetzung für den Versicherungsschutz gemacht worden sind, stehen mit dem auf die unversicherten Forderungen entfallenden Teil, der sich aus dem Verhältnis der versicherten zu den unversicherten Forderungen ergibt, dem Versicherungsnehmer zu.

Kann nicht festgestellt werden, ob die Verwertungserlöse auf versicherte oder unversicherte Forderungen entfallen, werden sie anteilig verrechnet.

Für Forderungsminderungen zwischen Aufhebung oder Beschränkung des Versicherungsschutzes und Eintritt des Versicherungsfalles gelten diese Bestimmungen in gleicher Weise.
d) alle Zahlungen und Erlöse ab Eintritt des Versicherungsfalles, soweit sie die versicherten Forderungen betreffen.

Kann nicht festgestellt werden, ob die Zahlungen und Erlöse auf versicherte oder unversicherte Forderungen entfallen, werden sie anteilig verrechnet.
e) die Massequote.

§ 11
Entschädigungsleistung, Rechtsübergang

1 Der Versicherer leistet die Entschädigung, sobald der endgültige versicherte Ausfall nachgewiesen ist. Steht die Höhe des Ausfalls drei Monate nach Eintritt des Versicherungsfalles noch nicht endgültig fest, erstellt der Versicherer eine vorläufige Schadenabrechnung. Hierzu schätzt er die gemäß § 10 Nr. 2 b) bis e) AVB abzusetzenden Beträge, soweit deren Höhe noch unbestimmt ist. Ist eine annähernde Schätzung nicht möglich, so werden zunächst 50 v. H. des mutmaßlichen versicherten Ausfalls unter Abzug der Selbstbeteiligung als vorläufige Entschädigung geleistet.

2 In Höhe der geleisteten Entschädigung gehen sämtliche Ansprüche des Versicherungsnehmers gegen die Verpflichteten und alle Nebenrechte auf den Versicherer über. Der Versicherungsnehmer ist verpflichtet, auf Verlangen des Versicherers die zum Übergang der Rechte erforderlichen Handlungen vorzunehmen.

3 Zahlungen oder Leistungen an den Versicherungsnehmer, die bei der Ausfallberechnung gemäß § 10 Nr. 2 AVB nicht berücksichtigt wurden, sind dem Versicherer zu melden. Er erstellt dann ein neue Schadenabrechnung.

4 Ein Anspruch auf Entschädigungsleistung erlischt, wenn der

Versicherungsnehmer ihn nicht innerhalb von 12 Monaten nach Eintritt des Versicherungsfalles angemeldet hat.

§ 12
Höchstentschädigung

Die Entschädigungsleistungen des Versicherers für die in einem Versicherungsjahr eingetretenen Versicherungsfälle betragen höchstens das im Versicherungsschein genannte Vielfache der für dieses Versicherungsjahr gezahlten Prämie.

§ 13
Abtretung des Auszahlungsanspruches

Die Abtretung des Anspruches auf Auszahlung der Entschädigung ist mit schriftlicher Einwilligung des Versicheres zulässig. Die dem Versicherer zustehenden Einreden sowie das Recht der Aufrechnung bleiben auch den Abtretungsempfängern gegenüber bestehen. Der Schaden wird nur mit dem Versicherungsnehmer abgerechnet.

§ 14
Verstoß des Versicherungsnehmers gegen Verhaltenspflichten

1 Der Versicherer ist im Einzelfall von der Verpflichtung zur Leistung frei, ohne daß es einer Kündigung bedarf, wenn der Versicherungsnehmer eine ihm nach Gesetz oder Versicherungsvertrag auferlegte Verpflichtung (Obliegenheit) nicht erfüllt, es sei denn, daß die Verletzung als unverschuldet anzusehen ist.
2 Handelt es sich um die Verletzung einer Obliegenheit, die vom Versicherungsnehmer zum Zwecke der Verminderung der Gefahr oder Verhütung einer Gefahrerhöhung dem Versicherer gegenüber zu erfüllen ist, kann sich der Versicherer auf die Leistungsfreiheit nicht berufen, wenn die Verletzung keinen Einfluß auf den Eintritt des Versicherungsfalles oder den Umfang der dem Versicherer anläßlich des Versicherungsfalles obliegenden Leistungen gehabt hat.
3 Handelt es sich um die Verletzung einer Obliegenheit, die nach Eintritt eines Versicherungsfalles zu erfüllen ist, tritt die Leistungsfreiheit nicht ein, wenn die Verletzung weder auf Vorsatz noch auf grober Fahrlässigkeit beruht.

Bei vorsätzlicher oder grobfahrlässiger Verletzung bleibt der Versicherer zur Leistung verpflichtet, wenn die Verletzung weder die Feststellung des Versicherungsfalles noch die Feststellung oder den Umfang der dem Versicherer obliegenden Leistungen beeinflußt hat.
4 Die Anbietungspflicht (§ 3 AVB) und die Verpflichtung, dem Versicherer die für die Prämienberechnung erforderlichen Angaben zu liefern (§ 6 Nr. 2 AVB), sind einklagbare, vom Versicherungsnehmer zu erfüllende Vertragspflichten.
Verletzt der Versicherungsnehmer eine dieser Vertragspflichten, ist der Versicherer − ohne daß es einer Kündigung bedarf − von der Verpflichtung zur Leistung frei, es sei denn, daß die Verletzung als unverschuldet anzusehen ist.

§ 15
Aufhebung und Erlöschen des Versicherungsvertrages

Der Versicherer kann den Versicherungsvertrag mit sofortiger Wirkung aufheben, wenn der Versicherungsnehmer zahlungsunfähig im Sinne der Konkursordnung wird. Unabhängig davon erlischt der Versicherungsvertrag spätestens in dem Zeitpunkt, in welchem beim Versicherungsnehmer einer der Tatbestände des § 9 Nr. 1a) bis d) AVB vorliegt.

§ 16
Vertragswährung

Vertragswährung ist die »Deutsche Mark«. Sie gilt für Versicherungssummen, Prämienzahlungen und Entschädigungsleistungen.
Auf andere Währungen lautende Fakturenbeträge sind für die Feststellung der Forderung zum amtlichen Mittelkurs der Frankfurter Börse am Tag der Lieferung oder Leistung in die Vertragswährung umzurechnen. Für die Berechnung der Entschädigungsleistung gilt der amtliche Mittelkurs der Frankfurter Börse am Tag des Eintritts des Versicherungsfalles, jedoch kein höherer als der am Tag der Lieferung oder Leistung.
Für amtlich nicht notierte Währungen gilt der von der Deutschen Bundesbank zum entsprechenden Zeitpunkt als Geldkurs bekanntgegebene Umrechnungssatz.

§ 17
Schlußbestimmungen

1 Änderungen oder Ergänzungen des Versicherungsvertrages gelten nur, soweit sie in einem Nachtrag zum Versicherungsschein festgelegt oder in anderer Form vom Versicherer schriftlich bestätigt worden sind. Mündliche Nebenabreden haben keine Gültigkeit.
2 Im übrigen gelten die Vorschriften des Gesetzes über den Versicherungsvertrag sowie des Bürgerlichen Rechts.
3 Erfüllungsort und Gerichtsstand ist, soweit gesetzlich zulässig, der Sitz des Versicherers.

Abkürzungsverzeichnis

AWG	Außenwirtschaftgesetz
AWVO	Außenwirtschaftsverordnung
BAK	Bundesaufsichtsamt für das Kreditwesen
BFR	Belgische Francs
BGBl.	Bundesgesetzblatt
BIZ	Bank für Internationalen Zahlungsausgleich
¢	Cent
CBOE	Chicago Boards Options Exchange
CD	Certificate of Deposit
cif	Ab Kai
CME	Chicago Mercantile Exchange
DM	Deutsche Mark
ECU	European Currency Unit (Europäische Währungseinheit)
EG	Europäische Gemeinschaft
EOE	Europäische Optionsbörse (Amsterdam)
EWS	Europäisches Währungssystem
FF (R)	Französischer Franc
fob	frachtfrei

HB	Handelsblatt
HFL	Holländischer Gulden
IBM	International Business Machines, Comp.
i. d. R.	in der Regel
IKB	Industriekreditbank AG Deutsche Industriebank
IMM	International Monetary Market (der CME)
KfW	Kreditanstalt für Wiederaufbau
LIBOR	London Interbank Offered Rate
LIFFE	London International Financial Futures Exchange
LIT	Italienische Lira
LSE	London Stock Exchange
£	Britisches Pfund
MDB	Monatsberichte der Deutschen Bundesbank
MNU	Multinationale Unternehmung
NZZ	Neue Zürcher Zeitung
PC	Personal Computer
PSE	Philadelphia Stock Exchange
SBG	Schweizerische Bankgesellschaft
SFR	Schweizer Franken
SZR	Sonderziehungsrechte
US – $, $	Amerikanischer Dollar
WiSt	Wirtschaftswissenschaftliches Studium
WISU	Das Wirtschaftsstudium
ZfbF	Zeitschrift für betriebswirtschaftliche Forschung

Literaturverzeichnis

Andersen, T. J.
Currency and Interest Rate Hedging. New York 1987

Arbeitskreis »Finanzierung« der Schmalenbach-Gesellschaft – Deutsche Gesellschaft für Betriebswirtschaft e. V.
Deckungslücken im Finanzierungsgefüge einer Unternehmung – Frühwarninformationen zum Erkennen und Bewerten von offenen Positionen. ZfbF 1985, 835 – 866

Arendt, W.
Anleihen in Rechnungseinheiten. Zeitschrift für das gesamte Kreditwesen 1964, 101 ff.

Bank of England
The market in currency options. Quarterly Bulletin, May 1989, 235 – 241

Barth, H.
Financial Futures: Neue Risiken für die Kreditinstitute. Kredit und Kapital 1/1984, 120 – 144

Beidleman, C. R.
Financial Swaps. New Strategies in Currency and Coupon Risk Management. Homewood, Illinois 1985

Benke, H.
Methoden der Wechselkursprognose – ein Überblick. Die Sparkasse 1983, 61 – 66

Bierich, M.
Anforderungen an das Finanzwesen eines internationalen Konzerns. Die Bank 1979, 534 – 547

BIZ (Bank für Internationalen Zahlungsausgleich)
54. Jahresbericht (1. April 1983 – 31. März 1984), Basel 1984

Blake, V.
Currency swaps and long term forwards. Management of Foreign Exchange Risk. Ed.: B. Antl/R. Ensor. 2nd Ed. London 1982, 196 – 200

Börgers, K.-H.
Reform der Hermes-Deckung. Zeitschrift für das gesamte Kreditwesen 1986, 101 – 102

Braun, W.
Vertragliche Geldwertsicherung im grenzüberschreitenden Wirtschaftsverkehr. Berlin 1982

Bröker, G.
Interrelationship Between Euromarket Interest Rates, Domestic Money, and Credit Market Rates and Spot and Forward Foreign Exchange Rates. International Finance and Trade. Vol. I. Ed. by M. Sarnat/G. P. Szegö. Cambridge, Mass. 1979, 203 – 238

Bürger, S.
Zur Verwendung von ECU nach deutschem Währungsrecht. Die Bank 1984, 265 – 267

Büschgen, H. E.
Finanzinnovationen. Neuerungen und Entwicklungen an nationalen und internationalen Finanzmärkten. ZfB 1986, 301 – 336

Buomberger, P./B. Müller
Geldmenge, Wechselkurs und Inflation. Einige Resultate aus empirischen Untersuchungen für die Schweiz. Schweizerische Nationalbank (Hrsg.): Geld, Währung und Konjunktur, Quartalsheft 2/1983, 40 – 50

Cezanne, W.
Wechselkurstheorien und Devisenmarktentwicklung. Eine Analyse des DM-Dollar-Kurses von 1974 – 1983 unter Verwendung alternativer Wechselkurstheorien. Stabilisierung des Währungssystems. Hrsg. von W. Filc und C. Köhler, Berlin 1985, 17 – 41

Citibank
Die Devisenoptionen der Citibank − Ein neues Instrument der Kurssicherung −. Verfasser: O. Wermuth. Frankfurt/M. o.J.

Cohen, F. L.
International Cash Management. Handbook of International Financial Management. Ed. by A. Sweeny/R. Rachlin. New York usw. 1984, 13 – 1 − 13 – 24

CME (Chicago Mercantile Exchange)
Currency Options Strategy Manual. o. J. o. O.

Corti, M. A.
Das Problem der Währungsabsicherung aus der Sicht der Schweizerischen Nationalbank. Schweizerische Nationalbank (Hrsg.): Geld, Währung und Konjunktur. Quartalsheft 2/1983, 51 – 58

Demmer, K.
Einige Überlegungen zum DM/$-Wechselkurs. IKB-Mitteilungen 3/1985, 8 – 12

Dürkes, W.
Wertsicherungsklauseln, 8. Aufl., Heidelberg 1972

Ebenroth, C. T. / J. Karl
Die Multilaterale Investitions-Garantie-Agentur. Kommentar zum MIGA-Übereinkommen. Heidelberg 1989

Eilenberger, G.
Finanzierungsentscheidungen multinationaler Unternehmungen. Würzburg-Wien 1980 (2. Aufl. 1987)

Eilenberger, G.
Betriebliche Finanzwirtschaft. Einführung in die Finanzpolitik und das Finanzmanagement von Unternehmungen. Investition und Finanzierung. München-Wien 1985 (3. Aufl. 1989)

Eilenberger, G. (1985 a)
Betriebliches Rechnungswesen. Eine Einführung in Grundlagen – Jahresabschluß – Kosten und Leistungsrechnung. 2. Aufl. München-Wien 1985 (5. Aufl. 1990)

Eilenberger, G.
Bankbetriebswirtschaftslehre. Grundlagen – Internationale Bankleistungen – Bank-Management. 2. Aufl. München-Wien 1986 (4. Aufl. 1990)

Eilenberger, G.
Lexikon der Finanzinnovationen. München-Wien 1990

Eilenberger, G. (Hrsg.)
In memoriam Robert Wittgen. Mit Beiträgen von K. Oettle und G. Eilenberger. Schriften des Instituts für Bankwirtschaft der Ludwig-Maximilians-Universität München, Band 2. München 1982

Fama, E. F.
Efficient Capital Markets: A Review of Theory and Empirical Work. Journal of Finance 1970, 383 – 417

Feldman, R. A.
Devisenoptionen. Einige Hauptmerkmale dieser jüngsten Innovation auf dem Devisenmarkt. Finanzierung und Entwicklung, Dezember 1985, 38 – 41

Fieleke, N. S.
The Rise of the Foreign Currency Futures Market. New England Economic Review, March/April 1985, 38 – 47

Filc, W.
Devisenmarkt und Geldpolitik. Berlin 1981

Fischer-Erlach, P.
Handel und Kursbildung am Devisenmarkt. 2. Aufl. Stuttgart usw. 1986 (3. Aufl. 1988)

Gehring, H. P.
Hermes: Der Bund muß erstmals Verlust ausgleichen. Börsen-Zeitung 1.3.1986

GEFIU (Gesellschaft für Finanzwirtschaft in der Unternehmensführung e. V.)
Praxis des industriellen Devisenmanagements. o. O. 1984

Glomb, G. P.
Finanzierung durch Factoring. Köln usw. 1969

Gmür, Ch. J.
Forfaitierung – Exportfinanzierung für Investitionsgüter. Factoring-Handbuch. Hrsgg. v. K. F. Hagenmüller und H. J. Sommer, Frankfurt/M. 1982, 207–211

Gröner, H.
Devisenmarktspaltung – eine neue Form der Devisenkontrollen. WISU 1977, 263–268

Haedrich, G./A. Kuß/E. Kreilkamp
Der Analytic Hierarchy Process. Ein neues Hilfsmittel zur Analyse und Entwicklung von Unternehmens- und Marketingstrategien. WiSt 1986, 120–126

Häusermann, B. T.
Forfaitierungsgeschäfte im Dienste der mittelfristigen Exportfinanzierung. 2. Aufl., Bern und Stuttgart 1973

Hahn, O.
Geld- und Devisenhandel, Stuttgart 1964

Hanssmann, F.
Volumen- oder Spezialisierungsstrategie – kann quantitative Analyse helfen? Strategische Planung 1985, 229–242

Harold, P./I. Masa
Arten der Financial Futures. Financial Futures. Hrsg.: W. Bühler. Wien 1985, 47–73

Hauser, H.
Währungsrisiken: Inflation, Zinssätze und Wechselkurse. Außenwirtschaft 1982, 279–314

Henning, Ch. N./W. Pigott/R. H. Scott
International Financial Management. New York usw. 1978

Herrmann, A.
Kursschwankungen im Regime flexibler Wechselkurse. – Hypothesen über Ursachen und Wirkungen. Ein Überblick – ifo-schnelldienst 32/84, 11–28

Humbert, Chr.
Internationale Anleihen. Frankfurt/M. 1969

Jarchow, H.-P./P. Rühmann
Monetäre Außenwirtschaft. I. Monetäre Außenwirtschaftstheorie. Göttingen 1982 (2. Auflage 1988)

Jarchow, H.-P./P. Rühmann
Monetäre Außenwirtschaft. II. Internationale Währungspolitik. Göttingen 1984 (2. Auflage 1989)

Kersch, A.
Wechselkursrisiken, internationaler Handel und Direktinvestitionen. Hamburg 1987

Kleiner, B.
Internationales Devisen-Schuldrecht. Fremdwährungs-, Euro- und Rechnungseinheitsschulden. Zürich 1985

Klenke, G.
Auslandsgeschäfte der Kreditinstitute. Frankfurt/M. 1983

Köhler, C.
Bedingungen für mehr Stabilität im Weltwährungssystem. Stabilisierung des Währungssystems. Hrsgg. von W. Filc und C. Köhler, Berlin 1985, 255–272

Koenig, G.
Wechselkursverlusten vorbeugen. Eine wesentliche zusätzliche Funktion der Mietfinanzierung. Börsen-Zeitung, 1.3.1986

Körner, F. / M. Moessmer
Hedging. Financial Futures. Hrsg.: W. Bühler. Wien 1985, 127–155

Kruthaup, F. H.
Barter-Business. Die Vermittlung und Verrechnung von Marktumsätzen durch Tauschhandelsbetriebe. Frankfurt/M. usw. 1985

Langen, H.
Die Prognose von Zahlungseingängen. Die Abhängigkeit der Bareinnahmen von Umsätzen und Auftragseingängen in dynamischer Betrachtung. Zeitschrift für Betriebswirtschaft 1964, 289–326

Langen, H.
Betriebliche Zahlungsströme und ihre Planung in dynamischer Sicht. Zeitschrift für Betriebswirtschaft 1965, 261–279

Langen, H. u. a.
Unternehmensplanung mit Verweilzeitverteilungen. Eine Anleitung für Praktiker. Berlin 1971

Lerbinger, P.
Swap-Transaktionen als Finanzinstrumente. Die Bank 1985, 245–249

Levedag, R.
Die Bedeutung und Grenzen von Zins- und Währungsswaps. Börsen-Zeitung, 12.10.1985

Lipfert, H.
Einflüsse von Devisenkursänderungsmöglichkeiten auf Finanzierungsentscheidungen von Unternehmen. Die Betriebswirtschaft 1980, 527–540

Lipfert, H.
Devisenhandel. 2. Aufl. Frankfurt/M. 1981 (3. Aufl. 1988)

Lipfert, H.
Swapgeschäfte der Unternehmen: Der Swaphandel. WISU 1982, 228 – 233 (I) und 282 – 287 (II)

Lombard, O. / D. Marteau
Devisenoptionen. Wiesbaden 1990

Lucas, R. E. Jr.
Two Illustrations of the Quantity Theory of Money. American Economic Review, Vol. 70, 1980, 1005 – 1014

Mansur, A. H.
Die Bestimmung des angemessenen Wechselkurses in Entwicklungsländern. Eine Diskussion der Probleme und Methoden. Finanzierung und Entwicklung 4/1984, 18 – 21

McGeown, N.
Hedging against Risk. Financial Futures. Hrsg.: W. Bühler. Wien 1985, 156 – 164

McRae, T. W. / D. P. Walker
Foreign Exchange Management. Englewood Cliffs, N. Y. usw. 1980

MDB
Das Europäische Währungssystem. Aufbau und Arbeitsweise. MDB 3/1979, 11 – 18

MDB
Finanzierungsströme sowie Bestände an Forderungen und Verpflichtungen in der Bundesrepublik Deutschland im Jahre 1984. MDB 5/1985, 13 – 24

MDB
Zur Freizügigkeit im Kapitalverkehr der Bundesrepublik mit dem Ausland. MDB 7/1985, 13 – 24

Menzel, F. W.
Neuere Methoden der Wechselkurssicherung. Internationales Bankgeschäft: Außenhandelsfinanzierung und Risiken im internationalen Geschäft der Banken. Hrsgg. von B. Rudolph. Frankfurt/M. 1984, 77 – 92

Molter, W.
Verzugsrisiken im Industrieanlagengeschäft. Risikoverteilung in Anbieterkonsortien. Berlin/München 1986

Moser, R.
Wechselkursrisiko: Theorie und Praxis der Kurssicherungstechniken. Wien 1977

Müller, H.-J./H.-A. Siemann
Bei Kompensationen nimmt die Variationsbreite ständig zu. HB 27./28. 9. 1985

Nachbaur-Sturm, G./N. Pollak
 Grundbegriffe des Termingeschäfts. Financial Futures. Hrsg. W. Bühler, Wien 1985, 23 – 46

Nydegger, N.
 Die beiden ECU. Basler Zeitung, 7. 9. 1985

Pausenberger, E./H. Völker
 Praxis des internationalen Finanzmanagement. Wiesbaden 1985

Pöhl, K. O.
 Durch das Floating-System gewann die Bundesbank Spielraum für einen konsequenten Stabilitätskurs. Deutsche Bundesbank. Auszüge aus Presseartikeln. 1/1986, 1 – 2

Pruckner, W.
 Wirtschaftliche Bedeutung des Internationalen Factoring. Factoring-Handbuch. Hrsgg. v. K. F. Hagenmüller und H. J. Sommer, Frankfurt/M. 1982, 183 – 192

Raith, R. T.
 Das Recht des Dokumentenakkreditivs in den USA und in Deutschland. Bonn 1985

Rebell, A. L./G. Gordon/B. Platnick
 Financial Futures and Investment Strategy. Homewood, Illinois 1984

Reiter, G.
 Factoring und Umsatzsteuer. Betriebs-Berater 1982, 1718 – 1724

Sachverständigenrat
 Jahresgutachten des Sachverständigenrats zur Begutachtung der gesamtwirtschaftlichen Entwicklung 1969/70 und 1971/72

SBG (Schweizerische Bankgesellschaft)
 Handbuch des dokumentären Außenhandelsgeschäftes. Akkreditive, Dokumenten-Inkassi, Bankgarantien. o. O. 1984

Scharrer, H.-E.
 Währungsstruktur und Währungsrisikoverhalten im deutschen Außenhandel – eine empirische Untersuchung. Beiträge zu Wirtschafts- und Währungsfragen und zur Bankgeschichte. Hrsg.: Deutsche Bank, Nr. 18, Frankfurt/M. 1980, 3 – 29

Schmitt, R. M.
 Das Factoring-Geschäft. Frankfurt/M. 1968

Scholze, H.
 Das Konsortialgeschäft der deutschen Banken. 1. und 2. Halbband, Berlin 1973

Schrick-Hildebrand, P.
 Rahmenkreditverträge im Auslandskreditgeschäft. IKB-Mitteilungen 2/1985, 29 – 31

Schrick-Hildebrand, P.
Exportrekorde – nicht nur abwertungsbedingt. IKB-Mitteilungen 1/1985, 8–14

Schütz, A.
Währungsrisiken. Gedanken über Erkennung und Absicherung in Theorie und Praxis. Bank-Betrieb 1963, 94–97

Statistische Beihefte
zu den Monatsberichten der Deutschen Bundesbank, Reihe 5, Die Währungen der Welt

Statistische Beihefte
zu den Monatsberichten der Deutschen Bundesbank, Reihe 3, Zahlungsbilanzstatistik

Stocker, F. / R. Tschoch
Institutionen und Börsen. Financial Futures. Hrsg.: W. Bühler, Wien 1985, 74–95

Swings, A. A. L.
Die private Verwendung der ECU. Entwicklungen, Anwendungsbereiche, Probleme und Aussichten. Sparkasse 1985, 386–392

Teusch, F.
Plädoyer für eine private Verwendung der ECU. HB 20.11.1984

Uhlig, A.
Rasches Wachstum des Eurobond-Marktes. Entstehen zahlreicher neuer Finanzierungsinstrumente. NZZ Fernausgabe Nr. 14, 19./20.1.1986, 11–12

Urban, W.
Die Unternehmensfinanzierung wird multinational. Nach Restliberalisierung des deutschen Kapitalmarkts neue Instrumente für Finanzmanagement. Börsen-Zeitung, 1.3.1986, 14–15

Veit, O.
Grundriß der Währungspolitik. 3. Aufl. Frankfurt/M. 1969

Verzariu, P.
Countertrade, Barter And Offsets. New Strategies for Profit in International Trade. New York usw. 1985

Voigt, H.
Handbuch der langfristigen Exportfinanzierung in der Bundesrepublik Deutschland. Frankfurt/M. 1971

Wahlig, B.
Rechtsfragen zur privaten Verwendung der ECU in der Bundesrepublik Deutschland. Deutsche Bundesbank. Auszüge aus Presseartikeln. 58/1985, 1–5

Wentz, R.-Ch.
Unternehmerische Devisenkurssicherung. Wechselkursrisiko, optimales

Kurssicherungsverhalten und Organisation der Kurssicherungsfunktion bei Nichtbanken unter besonderer Berücksichtigung der Möglichkeit einer Devisenkursprognose. Frankfurt/M. 1979

Wermuth, D. / W. Ochynski
Strategien an den Devisenmärkten. Eine Anleitung für die Praxis. 2. Aufl. Wiesbaden 1984 (3. Aufl. 1987)

Wielens, H.
Die Emission von Auslandsanleihen. Wiesbaden 1971

Wittgen, R.
Moderner Kreditverkehr. München 1970

Wittgen, R./G. Eilenberger
Die Geldpolitik der Kreditinstitute. Inländische und internationale Geldmärkte und Geldgeschäfte. Optimal- und Realbedingungen der Gelddisposition. Begründet von R. Wittgen. 2. neu bearb. und stark erw. Aufl. Frankfurt/M. 1984

Wittstock, M./A. Dahremöller
Finanzierung und Risikoabsicherung des Exports mittelständischer Unternehmen. Stuttgart 1982

Zehetner, F.
Geldwertklauseln im grenzüberschreitenden Wirtschaftsverkehr. Tübingen 1976

Zehetner, F.
Konstruktionsprobleme kombinierter Währungsklauseln. Kredit und Kapital 1978, 213 – 248

Zehetner, F.
JWF ändert neuerlich die Wertdefinition der Sonderziehungsrechte. Österreichisches Bank-Archiv 1986, 50 – 53

Sachverzeichnis

Abrechnungswährung 206
Abschlag 117
– notwendiger 118, 120
Abschlußtermin 157
Abweichungsindikator 51, 52
Abweichungsschwelle 52
Abweichungswert 90
Abwertungsautomatismus 90
Äquivalenzziffernmethode 127
Angebotskalkulation 156
Anlagen
– DM- 95
– in Drittwährung 171
Anleihen
– internationale 145
Anzahlungen 148 f.
Anzahlungsgarantien 223
Arbitragegewinn 41
Arbitrageure 41
Aufwertungsautomatismus 90
Ausfallbürgschaften
– staatliche 216
Ausfallrisiko 178
Ausfuhrbürgschaften 217
Ausfuhrforderungen 25
Ausfuhrgarantie 216, 218
Ausfuhrkreditversicherung 273 ff.
Ausfuhr-Pauschal-Gewährleistungen (APG) 218, 234 ff.
Ausländerkonvertierbarkeit 19, 20
Auslandsbeteiligungen 158
Auslandskredit 132
Auslandsposition 69 f.
Auslandsstatus 69 f, 201
Auslandswechsel 165
Ausschreibungen
– internationale 11, 12, 184
Außenhandel 11
Außenhandelsleistungen 22, 33, 134

Bankbürgschaften 223 ff.
– internationale 217
Banken
– internationale 178
– multinationale 178
– supranationale 227
Bankgarantie 223 ff.
Bardepot 22, 132
– pflicht 22, 23, 131
– satz 22, 132
Barter 208, 209 ff.
– Agreements 209
– Geschäfte 209
– Gesellschaften 210
– Kontrakte 209
– Unternehmungen 210
Basispreis 185, 187, 190, 193, 195
Bauleistungsgeschäfte
– Deckung 245
Bearbeitungsgebühr 196
Beschlagnahmedeckung 246
Bestellerkredite 138, 139, 219
Beteiligungsfinanzierung
– internationale 11
Bezugswährung 140, 143
Bezugswährungsbetrag 142
Bietungsgarantien 217, 223
Bonds 175
– Bid- 223
– Performance- 223
Break-Even-Kurs 189, 190
Bundesdeckungen 216 ff.
Buy-Back-Geschäfte 212 f.

Call 188
Cash-Management 149
Cash-Flow 99
CBOE 179
Clearingsystem
– internationales 207
CMC/IMM 179

Co-Finanzierung 227
Commercial Papers 224
Content, domestic 215
Countertrade 208
Crossrate 35

Deckung 230 ff.
– Entgelt für Übernahme von 243 ff.
– Gegengarantien- 246
– tender-to-contract- 184
Delkredererisiko 168
Deport 38, 39, 40, 42
Depotsatz 131
Devisen 18, 19
Devisenausgaben 74
– Planung der 80 f.
– Prognose der 76
Devisenaustausch
– konzerninterner 201
Devisenbörse
– amtliche 33
Deviseneinnahmen 74
– Planung der 78 ff.
– Prognose der 76
Devisenkassageschäft 33, 152 f.
Devisenkassakurs 38
– Brief 117
– – kritischer 120
– Geld 114
– – kritischer 113
Devisenkassamarkt 33
– amtlicher 34
– außerbörslicher 33, 34
Devisen-Kaufoption (s. Kaufoption)
Devisenkredite 162
Devisenkurs 35, 92
– amtlicher 33
– begrenzt flexibler 48 ff.
– fester 18
– flexibler 18, 32
– floatender 33, 43 ff.
– gespaltener 55
– multipler 31
– nomineller 86
– realer 88

Devisenkursänderung 59
Devisenkurshöhe
– Angemessenheit der 84
Devisenkursprognose 81 ff., 121
– kurzfristige 83
– langfristige 86 ff.
Devisenkursregelung
– Grundtypen 29
Devisenkursrisiko
– ökonomisches 215, 216
Devisenkursschwankungen 49
Devisenkursspaltung 55 f.
Devisenkurssysteme 18, 32
Devisenkurswerte 32
Devisenmarkt 33 f., 43 f.
– in organisatorischer Sicht 34
– international 43, 83
Devisenmarktinterventionen 45
Devisenmarktoperation 109
Devisenmarktspaltung 33
Devisenoptionen 153, 156, 162, 178, 184 ff., 200, 225
– Arten 184
– für Exporteure und Importeure 196 ff.
– Kontraktgrößen 186
– Markt für 186
Devisenoptionsbörse 185
Devisenoptionskontrakt 185
Devisen-Optionsschein 194 f.
Devisenposition 57
Devisenspekulation 75
Devisenswapgeschäft 115
Devisen-Switsch 214 ff.
Devisentermingeschäft 33, 153 ff.
– direktes 202
– indirektes 203
– Verlängerung 225 ff.
– Verkürzung 225 ff.
Devisenterminkurs 36 ff.
– für Prolongation 219, 225
Devisenterminmarkt 35 ff., 153
– Funktion des 35
– Kursbildung 35, 38 ff.
– Sicherung über den 93, 120
Devisen-Verkaufsoptionen 186, 188 ff.

Devisenzwangswirtschaft 30, 31
Direktinvestition 74, 215 f., 255 ff.
– im Ausland 11, 17, 220
Diskonterlös 165
Diskontlinie 165
Diskontsatz 165
Doppelwährungsanleihen 146
Dreieckskompensation 211
Dreimonats-Terminkurse 85
Drittwährung 137
– Anlagen in 171
Drittwährungskredit 171
Durchschnittskurs 124 f.

ECU 50, 53, 144
– Definition 52
– Durchschnittskurs 53
– Gewichtungskoeffizient 52
– Korb 53
– Kurs 54
– Leitkurs 52
– Tageswert 52
– Wert 52
EG-Zentralbanken 49, 50
Einfuhrforderungen, deutsche 27
Einseitigkeitsklausel 142
Eintrittswahrscheinlichkeit 91
Einzelbewertung 121
Einzelposition 62, 63, 64, 68
Entscheidungskriterium 91, 226
– Gewichtung des 126
Entscheidungsbaumverfahren 90
EOE 79
Erfüllungsgarantie 178
– internationale 221
Erfüllungsrisiko 23
Erfüllungstag 155
Eurobank 176
Eurogeldmarkt 38, 41, 42, 57
Eurogeldmarktsätze 36
Eurokapitalmarkt 47
Euro-Notes 224
Europäische Währungseinheit 50 (s. a. ECU)
Europäisches Währungssystem 48 ff. (s. a. EWS)

European Composite Unit (EURCO) 144
European Currency Unit (s. ECU)
European Monetary Unit (EMU) 144
European Options Exchange 179
European Unit of Account (EUA) 144
Euro-Währungen 36
EWS 43, 48, 49, 50, 53, 56, 89
Exchange
– Chicago Board Options- 179
– Chicago Mercantile- 179
– London International Financial Futures- 179
– Philadelphia Stock- 179
Exercice-Price 185
Exporte 26
Exporteure 17
– Währungsplanung der 92
Exportgarantie 217
– internationale 224
Exportgarantieprogramme der Länder 221
Exportkontrakte 224
Exportkreditversicherung
– private 227
Exportversicherung 211
Extremrisiko 21 ff.

Fabrikationsrisikodeckung 220, 245
Factor 170
Factoring
– Auftrag 169
– Export- 168 ff.
– – echtes 168 ff.
– inländisches 169
– Verträge 168
Fälligkeitskongruenz 68
Fälligkeitsstrukturen
– deutscher Exportforderungen 76, 77
– für Importzahlungen 76
Fälligkeitstermin 156
Fälligkeitszeitpunkt 65

297

Fakturierung
- DM- 136
- unrichtige 56
- Zeitpunkt der 156
Feingold 143
Festgeldeinlagen 164
Festofferten 184
Finanzhedging 94 ff., 102 ff.
Finanzierungsaufwand 118
Finanzinnovationen 47
Finanzkredit 160
- gebundener 138, 219
Finanzmärkte
- internationale 72, 83
- Sicherung über 94, 102
Finanztransaktion 11, 18, 55
- internationale 47
Flexibilität
- begrenzte 33, 55
- größere 33
Floating
- clean 44
- dirty 44, 46
- managed 44
- reines 44
- schmutziges 44, 46
- unabhängiges 43
Forderungsdeckung 238
Forfaiteur 166, 167
Forfaitierung 166, 167
Forfaitierungssatz 167
Forfaitierungszusage 167
Freimarktkurs 55
Freiverkehrsoption 185
Fremdwährungsanlage 110
Fremdwährungskonten 76
Fremdwährungskreditaufnahme 109, 115, 116, 118, 163
Fremdwährungs-Minusposition 107, 108
Fremdwährung-Plusposition 106, 108
Futures 178
- Currency- 178 f.
- DM- 200
- Financial- 178, 182, 183
- Index- 178

- Interest Rate 182
- Kontrakt 200
- Option 199 ff.
- - Notierung 200
- Währungs- 181
- Zins- 178, 182, 183
- - Notierung 183

Garantie 223
- internationale 223
- übernationale 224
Garantiefall 217
Gebühr 188
Gefährdungssituation 124
Gegenkäufe 212
Gegenpositionen 151
Gegenseitigkeitsgeschäft 208 ff.
Geldmarkt 36
- nationaler 38
Gesamtposition 62, 63, 64, 68
Gewinnverschiebung 148
Glattstellen
- der Valutaposition 15, 27
Goldklausel 143
Goldpreis 143
Großprojekte, internationale 227
Guarantee
- Advance Payment- 224

Hermes
- Deckung 217 ff.
- Kredit-Versicherung 138, 217 218 ff.

IKB 224
Importeur 17, 26
- Währungsplanung des 98
Importverbindlichkeiten 157
Indifferenzmarge 42
Industriepreisindex 88
Inflationsdifferenzen 44, 50, 87, 88
Inflationsrate 50, 86
Inländerkonvertierbarkeit 19, 20
Inlandswährung
- Fakturierung in 126, 135

Interbank-Zahlungsverkehr 22
Intervention
– intramarginale 50
– obligatorische 50
Interventionskurs 48, 50
Interventionspunkt 48
Investition
– Portfolio- 11
– Direkt- 11
IWF 19, 28, 31, 144
– Übereinkommen 28

Jahresswapsatz 93, 100

Kalkulationsgrundlage 124, 126, 128, 139
Kalkulationszeitpunkt 157
Kalkulationszweck 135
Kapitalexport
– Kontrolle des 20
Kassakurs 37
Kaufkraftparitäten 12, 43
– Theorie 83, 87 ff.
Kaufoption
– Devisen- 186, 188 ff.
– Erfolg der 189
– Erfolg des Verkäufers 190
KfW 138
Klauseln, multiple 143 ff.
Kompensation 125
Kompensationsgeschäft 13, 210 ff.
Konsolidierungsrisiko 216
Kontrakt
– standardisierter 179, 184
Kontrakthalter 188, 200
Kontraktzeichner 188
Konversion 19
Konversionsbeschränkung 20
Konvertibilität 21
Konvertierbarkeit 19 ff.
– Ausländer- 19 f.
– beschränkte 19
– de facto 19
– de jure 19
– formale 19
– Inländer- 19, 20

– materielle 19
– unbeschränkte 19
Konvertierung 217
Konvertierungsrisiko 15, 18 f., 20, 121, 173, 199, 208, 209, 212, 213, 219, 220, 222, 227
Konzern-Clearing 149
– multinationals 150
Kooperationen 212 f.
Kooperationsvertrag 213
Korrespondenzfactor
– ausländischer 169
Kredit 171
– aufnahme 99, 118, 164
– – Valuta- 117
– Back-to-Back- 172
– beschaffungsmaßnahme, internationale 11
– DM- 102, 120
– – Ersatz 96
– gewährung 130
– hergabe 164
– in Drittwährung 171
– kosten, effektive 132
– Roll-over- 175
– swap 173 f.
– verpflichtung 102
Kreditlinie, Standby- 224
Kurs
– gedeckter 202
– offizieller 55
Kursänderungsrisiko 18
Kursbildung
– am Devisenterminmarkt 38 ff.
– Determinanten der 38 ff.
– Grundmuster der 38 ff.
– Mechanismus 30
Kurschancen 24
Kursentwicklung
– Einschätzung der 136
– Indikatoren der 81
– künftige 81
– nominal 89
– reale 89
Kurserwartungen 38
Kursgewinn 67, 68
Kursprognose 122

Kursrisiko 54, 68, 106, 121, 168, 169
- Höhe des 68
Kursschwankungsbegrenzung 49
Kurssicherung 54, 93, 129, 130, 131, 152, 158, 160, 162, 164
- Entscheidungsmatrix 108
- externe 133, 151 ff.
- globale 106, 107, 133, 161
- individuelle 106, 165
- interne 133, 135
- interne in MNU 149
- sonstige 201 ff.
- über Devisenmärkte 152 ff.
- über Finanzmärkte 163 ff.
- über Terminbörsen 178 ff.
Kurssicherungsaufwand 95
Kurssicherungseffekt 165
Kurssicherungsergebnis 97, 101, 104, 107
Kurssicherungsertrag 103, 114, 116, 130
Kurssicherungsinstrumente 133 ff.
- neutralisierende 135
Kurssicherungskosten 115, 140
Kurssicherungsmaßnahmen 135
- individuelle 107
Kurssicherungsstrategie 123 ff.
- globale 121
Kursverlust 68
Kursvolatilität 24, 44

Länderrisiko 205, 206, 228
Lagging 147
Leading 147
Leasing, internationales 138 ff.
Leistungsgarantie 223, 250 ff.
Leistungsrisiko (in Valuta) 23
Leitkurs 48
- bilateraler 49, 50
Libor 176
Lieferungsgarantie 223
Liffe 179
Limite, individuelle 206
Line, Back-Up- 224
Liquiditätsgesichtspunkte 152

Loans
- Four-party-parallel- 172
- Three-party-parallel- 172
- Two-party-parallel- 172

Management, Cash- 149
Mantelvertrag 228
Marge 176
Margin 200
Marketmaker 178
Marktposition 136
Matching 149, 150, 151
Mietfinanzierung 138 ff.
MIGA 222
Mindestklausel 142
Mischkurs 129
MNU 74, 148, 151, 172, 173, 174, 207
Multilaterale Investitions Agentur s. MIGA
Multinationale Unternehmung s. MNU

Nachkalkulation 103, 128
net exposure 107
Netting 149, 207
- bilaterales 149
- Matrix 150
- multilaterales 149
- multinationales 149
Prinzip 150
Notes, Floating Rate- 175

OECD 237
Offertgarantien 223
Opportunitätskosten 126
Option
- Amerikanische 185
- auf Währungsfutures 178, 199 ff.
- Call- 147
- Currency- 184 ff.
- Currency Call- 186
- Currency Put- 190
- Devisen- 178
- Europäische 185
- Finanz- 178

- Freiverkehrs- 185
- on Currency Futures 178
- Put- 146
Optionsbörse 178
Optionsfrist 185
Optionspreis 186
Optionsrechte 146
Optionsvaluta 146
Optionswährungen 145, 146
Outrightgeschäft 129, 154

Parallel-contracts 211
Parallelgeschäft 211 f.
Parallelkredite 172 f., 174
Parallelmärkte 33, 56
Paritäten 18
- anpassungsfähige 30
- feste 30 ff., 55, 90
Paritätengitter 50, 51
Paritätensysteme 30
Paritätsänderungen
- Prognosen von 89 ff., 121
Paritätsänderungsrisiko 18
Patronatserklärung 12
Pool-System 207
Portfolioinvestition 11
Position
- baisse 107
- Halten von offenen 108
- hausse 106
- kurze 107
- lange 106, 107
- long 107
- offene 59
- passive 59
- short 107
- teilweise offen 107
Positionssaldo 68
Prämie 188
Preisniveau 86
Preisnotierung 35
Preisrelation 88
Progress Payment 219
PSE 179
Put 190

Rahmenkreditvertrag 224 f.

Rahmenvertrag 227
Realignement 50
Rechnungsgröße 144
Rechnungsstellung
- in inländischer Währung 16
Reinvoicing 207 f.
Report 38, 39, 40, 42, 114
Reservemedien, internationale 56
Risiko
- Ausfall- 178
- Delkredere- 168
- Erfüllungs- 23
- gedecktes 239 f.
- gesperrtes 205
- Kurs- 168
- Kursänderungs- 18
- Konvertierungs- 15, 107, 121, 168
- Leistungs- 23
- limitiertes 205
- Paritätsänderungs- 18
- politisches 220, 227
- Transfer- 15, 121, 168
- Valuta- 178
- Währungseventual- 15, 23, 121, 168
- wirtschaftliches 220, 228
Risikoaversion 121
Risikobereitschaft 121
Risikoeinstellung 123
Risikokapital 206
Risikolimitierung 205
Risikoneutralität 121
Risikopuffer 206
Risikoträger 206
Roll-over-Kredit 175
Rückdeckung 224
Rückgarantieprogramm 221
Rückkaufgeschäft 212 f.

Sanktionsrisiko 56
Selbstbeteiligung 240
Sicherheiten 129, 162
Sicherung
- über Devisenterminmarkt 93, 100
- über Finanzmärkte 94, 102

Sicherungseffekt 130
Sicherungsergebnis 127
Sicherungsinstrumente 134
– kompensierende 151
Sicherungskosten 130
Sicherungsstrategie 122, 123, 126, 134
Sicherungstechniken 134
Solo-Termingeschäft 219
(s. o. Outrightgeschäft)
Sonderziehungsrechte 28, 144
Sorten 19
Staatsbürgschaften
– internationale 221
Staatsgarantien
– internationale 215, 221
Standardkontrakt 185
Stillhalter 186
– in Devisen (Valuta) 186, 188, 200
– in DM-Futures 200
– in Geld 190 f.
– in Valuta 200
Strike-Price 185, 200
Swap 47
– Coupon- 175, 176
– Currency- 174 f.
– Currency coupon- 175 ff.
– Financial- 160
– – Grundtypen 170 ff.
– Währungs- 174 f.
– Zins- 175, 176
Swapbedingungen 42
Swapgeschäft 40, 41, 42, 128, 154, 161
– Devisen- 160 f., 225
– symetrisches 112
Swaplimit 178
Swapmarkt 47
Swapsatz 36, 40, 41, 92
– Jahres- 93
– Kredit- 173
– mechanismus 44
– stellen 36, 37, 38
Swing 208
Switch
– Devisen- 214

– Finanz- 213
– Geschäfte 213 ff.
– Händler 214
– Waren- 213
– – Geschäft 214
SZR 28, 144

Tageseinzelposition 69
Tagesgesamtposition 69
Tagesposition 67
– in Valuta 65, 107
– offene 157
Teilkompensation 210
Teilkonvertierbarkeit 19
Terminabschlag 36, 38
Terminaufschlag 36
Terminbörse 178 ff.
Termingeschäft
– Outright- 129, 154 ff.
– Solo- 100, 154
Terminkauf 39
Terminkurs 37
Terminkursbildung 42
Terminsicherung
– Kosten der 128
Terminzuschlag 38
Transaktion, spekulative 91
Transaktionswährung 35
Transferbeschränkungen 173
Transferbestimmungen 22
Transfererleichterungen 24
Transferrisiko 15, 21 ff., 121, 168, 205, 207, 209, 213
Trendumkehr 84
Treuarbeit-AG 216

Unternehmensverbunde
– multinationale 135
Unternehmungen, multinationale s. MNU

Valuta-Anlage 102, 110, 111, 112, 113, 114, 163, 164
Valuta-Anzahlung 149
Valutabeträge 110
Valutachance 24, 25, 105, 108

Valutagewinn 122
Valuta-Kompensationskonto 214
Valutakredit 117, 119, 120
- kritischer Zinssatz für 116
Valutakreditbetrag 115
Valutaposition 57, 121, 123
- Glattstellen der 15
- Minus- 125
- offene 129
- Plus- 125
- Tages-, Art der 107
Valutarisiko 14, 16 ff., 25, 56, 138, 147, 159, 171, 178, 207, 216
Valuta-Tagesposition 79, 91, 92, 106, 107
Valutaverluste 122, 173
Valuta-Zahlungsströme 150
Valuta-Zinsaufwand 119
Valuta-Zinsen 115
Valuta-Zinsertrag 110, 112, 114
Verbundgeschäfte 13, 208 ff.
Verrechnungszinssatz 150
Vertragswährung 140, 143
Vertragswährungsgegenwert 142
Vieleckskompensation 211
Viereckskompensation 213
Vollkompensation 210
Vollkompensationsgeschäft 210 f.
Vollkonvertierbarkeit 19
Vorauszahlung 148
Vorkalkulation 128, 155
Vorlaufzeit 201

Währung 27, 56 f.
- entwertungsbedrohte 39
- lokale 173 f.
Währungsaktiva 15, 16, 57, 58, 66, 68, 128, 153, 159, 163
Währungsanlagen 163
Währungsbehörden 124
Währungsbudgets 206
Währungschancen 13, 24 ff., 67, 75
- Prognose der 74 ff.
Währungseinheit, fiktive
- Quasi- 144

Währungseinzelposition 58, 59, 161
Währungsentscheidung 123, 127
Währungseventualrisiko 15, 23 f., 121, 156, 206, 217, 219 ff.
Währungs-Futures 162, 178, 179 ff.
- Optionen auf 200 ff.
Währungsgegenpositionen 151
Währungsgesamtposition 59, 61 ff.
Währungsklauseln 140 ff.
- kombinierte 144
Währungskontokorrent-
  kredite 164
Währungskontrolle 127
Währungskredit 96, 130, 131, 160, 162, 163, 164
Währungsmanagement
- Entscheidungsfeld des 13
- funktionelles 74
- institutionelles 73
- Strategie des 123
- umweltbedingtes 12
- unternehmensbedingtes 13
Währungsoptionsklausel 145
Währungsoptionsrechte 145, 146
Währungsordnung 12, 18, 27 ff.
Währungsparitäten 30
Währungspassiva 15, 16, 58, 66, 68, 128, 152, 153, 163
Währungsplanung 74 ff.
- des Exporteurs 92
- des Importeurs 98
- von exportierenden und importierenden Unternehmungen 106
Währungsposition 57, 58, 68
- aktive 153
- Begrenzung von 206
- Glattstellen der 27
- Halten von offenen 98, 105
- offene 73
Währungsrisiko 13, 14, 32, 67, 75
- Prognose des 74 ff.
- Ursache für 14

- Wesen des 14
- Teilung des 210, 227

Währungssicherung 121, 124
Währungsswap 47, 174
- bilanzunwirksamer 47
- Kombination mit Zinsswap 47, 177

Währungstransaktionsrisiko 216
Währungsumrechnungsrisiko 216, 217
Währungswechsel 165 f.
- Diskontierung von 165

Waren-Switch 213
Warenhandelstransaktionen
- bilaterale 208
- multilaterale 208

Wechselkurs 35
Wechselkursbürgschaft 201, 229 ff.
Wechselkursgarantie 201, 202, 229 ff.
- gegenseitige 202
- Kosten der 201

Wechselkursregelung 28
Wechselkursversicherung 201 f., 229 ff.
Weichwährungsland 173 f.
Wertsicherungsklausel 140

Zahlungssicherung
- dokumentäre 21, 22

Zahlungsverkehrsabwicklung
- internationale 21

Zahlungsziele
- Variation der 24

Zentralbank 21, 22, 44, 49
Zielsetzung, währungspolitische 70 ff.
Zinsänderungsrisiko 178
Zinsarbitragegeschäft
- kursgesichertes 41

Zinsaufwand 131
- kritischer 119

Zinsdifferenz 118
Zinsen, variable 175
Zinsertrag 102, 130, 131
Zinsgegebenheit 40
Zinsniveau 12
Zinsparitäten 43
Zinsparitätentheorie 83
Zinssatz 92, 110
- kritischer 119
- für Valuta-Anlagen 111
- für Valuta-Kredit 114, 116

Zinssatzdifferenzen 36, 38, 44, 46
Zinssatzmechanismus 44
Zinssubvention 117
Zinsswap 47
Zuschlag, notwendiger 113